# 刘文典年谱

章玉政·编著

北京师范大学出版社集团
安徽大学出版社

**图书在版编目(CIP)数据**

刘文典年谱 / 章玉政编著. —合肥：安徽大学出版社，2011.9
ISBN 978-7-5664-0307-0

Ⅰ.①刘… Ⅱ.①章… Ⅲ.①刘文典(1889～1958)
—年谱 Ⅳ.①K825.4

中国版本图书馆 CIP 数据核字(2011)第 188330 号

# 刘文典年谱

章玉政 编著

| | |
|---|---|
| 出版发行：| 北京师范大学出版集团<br>安 徽 大 学 出 版 社<br>(安徽省合肥市肥西路3号 邮编230039)<br>www.bnupg.com.cn<br>www.ahupress.com.cn |
| 印　　刷：| 合肥远东印务有限公司 |
| 经　　销：| 全国新华书店 |
| 开　　本：| 170mm×240mm |
| 印　　张：| 28 |
| 字　　数：| 378 千字 |
| 版　　次：| 2011 年 10 月第 1 版 |
| 印　　次：| 2011 年 10 月第 1 次印刷 |
| 定　　价：| 59.00 元 |

ISBN 978-7-5664-0307-0

责任编辑：程中业　　　　装帧设计：陈　耀
责任印制：陈　如

**版权所有　侵权必究**

反盗版、侵权举报电话：0551—5106311
外埠邮购电话：0551—5107716
本书如有印装质量问题，请与印制管理部联系调换。
印制管理部电话：0551—5106311

刘文典

刘文典画像　李鹏/绘

《淮南鴻烈集解》書影

君子曰學不可已
已青取出於藍而
青於藍冰水為
出而寒於水故
木受繩則直金
就礪則利君子博
學而日參省乎己則
知明而行無過矣

書贈
安大旅京諸同學
文典

刘文典为《安徽大学旅京同学会会刊》题词，1934年2月

# 目　录

凡例 …………………………………………………………………… 1

导言 …………………………………………………………………… 1

**卷一　热血青春（1891—1916 年）** ……………………………… 1

　1891 年（清光绪十七年辛卯，一说 1889 年）………………………… 1

　1892 年（清光绪十八年壬辰）—1902 年（清光绪二十八年壬寅）

　　年一岁—年十一岁 …………………………………………………… 4

　1903 年（清光绪二十九年癸卯）　年十二岁 ………………………… 5

　1904 年（清光绪二十九年甲辰）　年十三岁 ………………………… 6

　1905 年（清光绪三十一年乙巳）　年十四岁 ………………………… 7

　1906 年（清光绪三十二年丙午）　年十五岁 ………………………… 11

　1907 年（清光绪三十三年丁未）　年十六岁 ………………………… 12

　1908 年（清光绪三十四年戊申）　年十七岁 ………………………… 13

　1909 年（清宣统元年己酉）　年十八岁 ……………………………… 17

1910年(清宣统二年庚戌) 年十九岁 …………………… 17
1911年(清宣统三年辛亥) 年二十岁 …………………… 20
1912年(民国元年壬子) 年二十一岁 …………………… 24
1913年(民国二年癸丑) 年二十二岁 …………………… 28
1914年(民国三年甲寅) 年二十三岁 …………………… 36
1915年(民国四年乙卯) 年二十四岁 …………………… 40
1916年(民国五年丙辰) 年二十五岁 …………………… 45

## 卷二  北大十年(1917—1926年) …………………… 50

1917年(民国六年丁巳) 年二十六岁 …………………… 50
1918年(民国七年戊午) 年二十七岁 …………………… 56
1919年(民国八年己未) 年二十八岁 …………………… 65
1920年(民国九年庚申) 年二十九岁 …………………… 83
1921年(民国十年辛酉) 年三十岁 …………………… 88
1922年(民国十一年壬戌) 年三十一岁 …………………… 98
1923年(民国十二年癸亥) 年三十二岁 …………………… 108
1924年(民国十三年甲子) 年三十三岁 …………………… 112
1925年(民国十四年乙丑) 年三十四岁 …………………… 118
1926年(民国十五年丙寅) 年三十五岁 …………………… 119

## 卷三  筹建安大(1927—1928年) …………………… 125

1927年(民国十六年丁卯) 年三十六岁 …………………… 125
1928年(民国十七年戊辰) 年三十七岁 …………………… 128

## 卷四  水木清华(1929—1937年) …………………… 154

1929年(民国十八年己巳) 年三十八岁 …………………… 154
1930年(民国十九年庚午) 年三十九岁 …………………… 160

1931年(民国二十年辛未) 年四十岁 …………………… 162

1932年(民国二十一年壬申) 年四十一岁 ………………… 167

1933年(民国二十二年癸酉) 年四十二岁 ………………… 186

1934年(民国二十三年甲戌) 年四十三岁 ………………… 196

1935年(民国二十四年乙亥) 年四十四岁 ………………… 206

1936年(民国二十五年丙子) 年四十五岁 ………………… 219

1937年(民国二十六年丁丑) 年四十六岁 ………………… 223

**卷五 联大风云(1938—1943年)** …………………… 228

1938年(民国二十七年戊寅) 年四十七岁 ………………… 228

1939年(民国二十八年己卯) 年四十八岁 ………………… 237

1940年(民国二十九年庚辰) 年四十九岁 ………………… 242

1941年(民国三十年辛巳) 年五十岁 …………………… 248

1942年(民国三十一年壬午) 年五十一岁 ………………… 251

1943年(民国三十二年癸未) 年五十二岁 ………………… 267

**卷六 栖身云大(1944—1949年)** …………………… 286

1944年(民国三十三年甲申) 年五十三岁 ………………… 286

1945年(民国三十四年乙丑) 年五十四岁 ………………… 298

1946年(民国三十五年丙戌) 年五十五岁 ………………… 301

1947年(民国三十六年丁亥) 年五十六岁 ………………… 308

1948年(民国三十七年戊子) 年五十七岁 ………………… 318

1949年(民国三十八年己丑) 年五十八岁 ………………… 325

**卷七 晚年岁月(1950—1958年)** …………………… 342

1950年(庚寅) 年五十九岁 …………………………… 342

1951年(辛卯) 年六十岁 ……………………………… 347

1952年(壬辰) 年六十一岁 ………………………………… 349
1953年(癸巳) 年六十二岁 ………………………………… 352
1954年(甲午) 年六十三岁 ………………………………… 356
1955年(乙未) 年六十四岁 ………………………………… 361
1956年(丙申) 年六十五岁 ………………………………… 368
1957年(丁酉) 年六十六岁 ………………………………… 382
1958年(戊戌) 年六十七岁 ………………………………… 398

**卷八 身后遗响** ……………………………………………… 417

1959年(己亥) ……………………………………………… 417
1962年(壬寅) ……………………………………………… 419
1963年(癸卯) ……………………………………………… 422
1999年(己卯) ……………………………………………… 423
2008年(戊子) ……………………………………………… 424

**后记** ………………………………………………………… 425

# 凡 例

一、本谱以时间为主线,共分八卷。卷一至卷七述谱主出生至逝世之事迹,卷八述谱主逝后之事。

二、本谱各年以公元纪年冠首,附注干支纪年,且民国前附记清代年号,民国后附记民国年份(至1949年)。

三、本谱正文按年、月、日次序编排。凡无日可考者,系旬或月。无旬、无月可考者,系季。无季可考者,系年。谱主年岁以周年计。

四、本谱对谱主一律称"先生"。对所涉及其他人物,一律径称其名。

五、先生著述多有修改者,均按《刘文典全集》、《刘文典全集补编》定稿收入本谱。先生部分文章初稿具备文献价值者,则于条文中分述。

六、本谱所收先生著述、书信等,均注明出处。部分文字根据原件整理,或无法辨识,或本就阙疑,均以"□"代替。引用文字,原有"□"者,一律照旧。

七、本谱所引谱主文字,凡《刘文典全集》、《刘文典全集补编》中已收入者,均从略。凡未收入两书者,则从详。

八、本谱所引资料,多依据第一手来源。部分无法查核第一手来源者,则尽量采用权威转述。部分文、图来源网络,已在文中注明。

九、凡文献注释,第一次出现时,注作者名、书名(篇名)、页码、出版单位、出版时间及版次,以下只注作者名、书名(篇名)和页码。

# 刘文典镜像
## ——从"五四"学人看中国近现代社会

历史的许多场景,总是有某种惊人的相似性。

来北京之前,偶然看到易中天《品三国》里的一个说法:赤壁之战的时候,孙权27岁,诸葛亮27岁,周瑜34岁,鲁肃37岁,刘备47岁,曹操54岁。孙刘联军首脑人物的平均年龄是34岁,正是周瑜的年龄。所以有人说,赤壁之战是年轻人打败了老年人,是新生力量打败了传统势力。

这与我们今天的话题和场景是多么的不谋而合!"五四"运动在中国"历史三峡"(唐德刚语)中的地位不言而喻。非常有意思的是,运动的鼓吹者、领导者和参与者们当时都很年轻,整个一帮"小字号":陈独秀40岁,胡适28岁,罗家伦22岁,傅斯年23岁。我们今天重点要谈的刘文典,也只有28岁。

所以说,年轻是一种力量。无论后来的学者对"五四"运动的意义作出了如何不同的评价与阐释,有一点却是共识:这股由年轻力量推动起来的时代风潮,直接改变了当时的中国,其影响甚至延续到了今天。

## "五四"话题为何依然炽热？

时隔90年，"五四"依然是个热门话题。

别的不说，但就图书出版而言，今年（2008年）就有一批关于"五四"的新书上市，或是新作，或是再版，或是翻印，如林贤治的《五四之魂》、杨亮功的《五四》等，安徽的黄山书社干脆翻印了一套"西化—现代化"丛书，包括张君劢的《科学与人生观》、吴虞的《吴虞文录》、伍启元的《中国新文化运动概观》等。

"五四"话题为何依然这么热？过去很长一段时间，人们往往喜欢从政治价值的层面去解读"五四"运动，对其最常见的评价就是"这是一场反帝反封建的革命运动"。现在看来，这个评价可能并非唯一的答案。我想，人们至今热衷于"五四"话题的讨论，更重要的原因恰恰在于另一方面：它还是一场带有强烈启蒙色彩的思想革命。

众所周知，"五四"运动并非"忽如一夜春风来，千树万树梨花开"，而是"随风潜入夜，润物细无声"，它有一个渐进孕育的过程。远的思想根源，可以上溯到梁启超、谭嗣同那里；近的思想根源，则来自于"新青年群"，包括陈独秀、胡适、李大钊、钱玄同、鲁迅、周作人、刘半农、刘文典等人。

"新青年群"是新文化运动的直接领导者和推动者。以1915年9月陈独秀在上海创办《青年杂志》（后改名《新青年》）为起点，"新青年群"高举"德先生"（民主）与"赛先生"（科学）两面大旗，从批判中国固有的传统文化入手，主张中国文化要全方位地向西方学习，并以现代西方文明为样本来重估国人过去的思想行为。正如美籍华人学者周策纵先生所言，"五四"运动的基本精神就是抛弃旧传统并创造一种新的现代文明，以"拯救中国"。

以陈独秀、胡适为代表的"新青年群"，本质上是一群"纯粹的近代知识分子"(李泽厚语),他们之所以站到了历史的前台,与其自身的成长经历、时代背景大有关联。当然,还有一个因素不容忽视,那就是知识分子的历史担当,所谓"天下兴亡,匹夫有责"。

这里以刘文典为例。我在《狂人刘文典:远去的国学大师及其时代》一书中已经写明,他是《新青年》首批作者群里的重要成员。

刘文典与胡适同为北大"卯字号名人",均属兔,生于1891年。这一年,尽管距离鸦片战争已经过去半个多世纪了,但晚清政府日渐衰微,备受西方列强的凌辱,致使民众苦不堪言,纷纷揭竿而起,仅当年就发生了"扬州教案"、"芜湖教案"、"武穴教案"、"宜昌教案"等群体性事件。作为较早的觉悟者和先驱者,知识分子们也在进行着各种各样的努力与尝试。这一年的8月,维新派的"精神领袖"康有为在广州长兴里正式设立学堂,开门讲学,并刊行《新学伪经考》一书,试图走改良道路来救中国。

历史风云的巨变,已是"蓄谋"已久、喷薄待发。处在这样的新旧转型时期,刘文典从小就接受两种文化形态的熏陶:一种是中国传统的儒家文化,一种是来自异域的西方文化。由于父辈的开明,他可以一边在私塾学校读古书,一边跟在美国传教士后面学外语和生物学。这是他有生以来第一次和西洋文化接触,"这时候的心情,竟和那荒岛里野蛮人初见白人探险家一般"。

当然,占据刘文典内心世界主要阵地的依然是当时盛行的"扶清灭洋"思想。1905年,刘文典进入芜湖的安徽公学读书。这所学校由近代著名教育家李光炯创办,所聘请的教员不少是怀有革命宣教目的的知识分子,如陈独秀、刘师培等。陈独秀发起了反清团体"岳王会",刘文典可能就是其早期成员之一,后来这个组织基本上"整体划转"进同盟会。刘师培更生猛,尽管他教的是《说文解字》和《昭明文选》,却一个劲地向学生灌输反清思想。据说,他评定学生成绩有个规定,"凡讲排满的都另加几十分,不讲的扣几十分"。因而这时候的刘文典,只是一个极端的民族主义者。

直到后来去了日本留学,刘文典才开始系统地接触到了西方的"新学"。在别人的指点下,他阅读了达尔文的《进化论》、丘浅次郎的《进化与人生》、海克尔(今译赫凯尔)的《宇宙之谜》和《生命之不可思议》。他毫不讳言自身受到了这些思想的深刻影响:"我的世界观、人生观从此就略略定了。"

刘文典的这种留学经历和阅读体验很有意思,并且颇具代表性。我们知道,"五四"运动特别是新文化运动的很多领导者和参与者,均有留学背景,如陈独秀留学日本、胡适留学美国等。而更多人则直接或间接地受到了诸如进化论、人权说等西方思想的浸染,如鲁迅就是进化论的早期鼓吹者之一。

从1915年11月《新青年》的第一卷第三期起,刘文典就开始在上面发表文章,从此一发不可收。第一篇由他翻译的《近世思想中之科学精神》是英国著名生物学家赫胥黎的名作。紧接着,刘文典又翻译或撰写了《叔本华自我意志说》、《欧洲战争与青年之觉悟》等一批颇有分量的文章。同时,他还直接参与了"新青年群"与玄学派的论战,批评当时甚嚣尘上的"灵学",横扫妖雾,其观点被认为"上升到了严格的哲学层次"。

刘文典与"新青年群"的努力,被当时学界称之为"知识分子的反叛",其启蒙价值不言而喻。在他们的"凯歌高奏"声中,偶像被打倒,传统被撕裂,经典被重读,权威被冲击,这无疑为后来轰轰烈烈的"五四"运动奠下了坚实的思想基石。

其实,"五四"知识人所倡导的思想观念和政治主张,未必都是正确的,有的确实有些极端甚至是错谬的,因而当时以及后来经常会发生各种各样的论战,如"科学与玄学的论战"、"东西方文化"问题的论战,等等。大家吵得不亦乐乎,各不相让,似乎也没有得出什么标准答案。但思想启蒙这东西正应如此:在纷繁复杂的论争和多种声音的交汇中,相互碰撞,求同存异,坚持批判的精神,尊重个体的力量,不断向前,直至找到新的方向。我觉得,思想多元、允许争论是"五四"留给后人的宝贵财富之一。

1957年5月,刘文典写过一篇《忆五四》,说:"中国人之接受新思想也是从那个时候起的。"此言不虚。遗憾的是,由于国家民族命运的斗转星移,"救亡又一次压倒启蒙"(李泽厚语),从此元气大伤,一蹶难振。

去年(2007年)发生的重庆"最牛钉子户"事件、今年被频频提及的"普适价值"一词,都再一次告诉我们:"五四"所要走的道路并未走完,特别是思想启蒙之路。这可能正是人们至今依然深切怀念"五四"的根本原因。

## 国学大师为何渐行渐远?

今天我们谈"五四",谈刘文典,谈那一代人,似乎都不能回避一个话题:真正的大师已经越来越少。

如今"大师"几乎成了一个贬义词。前几年,季羡林先生三辞"桂冠",其中一个就是"国学大师"。他说:"环顾左右,朋友中国学基础胜于自己者,大有人在。在这样的情况下,我竟独占'国学大师'的尊号,岂不折煞老身(借用京剧女角词)!我连'国学小师'都不够,遑论'大师'!"

回望"五四"时代乃至整个民国时代,你不能不承认,那真是一个大师云集的时代!关于这一点,《中国青年报》的徐百柯兄已经在《民国那些人》中作了很好的梳理与展现。那一个个活的灵魂,一想起就让人血脉贲张、激动不已。但正如这本书的封底所言,"读着他们,我们感到恍若隔世"。

他们身处风云变幻的历史天空之下,个别人物如蔡元培、陈独秀、刘文典等在辛亥革命或"五四"运动中,在革命力量的组织、革命行动的推动上有较大的贡献,但"总的来说,这批人包括蔡氏和陈氏,都是倾向学问钻研、学有专精的知识分子"(香港学者陈万雄语)。

大师的涌现,不是偶然的。这里仍以刘文典为例,谈谈这个话题。

第一,基础扎实的学术功底。

刘文典的"看家本领"是古籍校勘,属于典型的国学领域。他的代表作是《淮南鸿烈集解》和《庄子补正》,这两部书分别是胡适和陈寅恪作序的。胡适一向主张白话文运动,但在为刘文典的这本著作作序时竟然破天荒地用了文言文,足见他对这本书学术价值的认可。而陈寅恪在《庄子补正》的序言中则说,"先生此书之刊布,盖将一匡当世之学风",评价何其高也!

传统国学讲究学术传承,刘文典师承何人呢?一是刘师培,一是章太炎,两人并称"二叔",都是近代中国不可低估的风云人物。刘文典1905年进安徽公学读书,受到刘师培的重点培养。刘师培教他的方针主要是八个字:"寝馈许书,钻研萧选",让他天天与古书作伴,一字一句从类书上去寻差异,"结果还真做成了几本札记"。数年后,刘文典到了日本,经人介绍拜在章太炎门下,听他讲解经学、小学的研究方法,其中章太炎用佛学思想研究《庄子》的方法,给了刘文典很大启发。

做学术,是需要下硬功夫的。"板凳要坐十年冷,文章不写一句空"。刘文典为了校勘《淮南子》,曾经在北京的白云观里一住就是几个月,生活清苦,油水全无,有一次实在忍不住"偷吃了点荤腥",结果还被"逮"住了,闹了个大红脸。晚年在云南大学,刘文典将自己的书斋定名为"一适斋",显然是取北齐邢邵"误书思之,便是一适"的典故。

第二,视野开阔的学术路径。

正如香港学者陈万雄所言,刘文典奠定自身学术基础的20世纪头二三十年的时间,正是中国传统型士大夫向近代型知识分子转化的特殊时期。

这一代知识分子一方面继承了中国传统学术的精髓，另一方面又不可阻挡地接受了西方文化的浸染。他们中间的不少人，都曾经留过学，擅长多门外语。比如刘文典"十二万分钦佩"的陈寅恪先生，懂得十几门外语，这让只懂得三四门外语的刘文典时常自叹不如。

这一点，表现在治学门径上，就是开阔的学术视野，能让学术走得更远、更深。1919年，刘文典写过一篇学术文章——《怎样叫做中西学术之沟通》，提倡在进行中国古籍研究的同时，要进行比较研究，汲取西方近世科学的精华。当时的很多学者其实都有这种"中西沟通"的本领，胡适的《中国哲学史大纲》就是代表作之一。

第三，宽容自由的学术环境。

"百家争鸣"一直是中国学者梦寐以求的学术环境。可惜的是，这个梦想经常被威权所扼杀、斩断，最典型的莫过于秦始皇"焚书坑儒"。但值得欣慰的是，即便是在那样的年代，学者们依然坚持着大胆的思考、勇敢的言说、真实的记录，否则中国传统学术早就"灰飞烟灭"了。

到了民国时代，政府尽管在文化管制上颇费周折，但由于没有限制民间办报，在一定的范围内能够允许"草根声音"的存在，这就为学术的提升营造了一个宽松的空间。而蔡元培等人对"学术自由，兼容并包"的提倡，更让学术研究拥有了一个健康、良性的成长环境。

正如前文所说，民国时代特别是"五四"时代，是中国学术界思想观点最为芜杂、最为多元的一个阶段，新旧并存，正误交叉。但正是这样一个环境，在很大程度上没有威权的牵制、没有无谓的干扰，让当时的学者们敢言人所不敢言、敢想人所不敢想，做出了许多具有开创性的学术业绩，大开风气。其中，最突出的代表人物就是胡适。

第四，公平独立的学术评价。

不同标准的学术评价，会给学术本身带去极大的影响。公平独立,不为短浅的目光所局限、不为教条的要求所束缚、不为功利的目标所牵绊,才有可能让学术研究真正达到一个理想的平台。

就拿世人最为关心的院士评选来说。1947年,南京国民政府"中央研究院"曾举行过一次院士评选,这也是中国首次举行的院士评选。刘文典就在院士候选人的名单之列。有学者注意到,虽然这个评选是在国民政府时期进行的,但却照单纳入"一向同情共产党"的郭沫若,"至于政党关系,不应以反政府而加以删除"。郭沫若后来顺利当选,而刘文典却落选了,尽管他与提名人之一胡适的关系非同一般。

1955年,郭沫若担任首任院长的中国科学院也曾评选过一批哲学社会科学学部委员(相当于院士)。当时明确提出的人选标准主要是两条:一是政治标准,一是学术标准。有学者注意到,在没有去台湾的18名"中央研究院"人文组的院士中,差不多一半人没有入选学部委员。这种"政治挂帅"的评价体系,后来在"反右"、"文革"等运动中登峰造极,直接造成了新时代知识分子的话语转型,学术研究更是几乎"全军覆没"。

如今,"政治挂帅"已成历史词汇,但在我们的大学校园、科研院所里,一些让人哭笑不得的评价考核标准依然盛行,如从业资历、论文篇数等。

第五,狂狷自守的学术风骨。

那个时代的大师,让人至今追忆,还有一个重要的原因在于:他们往往还是极富个性的"这一个",清高自守,孤傲狂狷,坚守着传统士大夫的风骨,不向世俗的力量轻易妥协。

记得百柯兄的《民国那些人》出版后,钱理群先生有过一次演讲,谈到了刘文典等人的"狂":"所谓'狂',无非是把自己这门学科看成'天下第一',自己在学科中的地位看得很重:我不在,这门学科就没了!这种'舍我其谁'的狂傲、气概,其实是显示了学术的使命感、责任感、自觉的学术承担意识的。"

众所周知,刘文典有一句名言:"天下懂庄子的只有两个半,一个是庄子本人,一个是我刘文典,其余所有研究庄子的人加起来,半个!"到了知识分子落难的年代,有人向学校状告刘文典"有权威思想",他呵呵一笑,不屑一顾:"我既然是'权威',当然有权威思想,这有什么好大惊小怪的!"

很多人不理解我为什么将刘文典的灵魂底色定位为"狂",有些知名学者甚至明确表达了反对意见。但我觉得这正是我写作这本书的苦心所在。在《狂人刘文典:远去的国学大师及其时代》的后记里,我写道:"其实在这个汉字的深处,是一种对命运的抗争与努力,是一种对权贵的蔑视与逃离,是一种对尊严的坚守与把握。我喜欢这种'狂',我觉得,它是疗治当下日益严重的'阳痿人格'、'犬儒主义'的最佳药方。"

当今的学者生逢盛世,国泰民安,河清海晏,其所拥有的生活环境显然是民国时代的学者望尘莫及的,但是为何今天却出不了大师级的学者?这恐怕是一个值得继续深思的问题,但愿正如北京大学陈平原先生在回答学生提问时所说:"时间和空间会产生美感,再过几十年,你们的子孙,或许也会用同样虔诚的语调,来谈论今天活跃在北大、清华的某些教授。"

真的,但愿能有这一天。

## 大学精神究竟应是什么?

最后,我想谈一谈"大学精神"。这个话题似乎已经被谈得很滥了,但我觉得仍有必要继续谈下去,因为我感觉今天的大学距离这个东西已经有点南辕北辙了。再不抓紧呼吁,恐怕有朝一日会无药可救。

最近几年,我一直注意观察高等教育中的种种"怪现状",越关注越害怕,有时候悲观一点地想,现在的高等教育真的成了一个让人看不懂的"怪物"。我常常在思考,大学究竟应该是什么样子的?大学人究竟应该是什么样子的?

1928年11月,蒋介石到当时的安徽省会安庆视察,本准备去安徽大学发表关于"训政"的演讲,没想到刘文典一口回绝:"大学不是衙门!"他甚至连出面接待一下都不愿意,只派学校秘书、学监等一般职员参与接待,弄得蒋介石几乎下不了台。

后来,当蒋介石因为学潮的事情找他时,他更是不留情面:"你是总司令,就应该带好你的兵;我是大学校长,学校的事由我来管。"蒋介石怒不可遏,当即传谕安庆市公安局王绍曾局长带领警员,将刘文典带到局里收押,关在省政府内的"后乐轩"里,幸得蔡元培、胡适等出面周旋,最终刘才被释放。

这可能是很多人理想中的大学、大学人。当然,这也只能是理想而已。现实中,像刘文典这样的大学校长毕竟是少数,也没有必要一遇到问题就如此剑拔弩张、势不两立。但这里面有一种精神值得关注,大学是教授、学生们的,不是官员、明星们的!

刘文典所在的那个时代,由于蔡元培等人的坚持和努力,"教授治校"成为高校管理的一种典型模式。大学里的事情,事无巨细,由教授会说了算。教授会不同意,校长再坚持也没用。1931年4月,蒋介石任命嫡系吴南轩任清华大学校长。这个姓吴的自以为是,没经过教授会就任命了三个学院的院长,结果三个被任命的人睬都不睬他。后来,包括刘文典在内的清华教授干脆群起而攻之,上书教育部,"不撤校长就集体辞职"。那家伙,真威风!

可是,不知从什么时候起,"教授治校"成了一个敏感词汇,直到近些年才被重新提及。最新一期的《南方周末》做了一个专题,是关于浙江大学光华法学院的,标题为《光华法学院:"教授治院"的理想实验》。北京大学的贺卫方教授刚刚辞职去了那里。据说,这个法学院意图恢复胡适年代大学传统的理想实验——远离教育行政化,由教授委员会管理学院事务与学术评价,追寻"教授治院"下的大学独立与学术自由。

我对这一点持以谨慎乐观的态度。有这个想法是好的,但在当下,这个想法所可能遭遇的困境,是可以想象的。我甚至认为,在一段时间之后,它要么重新回归到原有的体制之下,要么变成一个只有形式没有内容的"花瓶"。当然,我尊重这种努力。

"大学精神"到底是什么?在《狂人刘文典:远去的国学大师及其时代》一书中,我已试图通过对刘文典一生的描述去证明,如果需要说得明白一点,其实还是用陈寅恪先生的那句话最为贴切,即"独立之精神,自由之思想"。在笔者看来,"大学精神"的内涵,至少包含"独立"、"自由"、"宽容"、"责任"四个核心要素。做不到这些,一切的教义、讴歌都是泡沫。

总之,今天有幸坐在这里,与各位谈古论今,指点人物,让我情不自禁想起了书店主人许知远先生的一本著作——《那些忧伤的年轻人》。我们正是一群"忧伤的年轻人",看历史风云变幻,看人间沧桑冷暖,心里有许多期待,也有许多无奈,幸逢这样的一个时代,可以大胆地将一些话说出来,道出内心的呼唤,争取更多的唱和者与同路人。

大师已然远去,岁月却在继续。我们唯一能做的,就是追寻大师,坚守理想,一路向前!

此为作者2008年7月20日下午在北京圆明园单向街书店以"从刘文典等知识人看中国近现代社会"为题的演讲整理稿

# 热血青春

(1891—1916年)

## 1891年(清光绪十七年辛卯,一说1889年)

12月19日,阴历十一月十九日,先生出生。肖兔。与近代名人胡适、刘半农等同庚。

关于先生生年,现存资料互相抵牾,说法不一。观点可分为三种:一说为1889年,为目前最常见,门人张文勋《刘文典传略》即采此说;一说为1890年,系根据其子刘平章回忆先生"属虎"推算;一说为1891年,系根据北大同人日记或回忆推算。

本书采用第三种说法,因所有资料源于当时人物记录,较为可靠。1934年10月11日,史学家、原北大教授朱希祖在日记中写道:

> 忆民国六年夏秋之际,蔡孑民长校,余等在教员休息室戏谈:余与陈独秀为老兔,胡适之、刘叔雅、林公铎、刘半农为小兔,盖余与独秀皆大胡等十二岁,均卯年生也。(朱偰:《北京大学的复校运动》,见陈平原、夏晓虹编《北大旧事》,第140页,生活·读书·新知三联书店,1998年6月第1版)

1948年10月,原北大教授周作人回忆先生"在民国六年才只二

十七岁",应为虚岁,与民国七年(1918年)《国立北京大学廿年纪念册·现任职员录》记载先生、胡适等人"二十八岁"相符:

> 卯字号的最有名的逸事便是这里有过两个老兔子和三个小兔子。这件事说明了极是简单,因为文科有陈独秀与朱希祖是己卯年生的,又有三人则是辛卯年生,即是胡适之、刘半农、刘文典,在民国六年才只二十七岁。(周作人:《红楼内外》,见陈平原、夏晓虹编《北大旧事》,第391页)

1961年5月2日,胡适致函于右任,为其八十三岁生日贺寿,提及与先生同年出生:

> 我出院十天了,还不敢出门走动。明天您老的生日,请恕我不来府上道贺了。
>
> 回想民国六年我初到北京大学,那时蔡子民先生、陈仲甫、朱逖先、刘叔雅(文典)、刘半农(复)和我都是卯年生的,又都同时在北大,故当时有"卯字号"三代的戏言。(马神庙北大教员休息室原编"卯字号"。)
>
> 今天是一个卯字号小弟弟敬祝老大哥快乐长寿!(胡颂平:《胡适之先生年谱长编初稿》,第3556页,台湾联经出版事业公司,1984年5月第1版)

先生祖籍安徽怀宁,与新文化运动代表人物陈独秀、王星拱、程演生等是同乡。据刘平章口述,家谱字派为"文章华国",经初步考证,可能为江西刘氏淮公或汉公祖家后裔分支派生而出。

先生祖父葬于怀宁,坟茔已不可考。1928年6月15日,主持安徽大学筹办事宜的先生曾致函胡适诉苦,"这次回来,在祖父坟上掘了一个大坑":

> 又有几个月不见了,弟在此终日忙碌万状(其实安徽教育前

途被我一人完全断送了),所以也没有多写信给你。我是个半傻子,连人家履历片子上写的话都信以为真,处处受人欺罔,以致把安大预科办得不成样子,我常常说,这次回来,在祖父坟上掘了一个大坑,来害自家的子弟,个人身败名裂不足惜,公家事被我误尽了。唉,不能再说了。(刘文典致胡适函,见耿云志主编《胡适遗稿及秘藏书信》卷三九,第719页,黄山书社,1994年12月第1版)

父刘南田,经商为业,后在赴沪途中病死船上。母为填房夫人,晚年寄养于安庆,逝于抗战期间。

> 父刘南田,经商为业,早早便把刘文典送进教会学校读书,这是希望儿子能学会"洋话",今后能与洋人做"大买卖"的缘故。(戴健:《由求学问的爱国者到爱国的学问家:刘文典传略》,见《安徽著名历史人物丛书》第四分册,第75页,中国文史出版社,1991年11月第1版)

先生生于安徽合肥,具体地址已不可考。兄弟五人中,先生排行第三,另有两位姐姐。先生原名文聪,字叔雅,曾用名刘天民、刘平子等,平生著作自署"合肥刘文典"。书斋名有松雅斋、一适斋、学稼轩等。

> 刘文典系父亲填房夫人所生,兄弟排行第三,时人因此偶尔戏称他为"刘三爷"。与他同父同母的还有六弟刘天达,成年后做过贵州省镇远县、云南省昆阳县等地的县长,两兄弟感情甚笃,来往密切。(章玉政:《狂人刘文典:远去的国学大师及其时代》,第12页,广西师范大学出版社,2008年5月第1版)

经考证,刘天民、刘平子应为先生"二次革命"前后所用化名。俞辛焞、王振锁编译的《孙中山在日活动密录》"在东京的中国流亡者名单"显示,刘平子职业为"新闻记者",年龄"25岁",这与该书"与革命有关的中国人来往一览表"中刘天民的资料一样,职业为"上海民(立)报记者",年龄"25岁"。到达东京日期为1913年9月10日,同行者为范鸿仙、吴忠信。刘文典哲嗣刘平章亦证实,先生遗有印章数枚,其中一枚文即"平子"。

## 1892年(清光绪十八年壬辰)—1902年(清光绪二十八年壬寅) 年一岁—年十一岁

先生幼年读私塾,研读经书和古文。

> 我生在安徽合肥县,这地方交通也很便利,离通商的大埠不远,若以常理说来,文化本不应该十分低下的。无奈这个地方的人,都有一种奇特的性质,不大喜欢读书,到今天莫说西洋的近世文明一些都没有沾得着,就连中国固有的旧文明也是毫无所有。这地方离徽州不过是一江之隔,而徽州的经学只往浙江跑,我们合肥人连戴震、江永、胡培翚、俞正燮的名姓都不知道。离桐城也不过两天的路程,而桐城的文章也不到合肥来,我们"敝县"的那些硕学鸿儒竟没一个配做方苞、姚鼐的云礽。我生在这样的地方,是那幼年时代的思想,当然还是"原人思想",对于宇宙,对于人生,竟没有丝毫的疑惑,以为人生就是人生,世界就是世界罢了。叔本华说"形而上学的观念是人人有的",把人类叫做甚么"形而上学的动物",要以我十一二岁时候的思想说来,这句话竟是错了。照这样昏天黑地的活到十二三岁,胡乱读了些"经书"和"古文",会做些"今夫天下,且夫人……"的文,心里全是些"扶清灭洋"的思想,现在回想起来,觉得当时竟是一只毫无理性的动物。(刘文典:《我的思想变迁史》,载《新中国》第二卷第五号,1920年5月)

十二三岁时,先生随本地基督教会医院美国教士学习英文和生物学,初次接触西洋文化。

　　合肥基督医院成立于 1898 年,是现安徽省立医院的前身,由当时中华基督教会南京总会派遣的美国传教士、眼科医生柏贯之创办。柏氏在城内东门大街杜家巷内租赁 12 间房屋,办诊所兼作教堂。(陆翔、陆义芳:《安徽省近代几所教会医院概述》,载《中华医史杂志》,2000 Vol. 30 No. 4,第 228~230 页)

对于在基督教会的学习经历,先生后来曾回忆道:

　　后来听人家大谈洋务,讲究新学,我也就立志要讲洋务,到本地的基督教会医院里从一位美国的教士学英文。这是我第一遭和西洋的文化接触,看见他用的器物无一件不十分精美,而且件件都有神妙莫测的作用,心里十分惊异。我这时候的心情,竟和那荒岛里野蛮人初见白人探险家一般。读者诸君想必也都读过欧美探险家的笔记的,那上面所叙的土人初见白人的情形,就是我当年的写照了。我心里细细想着,西洋人真有本事,他的东西件件比中国人的强,难怪我们中国打他不过。又看见他替人治病,真正是"着手成春",那"剖腹湔肠"的手段,就连书上说的扁鹊、仓公都赶他不上。他又教我用显微镜看微生物,看白血轮,用极简单的器具试验化学给我看,这是我有生以来第一次受近世科学的恩惠,就是我现在对于生物学的兴味也还是在那个时候引起来的。我这时候虽然是大海里尝了一滴水,但是总算识得了咸味了。(刘文典:《我的思想变迁史》)

## 1903 年(清光绪二十九年癸卯)　　年十二岁

先生赴上海求学,学校的前身为上海爱国学社。先生接受民族主义教育,主张排满。

蔡元培等人主持的爱国学社,其活动主要集中于1903年上半年。该学社有意仿效日本西乡隆盛等人当年的办学主旨,"重在精神教育,而所授各科学,皆为锻炼精神、激发志气之助。"(张晓唯:《蔡元培评传》,第35页,百花洲文艺出版社,1993年6月第1版)

据先生回忆:

我离了乡里到上海去读书,上海是当时新文化的中心。我到了那里,自然是耳目一新了。我进的某校就是爱国学社的后身,进校不多久,就抱了极端的民族主义,以为中国贫弱到这样——其实那时候的国势比现在强多了——全怪那些满洲人作祟,若是把满洲人杀尽了,国家自然而然就好起来了,政治自然也清明了,生计自然也充裕了,内忧外患自然都没有了,全不晓得国家社会形成的原理、改造社会的方法。(刘文典:《我的思想变迁史》)

刘文典早年照片

## 1904年(清光绪二十九年甲辰)　　年十三岁

2月,皖人李光炯、卢仲农在湖南长沙开办"旅湘公学",同年11月迁往安徽芜湖,更名为"安徽公学",并在陈独秀创办的《安徽俗话报》上刊登"安徽公学广告",面向全国招生:

本公学原名旅湘公学,在长沙开办一载,颇著成效。惟本乡人士远道求学,跋涉维艰,兹应本省绅商之劝,改移本省,并禀拨常年巨款,益加扩张,广聘海内名家,教授伦理、国文、英文、算学、理化、历史、地理、体操、唱歌、图画等科。于理化一门尤所注重,已聘日本理科名家来华教授。

学额:本省百名,外省二十名。

学费:本省人不取,外省人每月收英洋二元。

膳金:无论本省外籍,每月均收制钱二千文。

入学年龄自十五岁起,至二十二岁止,三年卒业。

兹定于乙巳年二月内开学,有志入学者,望于二月初十前偕保人或携介绍书信来本公学报名,听候考验。必须身体强健,心地诚朴,志趣远大,国文通顺者,方为合格。此布。芜湖二街三圣坊安徽公学启。(《安徽俗话报》第十七期,科学图书社,1904年12月7日)

3月31日,陈独秀在芜湖创办《安徽俗话报》,由芜湖科学图书社发行,是辛亥革命前安徽地区第一家革命报纸,对当地青年人的成长影响颇大。

## 1905年(清光绪三十一年乙巳)　　年十四岁

2月,先生入安徽公学读书。

安徽公学原为"旅湘公学",由李光炯创办于湖南长沙。由卢仲农主持校务,赵声、黄兴、张继等人,都在该校担任过教员。1904年秋,迁回芜湖,易名"安徽公学"。所聘请的教员均系省内的革命志士和留日学生,以及日本的"理科名家"。由于创办人李光炯和卢仲农都倾向革命,所以当时提倡革命的人,多半麇集于此,先后在该校任事的有陈仲甫(独秀)、江彤侯、柏文蔚、刘光汉【编者注:即刘师培】、陶成章、苏曼殊、胡渭清、张伯纯等。影响最大的是刘光汉,他于1905年应聘来校,是时正因上海《警钟日报》被封,上海当局要逮捕他,因而避居于浙江平湖敖嘉熊家。来芜湖后,更名"金少甫",继续从事革命活动。(沈寂:《陈独秀传论》,第33页,安徽大学出版社,2007年7月第1版)

1905年2月,安徽公学于芜湖正式开学。初时分中学、师范两部,首批招生五十余名,都是皖南皖北各地有志革命的青年,于是教师与学生共倡反清革命。(沈寂:《陈独秀传论》,第46页)

此间,先生受教于陈独秀、谢无量、刘师培等名师,尤得刘师培喜爱。1958年,先生在整风运动中回忆道:

《安徽俗话报》创刊号封面

> 我自幼受到刘申叔、陈独秀过分的夸奖,助长了我的骄傲,刘先生说我的文章很像龚定庵,陈独秀说我是三百年中第一个人。一九一六年【编者注:应为"一九一七年"】,他做北大文科学长,就把我拉进北大。我那时候二十七岁,就在北大教起书来,那真是目空一切,把什么人都不放在眼内,我的权威思想、自高自大,发展到现在这个程度,真是根深蒂固,很不容易拔掉了。(《刘文典先生的第二次检查》整理稿,载《云南文史》2009年第2期,第46页)

刘师培,字申叔,江苏仪征人,1884年生于扬州。1905年3月,因在上海《警钟日报》鼓吹革命被通缉,逃往浙江嘉兴,后应陈独秀之

邀,携妻何震、母李汝萱赴芜湖,担任皖江中学、安徽公学、赭山中学等校教职,继续从事反清活动。据先生后来撰文回忆:

刘师培

这个中学校就其实际说来,竟是一个排满主义的传习所。请了一位排满排得最厉害的经学大师来当教员,这位先生是现代数一数二的鸿儒,经学、小学、文学都到了登峰造极的地位,就连比起余杭章先生来,也只能说是各有所长,难以分他们的伯仲。我那时候正是抱着"饥餐胡虏肉,渴饮匈奴血"的思想,在学校里"谈"排满"谈"得最起劲,做国文那就不用说了,地理、历史、伦理的课卷上总硬要扯上几句排满革命的话,所以这位先生也就最得意我,叫我到他家里去读书。他教人的方针只有八个大字,就是"寝馈许书,钻研萧选"。我初见他的时候,他就问我对于这两部书用过功没有。我说我全然不曾看过。他就先拿这个教我。这时候学校里的功课不完备极了,教英文的是个洋行小鬼,教数学的也不大高明,至于物理、化学、生理、博物、音乐等类的功课,竟是时有时无。历史、地理也是这位国文先生代授。他讲起历史来,只顾搜罗许多的异说,并没有甚么统系,编上古史竟用起罗泌的《路史》、马骕《绎史》的办法,讲到毕业,中国史才讲到秦。讲地理也是"……考""……说"居多,要不是历史地理的专家,难以得着益处。所以可学的唯有国文,其余的功课要学也无学起。

我于是拿立主意,委务积神的专学国文了。从此就和近世科学完全脱离关系,硬着心肠去"抗志慕古",这位先生也就越发赏识我。(刘文典:《我的思想变迁史》)

夏,陈独秀、柏文蔚在芜湖组建岳王会,是为安徽近代第一个资产阶级革命组织。秋冬间,在南京、安庆设立分会。

《柏文蔚传》中云:"……文蔚出走皖北,遍访张孟介、岳相如诸同志,与之约誓。到芜湖与李光炯、刘光汉等组织秘密机关于安徽公学中;又与陈仲甫立岳王会,招收少年有志之士……至是江淮间革命之根基益固。"(沈寂:《陈独秀传论》,第45页)

岳王会以安徽公学教员、学生为主体,先生等与之联系密切:

当时,安徽著名的革命志士及革命活动家,几乎都曾加入岳王会或与岳王会有密切联系,今可考者,除陈独秀、柏文蔚、常恒芳外,尚有倪映典、宋玉琳、薛哲、方刚、郑赞丞、吴旸谷、张劲夫、熊成基……刘文典、孙万乘、金维系等40余人。(张湘炳:《史海抔浪集》,第202页,天津社会科学院出版社,1993年1月第1版)

8月20日,同盟会在日本东京赤阪区灵南阪本金弥子爵的宅邸召开成立大会,推孙中山为总理,黄兴为执行部庶务。中国第一个资产阶级革命政党诞生。

9月24日,皖籍爱国志士吴樾在北京前门车站谋炸清政府派遣出洋考察宪政五大臣,伤镇国公载泽、商部右丞绍英等人,吴樾当场殉节。

冬,同盟会发起人之一吴旸谷由日本回国,先到南京与柏文蔚、倪映典、龚振鹏等人联系,动员岳王会会员加盟。

孙中山先生于1905年8月,在日本东京创立同盟会时,安徽的留学生虽有多人参加,但安徽当时除岳王会及其外围组织外,并无其它革命组织,因此,安徽地区的革命序幕应该说是由一批激情的爱国知识分子和岳王会拉开的。(张湘炳:《史海抔浪集》,第207页)

岳王会的大部分领导者,在吴旸谷回国以后,就接受了同盟会的政治纲领。正如常藩侯所说:"从日本回来的吴旸谷将孙先生的主张、组织章程和书籍都带回来啦!从此以后,就干得更有劲了。"就这点说,它是接受了同盟会的领导。岳王会的主要领导成员,除陈仲甫外,都参加了同盟会的组织,一般会员也就都算加盟了。(沈寂:《陈独秀传论》,第55页)

## 1906年(清光绪三十二年丙午)　　年十五岁

6月29日,因《苏报》案入狱的章太炎出狱,蔡元培等齐集工部局门口迎接。当晚,由同盟会总部特派代表迎往日本东京,主编《民报》。

夏,除陈独秀外,岳王会总会决议全体加入同盟会。

是时,皖省练新军,分步、马、炮、工、辎各营。宋芳滨充督练公所总办。吴旸谷、李纯安入炮营充学兵,炮营之官兵入会者约数十人。当是时,李光炯在芜湖办安徽公学,教员刘光汉在校鼓吹革命颇激,学生加入同盟会者甚多。合肥之孙品骖、倪映斗【编者注:原文如此,应为"倪映典"】、刘绍熙、许明生、刘文典,皆中矫矫者也。故安徽全省同盟会员,除寿县外,合肥特多。(《安徽清末大事记·辛亥庐州光复记》,见张湘炳、蒋元卿、张子仪《辛亥革命安徽资料汇编》,第339页,黄山书社,1990年1月第1版)

岳王会安庆分会会长常恒芳积极推动岳王会集体加入同盟会。他晚年曾回忆道:

丙午夏,(岳王会)总会决议接受吴旸谷、张钱仁之介绍全体加入同盟会,于(是)在各学校各机关者,另组织华族会,在军营

另组慰心会,是乃外围组织。(常恒芳:《石烈士劲武传》,载《安徽文献》第四卷第五期,1948年5月)

作为当时年轻革命力量中的积极分子,先生亦加盟。

> 我自幼从刘申叔先生读书,习闻所谓"内夏外夷"的"春秋大义",所以一听见东京成立同盟会,有人回国收揽会员,就争先加入了。(刘文典:《孙中山先生回忆片段》,载《云南日报》1956年11月12日第3版)

## 1907年(清光绪三十三年丁未)　　年十六岁

春,先生由安徽公学毕业,进入上海一教会学校读书,除英文外,殊无长进,遂决定留学日本。据先生后来回忆:

> 我一心相信梅文鼎的本领比 Boincaré【编者注:几何学分支拓扑学创立人之一】高,把学校里教的数学,不当一回事,物理、化学是一位日本人教了一个多月就停了的,其余的功课我也都不大热心,成绩自然很坏的。幸亏我这位本师把我的国文、地理、历史、伦理几门功课都评定成一百五六十分(凡讲排满的都另加几十分,不讲的扣几十分),所以平均起来勉强及格。毕了业,别人都有专门高等学校可进。可怜我几何、代数都不行,物理、化学全不懂,东考也不行,西考也不取,无论哪种的专门学校都不容我进门。我这时候才觉得世界虽宽,没有我容身之地,悔不该看轻了近世科学,但是已经迟了。鬼混了一阵,又跑到上海,进了个美国人的教会学堂,在这里没有古的可学了,天天除了学英文以外就是做礼拜。我是不信鬼神、厌恶宗教的,看着英文的面上,勉强到礼拜堂里随着大众喊一声"亚门",精神上很感苦痛的。我在这教会学堂里,除了英文略有长进以外,其他一无所得……这时候,我的那位本师因为被清政府拿急了,逃到日本

去了，我又厌恶这教会学堂里的"教气"，所以决意到日本去留学。（刘文典：《我的思想变迁史》）

2月13日，因受到清政府严密监控，先生本师刘师培携妻何震、姻弟汪公权并好友苏曼殊一道，赴日本东京任《民报》编辑。据《刘师培年谱》记载：

> 因在安徽公学用革命思想讲授历史和伦理学，公开宣传反满反清革命，引起清政府的注意，于是刘师培回扬州，并托胡渭清将一百名新近吸收的同盟会会员名册送上海交蔡元培先生。

《辛亥前安徽文教界的革命活动》称：

> 安徽公学员生在校内外积极地进行革命活动，风声很大，特别是刘申叔等在校内外公开宣传倒清，更为露骨，引起清廷东南疆吏的注意。据说，两江总督端方曾告知蒯光典，他打算拿办安徽公学革命党人，经蒯婉言解释，端方才没有下令实行。由于发生了这种情况，学校不免受到了影响，刘申叔等许多革命党人都呆不下去了，先后离开了芜湖，分往他处活动。（万仕国：《刘师培年谱》，第90页，广陵书社，2003年8月第1版）

6月10日，刘师培妻何震在东京创办《天义报》，是为中国第一个宣传无政府主义思想的杂志，"以破坏固有之社会，实行人类之平等为宗旨"，提倡女界革命和种族、政治、经济革命。

7月6日，光复会成员徐锡麟率巡警学堂学生数十人在安庆举义，击杀安徽巡抚恩铭，占领军械局，旋即失败。徐被捕就义。（刘望龄：《辛亥革命大事录》，第46页，知识出版社，1981年11月第1版）

## 1908年（清光绪三十四年戊申）　　年十七岁

5月，刘师培与章太炎决裂。关于两人决裂原因，众说纷纭，但根源均指向刘妻何震，据刘师培外甥梅鹤孙回忆：

舅氏与余杭章太炎氏学术既同,情好甚敦。因有不良分子造为诽谤,说"章炳麟外和内忌,游扬当道,有不利于孺子之心"等语,登诸报章。再经舅母加以饰词,舅氏引为大恨,遂向太炎绝交。太炎百计修好,舅氏都是置之不理,有信亦不复的。(梅鹤孙:《清溪旧屋仪征刘氏五世小记》,第48页,上海古籍出版社,2004年8月第1版)

何震诋毁章太炎,有说因章氏发现其与汪公权有染。章门弟子汪东在《同盟会和〈民报〉片段回忆》中说:

章太炎

刘是一个学者,终日埋头著作,又有肺病。他与妻子何震本是表兄妹,而汪公权又是刘的表弟,在日本时同住一起。何既好名,而又多欲。她一面利用刘能写文章,替她出名办了一种月刊(是否即《天义报》记不清),提倡女权,并带无政府色彩;一面又对刘不满足,行为放荡。汪趁此勾引,与何发生了关系。那时章太炎从民报社迁居刘处,于无意中发觉了汪何的秘密,便私下告诉刘,刘的母亲也听见了,非但不信,反大骂章造谣,离间人家骨肉。这事声张开来,汪、何二人当然恨之切齿,尤其是汪。(万仕国:《刘师培年谱》,第151页)

先生则认为:

章先生刘先生之翻脸,平心说来,完全怪刘先生,章先生能这样的不念旧恶,古道热肠,真令人可钦可感。(刘文典:《回忆章太炎先生》,载《文汇报》1957年4月13日)

年底,先生东渡日本,拜谒刘师培。而此时,刘师培已变节投靠清吏端方,充当暗探,破坏革命。

1908年2月,刘师培返回日本东京,充当端方暗探,并且续办更为激进的《衡报》,鼓吹无政府主义革命。同时组织齐民社,举办世界语讲习所。(张研:《1908帝国往事》,第125页,重庆出版社,2007年5月第1版)

据先生回忆:

我到日本之后,见了我的本师,谁知他那时候已经宗旨大变,提倡极端的 Anarchism【编者注:无政府主义】,学习 Esperanto【编者注:世界语】,不大热心讲中国的旧学,我十分的扫兴,也不常去请教。不久,他又回上海去了。(刘文典:《我的思想变迁史》)

先生留学日本,就读于何校,目前并未见第一手资料。先生本人只说求学于日本,并未说明学校名称。1920年,先生曾回忆初到日本求学的经历:

我对于各种科学都很不行的,要想考进高等专门学校,去学那最有用的农、工、医、理是无望的。学法律、政治、经济倒勉强能行,而我又不愿意。我觉得农、工、医、理等科都是要规规矩矩循序渐进的,我是干不来了,唯有哲学、文学是个虚无缥缈间的空中楼阁,可以凭我去遐想并不要用甚么苦功。算起来还是这条路最不费力,又最容易见长,所以到了日本之后,也并不肯去补习数学理化考投高等专门。一心只要去做那不费力就能成功的哲学家、文学家。(刘文典:《我的思想变迁史》)

一般认为,先生曾就读于早稻田大学,但似乎并未取得文凭,北京大学吴小如教授在回忆林庚(字静希)时曾提到:

同静希师谈话是从当前师资青黄不接的情况开头的。静老慨叹道："当年我在清华大学读书时,教我的老师如刘文典、陈寅恪这些大师,都没有文凭。"(吴小如:《记两位老师的谈话》,载《文学自由谈》1996年第4期)

留日期间,先生大量购买《哲学概论》、《宇宙之谜》、《生命之不可思议》等西洋哲学书籍,深入学习西洋哲学知识。先生后来曾回忆:

我就在日本沿门持钵,疗我头脑子的饥饿,今天从人学这样,明天从人学那样。日本买书极其方便,我就把听见过名字的人的著作,买了许多,查着字典读着,读来读去,总是个"不懂,不懂"。我这时候却不敢轻视西洋哲学、说他肤浅了。然而"不懂"依旧是"不懂"。得便了有人指教我,说"这样乱看,便看一百年也是枉然",教我先看一两部哲学概论,再看一两部哲学史。我遵他的吩咐,读了一部Jerusalem的哲学概论、Windelband和Webe的哲学史。这才算模模糊糊的晓得了哲学是件甚么东西,里面有多少问题,古来哲学家解决这些问题是个甚么态度。看见书上常说到生物进化的话,不懂进化论究竟是怎么一回事,拿起Darwin的《种源论》,看不出味来,后来读了日本人丘浅次郎和石川千代松的略的晓得一点,后来又寻着了Heackel的《宇宙之谜》和《生命之不可思议》两部书,读了真是无异"披云见日",把我所怀疑不解的问题,确实解决了几个。我从此才真晓得近世科学的可贵,晓得哲学万离不了生物学,晓得国家社会的一切问题都要依据生物学来解决,才晓得不但是中国的学,就连学西洋那些"没有科学上根据的哲学"都是不中用的。我的世界观、人生观从此就略略定了,枝叶上虽然也学着时髦,时时有些变化,根本上却从来没有生甚么动摇。我从此把历史上遗留下来的、思想上的枷锁一齐都扭脱了,承传的谬说和因袭的思想都打破了,只仗着理性

的光明,不怕他四围的黑暗。(刘文典:《我的思想变迁史》)

11月14日,清光绪帝载湉死。翌日,慈禧太后那拉氏死。清廷立醇亲王载沣之子溥仪即位,由载沣监国。

11月,刘师培回国,一面参加上海革命党人活动,一面将革命党的密议向端方报告。翌年4月,刘师培劣迹败露,由沪至宁,公开出入端方府邸。

## 1909年(清宣统元年己酉)　　年十八岁

4月,上海革命党人张恭谋划举义,不料因消息被泄露而被捕。革命党人王金发查出消息系刘师培、汪公权泄露,遂将汪公权暗杀。

6月,清政府任命两江总督端方为直隶总督兼北洋大臣。刘师培随之北上。章太炎除托人切责何震外,又专门致函刘师培,劝其远离官场、专心学术,但未得任何回应。

## 1910年(清宣统二年庚戌)　　年十九岁

2月,光复会总部在东京成立,章太炎任会长,陶成章任副会长,创办《教育今语杂志》作为机关报,正式与同盟会决裂。

夏,黄侃创办《学林》,刊登章太炎《文始》、《封建考》、《五朝学》、《信史》、《思乡愿》、《秦政记》、《秦献记》、《医术平议》等重要著作。《学林》社设于"日本东京小石川区小日向台町一丁目四十六番地"。

此间,先生经人介绍结识章太炎,遂成为章门弟子,随之研习经学、小学。据先生后来回忆:

> 我从章太炎先生读书,是在前清宣统二三年的时候。那时章先生住在日本东京小石川区,门口有一个小牌牌,叫作"学林社"。我经朋友介绍,去拜见他。章先生穿着一身和服,从楼上走下来,我经过自我介绍之后,就说明来意,要拜他为师。他问我

从前从过什么师？读过什么书？那时候，我明知道他和我本师刘申叔（师培）先生已经翻脸，但是又不能不说，心里踌躇了一下，只好说："我自幼从仪征刘先生读过《说文》、《文选》。"他一听我是刘先生的学生，高兴极了，拉着我谈了几个钟头，谈话中间对刘先生的学问推崇备至。他忽然又想起来说："是了。申叔对我提到过你。"从那天起，我就是章氏门中的一个弟子了。（刘文典：《回忆章太炎先生》）

应中国留学生之请，章太炎于1906年9月成立国学讲习会，在编辑《民报》之余讲授国学。1908年7月，在女婿龚未生等人的恳请下，又在《民报》社寓所特开一班，为鲁迅等人讲学。据许寿裳回忆：

（章太炎）先生东京讲学之所，是在大成中学里一间教室。寿裳与周树人（即鲁迅）、作人兄弟等，亦愿往听。然苦与校课时间冲突，因托龚宝铨（先生的长婿）转达，希望另设一班，蒙先生慨然允许。地点就在先生寓所——牛达区二丁目八番地，《民报》社。每星期日清晨，前往受业，在一间陋室之内，师生席地而坐，环一小几。先生讲段氏《说文解字注》、郝氏《尔雅义疏》等，神解聪察，精力过人，逐字讲释，滔滔不绝，或则阐明语原，或则推见本字，或则旁证以各处方言，以故新谊创见，层出不穷。即有时随便谈天，亦复诙谐间作，妙语解颐，自八时至正午，历四小时毫无休息，真所谓"诲人不倦"。其《新方言》及《小学答问》两书，都是课余写成的，即其体大思精的《文始》，初稿亦起于此时。这是先生东京讲学的实际情形。同班听讲者是朱宗莱、龚宝铨、钱玄同、朱希祖、周树人、周作人、钱家治与我共八人。前四人是由大成再来听讲的。其他同门尚甚众，如黄侃、汪东、马裕藻、沈兼士等，不备举。（许寿裳：《章太炎传》，第60页，百花文艺出版社，2004年7月第1版）

先生随章太炎问学,应在许寿裳所说国学班之后,因而与鲁迅等人虽为同门,但并未同窗。据先生自述:

> 我和鲁迅是先后同门,他从章太炎先生学在先,我从太炎先生学在后,所以在太炎先生家里我和他不曾会见过。不过,我从他的同乡中晓得他。他们弟兄在日本的时候,我所知道的有两点:第一,周氏弟兄都不喜欢说话;第二,他弟兄两个随时都是口不离糖,以至饭都很少吃。鲁迅那时还不抽纸烟,后来可吸得多了,一天几包。那时,一般朋友的看法都说周氏弟兄中,周作人的西洋文学较好些,中国的旧学,鲁迅要学得好些。因为周作人是日本京都立教大学学生,该校的教授多为美国人,所以他的英文较好。其实,这种看法并不十分对。我那时对他弟兄不了解,所以也跟大家的看法差不多。(刘文典:《回忆鲁迅》,见《鲁迅逝世廿周年纪念特刊》,第8页,云南大学中文系,1956年10月)

10月11日,于右任在上海创办《民立报》。辛亥首义后,先生进入该报工作。据《于右任年谱》记载:

> 这天,于右任在上海手创的第四个报纸——《民立报》,在上海中国区商会会长沈缦云及王一亭、李平书、张静江、叶惠君等合力支持下,正式出版。除继续发扬《民呼》《民吁》两报的精神与特色外,更注意报道国际局势,并特辟专栏分析世界大事经纬。当时,全国知名之士如:宋教仁、张季鸾、吕志伊、章行严(士钊)、范鸿仙、徐血儿、邵力子、叶楚伧、杨千里、马君武、朱宗良、景耀月、王无生、康宝忠、吴忠信、陈英士、钱病鹤、但杜宇、李浩然等,均先后与闻《民立报》事,或主笔政,或为特约记者,人才济济,阵容空前强大。当时预备立宪运动,如火如荼地在各处进行;国民革命的风潮,更形澎湃,《民立报》的出现,使革命党在全国的声势,为之一振。同盟会会员来往日本、南洋、香港、广州及汉口

等地者,多以《民立报》为联络中心。因此,《民立报》的地位,也日益重要。(刘凤翰:《于右任年谱》,转引自蒋永敬编著《范鸿仙年谱》,第37~38页,台湾"国史馆",1996年6月第1版)

## 1911年(清宣统三年辛亥)　　年二十岁

4月27日,黄兴、赵声发动广州起义,攻入两广总督衙门,翌日失败,死难86人,由革命党人潘达微殓收烈士遗骸72具,葬于城郊黄花岗,史称"黄花岗七十二烈士"。

5月18日,清政府任命端方为督办粤汉、川汉铁路大臣。刘师培夫妇随其共赴四川。

10月10日,武昌新军起义,辛亥革命爆发。消息传到东京后,章太炎中断讲学,先生亦当即回国,到达上海。据先生后来回忆:

> 记得有一天下午,章先生正拿佛学印证《庄子》,忽然听见巷子里卖号外,有一位同学买来一看,正是武昌起义的消息,大家欢喜得直跳起来。从那天起,先生学生天天聚会,但是不再谈《说文》、《庄子》,只谈怎么革命了。因为我忙着要回国,坐车到神户赶一只船,来不及辞行,就先走了。(刘文典:《回忆章太炎先生》)

先生回国后,进入《民立报》,任编辑和英文翻译,笔名"刘天民"。与于右任、邵力子等共事。

据于右任手订的《神州发起人及神州、民呼、民吁、民立报之编辑人与经理人追忆录》记载,《民立报》编辑部和经理部的人员名单及简介如下:

**编辑部**

| 王无生 | (毓仁) | | 江苏人 |
| 宋教仁 | (钝初) | 笔名渔父 | 湖南人 |
| 李梦符 | 岳瑞 | | 陕西人 |

| | | | | |
|---|---|---|---|---|
| 汪允中 | | | 笔名寂照 | 安徽人 |
| 范鸿仙 | （光启） | | 笔名孤鸿 | 安徽人 |
| 康宝忠 | （心孚） | | 笔名窖 | 陕西人 |
| 谈善吾 | | | 笔名老谈 | 江苏人 |
| 王麟生 | （炳灵） | | | 陕西人 |
| 马君武 | （和） | | | 广西人 |
| 吕志伊 | （天民） | | | 云南人 |
| 邵仲辉 | | | | 浙江人 |
| 叶楚伧 | | | 笔名小凤 | 江苏人 |
| 章行严 | | 特约记者 | | 湖南人 |
| 王印川 | （月波） | | 笔名空海 | 河南人 |
| 陈英士 | （其美） | 特约记者 | | 浙江人 |
| 张季鸾 | （炽章） | 译日文 | | 陕西人 |
| 陆冠春 | | | 笔名秋心 | 江苏人 |
| 杨千里 | （天骥） | | 笔名东方 | 江苏人 |
| 徐天复 | | | 笔名血儿 | 江苏人 |
| 李伯虞 | （寿熙） | 编地方新闻 | | 陕西人 |
| 周锡三 | | 译英文 | | 广东人 |
| 刘文典 | （叔雅） | | | 安徽人 |
| 朱宗良 | （绳先） | | | 浙江人 |
| 王伊文 | | 特约记者 | | 河南人 |
| 景耀月 | | | 笔名帝召 | 山西人 |
| 黄健六 | | | 笔名田光 | 安徽人 |
| 覃寿堃 | （孝方） | | | 湖北人 |
| 张韦光 | | 画家 | | 山阴人 |
| 钱病鹤 | | 画家 | | 湖州人 |
| 江绮云 | | 画家 | | 湖州人 |

| 吴子敬 | | 会计 | 泾阳人 |
| 孙芷沅 | | | 三原人 |

**经理部**

| 吴礼卿 | （忠信） | 总经理代理社长 | 安徽人 |
| 王步瀛 | | 经理 | 江苏人 |
| 童弼臣 | | 经理 | 浙江人 |
| 朱少屏 | （名葆康） | 经理 | 上海人 |
| 黄春山 | | 会计 | 河南人 |
| 林景 | （少和） | | 四川人 |
| 谢孟军 | | | |
| 林志华 | | | 上海人 |

（刘延涛：《民国于右任先生年谱》，第35～37页，台湾商务印书馆，1987年2月第2版）

11月16日，光复会元老章太炎自日本回国，住在上海哈同花园。

11月17日，端方在四川资州被部将所杀，投靠端方的刘师培被资州军政分府拘捕。先生为之积极奔走，恳求章太炎等人参与营救。据先生回忆：

  章先生不久也就回国，住在上海哈同花园里，我因为太忙，只去看过一次，是为刘先生的事。那时候，申叔先生正在端方的幕府里，端方被杀后，刘先生的下落不明。我怕刘先生有危险，求章先生打电报给四川都督尹昌衡，章先生不待我说，慨然说道"我早有电报"，并且把电稿给我看。我记得电文上有这几句话："姚广孝劝明成祖：殿下入京，勿杀方孝孺，杀孝孺则读书种子绝矣。"又说："申叔若死，我岂能独生？"他又约蔡元培先生联名在上海报上登一个广告，劝申叔先生到上海来，后来听说谢无量先生把刘先生接到成都，在存古学堂教书。章先生才放了心。（刘文

典:《回忆章太炎先生》)

12月1日,章太炎发表宣言,认为不应拘执党派之见而杀刘师培。内容应当就是他向先生展示的电报全文:

> 昔姚少师语成祖云:"城下之日,弗杀方孝孺。杀孝孺,读书种子绝矣。"今者文化陵迟,宿学凋丧。一二通博之材,如刘光汉辈,虽负小疵,不应深论。若拘执党见,思复前仇,杀一人无益于中国,而文学自此扫地,使禹域沦为夷裔,谁之责耶?(万仕国:《刘师培年谱》,第204页)

后来,章太炎、蔡元培又联合声明如下:

> 刘申叔学问渊深,通知今古,前为宵人所误,陷入范笼。今者民国维新,所望国学深湛之士,提倡素风,保载绝学。而申叔消息杳然,死生难测。如身在地方,尚望先通一信于国粹学报馆,以慰同人眷念。章太炎、蔡元培同白。(章太炎、蔡元培:《求刘申叔通信》,载《大共和报》1912年1月11日,转引自万仕国《刘师培年谱》,第207页)

12月25日,孙中山离开日本,回到上海,首访《民立报》,并为之作中英文题字。先生时在《民立报》任编辑,首次晤见孙中山。

> 十一月六日【编者注:此为阴历】,国父归国抵沪,首访(于右任)先生于报馆,并亲笔为《民立报》作中英文题字。中文赠词为"戮力同志",英文赠词为"Unity"。嗣在南京临时政府成立后,更颁发旌义状。(刘延涛:《民国于右任先生年谱》,第28页)

《民国于右任先生年谱》所录孙中山题字细节有个别出入,可参见先生的《孙中山先生回忆片段》一文:

> 辛亥革命,中山先生回国,就被推举为临时大总统。后来我在上海《民立报》馆当编辑和英文翻译,有一天中山先生到报馆

里来,大家一齐围着他,中山先生发表了一段简单的谈话。邵力子先生请他写几个字,要做铜板在报上登,中山先生拿起一张便条写了"戮力同心"四个字,又请他写英文,他拿起毛笔又写了"'Unity' is Our Watchword"四个字。后来,我把这两张便条珍重地保存起来,夹在一本书里,视如宝笈。可惜卢沟桥事变后,藏书荡然无存,这两张墨宝也化为飞灰了。(刘文典:《孙中山先生回忆片段》)

12月31日,《民立报》刊登孙中山先生中、英文题词。

《民立报》刊登先生为该报之中、英文题词。中文题词为"戮力同心"。英文题词为"'Unity' is Our Watchword"。(陈锡祺:《孙中山年谱长编》上册,第609页,中华书局,1991年8月第1版)

## 1912年(民国元年壬子)　　年二十一岁

1月1日,孙中山在南京宣誓就任中华民国临时大总统。当日,《民立报》刊登淮上军总司令张汇滔向范鸿仙及先生求援电报,全文如下:

民立报馆范鸿仙、刘天民两兄钧鉴:袁贼又派倪嗣冲于议和期内,乘我不备,围攻太和、颍州,毒击大炮,民兵死伤千余人,详情已另电,望两兄主持清议,严加诘问。再淮上国民军现编一镇,务祈设法接济,不胜盼祷。张孟乙叩。(《民立报》1912年1月1日,转引自张湘炳、蒋元卿、张子仪《辛亥革命安徽资料汇编》,第370页)

张汇滔,字孟介,安徽寿县人。武昌首义成功后,张汇滔、袁家声等人积极响应,光复寿州,并成立淮上革命军,胜利进入颍州。不久,袁世凯亲信倪嗣冲自安徽太和突攻颍州,肆行残杀,颍水为之染色。

据王子宜《辛亥淮上军起义》记载:

> 辛亥年阴历十月初,向西进军的淮上军张汇滔部,与先期光复颍州的淮北国民军会合,胜利进入颍州。但不久,即遭到新任河南布政使倪嗣冲猛烈反攻,双方激战数日,颍州陷落。张夜半缒城突围,经颍上回寿州。是时,总司令王庆云赴柏文蔚第一军求援未归,职务交李义冉代理。李义冉以局势紧张,故紧闭寿州城门,旋派葛玉斋赴城外向张汇滔解释误会。

**淮上军总司令张汇滔**

张入城,李即辞去代理职务,总司令一职改由张汇滔接任。(安徽省政协文史资料研究委员会等:《淮上起义军专辑》,第49页,1987年1月第1版)

1月12日、17日,安徽省内革命形势趋紧,向先生求援者甚多。此间,《民立报》曾多次刊登启事,提醒先生及时到报馆收信。

> 本馆每日接到转递信件甚多,苦于无暇投送,爰隔日将姓名登列本栏,本人可携带名刺来馆自取。(《民立报》1912年1月17日)

2月2日,先生同乡好友、《民立报》主笔范鸿仙募集五千精兵,成立铁血军,并发布《铁血军总司令范光启宣言书》,主张北伐。后来先生曾评价道:

先生才略纷纭,智能命世,江淮豪俊,多相亲附。既自负壮志,且欲扬鞭曜甲,与群雄并驱争先,夙于江皖之间,结殖根本。至是乃请于大总统孙公,募壮士五千人,号铁血军,自将之。搜讨军实,简练甲兵,为北定中原计。会和议成,南中诸军皆放仗,先生流涕太息曰:"伪孽虽去,袁贼未枭,北庭诸将,各仗强兵,跨州连郡,人自为守,而无降心,今权一时之势,以安易危,共和之政,不三稔矣!"遂以军事属龚振鹏,躬还上海,杜门悬车,跌宕文史,皖人数推为省帅,袁氏屡诱好爵,并称疾不起。(刘文典:《范烈士鸿仙先生行状》,载安徽省立图书馆馆刊《学风》第五卷第十期,1935年12月1日)

2月13日,孙中山向临时参议院提出辞呈,并推荐袁世凯继任临时大总统。

2月14日,《民立报》刊发淮上军总司令张汇滔关于颍州失守详细情形致先生等人急电。全文如下:

民立报馆范鸿仙、刘天民两兄鉴:

颍州失守详细情形,请摘录报端。

徐统制、孟介于十月初四移兵向颍,父老郊迎十八里,整队入城,一枪未鸣,秋毫无犯。部署略定,即谒孔子庙,设招贤馆,开演说会,宣布起义宗旨。于军令持之尤严,兵士有擅取学堂床席违令者,饮酒恣肆因而口角者,各杖数百。陈排长讹索居民,徐统制查获,拟斩。各军官哀求,乃责一千,处以监禁。及倪嗣冲于念一日,由太和突攻颍州,美教士伏格思、颍绅李云卿、吕淮济、赵坪堦等奔驰两军间,极力议和。正待解决,马营高队官放出城,被倪军攻击死。暮,丐负尸入城,倪后竟焚其棺。

城陷之日,肆行屠戮,以剪发为革命军符号,杀之无遗。其最残酷者为正阳李恕斋,断臂、刖足、破胸、倾肠,而后决首。凡系市人,无论行商贾客,必搜杀之始快。如此凶蛮,凡有血气者皆当枭倪之首,以为无人道者戒,且在南北停战期内,并在我军议和期内。倪贼倘承受,断不敢弃毫公法而不顾。万恳临时大元帅及各省大都督严重诘责袁世凯,俾海内人士知背约挑战之公敌在者也,淮上幸甚。(《民立报》1912年2月14日,转引自张湘炳、蒋元卿、张子仪《辛亥革命安徽资料汇编》,第394页)

5月,先生与表妹张秋华结婚。据刘平章口述:

> 刘文典1912年左右与张秋华结婚,那时他刚刚从日本回到国内,在上海《民立报》任英文翻译和编辑。夫人张秋华是安庆人,与之有表亲关系,两人自小相识,青梅竹马。张秋华读过师范,熟知诗书,与刘文典算得上兴趣相投,两人婚后琴瑟和鸣,相濡以沫,幸福异常。(章玉政:《狂人刘文典:远去的国学大师及其时代》,第206页)

**刘文典与夫人张秋华合影**

先生晚年曾填词《浣溪沙》赠张秋华,未收入《刘文典全集》和《刘文典全集补编》:

> 小字真堪唤丽华【先生注:陈后主宠妃张丽华与卿姓字仅差一字】,丰肌隐约映轻纱,晚妆脸色乱莲花//鬟重半遮眉际月,香红初晕靥边霞,教人那得不思家。【先生注:词中所谓丰肌,所谓

屠,皆写实也】(据刘文典手稿整理,原件现存安徽大学刘文典纪念室)

8月25日,同盟会联合统一共和党、国民共进党、共和实进会、国民公党组成国民党,推选孙中山任理事长。孙中山委任宋教仁为代理理事长。

11月16日,袁世凯通令全国,凡倡言"二次革命"者,"即行按法严惩"。(刘望龄:《辛亥革命大事录》,第69页)

## 1913年(民国二年癸丑)　　年二十二岁

2月15日,宋教仁抵达上海,沿途到处发表演说,批评时政,极力鼓吹政党内阁制。(刘望龄:《辛亥革命大事录》,第70页)

3月中旬,袁世凯派人刺杀宋教仁,找错门致先生手臂中弹。据曾听母亲讲述此段经历的刘平章口述:

> 刘文典放下手中的书,起身打开了门。正准备询问来者何人、所为何事,没想到还未看清对方的面容,就听见一声枪响,一颗子弹呼啸而过,擦过刘文典的臂膀,鲜血顿时直流。
>
> 凶手迅速消失在浓浓的夜幕之中。由于时局动荡、受伤不重,刘文典没敢大肆声张此事。没想到,几天之后,就传来了渔父宋教仁被暗杀的消息。后经了解,凶手暗杀的目标原本就是宋教仁,不巧因夜黑路弯找错了门,结果让刘文典虚惊一场。

(章玉政:《狂人刘文典:远去的国学大师及其时代》,第46页)

关于此段经历,以往记载均说:"1912年3月20日,国民党理事长宋教仁在上海火车站被刺,同行的刘文典手臂,亦被子弹击伤。"但遍查宋教仁遇刺前后资料,均未提及先生姓名。

3月20日,宋教仁遇刺于上海北火车站,两日后不治而逝:

> 年初国会议员选举揭晓。国民党议席在参、众两院中为各

党之冠。在总共870席次中,国民党392席,共和、统一、民主三党(旋合组进步党)计223席,其余则为跨党者及无所属。因此,国民党议席之多,除跨党的不计外,还可压倒其余三党。此为宋教仁拼命造党,拟造成有力的政党,和袁世凯及其他敌党作宪政的竞争。故宋在选胜后,便以组织政党内阁以自任,沿长江各城市到处演说,对于时政得失,尽意发挥;但仍主张将来正式总统以选袁为宜,内阁则以在国会占有多数议席的政党组成。不意三月二十日午后十时,宋拟乘沪宁车北上时,在上海车站被刺,至二十二日去世。二十三、四等日捕获凶犯武士英(即吴铭福)及谋杀犯应夔丞(即应桂馨),并在应宅搜得谋杀证据多种。乃知谋杀犯中尚有北京国务院秘书的洪述祖,和国务总理赵秉钧,并且与袁总统有关。于是举国人心震动。(蒋永敬:《范鸿仙年谱》,第97页)

宋教仁遇刺后,先生和范鸿仙等人在《民立报》连续撰文,追缅逝者,声讨凶手:

宋教仁被刺案发,继之以袁政府卖国之"善后大赔款"暴露,举国群情愤慨。孙中山及多数国民党人均主张武力讨袁,鸿仙尤力,盖激于国家之公义及遁初之私谊也。然黄兴、陈其美等一部人则寄望于"法律解决",以此分歧犹疑而迁延。《民立报》乃率先发难,口诛笔伐,声讨主凶首恶袁世凯、赵秉钧之罪恶。鸿仙连稿致讨,笔锋直指"袁贼""杀人卖国,无法无天。明目张胆,反叛民国"。声明"与恶政府不共戴天",号召全党同志与全国同胞"牺牲吾人宝贵之碧血,以刷新共和之颜色"。一时讨袁之声,海内翕然。(许华:《范鸿仙传》,见合肥市政协文史资料委员会《范鸿仙》,第8页,安徽人民出版社,1989年7月第1版)

此间,先生与范鸿仙等革命党人来往密切,经常聚会,密谈国事,据亲历者许传经回忆：

> 大约在1913年左右，先父许应午因被袁世凯通缉，举家由安徽合肥故乡避居到上海法租界。初到不久，我曾随父亲到范（鸿仙）烈士家中去过。当时范家住在上海法租界戈登路，以后又迁居到法租界民赖达路新民里，与我家相隔只有一条巷子。我小时常到范家与范烈士儿子范天平在一起玩耍，见范烈士除会客外，总是坐在书房内，不是看书，就是执笔。当时常到范家的党人有于右任、邵力子和叶楚伧等。此外，还有安徽同乡同盟会员吴忠信、刘文典、殷芝露、金维系、高季堂等前辈。（许传经：《范鸿仙烈士死难的回忆》，见合肥市政协文史资料委员会《范鸿仙》，第27页）

5月23日，先生长子刘成章生于上海。据先生后来回忆：

> 亡儿以民国二年五月二十三日生于上海，幼而聪慧，三岁时识字百余。弟见其早慧，即深忧其不寿，惟私幸其赋性端谨和厚，或可长成年。八岁入小学，颇工绘事，时北京大学画法研究会初次开展览会，亡儿画《雪景》、《耕牛》二图，为李毅士先生所激赏，特许陈列，观者无不称赞。十岁时偶见（张）秋华读顾太清《东海渔歌》，即能依仿填成《江南好》八阕，李辛白先生夫妇深器异之，然亦忧其不克永年，时以为言。（刘文典致胡适函，见耿云志主编《胡适遗稿及秘藏书信》卷三九，第739～741页）

7月14日，先生与范鸿仙等赴安徽芜湖，决议成立讨袁第一军、第二军，酝酿讨袁行动。两日前，李烈钧在湖口宣布江西独立，通电讨袁，"二次革命"正式爆发。

> 及7月12日李烈钧独立于湖口，传檄讨袁。孙中山急令上海、南京响应，尚未举，（范）鸿仙即力疾再返皖。途中闻南京举

义,益奋。1(5)日偕管鹏抵芜湖,即日动员驻军第二旅宣布芜湖独立。盖该旅系鸿仙旧部龚振鹏部,故虽龚因事在宁,鸿仙亲至,振臂一呼,官兵莫不踊跃听命。鸿仙即以龚振鹏之名义宣布起兵讨袁。龚自宁返,与来芜湖佐之郑赞丞、张孟介及芜各界,一致公推鸿仙为安徽都督,管鹏为民政长,均辞不就。(许华:《范鸿仙传》,见合肥市政协文史资料委员会《范鸿仙》,第9页)

宋教仁先生被刺后,激起了南方各省都督、党人和旅外华侨的无比义愤,同声讨袁。安徽都督柏文蔚率领驻在芜湖旅长龚振鹏,驻在当涂旅长张子纲等宣告独立,通电联合讨袁。在芜湖召开了由上海来芜党人范鸿仙、刘天民、殷之辂等参加的会议,决定扩编张旅为讨袁第一军,军长张子纲;扩编龚旅为讨袁第二军,军长龚振鹏。(夏仲谦:《安徽讨袁军始末》,见《淮上起义军专辑》,第91页)

据管鹏回忆:

管(鹏)往芜湖,至芜之日,范鸿仙亦自上海至,互告消息,即决于次晨(十五日)以龚旅长名义,宣布讨袁;龚在寿州未回,暂以营长陈紫宣(应为程芝萱)代行职权(陈后遁入佛门,名洪伞,为西湖高僧)。张永正团长亦在宣城誓师,并率兵来芜相助。分遣范玉田等往击孙多森(安庆),遇孙兵于大通,击败之。并夺获兵舰两艘。(管鹏:《安徽革命纪实》,见蒋永敬《范鸿仙年谱》,第109页)

据刘平章口述,文中"洪伞"与西湖高僧"弘伞"疑为同一人。弘伞,俗名程中和,早年曾任军职,积极参加"二次革命",后出家,历任杭州招贤、虎跑诸寺主持,与弘一法师来往密切。解放后,挂单昆明筇竹寺,曾作为昆明佛教徒代表出席中国佛教协会成立会议,与先生偶有接触。"反右"开始后,弘伞境遇凄惨,不知所终。

7月27日,先生好友范鸿仙等赴安徽安庆,协助安徽都督柏文蔚讨袁。

27日,柏文蔚携胡万泰返回安庆,就任都督和安徽讨袁军总司令职。柏文蔚回任皖督以后,范鸿仙偕管鹏、郑赞丞等相率来归,全力支持柏文蔚讨袁。柏、范、管、郑等随即召开秘密军事会议。会上,柏文蔚提出兵分三路出师讨袁。一路以胡万泰率该师西出太湖,与北洋军作战;一路以龚振鹏率所部,西出颍上,抵敌倪嗣冲;一路以张孟介率淮上军为主力,北伐中原。(史全生:《陆军上将范鸿仙烈士略记》,见南京市政协文史资料研究委员会《南京文史集萃·范鸿仙专辑》,第206～207页,江苏古籍出版社,1990年12月第1版)

此间,先生亦积极奔走,掀起"二次革命"的新浪潮。据刘平章口述:

"二次革命"枪声刚响,刘文典就参与了进去。尽管平时只懂得拿笔杆子,不能亲自上阵持枪杀敌,但刘文典依然在这场反对独裁、反对倒退的革命行动中,给自己找了一个合适的位置——运送伤员。

据说,当时革命党人里广为谈论的一个经典场景便是:文质彬彬的刘文典一袭长衫,驾着马车穿行于战场之中,四处寻找、抢救、运送伤员,用果敢的行动印证着"国家有难,匹夫有责"的热血豪情。(章玉政:《狂人刘文典:远去的国学大师及其时代》,第48页)

8月6日,胡万泰发动安庆兵变,安徽都督柏文蔚等避走芜湖、南京等地。据柏文蔚回忆:

余返皖后,表面上可算统一,而内容袁探满城,危险万状。

无何，而管、范、张、郑、凌诸皖籍党人，联翩而至，余甚欣幸。因委龚维鑫为都督府参谋长，代行都督职权；委管鹏为内务司司长，代行民政长职权。余仍赴前线，督师北伐。部署就绪之次日，得克公密电，谓"大势已去，无能为役，弟已他往，望兄相机隐退，留此身以待后用。"无何，葛应龙、端木横生亦来电告，大旨相同。余虽严守秘密，而外间已颇有风声。胡万泰面带喜色来见，问南京情状。余曰："无事。"胡摇手曰："不然，闻克强逃走了，城内秩序不好。"词色之间，颇有异状。余急以利害止之。至是，胡万泰杀余之念始绝。（柏文蔚：《柏烈武五十年大事记》，见安徽省政协文史资料研究委员会《纪念柏文蔚先生》，第47页，1986年5月印）

据管鹏回忆：

> 文蔚初至安庆，鄂来兵舰即叛去助敌攻浔。又迟数日，上游败耗益急。张永正、龚振鹏所遣助赣之师亦先后败退，万泰在省亦益无忌惮，乃于某月某日（八月六日）公然背叛。先以电话限令柏督于本日十二时离皖。柏督尚筹抵御，继因东门外某军速令先走。胡率叛兵，果于十二时围攻督署，柏乃仓促渡江，乘民船东下，与龚振鹏共守芜湖。继由南京调来生力军一旅，旅长常守坤（昆），同志中健将也。数败敌舰后，上游（芜湖上游二十五里）大敌水陆并下，又有胡万泰、顾琢塘向导。守坤分头应战，往来指挥，战酣时，守坤策马渡港河，水深溺毙，全军退败。是时柏文蔚已赴南京（按：在八月二十日），龚振鹏、张守正孤军守芜、宣，至南京陷落（九月一日陷）后方散去。（管鹏：《安徽革命纪实》，见蒋永敬《范鸿仙年谱》，第117～118页）

是时，安徽都督府秘书长陈独秀在芜湖被龚振鹏扣押，生死系于一线。对于此事详细经过，柏文蔚曾写有回忆：

> 是时，叛将胡万泰、顾琢塘降敌后，即率队追余残部，团长常

守昆在荻港死之。先是有人报告余曰："龚振鹏由正阳关回芜湖以来态度大变,惨杀无度,每日枪决民众不可胜数。英领因每日枪声不绝,出而干涉,盖亦恶其不人道也。都督府秘书长陈仲甫(即独秀)因其残暴,痛斥其非;袁师长家声,亦以良心不许,委婉讽劝,均遭绳绑,正拟枪决,而以张旅长永正迫以兵力,稍敛淫威,未下毒手,而陈、袁已饱受惊吓矣。"(柏文蔚:《柏烈武五十年大事记》,见安徽省政协文史资料委员会《纪念柏文蔚先生》,第50页)

陈独秀被龚振鹏扣押期间,先生联络各方力量,积极奔走营救。据高语罕回忆:

曾记得,二次革命失败,先生从安庆逃到芜湖,被芜湖驻防军人逮捕。这位军人本是和柏公同立在反袁旗帜之下的,不知因何事与柏不谐,而迁怒于先生,已经出了布告,要枪决先生,先生很从容地催促道:"要枪决,就快点罢!"旋经刘叔雅、范鸿偃【编者注:应为"范鸿仙"】、张子刚【编者注:应为"张子纲"】三先生极力营救得免。(高语罕:《参与陈独秀先生葬仪感言》,见强重华等编《陈独秀被捕资料汇编》,第19页,河南人民出版社,1982年6月第1版)

胡适研究专家石原皋在《闲话胡适》中写道:

刘文典(叔雅),安徽合肥人,擅长古文,尤其对于《昭明文选》很有研究。早年参加同盟会,与陈独秀友善。辛亥革命,陈为柏文蔚的秘书长,刘为龚振鹏的秘书【编者注:原文如此,未见更多资料有此说法】。龚与柏面和心不和,讨袁之役失败,陈经芜湖,龚想杀他。由于张之纲【编者注:应为"张子纲"】的兵谏而得免,恐与刘的力劝也有关系。(石原皋:《闲话胡适》,第71页,安徽人民出版社,1985年6月第1版)

8月17日,上海《申报》刊载《袁世凯临时大总统命令》,通缉革命党人:

> 此次皖省附和独立,背叛民国,其谋乱首领,除柏文蔚业经悬赏缉拿外,据安徽都督倪嗣冲电称,尚有龚振鹏、郑芳荪即郑赞臣、张汇滔即张孟介、袁家声即袁子金、毕靖波即毕少山、岳冠卿即岳相如、孙万乘即孙品骏、管鹏、凌毅、凌昭、祁耿寰、张永正、范光启、孙传轩、薛子祥、王璟芳、杨冠英、骈绣章、李庆琪、陈登荣、张雨亭等均逆迹昭著,罪无可绾,应交倪嗣冲即行严密拿捕,尽法惩办,以昭炯戒,并着各省都督、民政长、饬属一体严拿务获,勿任漏网。此令!(《申报》1913年8月17日,见张湘炳、蒋元卿、张子仪《辛亥革命安徽资料汇编》,第546页)

9月10日,先生抵达东京,化名"刘平子"、"刘天民",开始流亡生活。据《孙中山在日活动密录》一书记载:

姓名　　年龄　原职务　　抵东京日期　现住址
刘平子　25　　新闻记者　9月10日　　赤阪区青山南町5—45
(俞辛焞、王振锁:《孙中山在日活动密录》,第754页,南开大学出版社,1990年12月第1版)

在日本期间,先生以"记者"身份,与范鸿仙等人来往密切,继续革命活动:

> 在有关革命党人"来往"调查中,鸿仙于九月十一日去新桥,次日回暂住地"南山手一七",与吴忠信、刘天民同行。鸿仙之原职务记为"上海民报(应为民立报)社长"。吴为该报"经理",刘为"记者"。管鹏暂住南山手二一,原职务记为"安徽省政会议员"。毕靖波住地与管同,记为"安徽屯田团团长"。许应午(世钦)住新桥一〇,记为"安徽兵站部长"。龚振鹏住新地町一〇,记为"芜湖司

令"。其他尚有皖籍者多人。(蒋永敬:《范鸿仙年谱》,第121页)

12月21日,先生与友人一道访孙中山。

> 中午十二时十五分,吴忠信、刘平子、孙万乘来访,在另室议事,十二时五十分离去。(俞辛焞、王振锁:《孙中山在日活动密录》,第67页)

## 1914年(民国三年甲寅)　　年二十三岁

1月7日,章太炎前往总统府,坚求谒见袁世凯,遭到拒绝,从此"幽居"龙泉寺,直至袁世凯去世。

1月10日,袁世凯下令解散国会。

3月9日,袁世凯下令设立清史馆,任命赵尔巽为馆长,开始编修清史。著名学者张尔田(字孟劬)应邀参与,对清史异闻皆阙疑不书,被先生赞为"最为得体":

> 有清一代,宫廷中十口相传,有三异闻:孝庄文皇后之下嫁睿亲王多尔衮,世宗之暴崩丧元,与世祖之出家为僧是也。虽世代匪遥,而文献靡征,未可遽加论断,修史者但当阙疑,不可捃摭传闻,书之史册也。吾友张孟劬教授,与修清史,于孝庄下嫁、世祖为僧二事,皆阙而不书,实最为得体。余斯篇所记,亦仅以识疑而已,非敢谓天太山寺中之遗蜕果即清之世祖也。寺后配殿中,塑有侍阍像三数躯,各有名号,谓即当时随从内臣。此则更可以意为之者,愈不足凭信矣。(刘文典:《清世祖为僧说》,见《刘文典全集》卷三,第681页,安徽大学出版社、云南大学出版社,1999年8月第1版)

5月10日,章士钊(署名秋桐)在日本创办《甲寅》杂志,寄回上海发行,先生为早期作者之一。

关于《甲寅》杂志名称之由来,因为1914年,按农历是"甲寅"年,故将刊物名定为《甲寅》;又因"寅"年属"虎",该刊封面上又绘虎一只,故人称该刊为"老虎报"。对此,章有回忆,他说:"愚违难东京,初为杂志时,与克强议名,连不得当。愚倡以其岁牒之,即曰《甲寅》。当时莫不骇诧,以愚实主此志,名终得立。"……

该刊宗旨,在扉页"本志宣言"中,宣称:"以条陈时弊,朴实说理为主旨,欲下论断,先事考求。与日主张,宁言商榷。既乏架空之论,尤无偏党之怀,唯以己之心证天下人之心,确见心同理同,即本以立说,故本志一面为社会写实,一面为社会陈情而已。"企图站在中间立场来讨论国事,提出改革方案,以供社会选择。他们反对专制,主张革新,但不主张使用暴力,因此在抨击时政时,对革命队伍里的激进派也进行了批评。(白吉庵:《章士钊传》,第88~89页,作家出版社,2004年8月第1版)

7月8日,中华革命党成立大会在东京召开,孙中山任总理。当时,入党党员已达数百人,两湖、安徽、江西占大多数,浙江、广东、四川、福建、江苏亦复不少。所有参与人员必须写誓约、按手印。

党员分为首义党员、协助党员、普通党员三级,所有党员"必须以牺牲一己之身命、自由、权利,而图革命之成功为条件,立约宣誓,永远遵守"(载"党章"第七条)。因此,每个党员入党时,皆须各立誓约,加盖指模,声明牺牲自己,"服从孙先生,再举革命"。(唐德刚:《袁氏当国》,第101页,广西师范大学出版社,2004年11月第1版)

据唐德刚考证,当时部分同志对按手印、宣誓服从党魁等做法略有异议,但孙中山寸步不让。成立大会当日,孙中山当众宣誓加盟,并自盖手印,由胡汉民主盟,陈其美、居正介绍,其入党号为161号,誓约号数为641号。孙中山亲笔写下誓约,作为统一格式:

誓约

　　立誓人孙文,为救中国危亡,拯生民困苦,愿牺牲一己之身命、自由、权利,统率同志,再举革命,务达民权、民生两主义,并创制五权宪法,使政治修明,民生乐利,措国基于巩固,维世界之和平,特诚谨矢誓如左:

一、实行宗旨;

二、慎施命令;

三、尽忠职务;

四、严守秘密;

五、誓共生死。

从兹永守此约,至死不渝,如有二心,甘受极刑。

中华民国广东省香山县孙文(指模)

民国三年七月八日立

(陈锡祺:《孙中山年谱长编》,第893页)

嗣后,先生经人介绍,任中华革命党党部秘书,负责孙中山英文电报起草工作。据先生回忆:

　　我亲炙中山先生是一九一三年在东京的时候,那时候中山先生组织中华革命党,我也流亡在东京,就和几位朋友一起加入。当日的情况,今天还历历在目。中山先生住在一座破旧的小楼上,经过走廊,一上楼去就是中山先生的房间。房里一张陈破的短榻,一张木板桌,三张破椅子,中山先生穿着一件棉布的和服(日本衣服),坐在短榻上,有一位广东口音的厨师正在拿午餐给他用。我留心看看这位做过大总统的人吃些什么,出乎我意料之外的是只有两片面包,一盘炸虾,总共不过值两三角钱,比我们当学生的在小馆子里吃的西餐还简单。我看他生活的俭朴才知道他人格的伟大,崇敬之意,油然而生,默默地坐在一边。

他用完午餐,开口问我话了,那一种慈祥恺悌的样子,真令我终身不忘。说了几句话之后,他就叫我下楼写誓书,并举手宣誓。这时候外面来了许多日本人,内中有两个穿礼服的,我知道是日本政治家来访他,也只好匆匆辞出了。

从此以后,我就时常去见中山先生。我那时候不过才二十多岁的一个青年,可以前什么也不懂,可是中山先生不把我当小孩看,一见面就谈天下大事,令我十分感奋。(刘文典:《孙中山先生回忆片段》)

9月20日,先生好友范鸿仙在上海遇刺身亡。"二次革命"后,范鸿仙曾与先生一道流亡日本,加入中华革命党,后来奉孙中山命令潜回上海,准备再度举事反袁,不料被上海镇守使郑汝成派人刺杀。孙中山为此痛悼不已,认为"其死与宋教仁相类"。

范鸿仙逝世后,革命党人纷纷撰文痛悼,先生曾应范鸿仙家人之邀为其撰写行状:

范鸿仙

义兵既潜,袁氏为列章下州郡名捕,先生乃变姓名,亡之日本。居无何,奉孙公命复还上海,图再举。先是贼将郑汝成既踞上海制造局,为围堑数重,筑垒列炮,修理攻守,简练器械。义兵悉众攻之,不能拔。至是(汝成)乃即其中设镇守使署,日遣缇骑,推考逐捕,民党患之。先生乃与陈其美谋冒危难以图之。陈元辅者,旧执役制造局,先生乡人也,素推敬先生,纠合同志十数人来附。转相钩致,得数十百人。先生益奋厉发舒,期一举而下上海,日飨士卒,卒皆乐为用,附者益众,数请杀其将校,举事应先生,先生持重未发。汝成军屡夜惊,会有中诇讦陈元辅。谋泄,元辅死之。先生谋益急,汝成怯,电呈袁氏,袁氏使刺客夜狙杀先生,时民国三年九月二十日也。(刘文典:《范烈士鸿仙先生行状》)

1936年,南京国民政府追赠范鸿仙为陆军上将,并为其举行国葬,葬于南京中山陵东侧。

## 1915年(民国四年乙卯)　　年二十四岁

3月2日,先生与友人一道拜访孙中山。

下午一时三十分,刘义章、刘平子、吴忠信三人来访,参与交谈。二时离去。(俞辛焞、王振锁:《孙中山在日活动密录》,第342页)

3月5日,先生与友人一道再访孙中山。

下午二时三十分,吴忠信、刘义章、刘平子来访,参与交谈。三时二十五分离去。(俞辛焞、王振锁:《孙中山在日活动密录》,第344页)

5月9日,袁世凯正式承认日本政府提出的"二十一条"。国内各界纷纷召开大会,并致电袁世凯,誓不承认"二十一条"。全国教育联合会确定5月9日为"国耻纪念日"。

5月上旬,孙中山嘱托柏文蔚转告东京流亡革命者,可自行通电反对"二十一条"。据柏文蔚回忆:

余至东京讨论发通电反对。余当场被公推往孙中山处请示决定。余见孙先生后首先补办了参加中华革命党手续。关于反对日本向中国提出二十一条要求问题,孙先生考虑后要余转达东京各同志,自行通电反对,彼自己另有对策。于是余与协和、竞存、惕生研究以克强领衔发出通电,反对日本强迫中国订立二十一条要求。电文中措词有"停止内争、一致对外"字样,引起一部分人不满,认为余等希望与袁世凯妥协。尤其日本人对发电几个人处处为难。(柏文蔚:《五十年经历》,载《近代史资料》1979年第3期)

8月14日,杨度、孙毓筠、严复、刘师培、李燮和、胡瑛等发表组织筹安会宣言,鼓吹帝制,为袁世凯复辟做舆论准备。

9月10日,先生在章士钊主办的《甲寅》杂志上发表《唯物唯心得失论》,评述西方唯物论、唯心论哲学来源及主要流派,首段交代文章缘起:

> 眇覿希腊,近观当世,明道之哲,穷理之士,不归于唯物,则归于唯心,或谓性理学案所以纪二派之消长,非虚语也。近世方术昌明,唯物之论大盛,今日又寖衰矣。此争虽千祀犹将不息,是此惑将终不解。伏曼容曰万事由惑而起,事诚有之,理学亦然,且以惑起者或遂以惑终也。斯宾塞辈倡不可思议之论,岂无故哉,余以顽质,得闻诸说,论其得失,较其长短,亦儒者所当有事也。(刘文典:《唯物唯心得失论》,载《甲寅》第一卷第九号)

9月15日,陈独秀在上海创办《青年杂志》,后改名《新青年》,标志着新文化运动拉开序幕。先生系"新青年群体"首批重要作者之一。

《青年杂志》首卷作者有名有号可考诸人中,只谢无量和易白沙非安徽省籍。不过,谢无量虽然是四川籍,但是父亲历任安徽诸县县长,自己在安徽公学任教,与安徽籍知识分子熟稔。易白沙虽本籍湖南,却长期居皖从事教育和革命工作,与皖政界和文化界关系极密。至于其他作者都是安徽籍,在《新青年》创刊前,早与该刊主编陈独秀熟稔,交谊甚深。潘赞化自1902年起迄于二次革命,与陈独秀并肩从事教育和革命活动。1916年,潘氏与传奇性女画家潘玉良结婚,陈独秀是其唯一的嘉宾,可见两人交情之笃。高一涵和刘叔雅是安徽公学或安徽高等学堂的学生,与陈独秀似有师生之谊。1914年两人同协助章士钊和陈独秀在东京办《甲寅杂志》。高语罕在清末是陈独秀创办并任总会会长的"岳王会"外围组织"维新会"成员,有同志关系。另外,在杂志早期专事西方文学作品翻译的陈嘏,原名陈遐年,是陈独秀兄孟吉的长子。经此简单对《新青年》首卷作者背景的疏解,清楚见到《青年杂志》的初办是以陈独秀为首的皖籍知识分子为主的同仁杂志,且互相间有共事革命的背景。(陈万雄:《五四新文化的源流》,第6页,生活·读书·新知三联书店,1997年1月第1版)

11月15日,《青年杂志》第一卷第三号问世,刊有先生译作《近世思想中之科学精神》。其采用英汉对照方式,文前著有短序:"英国赫胥黎(Huxley),近代生物学大家也。生于一八二五年,卒于一八九五年,所著《天演论》,侯官严氏曾译为华言,风行中土。斯篇乃钞自其所著'Lay Sermon'中之'On the advisableness of improving natural knowledge'者也。刘叔雅识。"庄森认为,先生是在陈独秀引导下逐渐靠近《新青年》的:

> 刘文典还在日本流亡时,就成为《青年杂志》的作者。1915年11月,刘文典在《新青年》发表第一篇文章,翻译介绍英国赫胥黎的《近世思想中之科学精神》。这篇文章是"英汉对译",旨在帮助青年学习英语的同时,了解"科学精神"。刘文典的这篇译文更侧重从语言的角度帮助读者读懂英语原文,如同英语辅导学习。这样处理译文,完全与《青年杂志》初期以传播青年文化为宗旨相一致,应该是陈独秀邀请刘文典撰写的。刘文典是在陈独秀的引导下,逐渐靠近《新青年》。(庄森:《飞扬跋扈为谁雄》,第138页,东方出版中心,2006年6月第1版)

托马斯·赫胥黎(Thomas Henry Huxley),英国著名博物学家,达尔文进化论最杰出的代表,所著《近世思想中之科学精神》主张用进化的眼光和科学的态度看待宇宙万物:

> 以上所陈皆自然界知识之进步所印于吾人心中之新观念也。吾人已识上下四方古往今来之为无穷,且知地球为宇宙间目所得见处之一微尘。唯其期间,若以吾人之时间标准较之,则为无穷耳。又人类者,不过圆奥上大量数生物中之一而已,且实历无数级进化,乃成今日之状态也。加之,自然界知识每进一步,则宇宙间为有一定秩序之观念益广且坚(此一定之秩序,现于所谓自然律者之中),且使人信无定律之心为之弛懈,其范围为之狭隘,于偶然之变化不复置信焉。
>
> 此等观念,其组织之良否非所问也。此等观念之存在,与其为自然界知识之进步所不可逃免之结果,实无人能否认之。诚如是则其方事变更吾人所怀最重要之信念,决无疑义也。(刘文典译:《近世思想中之科学精神》,见《刘文典全集》卷三,第863~864页)

12月12日,袁世凯宣布恢复帝制,改国号为"中华帝国",并以1916年为洪宪元年。

12月15日,先生在《青年杂志》第一卷第四号上发表《叔本华自我意志说》,是该杂志第一篇全面阐述叔本华哲学思想的文章。文前有序:

> 盗贼盈国,天地既闭,崩离之祸,不可三稔;而夸者死权,贪夫殉财,邪僻之徒,役奸智以投之,若蝉之赴明火,朝无不二之臣,野寡纯德之士。齐仲孙曰:"国之将亡,本必先颠。"今日是也。昔者余杭章先生,闵党人之偷乐,忧民德之日衰,宣扬佛教,微言间作,惟恢心邪执,众庶所同。大乘之教,不可户喻,欲救其敝,斯

亦难矣。德意志大哲叔本华先生，天纵之资，既勇且智，集形而上学之大成（Deussen 博士语也），为百世人伦之师表（R. Waguer 教授语也），康德而后，一人而已。先生之说以无生为归，厌生愤世，然通其义可以为天下之大勇。被之横舍则士知廉让，陈之行阵则兵乐死绥，其说一变而为尼采超人主义，再变为今日德意志军国主义。余获读遗书，窃抽秘旨。世之君子，得以览焉。（刘文典：《叔本华自我意志说》，见《刘文典全集》卷三，第714～715页）

叔本华，德国哲学家，第一次对"生命意志"作出本体论的阐释。叔本华认为，意志是表象世界的根据，却又超越时空和因果性，存在于"根据律"之外。意志是第一性的，认识是派生的，意志永远高于理性，人只在意志自由的境地里，才能获得理解，才能达到意志。叔本华影响了尼采、萨特等诸多哲学家，开启了非理性主义哲学。

关于翻译介绍叔本华哲学的动机及过程，先生解放后曾自我检讨道：

> 陈独秀办《新青年》，提倡文学革命，我当（在）日本（时）就以新思想自居，因为在《新青年》做英文编辑，文章做得少，翻译多，就开始翻译叔本华悲观厌世的唯心哲学，不但是自己沉溺在这种悲观厌世中，并且以此毒害青年，因陈独秀反对消极，我翻译的东西不能登，我也就没有（再）翻译。（刘文典：《云大教师履历表1953年思想总结》，未刊稿）

12月16日，先生手录吴梅村诗句"世事真成《反招隐》，吾徒何处续《离骚》"，附注"中华民国四年十二月十六日叔雅书梅村句"，落款钤印"平子"。后又补注"中华民国七年六月廿八日平子再书"。手录原件现藏于安徽大学刘文典纪念室，"平子"为先生流亡日本前后所用化名。

先生所录诗句出自吴伟业《过淮阴有感》。吴伟业（1609—1672），字骏公，号梅村，江苏太仓人。明崇祯四年进士，官左庶子。入清顺治时,官国子监祭酒,因母丧告假归里。此诗作于清顺治十年(1653)作者被迫应诏入京途中,借汉淮南王刘安故事,抒写无奈出仕新朝的悲哀情绪。

12月,先生在上海《新中华》杂志第一卷第三号"通信"栏目刊发《英法革政本末》,介绍英国、法国政治革新情形。署名"叔雅",分三期连载,前有引言,道明用意,"述列邦之往迹,召吾国之来兹":

> 《易》曰:汤武革命,顺乎天而应乎人。独夫肆虐,百姓致诛,天之道也。眇觌上古,旷观万邦,虽时世不同,迹有成败,至于顺乎天道,应乎人心,芳泽所被,训革千载,其揆一也。近世自英王查理士伏诛以还,革命之潮,滂渤怫郁,如震如怒,当之者死,遇之者坏。我中夏辛亥之役,义师云兴,神兵电扫,旬月之间,光复旧物,虽共和之政不举,而朔虏之祚终移,今先烈之业,既坠于地,生民之命,复将泯灭。余乃发愤,述列邦之往迹,召吾国之来兹。(刘文典:《英法革政本末》,载《新中华》第一卷第三号)

**刘文典《英法革政本末》**

## 1916年(民国五年丙辰)      年二十五岁

1月15日,先生在《青年杂志》第一卷第五号"英汉对译"栏目内发表译文《富兰克林自传》。此文系美国开国元勋之一本杰明·富兰克林自传节选，所选内容为富兰克林青年时代经历。先生在译文前的短序中解释道，"斯篇乃其七十九岁所作自传，吾青年昆弟读之，倘兴高山仰止之思，群效法其为人，则中国无疆之休而不佞所馨香祷祝者也"。

翻译家刘叔雅在译者前言中给予了富兰克林极高的评价，说他"为十八世纪第一伟人，于文学、科学、政治皆冠绝一世。其自强不息、勇猛精进之气，尤足为青年之典型"。或许是为了符合青年读者的阅读趣味，刘叔雅节译的是富兰克林早年自学成才的奋斗历程。富兰克林出生于波士顿。家里共十个孩子，他排行第八。父亲乔赛亚·富兰克林是英国移民。年少的富兰克林喜爱读书，但是窘迫的家境使他无法接受足够的教育。十二岁时他开始跟随父亲学习制造蜡烛，然后又跟随哥哥詹姆斯学习印刷。在排版校对的过程中，他接触到了许多新书和新作家，学会了阅读和写作，为后来的成功奠定了良好的基础。

乔治·华盛顿评价富兰克林说："因为善行而受景仰，因为才华而获崇拜，因为爱国而受尊敬，因为仁慈而得到爱戴，这一切将唤起人们对你的亲切爱戴。你可以得到最大的欣慰，就是知道自己没有虚度一生。"杜尔格对他的评价则是："他从苍天处取得闪电，从暴君处取得民权。"民主与科学，这是富兰克林一生取得的两件伟大成绩，也正是五四知识分子积极呼唤的时代主题。（北蘩：《〈青年杂志〉的六位封面人物》，见红袖添香网站，2007年12月8日）

2月15日，先生响应陈独秀高唱"自由之歌声抑扬"的号召，翻译英国保守主义思想家伯克的著名演讲《美国人之自由精神》，发表在《青年杂志》第一卷第六号上。文前写有短序，称伯克"其在国会演说之辞皆安雅可诵。而'Conciliation with America'一篇尤为世所称。兹所译者即斯篇之精英也"。学者庄森认为：

《青年杂志》对自由的宣传,承继《甲寅》的思想倾向,极为推重美国自由精神。陈独秀翻译美国的国歌《亚美利加》,就是借美国国歌宣传自由理念:"吾爱土兮自由乡,祖宗之所埋骨,先民之所夸张。颂声作兮邦家光,群山之隈相低昂,自由之歌声抑扬。"这是陈独秀借美国国歌的自由精神,突出在埋葬着祖宗的故土上,高唱"自由之歌声抑扬"。而刘叔雅翻译的英国保守主义思想家伯克(Edmund Burke)的国会演说《美国人之自由精神》,更是讴歌美国的自由思想的名篇。伯克指出,美洲人民具有举世无匹的自由精神,其所由来甚坚且众。究其缘由,则为根植于北美殖民地英国移民的深固的自由传统:"属地人民移往之时,为吾英自由精神盛旺之日。彼辈离吾人而远去之时,实挟吾人之所执持以俱往,故彼辈非仅爱自由也,又实本吾英人之理想主义以爱自由也。"伯克还高度赞扬美国高度发展的自治制度和代议制政体,认为这种政体保证了自由精神:"彼辈之见解以其各州立法议会之形体证之愈益坚确。彼辈之政体自治之度甚高,或且纯为自治制。各州政府莫不以代议制为重。人民之参与政治常能唤起其高洁之情感,使对欲夺其最重要之政权者深恶痛绝焉。"其次是北部新教徒所具有的基督教中最崇尚自由的新教精神,南部诸州奴隶主由统治特权而滋生的珍爱自由的精神,美洲普及法学之教育所培育的公民法律精神,以及殖民地远隔重洋而宗主国威权难及——它们共同成就了美国人民强烈的自由精神。(庄森:《飞扬跋扈为谁雄》,第23~24页)

6月6日,袁世凯在全国人民唾骂声中病逝,复辟帝制成为历史笑柄。

10月1日,先生在《新青年》第二卷第二号上发表政论文章《欧洲战争与青年之觉悟》,感慨第一次世界大战令其意识到"战斗乃人生之天职,和平为痴人之迷梦",遂撰文呼吁:"青年而能自觉其责任,孟晋自强,努力奋斗,则吾青年自身之福祉亦邦家无疆之休;青年而苟偷怀佚,不能努力奋斗,则邦家覆败,吾青年亦必及身为虏。"而解决之良方,则为科学,先生写道:

> 吾国既为东洋诸民族之领袖,又为暂种诸国所侧目,妖云祲霭,匝地而来,不特吾国之生死存亡责在吾曹青年,即东洋诸族之盛衰兴灭其责任亦全存我躬。欧洲暂种既自觉黄白二种之不能两立,又必并力一心,以死拒捍。克鲁巴特金将军暂种大同盟之说绝非虚语,恐不待易世之后,将见实行。书契以来,任何民族、任何国家,其责任未有如吾曹今日之重者也。吾曹之危险既如此其大,其责任既如此其重,吾曹之努力,若不能超过欧洲诸民族近世所费 Energy 之总量,则夷灭之祸,无可幸免。此记者所以泪竭声嘶以求吾青年诸君之自觉也。(刘文典:《欧洲战争与青年之觉悟》,见《刘文典全集》卷三,第 731~732 页)

11月1日,先生在《新青年》第二卷第三号上发表政论文章《军国主义》,认为"今日之天下,军国主义之天下"。先生以为:

> 或曰军国主义,诚救国之良药,然德意志之军国主义,乃发于其民族之根性;吾诸华有笃爱和平之天性,与军国主义不相容,民族性如斯,岂人力所能改造?不知好战乃人类之本性,进取实立国之原则。吾诸华既为人类,又葆有国土历数千年,其间捍拒异类,讨灭敌国之事,无代无之,本能纵麻痹于一时,决非泯没已尽,徒以受毒于腐败政治过久,民族精神无由发扬,遂有今日之衰颓。苟荡涤其瑕秽,洒扫其积垢,则发扬蹈厉,必能为人类历史增其荣光。日本非新兴之强国耶?非以武功焜耀大地者耶?然其维新以前,承平日久,人民不见兵革,又以封建时代,军旅之事专之武门,齐民但知锄耒,故美将普莱之战舰一入下田,而江户之民仓皇奔避,其怯弱卑劣为何如?其后施行征兵制,论

者犹谓农商子弟服兵役,是驱市人而战,然曾几何时,柔弱之民化为慓悍,北蹴强俄,遂霸亚洲。往日对黑船而战栗者,今乃向美人挑衅矣。可知天下无不能战争之民族,在高瞻深识者鼓舞提倡而已。但吾青年昆弟,能自觉己身之责任,扩观世界之潮流,深知军国主义为立国根本、救亡之至计,振作精神,则吾诸华未必不能化为世界最强毅之民族,中夏犹可兴也。(刘文典:《军国主义》,见《刘文典全集》卷三,第743～744页)

年底,先生由日本回国,潜心于学术研究。

1916年6月袁世凯一命呜呼。迅速赶回祖国的刘文典看到的却是他不愿看到的事实:各路军阀混战,饿殍陈尸荒野,经济每况愈下,市面百业凋零。中国的前途渺茫,孙中山的事业举步维艰。他彳亍彷徨,悲观失望,愤而离开政治活动,决意专心研究学问。恰在此时,陈独秀应蔡元培之邀出任北京大学文科学长,他遂介绍27岁的刘文典到北大任教。(戴健:《由求学问的爱国者到爱国的学问家》,见《安徽著名历史人物丛书》第四分册,第76～77页)

对此,香港学者陈万雄作了这样的分析:

作为辛亥革命运动的党人的五四时期新文化运动的指导者,个别人物如蔡元培、陈独秀、刘叔雅、潘赞化等在辛亥革命中,在革命力量的组织、革命行动的推动上有较大的贡献。但总的来说,这批人包括蔡氏和陈氏,都是倾向学问钻研、学有专精的知识分子;在革命工作上又是较长于思想言论的鼓吹,教育文化的推广方面。尤其在辛亥革命后期,经多次革命行动的挫折,他们较疏离于日趋实际组织军事力量以图起事的革命主流力量。(陈万雄:《五四新文化的源流》,第57页)

# 北大十年

(1917—1926年)

## 1917年（民国六年丁巳）　　年二十六岁

1月4日，蔡元培正式出任北京大学校长，并开始考虑改革事宜，决定从整顿文科入手。之前，他已三顾茅庐，动员陈独秀出任北大文科学长。据蔡元培后来回忆：

> 我到京后，先访医专校长汤尔和君，问北大情形。他说："文科预科的情形，可问沈尹默君；理工科的情形，可问夏浮筠君。"汤君又说："文科学长如未定，可请陈仲甫君；陈君现改名独秀，主编《新青年》杂志，确可为青年的指导者。"因取《新青年》十余本示我。我对于陈君，本来有一种不忘的印象，就是我与刘申叔君同在《警钟日报》服务时，刘君语我："有一种在芜湖发行之白话报，发起的若干人，都因困苦及危险而散去了，陈仲甫一个人又支持了好几个月。"现在听汤君的话，又翻阅了《新青年》，决意聘他。从汤君处探知陈君寓在前门外一旅馆，我即往访，与之订定。于是陈君来北大任文科学长，而夏君原任理科学长，沈君亦原任教授，一仍旧贯。乃相与商定整顿北大的办法，次第执行。

(蔡元培:《我在北京大学的经历》,载《东方杂志》第三十一卷第一号,1934年1月1日)

1月11日,蔡元培正式致信教育部,推荐陈独秀担任北大文科学长:

敬启者:顷奉函开,据前署北京大学校长胡仁源呈称,顷据本校文科学长夏锡祺函称,锡祺拟于日内归省加有他事相累,一时不克来校,恳请代为转呈准予辞去文科学长职务等语,理合据情呈请钧部鉴核施行等因到部。查文科学长夏锡祺既系因事不克来校,应即准予辞职,所遗文科学长一职,即希贵校遴选相当人员,开具履历送部,以凭核派等因到校,本校亟应遴选相当人员,呈请派充以重职务,查有前安徽高等学校校长陈独秀品学兼优,堪胜斯任,兹特开具该员履历函送钧部。恳祈詧核施行为荷。此致

教育部

附履历一份

中华民国六年一月

北大校长蔡元培

陈独秀,安徽怀宁县人,日本东京日本大学毕业,曾任芜湖安徽公学教务长、安徽高等学校校长。(王学珍、郭建荣:《北京大学史料》卷二,第326~327页,北京大学出版社,2000年12月第1版)

学者庄森考证认为,蔡元培为荐举陈独秀过关,不惜在致教育部

函附件中伪造陈独秀履历：

> 蔡元培的《函致教育部请派文科学长》中所附的陈独秀"日本东京日本大学毕业，曾任芜湖安徽公学教务长、安徽高等学校校长"都是假的，北京大学官方认定《函致教育部请派文科学长》是"蔡元培正式致函"，所以，完全可以肯定陈独秀履历是蔡元培所拟的。也就是说，陈独秀"日本东京日本大学毕业"的假学历、"曾任芜湖安徽公学教务长、安徽高等学校校长"的假任职由蔡元培编造。（庄森：《飞扬跋扈为谁雄》，第80页）

1月13日，经北洋政府教育部批准，陈独秀任北京大学文科学长。《新青年》编辑部由上海迁往北京，这为《新青年》社团的正式形成奠定了基础。

> 新青年社团形成于北京大学。陈独秀长北京大学文科后，利用学长的权力，邀请志同道合的《新青年》作者到北京大学文科任教，以《新青年》的知识权威为选择标准，利用文科学长的权力，完成了新青年社团的集结，最终结成新青年社团。所以，《新青年》的重要作者逐渐进入北京大学的过程，就是新青年社团逐渐形成的历史。（庄森：《飞扬跋扈为谁雄》，第123页）

作为陈独秀至交以及《新青年》早期作者，先生自在受邀之列。学者庄森认为，新青年社团分为核心成员和普通成员两种，先生应属后一种：

> 依据新青年社团核心成员的三个条件，可以确定的核心社员有陈独秀、胡适、钱玄同、刘半农、李大钊、高一涵、周作人、鲁迅等八人。普通社员有吴虞、杨昌济、刘文典、沈尹默、吴敬恒、傅斯年、罗家伦、易白沙、陶孟和、张慰慈、王星拱等人。（庄森：《飞扬跋扈为谁雄》，第109页）

9月21日,北京大学举行新学年开学礼。经陈独秀介绍,先生任北京大学预科教授兼国文门研究所教员。同时,担任《新青年》编辑部英文编辑和翻译。据1918年《国立北京大学廿周年纪念册·现任职员录》记载,先生时任"理预科教授兼文预科教授又兼国文门研究所教员",住址为"西华门外北长街兴隆胡同"。

> 这时期进入北大任教职的,《新青年》杂志的重要作者占了一个很大的比例,陈独秀不用说,胡适、周作人、刘半农、杨昌济、程演生、刘叔雅以及高一涵、李大钊、王星拱皆属之。经此考察,显示了蔡元培之用陈独秀,以及蔡陈两氏的援引胡适诸人,不纯在学术上的"兼容并包"的考虑。援引思想先进、用心改革文化教育和致力整顿社会风气的志士,自是蔡元培和陈独秀在北大初期用人的重要倾向。(陈万雄:《五四新文化的源流》,第43页)

先生后来曾多次表达,他进北大教书是应陈独秀之邀。

> 刘文典目光远大且通晓英、德、日文,先后翻译了赫胥黎(英)、叔本华(德)、海克尔(德)、佛兰克林(美)等人的著作,并写了《欧洲战争与青年之觉悟》、《军国主义》等一批文章。刘叔雅的大名赫然与陈独秀、胡适、高一涵等并列,成为《新青年》的骨干。陈独秀长北京大学文科后,刘文典"由陈独秀介绍到北京大学任教,从此,开始了他著书立说和教学的生涯"。(庄森:《飞扬跋扈为谁雄》,第138页)

11月12日,《北京大学日刊》刊载,先生为天津水灾捐款二元。

【校长布告】本校教职员捐助天津水灾赈款清册:蔡元培,二十元;王建祖,五元;陈独秀,五元;刘文典,二元;周作人,四元;胡适,四元。(《北京大学日刊》第4号,1917年11月12日)

11月13日,《周作人年谱》记载,"往北京大学文科研究所开会"。

先生亦为北大文科研究所教员。据《周作人年谱》记载：

> 当时北大在文科之外，设立文科研究所，分哲学、中文及英文三门，由教员拟定题目，分教员共同研究及学生研究两种。周作人选了"改良文学问题"和"文章"类第五的小说组两项。前一项同人有钱玄同、马裕藻、刘文典三人，但一直没开过研究会。后一项同人有胡适、刘半农二人，规定每月第二、第四的星期五开会，由一人讲演。（张菊香、张铁荣：《周作人年谱》，第126页，天津人民出版社，2000年4月第1版）

11月27日，《北京大学日刊》刊载，先生为航空学校失事学员白永魁捐助奠款一元。

【校长布告】本校捐助航空学校白故学员永魁奠款一览表（补登）：蔡元培，十八元；陈独秀，二元；黄侃，一元；朱希祖，一元；刘文典，一元。（《北京大学日刊》第10号，1917年11月27日）

11月28日，《北京大学日刊》刊登《理科教员担任科目钟点表》，先生担任理科一年级国文教员。

12月12日，先生参加国文教授会第一次会议，选举主任，最终沈尹默以12票当选。

【纪事】国文教授会第一次开会纪事（十二日下午四时开第一次国文教授会）

到会者：刘师培　吴　梅　钱玄同　朱希祖　朱宗莱
　　　　马裕藻　刘　三　刘文典　伦　明　林　损
　　　　沈尹默　沈　颐　魏友枋　程演生　刘　复

选举主任投票数如下：

沈尹默12票　刘师培1票　刘　三1票　钱玄同1票

沈尹默君以得票最多数当选为主任

【国文部教授会成立纪事】

国文部教授会于十二日下午四时在校长室开成立会。本部教员到者十五人,由夏学长主席,首由各教员投票选举主任,沈尹默君以十二票当选。旋因时已薄暮,电灯又灭,沈君约改日再议,遂即散会。(《北京大学日刊》第26号,1917年12月15日)

12月21日,北大理科全体教员会议。先生时为理科预科教授。

【纪事】理科教授会报告

二十一日下午二时半理科本预科全体教员在校长室会议下学期进行事项,其结果如下:

一、改订课程时刻表,时刻尚未改定,诸君直接与理科教务处接洽;

二、平时试验仍照旧办理,预先通知学生与否,听教员自便。预先通告者,未到诸生,均作零分计算。不预先通告者,请假诸生计惟均,不举行补考;

三、数理化教授会明春均应成立;

四、张菊人君提议预科博物其重要与物理化学等,应请每周改为三小时,众议赞成;

五、预科三年级德文文法本学年应讲完;

六、预科各教室应多添黑板。(《北京大学日刊》第32号,1917年12月25日)

12月29日,先生开讲《文学史》。

【纪事】国文研究所研究科时间表(科目、担任教员、会期次数及时间):文学史　刘叔雅　每月一次、第四星期(六)四时至五时

十二月二十九日(《北京大学日刊》第16号,1917年12月4日)

12月30日,阴历十一月十七日,胡适在故乡安徽绩溪与江冬秀

完婚。先生与友人陈独秀、王星拱、周作人等联合赠送贺礼。

胡适（已被任命为北京大学文科教授、哲学研究所主任）还带来了他的北大同事集体送的喜礼，计有"银杯一对，银箸两双，桌毡一条，手帕四条"，拜贺人为：沈尹默、刘文典、陈大齐、马叙伦、夏元瑮、程振钧、杨庆萌、马裕藻、蔡元培、章士钊、朱家华、朱宗莱、陶履恭、王星拱、刘三、周作人、钱玄同、朱希望【编者注，疑为"朱希祖"】、刘复、陈独秀。礼单是由陈独秀誊写的，故他把自己的名字写在最后。

胡适与江冬秀(1917年)

（朱文楚：《胡适家事与情事》，第103页，团结出版社，2007年12月第1版）

## 1918年（民国七年戊午）　　年二十七岁

1月2日，先生在陈独秀处吃饭，与钱玄同等谈《红楼梦》、庄老之学。据钱玄同日记记载：

午后至独秀处，检得《新青年》存稿。因四卷二期归我编辑，本月五日须编稿，十五日须寄出也。与独秀谈，移时叔雅来，即在独秀处晚餐。同座者为独秀夫妇、叔雅夫妇及独秀之儿女。叔雅亦为"红老"之学者，与余辩论，实与尹默多同情。其实即适之亦似渐有"老"学气象。然我终不以此种主张为然。（钱玄同日记，见张耀杰《北大教授与〈新青年〉》，第156页，中国言实出版社，2007年8月第1版）

同时又记：

> 独秀、叔雅二人皆谓中国文化已成僵死之物,诚欲保种救国,非废灭汉文及中国历史不可,吾亦甚然之。此说与豫才所主张相同。(钱玄同日记,见杨天石《哲人与文士》,第503页,中国人民大学出版社,2007年7月第1版)

1月5日,《北京大学日刊》刊登"理科学长告白",先生担任国文教授。

【各科通告】理科学长告白

预科一年级丁班各英文功课,自本学期起,全由胡溶康(可庄)先生教授,丙丁班国文改由刘复先生教授,甲乙班国文仍由刘文典先生教授,此白。(《北京大学日刊》第38号,1918年1月5日)

1月6日,《北京大学日刊》刊登"文预科第二学期课程表",先生担任模范文教授。

【纪事】文预科第二学期课程表

第二年级

科目:国文

每周时间:七

教员担任时间:学术文:沈尹默(二)

　　　　　　　文字学:朱蓬仙(二)

　　　　　　　模范文:刘叔雅(三)

(《北京大学日刊》第39号,1918年1月6日)

1月9日,《北京大学日刊》刊登"国文研究所课程时间表",先生仍教授文学史。

【纪事】国文研究所课程时间表

　　科目　教员　　　　会期及时间

文学史　　刘叔雅　二月二日（第四星期六）四时至五时（《北京大学日刊》第 41 号，1918 年 1 月 9 日）

　　1 月 16 日、17 日，据《北京大学日刊》记载，先生与陈独秀、刘半农、周作人等人提请北大组织大学俱乐部，划分大学区域，制定教院学生校服，获得批准。

　　**【纪事】**拟请组织大学俱乐部、划分大学区域、制定教员学生制服案
　　　评议会决议施行
　　　提议者：沈尹默　刘　复　程演生　钱玄同　周作人
　　　　　　王星拱　马裕藻　刘文典　陶履恭　陈独秀
　　　　　　朱希祖　朱宗莱　朱家华　陈大齐
（《北京大学日刊》第 47 号、48 号，1918 年 1 月 16 日、17 日）

　　2 月 15 日，先生在《新青年》第四卷第二号上发表译作《柏格森之哲学》。文末注"未完"，但查阅此后《新青年》，未见续文，不知何故。

　　本期译文前后均有先生按语，他认为此文最能体现柏格森"直觉哲学"的要义。文前按语如下：

　　柏格森，名安利·路易（Henri Louis Bergson），其先本犹太人。犹太文明旧族，近世哲人，先有斯宾那莎，后有柏格森。柏氏以千八百五十九年生于巴黎，幼学于利塞康多尔塞（Lyceée Condorcet），研精数学，试辄冠其曹。年十八，以解数学难题受上赏，为麦马韩将军所称叹，转入高等师范学校，修哲学。既卒业，掌教于利塞丹采（Lyceé Angers）、利塞克莱蒙（Lyceée Clermont）者凡七年。其后撰一文曰《意识之直接资料论》（Essai sur les données immédiates de la conscience），得充博士，然名声犹未显也。千九百年，充教授于法兰西大学校（Collége de France）。十稔以还，声誉日隆，宇内治哲学者仰之如斗星。讲学英、美诸大

学,士之归之,如水就下。德意志无倭铿(R. Eucken),此君当独步也。其著作甚富,而《创造进化论》一书,尤为学者所宝,盖不朽之作矣。其他著述,每一篇出,诸国竞相传译,而吾国学子鲜有知其名者,良可哀也。此篇为其杰作,原名《形而上学发凡》(Introduction à la Metaphysique),载千九百三年一月之《形而上学伦理学评论》(Revue de Metaphysique et de Morale),英、德、意大利、匈牙利、波兰、瑞典、日、俄八国皆有译本,为研究其学说之津梁。爰取其英文本译为华言。虽然,吾家子骏有言:"空自苦,吾恐后人用覆酱瓿也。"叔雅识。(刘文典译:《柏格森之哲学》,见《刘文典全集》卷三,第879~880页)

2月25日,胡适与郑阳和等人在北大发起成美学会,募集资金资助贫困学子,先生积极参与,共捐助票洋四十元。

【言论】介绍(成美学会)
本校会计课职员郑阳和君顷与适发起一会,名曰成美学会,其宗旨在于捐集基金以津贴可以成才而无力求学之学生。
(《北京大学日刊》第76号,1918年2月25日)

【成美学会会员题名(续)】

| 屠散山 | 助票洋五十元 | 一次交清 |
| 马士钧 | 助票洋三十元 | 每月五元,六月交清 |
| 钱玄同 | 助票洋二十元 | 每月五元,四月交清 |
| 刘文典 | 助票洋四十元 | 每月五元,六月交清 |
| 刘 复 | 助票洋二十元 | 每月五元,四月交清 |

(《北京大学日刊》第82号,1918年3月4日)

【成美学会报告】(七年三月二十五日)
(二)收款计数
王星拱　交票洋五元

刘　复　　交票洋五元

刘文典　　交票洋五元

（以上新收一百一十元，连旧有四百五十二元总存入银行五百六十二元）（《北京大学日刊》第 101 号，1918 年 3 月 26 日）

2 月 26 日，《北京大学日刊》刊登"国文研究所布告"，先生担任国文所文学史课程教员。

【国文研究所布告】

本所课程时间表

科目：文学史

教员：刘叔雅

会期及时间：三月三十日（第四星期六）四时至五时

（《北京大学日刊》第 77 号，1918 年 2 月 26 日）

3 月 30 日，先生在北京大学国文研究所讲演《文学史》。

【集会一览表（三月二十八日—三月三十日）】

三月三十日　下午四时至五时　国文研究所　研究所刘叔雅先生演讲《文学史》（《北京大学日刊》第 103 号，1918 年 3 月 28 日）

4 月 12 日，《北京大学日刊》刊登"文预科第三学期课程表"，先生担任第二年级模范文教员。

【文预科第三学期课程表】

第二年级

国文　七　学术文：沈尹默（二）

　　　　　　文字学：朱蓬仙（二）

　　　　　　模范文：刘叔雅（三）

（《北京大学日刊》第 109 号，1918 年 4 月 12 日）

5月4日,先生在北京大学国文研究所讲演《文学史》。

【国文研究所课程时间表】

文学史　刘叔雅　五月四日(会期)　第四星期六　四时至五时(《北京大学日刊》第108号,1918年4月11日)

5月15日,陈独秀在《新青年》第四卷第五号发表《有鬼论质疑》,向当时甚嚣尘上的"灵学派"发起强攻。学者朱文华认为:

"五四"新文化运动中,对于迷信和偶像崇拜的批判,对于"灵学"思潮的揭露和批判,陈独秀立下了最主要的功绩。以"灵学"思潮论,它在1918年达到高潮后便迅速衰亡,也不能不归功于陈独秀的有力批判以及他组织《新青年》同仁进行集团性的反击。至于陈独秀在这一斗争中高张的科学的旗帜,对于"五四"以来的中国现代思想史更是施以重大的积极影响。例如20年代初的"科学"与"玄学"的论争,"科学派"的胜利正是承继了陈独秀的战斗传统。(朱文华:《陈独秀评传》,第92页,青岛出版社,2005年5月第3版)

陈独秀所批判的"灵学派",由愈复、陆费逵、易乙玄等受过西方科学教育的知识分子和杨光熙、杨璿等江湖术士合流而成。1917年11月,这些人在上海成立"灵学会",其基本理论为"有鬼论",即认为鬼是真实存在的,只是不能靠普遍的感觉来认识,换而言之,认识鬼界事物不能靠感觉,而要靠"灵力",因为鬼属于另一个物质世界的精神世界。

6月1日,先生在北京大学国文研究所讲演《文学史》。

【国文研究所课程时间表】

刘叔雅　文学史六月一日(第四星期六)　四时至五时(《北京大学日刊》第126号,1918年5月2日)

6月29日,先生在北京大学国文研究所讲演《文学史》。

  六月廿九日 下午四时至五时 国文研究所刘叔雅先生讲演《文学史》(《北京大学日刊》第172号,1918年6月26日)

8月15日,《新青年》第五卷第二号刊登易乙玄《答陈独秀先生〈有鬼论质疑〉》及先生回应之作《难易乙玄君》,掀起"灵学"讨论大战。

先生《难易乙玄君》前有小序:"陈独秀先生作《有鬼论质疑》,易乙玄君驳之,辨而无征,有乖笃喻,爰作此文,聊欲薄易子之稽疑云尔。叔雅识。"在驳文快结束时,先生感慨道:

  呜呼!八表同昏,天地既闭,国人对现世界绝望灰心,乃相率而逃于鬼。有鬼作鬼编而报资不收冥锱之杂志,有荀、墨降灵而诗文能作近体之乩坛,害之所极,足以阻科学之进步,堕民族之精神。此士君子所不可忽视,谋国者所当深省者也。韩非子曰:"用时日事鬼神,信卜筮,而好祭祀者,可亡也。"前者吾国亡征毕备,唯未有此。今既具焉,亡其无日矣!(刘文典:《难易乙玄君》,见《刘文典全局》卷三,第751页)

先生这一文章,成为批驳"灵学"经典之作,学者朱文华认为:

  当年追随陈独秀参加批判"灵学"的,还有刘叔雅、陈大齐、王星拱、钱玄同、刘半农、鲁迅和易白沙等人。但是,除了刘叔雅之外,其他人对"灵学"的批判,或指出"灵学"没有科学依据,或通过对"灵学"活动的破绽作审查而加以否定,或以先秦诸子的朴素的无鬼论来批判"灵学"的"有鬼论",因而远没有像陈独秀那样把对"灵学"的批判上升到严格的哲学层次。(朱文华:《陈独秀评传》,第91页)

9月17日,《北京大学日刊》第208号刊登"文预科七年度第一学期课程表",先生担任第一年级戊、己、庚三班模范文课程和第三年级模范文课程教员。一年级甲班教员为刘季平,乙、丙、丁三班为程演生。

9月25日,先生出席北京大学编译处会议,担任多项著作编译任务,商议与中国科学社合作事宜,赞成蔡元培相关提议。据《北京大学日刊》记载:

【本校编译处开会纪事】

九月二十五日午后三时本校编译处在校长室开会,到会者列名如左:

刘叔雅　马寅初　陶孟和　胡适之　王抚五

何伊榘　程发甫　李石曾　李守常　高一涵

陈百年　朱继庵　宋春舫　陈独秀

担任译著者及书名列左:

王亮畴著　比较法学（蔡校长代为报告）

李石曾译　克鲁巴特金　互助

刘叔雅、何伊榘同译　陆谟克　动物哲学

陈百年译　Mnnot Grnndriss der Psyelologic

宋春舫译　Faguet, Culte de l'Incompilence

王抚五译　De la methode dons les Science

程发甫译　Gilson, Graph（图算学）

马寅初译　比较银行论

刘叔雅译　Jelusalems, Itroduction to Philosophy

高一涵译　Boutmy, Stuties in Constutitional Law

张祖训、高一涵同编　西洋政治哲学史

此外教职员诸君如有担任编译者,请即开列书名交编译处译员高一涵君收存。(《北京大学日刊》第214号,1918年9月27日)

1918年9月25日北京大学编译处在校长室开会,到会者有刘叔雅、马寅初、陶孟和、胡适、王星拱、李石曾、李大钊、高一涵、陈百年、宋春舫、陈独秀等。蔡在会上报告，指出"以科学社为吾国今日学界惟一之研究学问团体，《科学》为吾国今日惟一之科学杂志，决不能坐视其中辍。且科学社诸君所计划之事，如编辑书籍及辞典等，均与编译处互有关系。而编译处所有赖于科学社者，略有三事：(一)请调查科学图书，并为代购(因社中从事调查各种书目，备建设科学图书馆)。(二)共同商订译名。(三)科学社编译之书，可送编译处审定，由编译处出版(因编译处专任编译之员，颇不易得)。"于是提议编译处与中国科学社在上述三件事上进行合作，而每月从学校编译处经费中拨出200元补助中国科学社，"到会者皆赞成"。(张剑：《蔡元培与中国科学社》，载《史林》2000年第2期)

10月23日，《北京大学日刊》公告评议会选举结果，沈尹默、马裕藻当选。先生得一票。

【本校布告(节选)】本校评议会选举之结果，兹公布于后，除文预科杨马二教授因所得票数相同，须另行投票决定外，其余各本预科均以得票最多之前二名当选为本校评议会评议员，此布。

文科预科：沈尹默　二十四票　当选
　　　　　杨敏曾　马裕藻　均八票
　　　　　贺之才　六票
　　　　　程振钧　五票
　　　　　费家禄　徐宝璜　魏友枋　刘　复均二票
　　　　　刘文典　刘三　均一票

(《北京大学日刊》第234号，1918年10月23日)

12月5日，《新青年》第五卷第六号"通信"栏目刊登读者"张寿朋"来信《文学改良与孔教》，其中对先生所译《柏格森之哲学》一文提出质疑："柏格森'直觉'之说，果如贵杂志所谓者，则决不得与程正叔

'德性之知'相附会。必欲勉强附会,只堪拟于佛氏之'投胎舍'耳。鄙见如此,尚祈知诸君有以审之。(程正叔'德性之知'是实有此知,不知柏氏之'直觉',亦自己实有其觉否?)"

同期杂志,刊登先生简短回信:

> 寿朋先生:仆素不想冒充"学贯中西",所以绝不肯"勉强附会",所以提及程正叔者,取其"不假见闻"四字而已。来教问"不知柏氏之直觉亦自己实有此觉否"。柏氏方在巴黎 College de France 当教授,请去问他自己可也。
>
> 刘叔雅　十二月五日

(陈独秀:《独秀文存》,第763页,安徽人民出版社,1987年12月第1版)

## 1919年(民国八年己未)　　年二十八岁

1月26日,刘师培、黄侃、陈汉章及北京大学学生陈钟凡、张煊等数十人发起成立"国故月刊社",刘师培、黄侃被推为总编辑。学界曾有文章认为,"刘文典的国学基础极为深厚,对传统文化更是情有独钟。1919年1月,他与刘师培、黄侃等,在北大创办'国故月刊社',出版《国故》月刊,扛起了弘扬中华传统文化的大旗。"(闻黎明:《联大旧事:刘文典被清华解聘始末》,北大校友网)

其实,先生并未参与国故社活动。据《北京大学日刊》发布的"国故月刊社职员"名单显示:

国故月刊社职员

编辑部

总编辑　　刘师培　黄　侃

编　辑　　陈汉章　朱希祖　马叙伦　屠孝寔　梁漱溟

　　　　　康宝忠(尚拟请编辑数人,俟得同意后再布)

|  |  |  |  |  |  |
|---|---|---|---|---|---|
| | 陈钟凡 | 张 煊 | 马志恒 | 许本裕 | 孟寿椿 |
| | 赵 健 | 王肇祥 | 伍一比 | 俞士镇 | 薛祥绥 |

干事部

总务主任　康宝忠

总务　　　杨湜生　顾　名　王保黄

文牍　　　胡文豹　区文雄　罗常培　张介庥

庶务　　　刘翰章　董　威　孙延杲　刘永声

（万仕国：《刘师培年谱》，第269页）

2月15日，先生所译德国著名哲学家海克尔（又译赫凯尔）《灵异论》一文，刊登于《新青年》第六卷第二号上。此文是先生为《新青年》最后撰译的文字，摘自海克尔《生命之不可思议》一书。

2月，胡适《中国哲学史大纲》（上卷）由商务印书馆出版，由蔡元培作序。此书系胡适根据其留学美国哥伦比亚大学时的博士论文修改完善而成，原题为《中国古代哲学方法之进化史》。对于此书，先生评价颇高：

> 我的朋友胡适之，著了一部《中国哲学史大纲》，这部书的价值，实在可以算得是中国近代一部 Epoch making 的书，就是西洋人著西洋哲学史，也只有德国的 Windelband 和美国的 Thilly 两位名家的书著得和他一样好。我尤喜欢的就是他这书的第一篇里的几句话："我所用的比较参证的材料，便是西洋的哲学。但我虽用西洋哲学作参考资料，并不以为中国古代也有某种学说，便可以自夸自喜。做历史的人，千万不可存一毫主观的成见，须知东西的学术思想的互相印证、互相发明，至多不过可以见得人类的官能心理大概相同，故遇着大同小异的境地时势，便会产出大同小异的思想学派。东家所有，西家所无，只因为时势境地不同，西家未必不如东家，东家也不配夸炫于西家。何况东西所同

有,谁也不配夸张自豪。"这是何等的胸襟、何等的识见!我看他有这样的学问、识见,就劝他再用几年的心力,做一部需要最切的、西洋学者都还想不到的、做不到的"比较哲学史",把世界各系的古文明,做个大大的比较研究。我以为除了这种研究之外,再没有什么中西学术的沟通了。(刘文典:《怎样叫做中西学术之沟通》,载《新中国》第一卷第六号,1919年10月15日)

3月26日,蔡元培、马叙伦等在汤尔和宅商定罢免陈独秀文科学长一职,理由是陈独秀"私德太坏",但由于蔡元培的坚持,陈独秀仍为北京大学教授,并由校方给假1年。胡适后来指出,此事实为攻击北大新思潮之举。

> 1919年3月26日晚,北大召开有关人士会议,决定辞退陈独秀,汤尔和也参与了这次会议。会上,蔡元培颇不愿在这个时候辞去陈氏,但汤尔和力言陈私德太坏,"何可作为大学师表"。终于迫使蔡元培以取消各科学长的机会,将陈辞去。陈则以请长假的名义离开了北大。同在北大的胡适对此事是抱不平的。在16年之后,胡适在致汤尔和的信中还说:"当时外人借私行为攻击独秀,明明是攻击北大的新思潮的几个领袖的一种手段。"指出了问题的实质。(沈寂:《陈独秀传论》,第268页)

关于陈独秀,先生曾有评价:

> 刘文典先生私下也谈起过陈独秀,喟叹老友的命运,说陈是个非常好的人,为人忠厚,非常有学问,搞不成(政治)——书读得太多了。(井晓晴:《乡情师恩:刘文典和陈独秀》,载《春城晚报》2001年1月5日)

3月29日,先生与鲁迅、周作人、陈百年、朱逖先(即朱希祖)、沈士远、沈尹默、刘半农、钱玄同、马幼渔等10位学者教授在交通部"西车站食堂"聚会。这是目前史料中关于先生与鲁迅交往的最早记录。

交通部承办的"西车站食堂"以经营德国大菜而享有盛名。1919年3月29日,鲁迅在这里与周作人、陈百年、刘叔雅、朱逖先、沈士远、沈尹默、刘半农、钱玄同、马幼渔等十位学者教授聚会,时距五四运动只有一个多月。(姜异新:《徘徊于文本内外的"现代性"》,载《鲁迅研究月刊》2005年7月)

鲁迅、周作人在当天的日记中均记有此事:

二十九日,晴,风。上午往浙江兴业银行汇泉于沪。寄铭伯先生信。晚二弟来部,同往留黎厂,在德古斋买《刘平国开道刻石》二枚,又《元徽墓志》一枚,共券八元。此至前门外西车站饭,同坐陈百年、刘叔雅、朱逖先、沈士远、沈尹默、刘半农、钱玄同、马幼渔,共十人也。(《鲁迅日记》卷上,第306页,人民文学出版社,1959年8月第1版)

廿九日,晴,风。上午寄家信(三八)、丸善函、上海吴君片,又《域外小说集》一本,往校。下午,至慈惠殿及北月牙胡同看屋。五时,至教育部,同大哥至厂甸,并步行至前门京汉站食堂赴宴,尹默、士远、逖先、幼渔、半农、百年、玄同、叔雅共十人,十时返。薛朗轩君来访,不值。(《周作人日记》卷中,第19~20页,影印本,大象出版社,1996年12月第1版)

5月2日,《北京大学日刊》第367号刊登《徐宝璜启事》,公布北大同人送李辛白先生封翁赙仪,先生"票二元"。

5月4日,"五四"运动爆发。先生与马叙伦、马寅初值班守夜,支持大学生,积极参与调解。据先生回忆:

"五四"运动这件轰轰烈烈的大事,我事前并未预闻。一直到北京的学生、市民游行示威烧了曹汝霖的家,打伤章宗祥以后,我还坐在中央公园柏树底下悠悠闲闲地喝茶看小说。

一直到已故的王星拱教授跑来对我说警备司令部已经派兵包围北京大学,逮捕许多学生,我才直跳起来奔到学校。在红楼门口遇见罗文干教授,知道蔡元培先生已经辞职离京,更是大吃一惊。奔上楼去会见许多教授,听他们的议论一大半都是不赞成学生这种"轨外行动"的,听了真令人冒火。从那天起,我才天天参加会议。

事隔多年,有些详细的情形我是记不清楚了。但是令我最感佩的是两位马先生。中文系教授马叙伦终日奔驰和外界联络,极力说服那时候北京总商会银行公会,使他们和我们一致行动。经济系教授马寅初先生在学校坐镇,常常彻夜不归。我和刘半农教授也参加守夜的工作,朋友们开玩笑说:"犬守夜,鸡司晨,你们一马二刘是北大的三个守夜的犬。"有一天半夜里在三层楼上往下一看,门前全是军警的帐篷。我们这些守夜的人算是困在核心,但是往更远处一看还是一片光明,被关在译学馆的学生正在大呼"打倒军阀"、"内灭国贼,外抗强权"的口号。

又有一天半夜里,马寅初先生欢天喜地地说:"上海罢市了!上海罢市了!"第二天北洋政府就下命令罢免曹、陆、章,我那时候才初步认识人民力量的伟大。(刘文典:《忆"五四"》,载云南大学校刊《云大》1957年5月1日)

5月9日,为避免学生与政府再起纠纷,北大校长蔡元培主动辞职离校。他后来解释道:

> 越四十余日,而有"五四"运动。我对于学生运动,素有一种成见,以为学生在学校里面,应以求学为最大目的,不应有何等政治的组织。其有年在二十岁以上,对于政治有特殊兴趣者,可以个人资格参加政治团体,不必牵涉学校。所以民国七年夏间,

**1919 年 5 月 4 日北大学生举行游行**

北京各校学生,曾为外交问题,结队游行,向总统府请愿,当北大学生出发时,我曾力阻他们,他们一定要参与,我因此引咎辞职。经慰留而罢。到八年五月四日,学生又有不签字于巴黎和约与罢免亲日派曹、陆、章的主张,仍以结队游行为表示,我也就不去阻止他们了。他们因愤激的缘故,遂有焚曹汝霖住宅及攒殴章宗祥的事,学生被警厅逮捕者数十人,各校皆有,而北大学生居多数,我与各专门学校的校长向警厅力保,始释放。但被拘的虽已保释,而学生尚抱再接再厉的决心,政府亦且持不做不休的态度。都中宣传政府将明令免我职而以马其昶君任北大校长,我恐若因此增加学生对于政府的纠纷,我个人且将有运动学生保持地位的嫌疑,不可以不速去。乃一面呈政府,引咎辞职,一面秘密出京,时为五月九日。(蔡元培:《我在北京大学的经历》)

5 月 15 日,《新中国》杂志创刊。先生成为其重要作者。

《新中国》是大型的综合性杂志,16开本,每期有二三百页。它的特点是,自称"应新世界潮流而起",却又标榜"毫无党见"、"不偏不党",表示:"便是一种时行所谓'新'的漩涡,也不愿盲目堕入。"……经常为它撰稿的是北京各大报的记者如邵飘萍(邵振青)、孙几伊、刘少少、张厚载等;大学教授如胡适、刘叔雅、高一涵、陈启修等;北大学生吴载盛(天放)、朱谦之等。(《五四时期期刊介绍》第三集上册,第361页,见生活·读书·新知三联书店1959年12月第1版)

《新中国》创刊号封面

本期杂志封二刊登"本志新译名著特告",预告从第二期起将连载由先生翻译的德国哲学家海克尔(即赫凯尔)的著作《生命论》。

德国哲学博士、理学博士、法学博士、医学博士赫凯尔先生,为现代哲学界、科学界之斗星。所著《生命论》、《宇宙之谜》两书,总括万殊,包吞千有,举政治、社会、法律、哲学、伦理上一切问题,皆以最新之科学、一元之哲学为根据,而下确当之解决。其书译本至十余种,行销至数十万册,真书契以来所未有也。欧美诸国曾受高等教育者,无不知有此两书,惟吾国尚未有译本,实为学界之大耻。本社以一元哲学为救济吾国思想界之良药、科学精神为民族发展之利器,特请刘叔雅先生取其原本译为华言,从本志第二期起按期登载,想必为思想界所欢迎也。(《新中国》创刊号封二,新中国杂志社1919年5月15日)

5月22日,身在上海的蒋梦麟致函胡适,表示"如北京大学不幸解散了,同人当在南组织机关,办编译局及大学一二年级,卷土重来"。时任北大教职员会和北京中等以上学校教职员联合会书记的北大教授马叙伦在回忆文章里曾专门提及此事,并表示曾与先生一道反对此事:

> 有一件事情,可算"五四"运动里的插曲吧。在风潮高长(涨)的时候,我是每日从早晨八时到晚六时,有时直到八时以后,都在沙滩北大第一院(文学院)三楼临街中间一间教员休息室呆守着,为了保持各方的接触。有一日,我已回家晚饭,忽然得到电话,是休息室工友打来,叫我去开会。我想,有什么会?向来有会,我总事前接洽的,这是什么会?但是不好不去。到了第一院问起工友,他只对我说:"东屋里开会啦,有人在签名啦!"我过东屋去一卷,长桌上摆了一本簿子,写着:"北大迁往上海,老师同学愿去的请签名。"(原文记不清了,这是大概文句。)果然,已有教员学生签上几个名字,我还记得有"五四"运动的"巨子"北大同学傅斯年、罗家伦的大名。我想,这真怪事!是什么人的主张?我便退回休息室,且看动静。一忽儿刘文典先生来了,他说:"开会?"我说:"不知道,不过你可以往东屋里看一看。"他听我的话有点蹊跷,一看便来问我:"你看怎样?"我说:"我们不是要奋斗?奋斗要在黑暗里的。"他转身便走。第二日,他来告诉我:"昨晚我把你说的话告诉了独秀,他说:'你的话很对。'他已把傅斯年、罗家伦叫去训了一顿。"果然,这件事就此不提了。(马叙伦:《从"五四"运动到"六三索薪"》,见陈平原、夏晓虹编《北大旧事》,第223~224页)

但学者张耀杰则认为:"马叙伦在《我在六十岁以前》中,把上海方面的蒋梦麟、黄炎培、沈恩孚等人并没有付诸实施的北大南迁计划,借题发挥地转嫁在学生辈的傅斯年、罗家伦头上,以坐实两个人没有勇气留在'黑暗里'奋斗,只是相对含蓄地报复傅斯年所揭发的抄袭丑闻。"(张耀杰:《五四运动中的北大南迁》,载《南方周末》2010年5月20日)

6月4日,北大教授召开临时会议,慰留蔡元培,先生出席。(周作人:《知堂回想录》卷下,第332~333页,安徽教育出版社,2008年5月第1版)

6月7日,迫于舆论压力,北洋政府释放"五四"运动中被捕学生。"五四"运动终告胜利。据蔡元培回忆:

> 那时候学生仍每日分队出去演讲,政府逐队逮捕,因人数太多,就把学生都监禁在北大第三院。北京学生受了这样大的压迫,于是引起全国学生的罢课,而且引起各大都会工商界的同情与公愤,将以罢工罢市为同样之要求。政府知势不可侮,乃释放被逮诸生,决定不签和约,罢免曹、陆、章,于是"五四"运动之目的完全达到了。(蔡元培:《我在北京大学的经历》)

6月11日,陈独秀在京散发《北京市民传单》被捕,包括先生在内的安徽同乡积极参与签名营救。对于具体情形,胡适回忆道:

> 1919年6月12日,陈独秀[终因政治活动]被捕入狱。陈氏是在发散他那自撰并出资自印的反政府传单之时被捕的。此事发生在北京城南一个叫作"新世界"的娱乐场所。那时陈独秀、高一涵和我三位安徽同乡正在该处吃茶聊天。陈氏从他的衣袋中取出一些传单来向其它桌子上发散。传单中向政府要求项目之一便是撤换[卫戍北京并大举逮捕学生数百人,素有"屠夫"之称的]步兵统领王怀庆。王氏曾在六月初旬拘捕了在北京街头宣传反日和抵制日货的学生。
>
> 我们三人原在一起吃茶,未几,一涵和我便先回来了(那时高君和我住在一起)。独秀一人留下,他仍在继续散发他的传

单。不久警察便来了,把独秀拘捕起来送入警察总署的监牢。

我直到夜半才有人打电话告知此事。独秀被捕之后,始终未经公开审讯,但是一关便关了八十三天。所幸他的一大群安徽同乡和老朋友们,终于把他于8月间保释出狱。(唐德刚:《胡适口述自传》,第184页,广西师范大学出版社,2005年8月第1版)

6月15日,先生译作《生命论》开始在《新中国》杂志上连载,后来结集成书,名为《生命之不可思议》。同一期上,刊载先生译文《人类之将来》,译自日本丘浅次郎博士《进化与人生》一书。据先生自述:

我着手译这部书,是在三年以前,正当那《灵学杂志》初出版,许多"白日见鬼"的人闹得乌烟瘴气的时候。我目睹那些人那个中风狂走的惨象,心里着实难受,就发愿要译几部通俗的科学书来救济他们,并且防止别人再去陷溺,至于我自己外国文的浅陋、科学知识的缺乏、译笔的拙劣,都顾不得了。经了几次的选择,就拣定了赫凯尔博士的两部书,一部是《宇宙之谜》,一部就是这个《生命之不可思议》。(刘文典:《生命之不可思议·译者序》,见《刘文典全集》卷四,第177页)

7月12日,《北京大学日刊》刊出北大"入学试验委员会阅卷委员名录",先生列名国文组。

**【入学试验委员会阅卷委员名录(节选)】**
国文　马裕藻　刘　复　钱玄同　刘文典　朱希祖
　　　吴　梅　沈尹默　林　损　陈　怀
(《北京大学日刊》第419号,1919年7月12日)

7月15日,先生在《新中国》杂志第一卷第三号上刊载译作《人类之夸大狂》,译自日本丘浅次郎博士《进化与人生》一书。

刘文典素来怀有"用生物学知识打破旧恶思想"的抱负,而《进化与人生》正是一本凭借生物学研究的新进展来探讨人生哲学的书。比如第一章《人类之夸大狂》,直言并非只有精神病才需要治疗,在现实生活中同样存在一些有"夸大病"的人,认为"人为万物之灵",并将动物叫做"畜生"。其实呢,"地球的表面上,除了人类以外,还有几十万种的生物住在上面,此等生物和人类的关系是怎样的,读了进化论的书籍就可以懂得了。就是人也和其他的动物从共同的祖先分支下来的,狗唎,猫唎,猪唎,人唎,追溯上去,都出于一个祖先的,尤其是和那猿类的血统相近,一直到比较的很近的时期,还是毫没有分别的"。由于生物学上的这一发现,丘浅次郎"总望所谓有了学问的先知先觉的人士,要能快快的脱离了'夸大狂'的范围,根据实验科学上确定了的事实,以公平的眼光观察人类,利用这个结果来研究救世的方法才好"。(章玉政:《狂人刘文典:远去的国学大师及其时代》,第153~154页)

8月,先生在北京香山碧云寺继续翻译德国哲学家海克尔的名作《生命之不可思议》。在此期间,从罗家伦(字志希)处获知海克尔逝世消息。

海克尔(又译赫凯尔)

民国八年夏天,我住在京西香山碧云寺里,昼长无事,就在半山腰上,大松树下的一座亭子里译起来,这部书的三分之二,都是在那座亭子里译成的,并且我也就在那座亭子里得着赫凯尔先生逝世的消息,是罗志希先生在般若堂里看见了报,跑到山腰上告诉我的。(刘文典:《生命之不可思议》译者序,见《刘文典全集》卷四,第177页)

9月16日,经各方努力,陈独秀获释出狱。

> 前北大教授陈独秀氏,被警厅拘禁,已历三月有余。近者警厅侦查结果,终不见陈氏有何等犯法之事实。而陈氏近日在厅,因久失自由,因而发生胃病。安徽同乡遂于昨日到厅,请予释放。警厅亦即照准。闻陈已于昨日下午四时出厅,完全恢复自由矣。(《陈独秀恢复自由》,原载《晨报》1919年9月17日第3版,见强重华等编《陈独秀被捕资料汇编》,第84页)

陈独秀出狱后,仍有被捕危险,遂藏匿于先生家中,直到1920年1月在李大钊掩护下离开北京,到达上海。据时在北大德文预科学习的罗章龙回忆:

> 陈先生虽然出了狱,但随时还有再次被捕的危险,他不得不在刘文典先生家躲藏下来。李先生为了他的安全,遂与同志们反复研究,最后征得陈先生同意,决定送他出京。李先生亲自就如何护送问题精心设计,并为此一度亲到天津,作出了周密妥善的安排。1919年年底,李先生带了几个学生,与陈先生一起,都打扮成商人,雇了一辆骡车,趁着晨光曦微悄悄出城,由小路经廊坊前往天津。李先生是位老成持重、胆大心细的人,他一口道地的河北口音,乡情又熟,装扮得也活像商人,因此,他们一路非常顺利,平安到达天津。
>
> 1920年1月,李先生又在天津亲送陈先生登上开往上海的轮船。从此,陈先生结束了红楼生活,踏上新的征途。(罗章龙:《陈独秀先生在红楼的日子》,见童宗盛主编《中国百位名人学者忆名师》,第61页,延边大学出版社,1990年8月第1版)

对于此事,当时已到北大任职的蒋梦麟也有回忆:

> 陈独秀的口才很好,为人风趣,与他谈天,是一件很有趣的

事。当他离开北京大学以后,有一次因为他发传单而被警察捉去,后来由安徽同乡保出来的。以后还有几次也几乎被捕。一天,我接到警察厅一位朋友的电话。他说:"我们要捉你的朋友了,你通知他一声,早点跑掉吧!不然大家不方便。"我知道了这消息,便和一个学生跑到他住的地方(刘叔雅——文典家里),叫他马上逃走。李大钊陪他坐了骡车从小路逃到天津。(蒋梦麟:《西潮·新潮》,第340页,岳麓书社,2000年9月第1版)

在北大教授马叙伦的回忆中,关于此事的记录则是:

> 往在北平,中国共产党领袖陈独秀自上海来,住东城脚下福建司胡同刘叔雅家。一日晚饭后,余忽得有捕独秀讯,且期在今晚。自余家至福建司胡同,可十余里,急切无以相告,乃借电话机语沈士远。士远时寓什方院,距叔雅家较近,然无以措词,仓卒语以告前文科学长速离叔雅所,盖不得披露独秀姓名也。时余与士远皆任北京大学教授,而独秀曾任文院学出长【编者按:原文如此,应为"文科学长"】。故士远往告独秀,即时逸避。翌晨由李守常乔装乡老,独秀为病者,乘骡车出德胜门离平。(马叙伦:《石屋余沈》,第133~134页,见《民国丛书》第三编,上海书店,据1948年版影印)

还有一种说法来自高一涵。高一涵,安徽六安人,1918年进入北大,在编译委员会工作,是《新青年》重要成员,与陈独秀关系密切。在他的记忆中,陈独秀当时藏匿于王星拱家中:

> 陈独秀出狱后,仍住北京北池子寓所,这时他已辞去北大文科学长的职务。他因有事到上海去,回北京时,应湖北省教育厅长李汉俊的邀请,取道武汉,做了一次讲演。国内各地报纸都摘要登载他讲演的重点,用大字刊出。北洋政府看到这些报纸,才知道他已出北京。警察厅就在北池子寓所门前,派一个警察站

岗,企图等陈独秀自武汉回京时,加以逮捕。我们得到这个消息,就同李大钊商议,派人先到西车站,把他接到王星拱家里,暂避一避,再设法送他离开北京。

当时同李大钊计划:想保护陈独秀出京的安全,万万不能乘坐火车或小汽车出京。李大钊挺身而出,自愿护送陈独秀从公路出走。因李大钊是乐亭人,讲的是北方话,衣着又朴素,很像生意人。就在王星拱家里准备一切。时当阴历年底,正是北京一带生意人往各地收账的时候。于是他两个人雇了一辆骡车,从朝阳门出走南下。陈独秀也装扮起来,头戴毡帽,身穿王星拱家里厨师的一件背心,油迹满衣,光着发亮。陈独秀坐在骡车里面,李大钊跨在车把上。携带几本账簿,印成店家红纸片子。沿途住店一切交涉,都由李大钊出面办理,不要陈独秀张口,恐怕漏出南方人的口音。因此,一路顺利地到了天津,即购买外国船票,让陈独秀坐船前往上海。李大钊回京后,等到陈独秀从上海来信,才向我们报告此行的经过。后来每谈起他两人化装逃走事,人们都对李大钊见义勇为的精神,表示钦佩。(高一涵:《李大钊同志护送陈独秀出险》,见《文史资料选辑》第61辑,第64~65页,中华出局,1979年4月第1版)

9月26日,因北大教授朱蓬仙"身后萧条",先生与蔡元培等联合发出启事,募送赙仪。

### 【蔡元培等启事】

本校教职员诸先生公鉴:敬启者,本校朱蓬仙教授(宗莱)因病逝世,身后萧条,同人有欲致送赙仪者,请于十月十五日以前送交本校会计课代收,以便汇送至纫,公谊。

李辛白　沈尹默　黄世晖　周同煌　马寅初　刘文典
沈兼士　康宝忠　蔡元培　刘　复　朱希祖　郑阳和

李大钊　　沈士远　　马裕藻　　陈大齐　　马叙伦　　钱玄同
段宗林　　潘大道

同启

(《北京大学日刊》第447号,1919年9月26日)

9月,据《1919年北京大学教职员薪俸的具体数额》显示,先生月薪200圆。同时,胡适280圆,刘师培280圆,周作人240圆,王星拱240圆,程演生200圆,刘半农200圆。据陈明远考证,当时北大教授分本科、预科二类,各分为六级,月薪级差皆为20银圆。本科教授自280至180银圆,预科教授自240至140银圆。当时北京的生活水平是：

> 20年代初,北京生活便宜,一个小家庭的用费,每月大洋几十圆即可维持。如每月用100圆,便是很好的生活,可以租一所四合院的房子,约有房屋20余间,租金每月不过20多圆,每间房平均每月租金约大洋1圆。可以雇用一个厨子,一个男仆或女仆,一个人力车的车夫；每日饭菜钱在一圆以内,便可吃得很好。有的教授省吃俭用,节省出钱来购置几千圆一所的房屋居住；甚至有能自购几所房子以备出租者。(陈明远：《文化人的经济生活》,第94~101页,文汇出版社,2005年2月第1版)

10月6日,先生与马叙伦等人发起筹备全校教职员公宴。

### 【马叙伦等启事】

迳启者,同人拟于双十节举行本校教职员全体公宴,以申庆祝(时间地点再行决定),届时并有关于全体一二应商之事欲相讨论为荷。赞成即当筹备,否则请于七号以前,赐函本校庶务处。同人当从多数意见以为决定,此启。

黄右昌　　刘文典　　周作人　　许之琦　　李辛白　　朱希祖
沈尹默　　马叙伦　　刘　三　　黄世晖　　胡春林　　马寅初

马裕藻　沈士远　徐宝璜　李大钊　徐之杰　周同煌
　　　　　　　　　　　　　　　　　　　同启

（《北京大学日刊》第455号，1919年10月6日）

　　10月15日，先生在《新中国》杂志头条发表《怎样叫做中西学术之沟通》，阐明比较研究的学术新思想，署名"刘叔雅"。在文章中，先生重点批评了中国学人学术研究中的"盲目尊大"现象：

　　　　现在那些"沟通派"的沟通，大概都是如此的。只要看见中国古书上有人说过科学上的哪个现象，提出过科学上哪个问题，就想把这部古书来和近世的哪科学问沟通，全不晓得看见现象提出问题是一事，解决问题建立系统又是一事。现象是聪明人都看得见的，问题是有点思想的人就能提出的，所难的就是下正确的解决，组织成系统。近世科学也是经了很长的发达阶级，受了别科学问的补助，才得成立的。中国古人生在这发达阶级之前，又没有别科学问的助力，如何能得近世科学所得的结果呢？他的话更如何能和近世科学沟通呢？至于"社会的科学"，更是要等社会组织到了某点，才会发生某种学说，例如中古时代的经济组织之下，亚丹•斯密的学说不会发生，机器还未通行，怎能有马克斯（思）的学说呢？然而今日的沟通家却会把封建时代的经济组织之下发生的孔氏学说，和现在这样的时世的经济学沟通，说他的学说很适于二十世纪的经济组织。

　　在此文的最后，先生为中西学术沟通指明路径：

　　　　要有那好学深思之士，具有综观世界各系文明的眼光，去了好虚体面的客气，晓得了近世科学的方法、性质、价值，明白了学术之历史的发达路径，把中西学术作个比较的研究，求两系文明的化合，这倒是学界一种绝大的胜业，要照这样的沟通，中国的玄学、心学、政治哲学、人生哲学，可以和西洋学术沟通的处所多

着哩。(刘文典:《怎样叫做中西学术之沟通》,载《新中国》第一卷第六号)

同期杂志,封二整版篇幅刊登预告,拟推出由先生翻译的德国哲学家海克尔(又译赫凯尔)的名著《宇宙之谜》:

> 你晓得有《宇宙之谜》吗?
> 
> 现在世界上各国的知识阶级没有未读过这部书的。
> 
> 这部书是德国现代最大哲学家、最大科学家赫凯尔 Haeckel 博士著的,以一元哲学的见地,解决宇宙间最大的、最难解决的问题,译了十几国文字,行销了几十万册,其价值也就可想了。
> 
> 你对于宇宙问题、人生问题要是有什么不得解决处,这部书就是个秘钥。
> 
> 你要想晓得欧洲近代科学,这部书就是一编总账。
> 
> 你要想达到个高尚的人生观、世界观,这部书就是个指南车。
> 
> 现在这部书已经由刘叔雅先生译成中国话的了,不久就可以刊行,这岂不是学界上一件快事吗?所以特特先报个好消息与列位。
> 
> 等刊了出来,列位当然是以"先睹为快"的罢?(《宇宙之谜》预告,载《新中国》第一卷第六号)

同日,商务印书馆《东方杂志》第十六卷第十号"内外时报"栏目转载先生所译《人类之夸大狂》一文,署名"刘叔雅"。

10月17日,《北京大学日刊》第463号刊登《会计课经收已故教授朱蓬仙先生赙款报告》,先生致送"现洋五元"。

10月25日,北大召开评议会选举会,胡适、蒋梦麟等当选。先生得二票,未入选。

> 【本校布告(节选)】二十五日午后二时,开评议会选举会,各教授选举评议员之单送到者共六十八纸。由蔡校长及徐宝璜、

程振钧二教授公同开检。得票多数当选为评议员者为胡适、俞同奎、蒋梦麟、马寅初、陶履恭、马叙伦、陈大齐、张大椿、沈尹默、温宗禹、何育杰、朱希祖、贺之才、马裕藻、黄振声十五教授。尚有一名因朱锡龄、沈士远、康宝忠、冯祖荀四教授同得二十八票,须待各教授通讯决选而定之。(《北京大学日刊》第470号,1919年10月27日)

11月15日,北大筹备询问处为英文姓名翻译事致函各教授,其中先生姓名被简译为"W T Liu"。(《北京大学日刊》第487号,1919年11月15日)

11月20日,刘师培在北京和平医院病逝。先生系其晚年来往甚密、关系甚笃的弟子之一。据先生门人吴进仁口述:

> 袁世凯一命呜呼后,刘师培衣食均无着落,被"兼容并包"的蔡元培聘至北京大学。此时,刘文典亦在北京大学教书。不过,关于师生两人再续前缘的资料并不多见。1919年3月,刘师培、黄侃等人曾在北大发起成立《国故月刊》社,不过职员录上没有出现刘文典的名字。
>
> 当然,这并不意味着刘文典与刘师培关系完全疏远。实际上,直到刘师培1919年11月20日病逝,刘文典依然是其晚年最为信任的得意弟子之一。有一年过节,刘文典迟迟没有登门看望老师,弄得孤独落寞的刘师培在家里放声大哭:"连叔雅都不理我了!"刘文典听人说起后,赶紧匆匆买了些糕点,看望老师,并郑重地磕头行礼。(章玉政:《狂人刘文典:远去的国学大师及其时代》,第38页)

对于先生与刘师培的关系,梅鹤孙写道:

> 舅氏历任两江师范、安徽公学、四川国学院、北京大学各校教授、讲师,自然学生遍于全国了。我所知道的,钱玄同是在师

友之间。另有黄季刚、陈钟凡、刘叔雅等人,最为密切。(梅鹤孙:《清溪旧屋仪征刘氏五世小记》,第40页)

11月,北大教授胡适、马裕藻、朱希祖、钱玄同、周作人、刘复等联名向教育部提出《请颁行新式标点符号案》,主张实行新式标点符号。后世曾有文章认为,"刘文典还坚持用文言古句,反对用标点符号",事实并非如此,先生曾作有短文《标点》可证:

中国古书罕有标点,初学难得句读,多以为苦。近岁始采取欧洲诸国文中通行之标点,施之古书,学者颇称其便利,而陋儒则疾之如寇仇。实则,古人读书固极重标点。《宋史·儒林传·何基传》云:"凡所读,无不加标点。义显意明,有不待论说而自见者。"是我先民固深知标点之有益也。余尝谓今之自称保存国粹而鄙夷近世学术者,其病皆在不读古书。世有通人君子,必许余为知言也。(刘文典:《标点》,见《刘文典全集》卷三,第350页)

12月15日,胡适致函先生,所谈何事,未见记录。

【胡适日记】预算:上午十二时写信:叔雅、志希、陈匪石。
　　　　　　实行:晚上九时,作叔雅信。(曹伯言:《胡适日记全编》卷三,第41页,安徽教育出版社,2001年10月第1版)

同日,商务印书馆《东方杂志》第十六卷第十二号"内外时报"栏目转载先生《怎样叫做中西学术之沟通》一文,署名"刘叔雅"。

## 1920年(民国九年庚申)　　年二十九岁

1月2日,周作人收到先生贺年片,随即回复。

(一月)二日,晴。上午寄南京金君函,同乔风往校访仲侃及伏园,同至新一春,饭。步行回宅。下午得潘君廿八日函、叔雅士远等片,即答。晚,风,丰微热。(《周作人日记》卷中,第98页)

1月20日,先生与胡适、马叙伦、周作人等50余位教授发起成立北京大学教职员会,"筹谋本校全体的发展":

### 【马叙伦等启事】

我们大家在一个学校里作事,很应该有一个联络情谊的组织,依互助的精神,筹谋本校全体的发展,增益团体生活的趣味。我们曾把这个意思和许多同人谈过,都认为有组织一个北京大学教职员会的必要。现在定于本星期三(即二十一日)晚七时,在第二院(理科)大礼堂,开一教职员全体会,商量商量。请诸位先生预先把组织的大纲想一想,到了那时,务必到会,是我们很盼望的。

| 俞星枢 | 周象贤 | 林 损 | 钱玄同 | 孙瑞林 | 张崧年 |
| 钱振椿 | 陈大齐 | 马裕藻 | 李大钊 | 刘 三 | 徐宝璜 |
| 朱希祖 | 丁绪贤 | 何炳松 | 郑寿仁 | 孟寿椿 | 陈启修 |
| 黄右昌 | 张大椿 | 陈世璋 | 王星拱 | 程演生 | 孙 湜 |
| 李辛白 | 唐 伟 | 沈士远 | 蒋梦麟 | 马叙伦 | 陶履恭 |
| 胡 适 | 姚 憾 | 彭一湖 | 周作人 | 刘文典 | 马寅初 |
| 左德敏 | 龚 湘 | 周泽春 | 沈尹默 | 郑阳和 | 李大定 |
| 谭 澄 | 许文堉 | 李振声 | 段宗林 | 胡春林 | 吴继哲 |
| 刘钜锟 | 张承隆 | 周同煌 | 郭须静 | 汪敬熙 | 戴 岳 |

沈兼士等公启

(《北京大学日刊》第519号,1920年1月20日)

1月15日,先生译著《宇宙之谜》在《新中国》杂志第二卷第一号上开始连载,只惜不久后杂志停刊,连载中断。

刘文典目光独到地选择翻译这本名著,对于当时的中国,同样是一道"晴天霹雳"。遗憾的是,《新中国》杂志中途"歇菜",只出到1920年8月第二卷第八期就停刊了。由刘文典翻译的《宇宙之谜》也只连载到第五章就没下文了。

> 目前没有发现刘文典的《宇宙之谜》全本。这里面有两种可能，一是刘文典没有译完《宇宙之谜》，二是译稿因为战乱而遗失。其中，后一种的可能性较大。这对于当时乃至今天的读者来说，不能不算是个小小的遗憾。（章玉政：《狂人刘文典：远去的国学大师及其时代》，第 152 页）

2 月，受蔡元培等人委托，先生扶送刘师培灵柩归葬扬州。

> ［北京］大学校长蔡子民先生经纪其丧。翌年二月，命门人刘君叔雅为之归榇扬州，旅榇萧寺，待寒冬窆祖茔焉。（刘富曾：《亡侄师培墓志铭》，见万仕国《刘师培年谱》，第 276 页）

刘师培外甥梅鹤孙亦记有此事：

> 舅氏到京住北城老爷庙胡同，应蔡子民先生之聘，任北大教授。身后事皆蔡子民经纪，命舅氏门人刘文典送榇回扬。冬抄，安葬西乡郝家宝塔祖茔，算是归正首丘之愿能偿了。刘君字叔雅，安徽人。记得与他谈过几次，学问极博，可惜没有多谈遗闻轶事。钱玄同撰的年谱太略了！舅氏门人遍全国，我见过的只有黄季刚、刘叔雅诸人。（梅鹤孙：《清溪旧屋仪征刘氏五世小记》，第 53 页）

4 月 9 日，刘半农致函蔡元培，详述赴英国伦敦留学情形，并附笔问候先生等人。（《北京大学日刊》第 615 号，1920 年 5 月 24 日）

5 月 15 日，先生在《新中国》杂志出版周年纪念号刊发《我的思想变迁史》一文，并附其身着西服照。同期刊有胡适、章士钊等名流文章。先生在正文开头自谦道：

> 我那里有甚么思想，我的思想又那配有甚么变迁史呢。然而中国人往日讲的是君道臣节，读的是"子曰""诗云"，做的是"今

夫""且夫",现在的青年思想大变,天天说"解放""改造",到处都听见"德摩克拉西"、"新文化"的呼声,旧思想的威权虽然还没有完全失坠,我个(人)的精神生活上也确乎有了绝大的变迁。我虽然无似,总是中国这新旧交替时候的一个人,幼年拖辫子的时候,也抱过极旧的思想,现在也随着大家的脚跟往新的路上跑。这中间也不知经历了几多的变迁。从一方面说来,这是我自己的精神生活变迁史,从别一方面看来,也就是中国现代思想史的小影。据生物学的原理说:"个体发生 Ontogeny 本是系统发生 Phylogeny 的一个重演。"譬如一个人在胎里的发育程序,是要把由单细胞生活以至人类的层层进化阶级的概要重演一遍。我想"形"既有之,"神"亦宜然,一个民族的思想变迁,从一个人的思想变迁上也可以看个大概。《吕览》上所谓"故审堂下之阴而知日月之行、阴阳之变,见瓶水冰而知天下之寒、鱼鳖之藏也,尝一脔肉而知一镬之味、一鼎之调",就是这个意思。况且我个人失败的历史,也颇有许多可供现代青年的借鉴,所以老老实实的把我过去的思想史写在下面,不过我的文笔十分拙劣,不能作有系统的叙述罢了。(刘文典:《我的思想变迁史》)

此文后经苏联著名汉学家瓦西里·米哈伊洛维奇·阿列克谢耶夫(中文名阿理克)译成俄文,刊于 1925 年第 5 卷汉学杂志《东方》上。

8 月 6 日,北京大学国文系主任马裕藻聘请鲁迅担任兼课讲师。此为鲁迅在北大任教之始。此间,先生与鲁迅偶有交往:

> 回国以后,我和鲁迅都在北大教书,虽然常常见面,但是很少往来,他没到我家来过,我也没有到他家去过。每次在北大教员休息室见面,几乎没听到过鲁迅同别的教授谈话。他一下堂就披起大衣走了。这时没见他吃糖了,只见他吸纸烟。我这时并不佩服他,只是觉得他是一个很有学问的教授。

某一年的冬天,他下堂后,学生来问功课,我听他对学生的谈话,才知道他对西洋的文学、艺术,以及中国所谓的"旧学"都是十分渊博的。那一天,他从下午两点说到四点,我因没有课,也整整旁听了两个钟头,一直到五点钟我才回家。从那天以后,我就开始佩服他,崇拜他。至于他的人格的伟大,我那时还没有发现。我和他也说不上什么交情。当时我想:我们是少年同门,中年同事,比泛泛的朋友稍要亲密些。(刘文典:《回忆鲁迅》)

9月23日,周作人赠先生书一部。书应为周作人编译的《点滴:近代名家短篇小说》,1920年8月由北京大学出版部出版。

(九月)廿三日,晴。上午,得高师函,送表册。玄同、兼士函。寄幼渔、伏园函。下午,大风,译世界语本小说二篇,得九月份诗一册、新闻二十四号一枚。晚,在西车站饯百年行,赠叔雅、孟和书各一部。(《周作人日记》卷中,第147页)

9月24日,周作人收到先生信函。

(九月)廿四日,阴。上午,往高师,不上课,即返。得叔雅函。寄兼士、玄同函。还孙带仲君书一册。得九善十六日函。(《周作人日记》卷中,第147页)

10月15日,《北京大学日刊》第717号刊登《北京大学启事》,公布北大教职员、学生向北京地方服务团捐款清单,先生捐"洋一元"。

11月,先生译著《进化与人生》由商务印书馆出版,后被收入蒋百里主编的共学社丛书之时代丛书,再版六次。此书系日本著名动物学家丘浅次郎的代表作之一。据先生自述

我在十多年前认定了中国一切的祸乱都是那些旧而恶的思想在那里作祟。要把那些旧的恶的思想扫荡肃清,唯有灌输生物学上的知识到一般人的头脑子里去。关于进化论的知识尤其

要紧,因为一个人对于宇宙的进化、生物的进化没有相当的了解,决不能有正当的宇宙观、人生观,这个人也就决不能算社会上的一个有用的分子了。

因为被这一个牢不可破的成见所驱策,我就译出了几部通俗的生物学书,如赫凯尔的《生命之不可思议》、丘浅次郎的《进化与人生》之类。后来我自己不长进,沉迷于那些支离破碎的校勘训诂、咬文嚼字的《文选》学,就把这件事搁下了。(刘文典:《进化论讲话·译者序》,见《刘文典全集》卷四,第529页)

12月24日,先生与北大百余名教授致函挽留马叙伦。此前因遭匿名传单诬谤,马叙伦决定辞去北京小学以上学校教职员联合会代表、北京大学教职员委员会委员等职务。(《北京大学日刊》第776号,1920年12月24日)

## 1921年(民国十年辛酉)　　年三十岁

2月15日,陈独秀致函胡适,不赞成《新青年》迁回北京。新青年群正式分裂。陈独秀写道:

我当时不赞成《新青年》移北京,老实说是因为近来大学空气不大好;现在《新青年》已被封禁,非移粤不能出版,移京已不成问题了。你们另外办一个报,我十分赞成,因为中国好报太少,你们做出来的东西总不差,但我却没有工夫帮助文章。而且在北京出版,我也不宜做文章。(《陈独秀书信集》,第308～309页,新华出版社,1987年11月第1版)

谈到新青年群的分裂,胡适晚年感慨道:

自1920年1月以后,陈独秀是离开我们北京大学这个社团了。他离开了我们《新青年》团体里的一些老朋友,在上海他又交上了那批有志于搞政治而倾向于马列主义的新朋友。时日推移,陈独秀和我们北大里的老伙伴,愈离愈远。我们也就逐渐地失去我们的学报。因为《新青年》杂志,这个[传播]"中国文艺复兴"的期刊,[在陈氏一人主编之下]在上海也就逐渐变成一个[鼓吹]工人运动的刊物,后来就专门变成宣传共产主义的杂志了。最后终于被上海法租界当局所查封。(唐德刚:《胡适口述自传》,第194页)

6月15日,先生完成《淮南鸿烈集解》,并撰自序:

> 予少好校书,长而弥笃,讲诵多暇,有怀综绎,聊以锥指,增演前修。采拓清代先儒注语,构会甄实,取其要指,豫是有益,并皆钞内。其有穿凿形声,竞逐新异,乱真越理,以是为非,随文纠正,用袪疑惑。若乃务出游辞,苟为泛说,徒滋秽滥,只增烦冗,今之所集,又以忽诸。管窥所及,时见微意,犆有发明,亦附其末。虽往滞前疑未尽通解,而正讹苴佚,必有凭依,一循途轨,未详则阙。名为《集解》,合二十一卷,庶世之君子或裨观览焉。(刘文典:《淮南鸿烈集解·自序》,见《刘文典全集》卷一,第8页)

8月2日,胡适返皖,在安庆讲演数场,并呼吁创办安徽大学。而筹办安徽大学最积极者,是合肥人蔡晓舟。据安徽教育界前辈胡健吾回忆:

> 大学最先发起人为蔡晓舟。民国十年六七月间,蔡晓舟为大学事,奔赴北京,在香厂东方饭店,宴请安徽旅京同乡会数十人,报告安徽有设立大学必要之意义,旋由江朝宗、许世英、柏文蔚、李国筠、胡适、高一涵、姚憾、吴复振等二十余人,联合函请省长聂宪藩予以提倡。(沈寂:《也谈蔡晓舟其人》,载《江淮文史》2000年第4期)

9月1日,周作人在《晨报·副刊》发表《卖药》,署名仲密,其中提及先生对中医的批评：

> 我们攻击那些神农时代以前的知识的"国粹医"，为人们的生命安全起见，是很必要的。但是我的朋友某君说，"你们的攻击，实是大错而特错。在现今的中国，中医是万不可无的。你看有多少的遗老遗少和别种的非人生在中国，此辈一日不死，是中国一日之害。但谋杀是违反人道的，而且也谋不胜谋。幸喜他们都是相信国粹医的，所以他们的一线死机，全在这班大夫们手里。你们怎好去攻击他们呢？"我想他的话虽然残忍一点，然而也有多少道理，好在他们医死医活，是双方的同意，怪不得我的朋友。这或者是那些卖药和行医的广告现在可以存在的理由。

（《周作人自编文集·谈虎集》，第45～46页，河北教育出版社2002年1月第1版）

9月5日，先生监考北大新生初试。

**【考试新生初试监场人名及科目时间表】**

十年九月五日起　　地点在本校第三院

五日（星期一）

上午八时至十时　　本预科国文

| 钱玄同 | 刘叔雅 | 沈兼士 | 马幼渔 | 朱逷先 | 沈士远 |
| 沈朵山 | 钱稻陵 | 黄晦闻 | 伦哲如 | 毛夷庚 | 吴又陵 |
| 单不广 | 吴瞿安 | 杨适夷 | 黄伯珣 | 何柏臣 | 郑介石 |
| 毛子水 | 马叔平 | 丁燮林 | 燕树棠 | 罗东里 | 王抚五 |
| 黄国聪 | | | | | |

（王学珍、郭建荣：《北京大学史料》卷二，第851页）

9月21日，先生致函胡适，"为告编讫《淮南鸿烈集解》事，并述七项优点，请指正"，并"另询可由商务印书馆代为出版否"。此函未见于耿云志主编《胡适遗稿及秘藏书信》。（刘文典致胡适函，见台湾"中央

研究院"近代史所胡适纪念馆"胡适档案",馆藏号 HS－JDSHSC－0303－008)

9月24日,先生携新著《淮南鸿烈集解》书稿访胡适,赢得赞誉。据胡适日记记载:

> 刘叔雅(文典)近来费了一年多的工夫,把《淮南子》整理了一遍,做成《淮南鸿烈集解》一部大书。今天他带来给我看,我略翻几处,即知他确然费了一番很严密的工夫。他把各类书中引此书的句子,都抄出来,逐句寻出他的"娘家"。如《太平御览》中引的凡一千零二十六条,《文选注》引的凡五百余条,即此两项已费了不少的日力。凡清代校勘此书之诸家,皆广为搜辑。他自己也随时参加一点校语,以校勘为限,不涉及主观的见解。他用的方法极精密——几乎有机械的谨严——故能逼榨出许多前人多不能见到的新发现……

> 叔雅,合肥人,天资甚高,作旧体文及白话文皆可诵。北大国文部能拿起笔来作文的人甚少,以我所知,只有叔雅与玄同两人罢了。叔雅性最懒,不意他竟能发愤下此死工夫,作此一部可以不朽之作!(曹伯言:《胡适日记全编》卷三,第476~478页)

同日,胡适向商务印书馆张元济(号菊生)介绍此书。

胡适为《淮南鸿烈集解》撰写文言长序

> 在胡适之处,见其友刘君辑成淮南子集注佚文稿本,将各家注本汇辑成编,甚便读者。适之云,将列入大学丛书。询知名文

典,安徽合肥人,自言尚拟辑《史通》、《文心雕龙》二书。(《张元济日记》卷下,第801页,商务印书馆,1981年9月第1版)

10月9日,先生委托胡适将《淮南鸿烈集解》稿送北大校长蔡元培一阅。信函中,先生道明著书初衷:

> 昨天在电话里,匆匆地没有得细谈,关于《淮南子》的事,典想请您把拙稿送给蔡先生看一看,并且代典略吹几句,因为我之做过校勘的工夫,素来无人晓得,《淮南子》虽是汉朝人著的书,却比先秦诸子还要难弄些,典去年初做的时候,就有人听了冷笑的,你现在"逢人说项",当时"冷笑"的人见了我,也热笑着问长问短了。所以我想蔡先生如果不看一看,未必就能相信典能以办得了这件事,这是"不出名"的人的苦处,你总该不会见笑吧。(刘文典致胡适函,见耿云志主编《胡适遗稿及秘藏书信》卷三九,第641页)

10月16日,先生致函胡适,恳请他向商务印书馆代为申请预支稿费:

> 拙作承你的盛情,代典办出版的事,实在不胜心感,作为《北大国故丛刊》的第一种,尤其是典的荣幸。不过有一件事,还要费你的清神,就是钱的问题,照《北大丛书》的成例,典可以拿百分之十五至二十的版税,遇必要时,可以先垫若干。典编这部书的时候,因为购买类书,雇人抄写,以及一切的杂费都无所出,曾经和梦麟先生商量,在学校里借了两回钱,一次二百,一次四百,这一笔钱虽然未曾用完,但是实用在这书上的,确有五百元以上。当日言明,俟书成后设法清理,现在急于要把这笔钱还给学校里,顷以此事往谒蔡先生,蔡先生云:"校款须在薪金中扣除,惟可倩商务书馆代垫若干。"他因为足疾,正要上医院,所以也没有细谈。回来一想,只有请你代向商务书馆交涉之一法,因为两三个月薪水一扣,典年内就无以为生了。典想拙作将来销路总

不会十分错的,借重你的面子,和张菊生先生商量,垫几百元,总该可望办到,拙作比起平常的书来,费的心血也多些,将来定价也要贵些,并且价值比较的永远些,无论多少年后都可以有销路,究非那些风行"一时"的书可比,先垫一笔款,早迟准可以捞得回来的,典想只要请你和张菊生先生一说,典目下这个围就可以解了。你对于典的事素来肯帮忙,这件事必定可以答应我的。至于数目总得要六百元以上才行,如果他肯买版权,我也情愿"连根杜卖",请你和他谈谈看。(刘文典致胡适函,见耿云志主编《胡适遗稿及秘藏书信》卷三九,第648～650页)

10月22日,先生致函胡适,再谈《淮南子》垫款事,并抱怨北大"对于有益文化的事,却是吝啬到万分":

学校里每年冤枉钱花得着实不少,对于有益文化的事,却是吝啬到万分,教员要研究一种学问,要编一种书,竟得不到一点补助,连借书的助力都不肯出的,宁肯每年把整千整万的洋钱去养饭桶,却不肯出一元一毛的研究费。即如典这次编这部书,耗去的心力财力也不算少了,但是书编成了,马上就索起债来,幸亏你肯极力代我设法,要是不然,典就算是费一两年的光阴、力气,挣得一身臭债,没有半年几个月不得翻身,试问在这样的情况之下,谁还肯去著书呢?又何怪《(北京)大学月刊》弄到募化论文,被人拾去做笑话柄儿呢?(刘文典致胡适函,见耿云志主编《胡适遗稿及秘藏书信》卷三九,第663～664页)

10月24日,先生为译著《生命之不可思议》作序:

这类的书,我的行箧里既没有,北京又无处可买,幸亏承陈百年先生的厚意,把他从前在学校里读过的原本和英国凯布(Cabe)氏的译本都借给我……

我译这部书,是用英文译本做蓝本的,至于里面的科学名词,因为中国没有一定的译文,不得已采用日本的,里面附的几张表,是从(蒋)百里先生借给我的日文译本上抄下来的。(刘文典:《生命之不可思议·译者序》,见《刘文典全集》卷四,第 177 页)

《生命之不可思议》是德国哲学家海克尔的名著,先生曾以《生命论》为题,译过部分章节,刊登在《新中国》杂志上。此书结集后更为此名,由商务印书馆出版,收入蒋百里主编的"共学社丛书"之"哲学丛书"。

海克尔是达尔文学说的杰出继承者和传播者,他在这本书中以通俗而极富趣味的文笔,用生物学的大量事实,宣讲进化论大旨,抨击宗教迷信,这对当时和现在的读者无疑都具有积极意义和进步作用。但书中一些地方(如《真理》、《死》等篇章中的某些文字)强调人类的生存竞争和自然淘汰,甚至有种族主义的倾向,显然是错误的。该书与《宇宙之谜》曾风行一时,被译成多国文字。

本书中文译本于 1922 年 10 月由商务印书馆出版,收入蒋百里主编的"共学社丛书"之"哲学丛书",后再版,并三版。(诸伟奇:《生命之不可思议·说明》,见《刘文典全集》卷四,第 175～176 页)

10 月 25 日,胡适脚病复发。据胡适日记记载:

昨夜不能睡,今早左脚踝略肿,触之甚痛,大似去年起病时的样子。我很担心,故下午去寻谢恩增大夫诊视;他详详细细地给我诊察一次;小便无蛋白质,体量未减,止有心脏略现变态。他劝我节劳静养,并给我开了一个健康的药方。

我这五十天实在太劳了,应该早睡为第一要事。(曹伯言:《胡适日记全编》卷三,第 503 页)

10 月 31 日,先生致函胡适,慰问病情:

前次的信想必已经达览了，典近些天屡次想和你谈谈，因为内子和舍弟都病得很重的，所以未得工夫。昨天听见（沈）兼士先生说，你的病又发了，典心里很惦记的，想要看你，又怕你病里不能见客，总望你要为文化好好地保养才好。前次你病的时候，典就愁着中国的思想界、文学界禁不起这样大的损失啊！（刘文典致胡适函，见耿云志主编《胡适遗稿及秘藏书信》卷三九，第660页）

11月24日，因生计艰难，先生致函胡适，萌生辞职之意，"务请你替典想想法子"：

　　典自从民国六年到北京，"全武行"的戏已经看过好几出了。现在又是锣鼓喧阗，大有开台之势，虽说是"见惯不惊"，总不免有些讨厌，况且生活上也很受影响，更令人觉得可恨。就是平时，一年要烤半年的火，只有夏天见得着青，再加上狂风和灰沙，也就够人受的。这样的地方，纵然是有钱可抓，都没有住头，何况是枵腹从公呢？典在北大里，也算是背时极了，不如典的，来在典后两年的，都是最高级俸；照章程上的规定的，授课时间之多少，教授的成绩，著述及发明，在社会上声望等四个条件，除末一条外，前三条似乎都不比那班先生差多少，然而整整五年，总是最低的俸。钱的多寡原不算什么，面子上却令人有些难堪，所以典实在不想干了，只要别处有饭可啖，这个受罪而又背时的Professor，典弃之无疑敝屣。（刘文典致胡适函，见耿云志主编《胡适遗稿及秘藏书信》卷三九，第668～669页）

12月4日，鲁迅《阿Q正传》开始在北京《晨报副刊》连载。先生对此作品流露出的负面情绪有不同意见，后来曾有文记载：

　　我所敬佩的亡友鲁迅，为国家民族尽过不少的力。可是我对他极不满意的有一点，就是他的作品在青年的思想上有一种不良的副作用，认为"中国的一切都是坏的"，在不知不觉之中养成了鄙弃祖国文明的谬见。甚至于由鄙视而绝望,以至自暴自弃,堕入了邪路。他认为中国人都是阿Q,何以阿Q居然发扬蹈厉起来,和世界第一等强国死拼了五年之久。他坚决地说中国绝没有希望,唤醒国民,使他们尝亡国灭种的滋味,这是对他们不起,不如让他们在昏睡里灭亡的好。这些话对国民的思想上有多大的毒害啊!我十分的承认中国的文化上有许多处是急待修正的,亟当补充的,可是其本质确乎崇高伟大,经过这五年的严刻的试验,已经得着事实上的证明了。(刘文典:《中国的精神文明》,载《云南日报》1942年10月4日第3版)

12月8日,先生收到胡适支票,为此致函胡适:

承赐之支票,收到,谢谢。《淮南子》事,既然你这样说,典无有不依。他们对于销路虞其不广,恐系误认这部书是"考证",嫌其过于专门,要说是"集解",和王先谦、先慎的《荀子》《韩非》一样,自然就释然了。不过既然是照版税的办法,当然由典在印花上盖章,以使稽核销数,这都是小节,请你催他们把五百元由别国银行寄来,愈速愈妙。(刘文典致胡适函,见耿云志主编《胡适遗稿及秘藏书信》卷三九,第666~667页)

在此前后,先生曾几度致函胡适,述说困境:

弟近日已到水尽山穷的境况,除身上所穿衣服外,所有的东西尽入质库,房东下令逐客,煤米都尽,凄惨之情,笔难尽述。请你飞函给张老板,只当积功德,把那五百元,从速寄来,救弟一命,随他甚么条件,都可答应,就是一百元永卖版权,都不要紧,他们资本家哪里不花钱,就算他施舍给典的罢。典到今日才真知道,这个世界上钱的难处,才真知道现在社会上经济制度好,才真尝着没钱的滋味。唉!写到这里,心里酸起来了。唉!罢!罢!!罢!!!"人生到此,天道宁论",再说也没的说了。(刘文

致胡适函,见《胡适遗稿及秘藏书信》卷三九,第706~707页)

12月12日,商务印书馆出版部部长高梦旦致函胡适,商谈先生《淮南鸿烈集解》稿酬事宜:

> 适之先生大鉴:项得刘叔雅先生函云,对于敝处所拟办法,均表同意,属(嘱)将垫款五百元由银行电汇等语,自应照办,惟此事尚有种种手续,稍有不便。兹赶办支单五百元,请先生代交。又契约二纸,中如书名、著作人、住址等项,均未填,请刘先生逐项填入,并签名盖章后以一份掷敝处备查。再,稿本请先生代为收存,如能印行,乞迳交京华书局排印,送交刘先生校对,琐之费神,乞谅察。敬颂。起居。高梦旦。(高梦旦致胡适函,见台湾"中央研究院"近代史所胡适纪念馆"胡适档案",馆藏号 HS－JDSHSC－1609－003)

12月15日,张元济致函先生。

> 发信　刘叔雅　名文典,辑《淮南子集解》者。(《张元济日记》卷下,第809页)

同日,高梦旦再度致函胡适,谈先生稿酬事宜:

> 适之先生大鉴:项得菊翁电话,言得刘君叔雅函云,《淮南子》稿本已全交尊处,渠需款甚亟,速即电汇云云。查此事已于十二日将契约及五百元支单寄交尊处,计已早达。应如何接洽之处,乞就近代办,琐琐费神,甚不安。敬颂。起居。高梦旦。(高梦旦致胡适函,见台湾"中央研究院"近代史所胡适纪念馆"胡适档案",馆藏号 HS－JDSHSC－1609－004)

12月19日,周作人收到先生信函。

> (十二月)十九日,晴。上午,往厂甸,得《短篇小说史》一本。至前门,兑日金。又往大学,以云冈石窟价,交丸山君。收大学洋

六十元。下午四时返。得叔雅函、乔风十四日函。旷野社寄仓田君著《布施太子的入山》一册,得丸山函。(《周作人日记》卷中,第212页)

12月20日,周作人致函先生。

(十二月)二十日,晴。上午,寄乔风函、叔雅、丸山函。译《狂言(选)·伯母酒》,下午了。晚,若子发热。(《周作人日记》卷中,第212页)

12月29日,周作人收到先生贺年片。

(十二月)廿九日,晴。上午,得秋芳函又贺年片、叔雅片、振铎、雁冰廿六日函。下午,译《拟曲》一篇,即寄与伏园。晚,山本来诊静子病。(《周作人日记》卷中,第213页)

12月30日,周作人致函先生。

(十二月)三十日,晴。上午,信子发热,得圣陶廿五日函、乔风廿七日函、伏园函、振铎、叔雅函。晚,山本来诊。连日译佐藤春夫小说,成二篇。夜,风。(《周作人日记》卷中,第213~214页)

## 1922年(民国十一年壬戌)　　年三十一岁

1月3日,周作人收到先生信函。

(一月)三日,晴。上午,寄黎君函、乔风函、秋芳函。下午,往厂甸,得《英国小说史》一本。至崇文门内,买面包等。回,得静之、振铎函、天津赵君函、叔雅函、外稿一件、乔风卅一日函,即答。伏园来,山本来诊。夜,冷。(《周作人日记》卷中,第220页)

1月13日,周作人致函先生。

(一月)十三日,晴。晨,户外八度。上午,得振铎十日快信,附乔风笺。往大学。下午,至卧佛寺,买《地藏本愿经开蒙》一部。寄叔雅函,得丸善支店六日函。(《周作人日记》卷中,第222页)

1月19日,周作人致函先生。

(一月)十九日,晴。上午,寄振铎、叔雅函,得伏园函。下午,企莘来访,留下《罗马牧歌》译本一卷,嘱为介绍刊行。伏园来。(《周作人日记》卷中,第223页)

2月20日,先生联合马裕藻、钱玄同、周作人等人,建议"本校中国文学系应先列入世界语课程"。经民国十一年二月二十五日北大评议会第六次会议议决,"缓议"。原提案如下:

校长、教务长、评议会诸位先生:

后文署名人因鉴于世界语在国际间之趋势及各国采用世界语之成效,竭力赞成中国有采用世界语为辅助语——或第二国语之必要,谨提议:

"本校中国文学系应先列入世界语课程"。

理由:本校现在并无世界语文学系,原设之世界语班,并不列入课程单位,以致学生随意旷课。上年全国教育联合会开会时,曾由校长首先署名提议:将世界语加入师范学校课程一案。今此案既经联合会通过,闻各省已逐渐推行,本大学尤宜正式列入课程单位,俾可提高世界语之程度,及采用世界语为中国辅助语之积极的预备。

提议人:马裕藻 刘文典 钱玄同 孙国璋 朱希祖 周作人

十一年二月二十日

(王学珍、郭建荣:《北京大学史料》卷二,第424页)

2月22日,先生致函胡适,谈蔡元培《石头记索隐第六版自序》:

今天在《晨报》的副刊上看见蔡先生的《石头记索隐第六版自序》,间接看着了你对于这部书的批评,心里十二分快活。典对于这部书的意见,完全和你的一致。你对于众人所认为"句皆韶夏,言尽琳琅"、"徒惊其浩旷,但嗟其峻极"的著作,能下这样严格的批评,真有仲任《问孔》、子玄《惑经》的气概,这一层实在令典对于你生无限的崇仰心啊!(刘文典致胡适函,见耿云志主编《胡适遗稿及秘藏书信》卷三九,第658页)

关于胡、蔡"红学"之争,耿云志写道:

(1921年)11月12日,(胡适)改定《红楼梦考证》,此文初稿写于3月,似曾在友朋间传阅过。文中批评一向很流行的"附会的红学"的种种谬误,注意从作者身世、版本、时代背景上作考证的研究。这种方法无疑是一种进步。文中对索隐派的批评引起蔡元培的反驳。后来,胡适在《跋〈红楼梦考证〉》一文中,再次批评了蔡元培索隐派的方法。(耿云志:《胡适年谱》,第72~73页,中华书局香港分局,1986年6月第1版)

3月21日,《北大月刊》改出季刊,成立《国学季刊》编辑部。先生为编辑人之一。

胡适担任主任编辑,在发刊的《宣言》中提出,要"用历史的眼光来扩大国学研究的范围","用系统的整理来部勒国学研究的资料","用比较的研究来帮助国学的材料的整理与解释"。在当天的日记里,胡适写道:

下午,开《国学季刊》编辑部会,他们仍要我做主任编辑。是日议决了几件事:

(一)编辑人:胡适、沈兼士、钱玄同、周作人、马幼渔、朱逖先、李守常、单不庵、刘叔雅、郑奠、王伯祥。

(二)仍用横行,用全副标点符号。

(三)用英文作提要。

(四)定五月十五日出版,四月十五日收稿。(曹伯言:《胡适日记全编》卷三,第589页)

3月23日,安徽大学筹备处呈文安徽省政府、省教育厅,请求设立筹备处,请予颁发图记、经费等:

> 呈为设立安徽大学筹备处请予立案并颁发图记拨给经费事宜:窃以大学为造就人才之学府,我国大学除国立外,江浙粤晋各省均已渐次设立,而吾皖尚付阙如。查吾皖地居长江中枢,省立中等学校近有三十所,卒业者既日增,升学者自益众,不设大学,何以造就专门学术之人才。教育界同人有鉴于此,去秋发起安徽大学期成会,今春迭次会议拟订简章,推举职员,将安徽大学筹备处组织成立于省教育会内,所有进行手续均照简章办理。兹筹办伊始,理合将安徽大学筹备处成立缘由及简章备文呈请钧厅鉴核,呈省长准予立案,颁图记一颗,文曰"安徽大学筹备处"之图记,以资启用,并请在省教育经费项下每月拨给银币三百元,藉资办公,实为公便,谨呈安徽教育厅长杨。
>
> 安徽大学筹备处事务股干事:蔡晓舟、刘贻燕、徐光炜
>
> 中华民国十一年三月二十三日

(安徽省档案馆档案:《省府、教育厅关于筹备安徽大学的来往文书》,全宗号(1),目录号2(1),卷号1661)

呈文后附《职员名册一览表》,可见胡适、陶行知、王星拱、梅光迪、章伯钧、朱蕴山等皖籍名人在册,但未见先生姓名。安徽大学的筹备,后因故几度搁浅,直至1927年9月先生回皖领衔筹备。

3月26日,胡适拜访先生,借读戴震《孟子字义疏证》。

> 访刘叔雅,借得戴震《孟子字义疏证》,路上在一家小饭馆内吃饭,就把此书看了一卷。此书真厉害!(曹伯言:《胡适日记全

编》卷三,第594~595页)

5月20日,周作人收到先生信函。

(五月)二十日,阴,小雨。上午,往大学,午返。下午,伏园来,吴君借去十元,得叔雅函。(《周作人日记》卷中,第240页)

5月22日,周作人致函先生。

(五月)廿二日,晴。上午,得乔风、振铎十八日函。寄维钧函、女师自治会函、叔雅、伏园函。下午,往大学,收公社红利三元六角。往什方院,访凤举,得《小说月报》五月号一本。(《周作人日记》卷中,第240页)

6月29日,先生收到蔡元培通知函,应邀指导整理历史博物馆所藏内阁档案。蔡元培在信中写道:

敬启者:

历史博物馆所藏内阁档案,业经全数移校,敬请先生指导整理。兹定于七月三日开始,务请于三日(礼拜一)上午九时,到第三院教员休息室接洽,以便进行为盼。顺颂

大安

蔡元培敬启
六月二十九日

朱逖先　陈伯弢　沈兼士　沈士远　胡适之
杨适夷　马叔平　单不庵　刘叔雅　钱玄同
何柏臣　季荜痴　马幼渔　沈尹默

文牍课照缮分送(《蔡元培全集》卷四,第211页,中华书局,1984年9月第1版)

关于整理内阁档案情形,先生写有《清内阁大库》笔记一篇,其中记道:

会有清覆亡,民国肇建,益无人肯事清理。乃以麻袋八千盛之,运出售之贾人,将煮之为浆,更制新纸。且有建议焚之者。时领教育部事者及诸曹郎,尚多老师硕学,知其中不乏有关文献之秘笈,未可毁弃。都人士又力争之,乃复自贾人手赎归。展(辗)转送上庠史学科,使加理董。国学诸生,日事检讨,时于其中发见世所未睹之文籍:若清太祖侵明时,自称"金国汗"之檄文;世祖时追尊墨尔根王多尔衮为"成宗义皇帝"之恩诏;皆可解研求清史者稽疑。而崇祯中诸边将奏报攻战状之札子,于明、清争战之事言之尤详。虽其中不无欺饰,未可尽信,然以方清代官私载籍为稍近确矣。明代阁中藏书,亦时时检得,惜多断简残编耳。

余所见阁中书不少,其足珍者有三:一,宋刊《水经注》残本,虽仅一册,且蟫食之者过半,已为海内孤本;一,宋刊《朱文公名臣言行录》,版匡绝小,其非完帙,而字句与世间传本颇有异同,盖当时元刻未经后人改削者也。犹可爱者,为宋装本《文苑英华》,纸墨之精,固不待言;以黄绫为书衣,天水碧色帛为书签,题字亦出宋人手,书法颇似米友仁,首页有御府图书九叠文水印,书尾有缉熙殿印,书衣褶中有裱褙臣某印,简端复有明晋府藏印;纸墨犹新,如未触手,盖当时进御之本也。(刘文典:《清内阁大库》,见《刘文典全集》卷三,第664~665页)

7月,先生参与北大入学试验本预科国文课程阅卷、监场工作。

**【民国十一年入学试验阅卷及监场人员名单】**

本、预科国文:马裕藻　沈尹默　沈兼士　单不厂　钱玄同

沈士远　刘文典　朱遯先

(王学珍、郭建荣:《北京大学史料》卷二,第852页)

据胡适日记记载,当年国文试题一共两道,其一为作文题《述"五四"以来青年所得的教训》:

预科国文题两种：一为作文题，《述"五四"以来青年所得的教训》。有一个奉天高师附中的学生问我"五四"运动是个什么东西，是哪一年的事！我大诧异，以为这大概是一个特别的例外。不料我走出第一试场（共分十五个试场，凡 1500 人），遇见别位监考的人，他们说竟有十几个人不知道"五四"运动是什么的！（曹伯言：《胡适日记全编》卷三，第 737～738 页）

6月—7月，先生忙于校对《淮南鸿烈集解》，因学校欠薪，生活窘迫，再度致信胡适，恳请其斡旋稿酬一事：

> 拙著《淮南鸿烈集解》，当售卖之日，本由我们这方面要求自己校对，这是我所晓得的。弟目睹刘绩、庄逵吉辈被王念孙父子骂得太苦，心里十分恐惧，生怕脱去一字，后人说我是妄删；多出一字，后人说我是妄增；错了一字，后人说我是妄改，不说手民弄错而说我之不学，所以非自校不能放心，将来身后虚名，全系于今日之校对也。乃书局方面不明此意，坚欲以分期付款相劫持，其不以君子待人为可恨，其全然不解吾辈学者之用心，亦可怜也。现已校至十七章，所余四章耳。《要略》乃作者自叙，不过数页，一日可毕，实只三章而已。现校薪欠至五月，日用极其艰窘，价金尚有五十圆，京华方面恐非至完全校毕不肯付（一似弟得金即得宵遁者，岂非笑话），而弟又不能待，计惟有请兄代向炎佐兄一言，说明弟万不肯不校之理由，并为弟担保一下（以应得之钱，而受驵会劫持至此，言之令人丧气），请其作一交情，将余数即行惠下，好在只剩三四章，连附录叙目，亦不过二十天即可完事，在彼惠而不费，在我涸辙鲋鱼受益匪浅也。弟之经济状况已濒绝境，务请你即刻替弟和他交涉一下（打一电话即成了），我向他开口，实在有些不好，请你援救我一下罢。（刘文典致胡适函，见耿云志主编《胡适遗稿及秘藏书信》卷三九，第 670～672 页）

信中所提"炎佐兄",乳名小七,系郑孝胥次子郑禹,时在商务印书馆北京分馆任职。先生欲预支稿酬一事,未得到郑禹响应。为此,先生又两度致信胡适,请他帮忙代为说情:

> 弟现有紧急事,非五十元以上不能解围,并且事势十分急迫,不容从容筹措,前函所恳事,务乞即向炎佐兄一言,以速为妙,不然真不了也。(刘文典致胡适函,见耿云志主编《胡适遗稿及秘藏书信》卷三九,第673页)

> 拙作现已校至十八章(《人间训》)矣,余《修务》、《泰族》、《要略》三章,共计不过数十页,大约两星期可以毕事。兄许我之序,务请于最短期间作成,免误出版之期。炎佐至今未送钱来,想系谨遵契约,不肯通融,驵会行事,固无足怪,吾辈学者而与此曹交涉,又宁有幸者。彼自云与兄交谊十分笃厚,想系招摇,兄以后倘与此人共事,必须慎之又慎,彼此次对弟种种诡诈,令人不胜恨恨,时而哄,时而吓,时而骗,时而诈,当弟不肯签约时,彼向弟乞哀,状至可怜。弟以彼亦是靠人吃饭者,唯恐带彼作难,慨然承诺万难许可之条件,及契约到手,面目全然一变,次日即在电话中报弟以恶声,全然是电影中情节,此等情形兄不知之,改日当面陈其详,总之兄既在商务任事,常常与彼有交涉,总宜慎之而已。(刘文典致胡适函,见耿云志主编《胡适遗稿及秘藏书信》卷三九,第674~676页)

8月1日,蔡元培向北大评议会第九次会议提交议案《八月一日季刊编辑员讨论会议决之条件》,附有"业已延订之编辑员名单",先生名列其中。

【北大季刊编辑员讨论会议决之条件(一九二二年八月一日)】

(一)本校发行季刊四种:(1)自然科学。(2)社会科学。(3)

国学。(4)文艺。均自本年八月起,每季出一本。每本页数,由各组自定之。

(二)季刊之形式:(1)横行用五号字。(2)纸张要好。(3)封面要美。(4)标点符号要完备。

(三)季刊之体例:(1)附欧洲文字提要。(2)每第四期,附全年索引。(3)页数每一年自为起讫。(4)长篇文必须在一年内登完。

(四)自上列两条外,其他季刊之内容及编辑手续,由各种季刊编辑员自由决定之。

(五)凡编辑员均于本校教授、讲师中延订之。被延订而无暇担任者,须预先声明。

(六)凡编辑员,每年至少缴稿一篇,愈多愈妙。

(七)凡编辑员,由本校赠阅各种季刊。其所缴之稿在某组某期登载,则加赠本组本期之季刊五本。

(八)凡非编辑员而投稿者,编入后赠本期季刊五本。但以所投之稿从前未经发布者为限。

(九)本校设一季刊编辑部,办理各季刊收稿、发稿、通讯等事,即附入《日刊》编辑处。其付印及发行,由出版部办理之。

(十)版权为著作者所有。如有欲转载者,须得本人同意,并须声明由北大季刊转录。

(十一)季刊印刷等费,暂由本校担任。其有收入,存作基金;此基金应如何分配,于每一年终,合各组编辑员讨论之。

附录业已延订之编辑员名单如左(此后续订者补报):

国学组

胡适之(主任)　沈兼士　马幼渔　钱玄同　蔡子民　顾孟余　李守常　刘叔雅　单不广(厂)　王钟麒　郑奠　朱逷先　周启明

（其他组，略）(《蔡元培全集》卷四，第229～230页)

11月，北京高等师范学校国文系《国文学会丛刊》第一卷第一期出版，刊有会员录，其中包括先生。

在一九二二年出版的《国文学会丛刊》第一卷第一期上刊登的"国文学会"的"会员录"中，有十六位教师，他们是：朱希祖、汪怡、沈兼士、吴梅、吴虞、周树人、高步瀛、马裕藻、陈汉章、章嵚、单不庵、杨树达、刘文典、刘毓盘、黎锦熙、钱玄同。不久，王易、沈尹默、徐祖正、张凤举等几名教师也加入了"国文学会"，这也就是那时北京高师国文部的教师阵容。(《北京师范大学校史》，第61页，北京师范大学出版社，1984年12月第2版)

由此可见，先生任职北大期间，曾在北京高师兼职授课。这在鲁迅珍藏的北师大(1931年，北京高等师范与北平大学女子师范学院合并，称国立北平师范大学)史料中亦有记载：

**【(北京高等师范学校)职教员录】**

| | | | |
|---|---|---|---|
| 沈兼士 | | 文学形义学 | 地安门内太平街十六号 |
| 周树人 | 豫材 | 小说史 | 宫门口西三条胡同二十一号 |
| 黎锦熙 | 劭西 | 国语文法 | 机织卫西口外烟筒胡同四号 |
| 沈尹默 | | 诗选 | 什方院西口路北 |
| 刘毓盘 | 子庚 | 诗词学 | 宣内嘎哩胡同七号 |
| 高步瀛 | 阆仙 | 国文作文 | 西四南大口袋胡同 |
| 张凤举 | | 文学概论、外国戏曲 | 禄米仓甲二十六号 |
| 单不庵 | | 国故概要 | 东单南小街什方院二十二号 |
| 刘文典 | 叔雅 | 模范文选 | 东单福建司营七号 |
| 汪 怡 | 一广 | 国语发音学 | 老墙根十六号 |
| 徐祖正 | | 修辞学、欧洲文学史、日文 | 禄米仓甲二十号 |

(《纪念鲁迅诞辰百周年文学论文集及鲁迅珍藏有关北师大史料》，第

279页,北京师范大学出版社1981年5月第1版)

## 1923年(民国十二年癸亥)　　年三十二岁

1月17日,因教育总长彭允彝干涉司法独立,非法要求逮捕北大兼课教师、财政总长罗文干,蔡元培愤然辞去北大校长的职务。

1月19日,北京大学学生千余人请愿众议院要求否决彭允彝之教育总长,被院警殴伤多人,学潮扩大(彭为赵恒惕所保)。当晚,先生致函胡适,谈论陶渊明的《闲情赋》,发泄不满,时间署为"国民代表打国民的那天晚上"。

> 典这两天眼看见人类十分堕落,心里万分难受,悲愤极了,坐在家里发呆,简直拣不出一句话来骂那班"总"字号和"议"字号的禽兽。所以才寻出这段话来和你笔谈,你不要笑我在这样暗无天日的时候,还有心情来讨论这种东西啊!(刘文典致胡适函,见耿云志主编《胡适遗稿及秘藏书信》卷三九,第682页)

1月20日,北大全体教职员呈总统文,并发表宣言,挽留蔡元培校长,恳请总统罢免彭允彝教育总长职务。

2月2日,先生致函胡适催促其尽快为《淮南鸿烈集解》作序,并要求文体"以文言为宜"。

> 拙著《淮南子集解》已经全部完成,许多学生们都急于要想看看,盼望早一天出版。现在就因为等你那篇序,不能付印,总要请你从速才好。至于文体,似乎以文言为宜,古色古香的书上,配上一篇白话的序,好比是身上穿了深衣,头上戴着西式帽子似的。典想平易的文言和白话也差不多啊,如果你一定不肯做文言,也只得就是白话罢。(刘文典致胡适函,见耿云志主编《胡适遗稿及秘藏书信》卷三九,第677~678页)

2月26日,先生感染风寒,患重伤风,卧病致函胡适,委托询问商

务印书馆是否愿意出版其所校注《论衡》一书,并表示萌生校勘《庄子》计划:

> 《庄子》这部书,注的人虽然很多,并且有集释、集解之类,但是以弟所知,好像没有人用王氏父子的方法校过。弟因为校《淮南子》,对于《庄子》也很有点发明,引起很深的兴味,现在很想用这种方法去办一下,也无须去"集"别人的东西了。只仿照《读书杂志》的样儿,一条条的记下来就行了,有多少算多少,也无所谓完事,做到哪里算哪里。这样做法,你要赞成,弟预备等书债偿还清之后就着手了。(刘文典致胡适函,见耿云志主编《胡适遗稿及秘藏书信》卷三九,第684~685页)

3月1日,先生致函胡适,声称在治学上"很想要自己开拓一点境宇":

> 我这回病了,睡在家里,左想右想,觉得自己从前做工夫的法子实在太呆板、太拘谨了,充其量不过跟着乾嘉时候的先生们,"履大人迹",实在不是二十世纪的学者所该干的,从前很以"谨守家法"自豪,现在很想要自己开拓一点境宇,至少也要把这"家法"改良修正一番,总要教后人以我们的"法"为"家法"才好。这番话不是几张八行所能说清楚的,日内贱疾稍好一点,要和你当面谈谈,总之,刘某在半月以前是个专跟着人跑的,从今以后誓将自奔前程的了。不是这场病,没有静卧着平心细想、反省、忏悔的机会,所以这个气管支炎倒是我一生的一个重要关头哩。(刘文典致胡适函,见耿云志主编《胡适遗稿及秘藏书信》卷三九,第687~688页)

3月2日,北京学生联合会及各团体联合会举行元宵提灯会,声援1月19日学生请愿事件和2月7日京汉铁路工人事件,结果多人遭军警殴伤。

3月6日,一向主张白话文运动的胡适破例为先生《淮南鸿烈集解》作文言文长序。

3月6日,为刘文典(叔雅)的《淮南鸿烈集解》作序。要点是:

整理国故,约有三途:一曰索引式之整理,一曰总账式之整理,一曰专史式之整理……吾友刘叔雅教授新著《淮南鸿烈集解》,乃吾所谓总账式之国故整理也……叔雅治此书,最精研有法。(胡颂平:《胡适之先生年谱长编初稿》,第526页)

4月17日,先生检得《庄子》二条(《人间世》、《知北游》),致函胡适,请教正误。

4月26日,梁启超为《清华周刊》开列《国学入门书要目及其读法》,其中写道:"《淮南子》,此为秦汉间道家言荟萃之书,宜稍精读。注释书闻有刘文典《淮南鸿烈集解》颇好。"

8月17日,先生新校勘出若干《淮南子》条文,专门致函胡适,希望他劝说商务印书馆毁版添入。时胡适在杭州烟霞洞休养。先生写道:

弟近来仍然是"日思误书",算做"一适"。《论衡》已校毕,所得不及《淮南》之多。最近在《淮南》上还有几条发见(录如别纸),添进入罢,又要叫商务毁几片版,他们不情愿;弃了不要罢,我又万万舍不得。你可以写几个字给高梦旦先生,代弟说一说么?弟近来所发见的,在老大哥面前,说句狂话,实在比石臞、伯申贤乔梓的东西坏不了许多,要比起曲园来,竟可以说"好些"呢!弟在另外一张竹纸上摘录了四条,你看看这样的东西谁舍得不要?再者,《论衡》诸事都齐备了,立刻可以付印的,也要请你和书贾们办一办交涉。我的希望并不大,你说多少就是多少,校对的事,仍然归我自己,可以订明的。他们奉你的话为金科玉律的,必然可以卖得掉。请你分神替我办一下子罢,免得我的一年心血付之流水,就是大幸了。(刘文典致胡适函,见《胡适遗稿及秘藏书信》卷三九,第691~693页)

10月,《淮南鸿烈集解》由商务印书馆铅字排印,署"合肥刘文典撰"。共21卷,附录1卷。附录为《淮南天文训补注》,嘉定钱塘撰。

《淮南子》有多种版本和注本,吴则虞考证为一百六十二种。其中近代著名学者刘文典所著《淮南鸿烈集解》较为详尽,该书以清乾隆年间庄逵吉校本为底本,以清钱塘《淮南天文训补注》作附录,衷辑王念孙、孙诒让、俞樾、洪颐煊、陶方琦、王引之、钱大昕、梁履绳、桂馥、孙志祖、顾炎武、刘绩、郝懿行、胡鸣玉等二十余家之说,并遍引《艺文类聚》、《北堂书钞》、《初学记》、《白帖》、《意林》、《太平御览》等唐、宋类书为佐证,资料丰富,是深入研究《淮南子》的较好注解本。(李养正:《道教与诸子百家》,第193页,北京燕山出版社,1993年11月第1版)

12月20日,商务印书馆高梦旦致函胡适,谈先生所注《论衡》一书稿酬事,并注"此信勿示叔雅":

> 适之先生大鉴:得刘叔雅先生来书,大意言所注《论衡》稿费可以比《淮南》少一二百元,并允校对不收酬金。查《淮南》正文较少而注家较多,《论衡》反是,或者劳力可稍减少,如在八百元以内,即请尊处代为决定。再,原稿先生想已见过,如果完全即可定议,否则稍缓为荷。敬颂。起居。高梦旦。十二年十二月二十日。(高梦旦致胡适函,见台湾"中央研究院"近代史所胡适纪念馆"胡适档案",馆藏号 HS-JDSHSC-1609-010)

12月24日,先生致函胡适,谈《论衡》等著作稿酬事。时胡适刚从杭州休养回京,借宿京西八大处秘魔崖证果寺外。先生写道:

今天接上海商务书馆高君梦旦的信,说拙著的事已经函托兄和弟接洽,这部书分量实在《淮南》之上(《淮南》21卷21篇,《论衡》80篇),弟的创获也比《淮南》多,又加上校对的劳力,就要《淮南》的价也不为过奢。因为急卖,已经答应减少一两百元了,不知道他们的所谓"接洽"是怎样的。你住得老远的,弟又怕冷,又坐不起汽车、马车找你,请从速赐弟一函,决定一切,凡你所说的,弟绝无异议。弟还有一件事,不敢不对你直说,就是前回(单)不厂所说的,弟好些东西不肯放进去,这话不的确的,弟并非胆小,实在是嫌定价少了,凡是费力考出来的,都想留着做我的读书杂志,价出足了,弟的胆子就会大的,一笑。(刘文典致胡适函,见耿云志主编《胡适遗稿及秘藏书信》卷三九,第695~696页)

## 1924年(民国十三年甲子)　　年三十三岁

1月1日,著名语言学家杨树达撰《读刘叔雅君淮南鸿烈集解》,是年4月刊于《太平洋》四卷六期。

余久闻有二刘君校释《淮南》,渴欲先读者久矣。今北大教授刘叔雅君之《集解》已由商务印书馆出版(闻另一刘君之本当由中华书局出版),其书体例大致仿王氏先谦集解《荀子》之法,荟萃清代诸儒成说而复广取唐宋类书所引《淮南》本文详加勘校,用力甚勤,信为初学读书者便利之本。顾千虑之失,智者不免。余以事忙,未暇卒读,但仅就余所已读诸卷,颇多私心不惬之点。兹颇条举以质之刘君及诸同好,意欲以真理为归,非求为苟异也。(杨树达:《积微居小学金石论丛》,第325页,上海古籍出版社,2007年8月第1版)

对于《淮南鸿烈集解》一书,杨树达提出六点不足:一是所据本之失择;二是本文之失校;三是高注之失校;四是成说之失勘与失引;五

是体裁之失;六是标题之失。他在文章"结论"中写道:

> 近数十年来读《淮南子》者,普通莫不用庄本,今读者若仍用庄本,则清儒校勘成说皆不可得见。又刘君自校颇多,亦多有可取之处。故吾谓刘君此书足以取庄本而代之也无疑。初学之士欲读《淮南》者,在今日吾未能证实另一刘君之本胜于此种以前,自当推刘君《集解》为较便之本。吾恐因吾此文而令学者有所误解也,故特重言以申明之。(杨树达:《积微居小学金石论丛》增订本,第222～228页,科学出版社,1955年10月第1版)

同日,先生接到商务印书馆800元预支稿酬,为此写明信片致胡适表达谢意。(刘文典致胡适函,见台湾"中央研究院"近代史所胡适纪念馆"胡适档案",馆藏号 HS－JDSHSC－0925－001)

1月18日,先生因听人说胡适责怪他,当即致函胡适,解释误会,恳请得到原谅:

> 你是弟所最敬爱的朋友,弟的学业上深深受你的益处。近年薄有虚名,也全是出于你的"说项",拙作的出版,更是你极力帮忙、极力奖进的结果。所以弟之对于你,只有敬爱和感谢,决不会有别的,听见说你怪我了,弟心里十分的难过。因为你如果怪我而绝我,是我学业上、精神上最大的损失。或者弟此外有开罪的地方,也是弟诸事不留神的结果,你的性情素来是不存芥蒂的,总都可以原宥的罢?弟本想到你家里当面说开,又恐怕你或者不见我,所以才写这封信。你如果认为弟是不成东西,那就无法了;如果可以释然,务乞复弟一信,免得弟心里十分的难受啊。

(刘文典致胡适函,见耿云志主编《胡适遗稿及秘藏书信》卷三九,第705～705页)

1月19日,北京学界在安徽会馆举行戴震诞生200年纪念会,胡适应邀参加,席间遇见杨树达,为先生《淮南鸿烈集解》与之辩解。据杨树达回忆：

> （一月）十九日。学界公开戴东原生日二百年纪念会于安徽会馆。梁任公、胡适之、钱玄同、沈兼士、朱逖先皆有演说。余初坐东厢听讲，适之见余，邀往演台，并于彼之作序赞刘叔雅《淮南》书有所辩解，盖见余评刘文字也。（杨树达：《积微翁回忆录》，第14页，北京大学出版社，2007年5月第1版）

1月21日，鲁迅致函胡适，推荐先生弟子李秉中著作《边雪鸿泥记》。据《鲁迅日记》记载：

> （一月）二十一日晴。上午冯省三来。宋子佩来。下午寄胡适之信并《边雪鸿泥记》稿本一部十二册。晚付李瓦匠泉百。得小说月报社征文信，即复绝。（《鲁迅日记》卷上，第417页）

后来，鲁迅又多次致函胡适，催办此事：

> 《边雪鸿泥记》一去未有消息，明知先生事忙，但尚希为一催促，意在速售，得钱用之而已。
>
> 友人李庸倩君为彼书出主，亦久慕先生伟烈，并渴欲一瞻丰（风）采。所以不揣冒昧，为之介绍，倘能破著作工夫，略赐教言，诚不胜其欣幸惶恐屏营之至！（鲁迅致胡适函，见《鲁迅书信集》卷上，第58~59页，人民文学出版社，1976年8月第1版）

李秉中，字庸倩，四川省彭山县人，1923年曾在北大当旁听生，著有《边雪鸿泥记》小说稿。先生亦曾为此书致函胡适请求帮忙：

> 有学生李秉中做了部书，叫《边雪鸿泥记》，说是请你介绍售之商务，现已经年，未见下文，他很窘的，托弟向你一问，请你务必拨冗回弟一信，以便答复前途。（刘文典致胡适函，见耿云志主编《胡适遗稿及秘藏书信》卷三九，第699~700页）

1月下旬，胡适致函先生，直言批评其在书酬上的斤斤计较："我

觉得你以'书贾'待人,而以市侩自待。"胡适写道:

> 你说的我怪你的事,当是传闻的瞎说,或者是你神经过敏,有所误会。我确有点怪你,但从不曾对一个人说过。我怪你的是你有一次在信片上说,你有许多材料,非有重价,不肯拿出来。我后来曾婉辞劝你过,但我心里实在有点不好过:我觉得你以"书贾"待人,而以市侩自待,未免教我难堪。校一书而酬千金,在今日不为低价;在历史上则为创举;而你犹要玩一个把戏,留一部分为奇货。我在这种介绍上,只图救人之急,成人之名,丝毫不想及自身,并且还赔工夫写信作序,究竟所为何来?为的是要替国学家开一条生路,如是而已。(胡适致刘文典,台湾"中央研究院"近代史所胡适纪念馆"胡适档案",馆藏号 HS－JDSHSC－0574－002)

2月2日,鲁迅购先生所著《淮南鸿烈集解》。据《鲁迅日记》记载:

> (二月)二日晴。上午得三太太信。午后得郑振铎信并版权税五十六元。赠乔大壮以《中国小说史》一册。还李慎斋代付之石灰泉十八元。晚同裘子元往李竹泉店观唐人墨书墓志。往商务印书馆买《淮南鸿烈集解》一部六册,三元。(《鲁迅日记》卷上,第418页)

3月15日,先生与北大近60名教授联合致函北大新任校长蒋梦麟,要求教育部删除干涉大学校务的有关规定,"根本取消,大学幸甚"。

> 近见《政府公报》载有教育部二月二十三日所制定之国立大学校条例,同人等均以为既悖乎理,复昧于事,况如此重要条例之变更,未闻教育部曾向教育界公开的讨论,率而颁布,其蔑视

学校及教员之人格,殊为可愤。而该条例中谬误之甚者,尤为设置董事会一层,及其所订董事任务与产生之方法。窃惟董事会之制度,国外大学固亦有其先例;然此种制度之存在,率皆限于两种性质之大学,其一为纯粹私立大学,其一为公私合办之大学,美英二国之大学多属于此两类,以是董事会之制度,亦采用于其间。盖此类大学之经费,或则完全捐自私人,或者由公共团体与私人协济而来,事实上容或有不能不设董事机关之处。至于欧洲大陆之大学(尤其是法国大学)及日本大学,率皆国立,并无董事会之机关。其校内一切事宜,由校内教授所选举之机关处理,一二特殊事宜,则由国家教育行政主管部处理。此外自无须其他机关,徒使之与部校相冲突也。(王学珍、郭建荣:《北京大学史料》卷二,第104页)

4月,钱钟书之父、著名古文学家钱基博所编《新中学教科书·国学必读》由中华书局出版,下册为《国学概论》,共收20家文36篇、杂记3则,其中包括先生的《怎样叫做中西学术之沟通》一文。

8月8日,先生与顾颉刚、钱玄同、梁漱溟等共餐于西车站食堂。

【八月八号星期五(七月初八)】到西车站食堂,应金源之约。九点许归。同席有玄同、伯轩、子余、叔雅、漱溟诸先生。(《顾颉刚日记》卷一,第518页,台湾联经出版公司,2007年5月第1版)

10月,先生遇杨树达,向杨出示清人许巽行《文选笔记》。

遇刘叔雅,出示清人许巽行(清咸丰时人)《文选笔记》,云书少见。(杨树达:《积微翁回忆录》,第16页)

11月24日,中华民国临时执政府成立,皖系军阀代表人物段祺瑞就任"临时总执政"。对于这位合肥同乡,先生素无好感,据北大同事周作人回忆:

刘叔雅名文典，友人常称之为刘格阑玛，叔雅则自称"狸豆乌"，盖狸刘读或可通，叔与菽通，朩字又为豆之象形古文，雅则即是乌鸦的本字。叔雅人甚有趣，面目黧黑，盖昔日曾嗜鸦片，又性喜肉食，及后北大迁移昆明，人称之谓"二云居士"，盖言云腿与云土皆名物，适投其所好也。好吸纸烟，常口衔一支，虽在说话亦粘着唇边，不识其何以能如此，唯进教堂以前始弃之。性滑稽，善谈笑，唯语不择言，自以籍属合肥，对于段祺瑞尤致攻击，往往丑诋及于父母，令人不能纪述。（周作人：《北大感旧录·刘叔雅》，见《知堂回忆录》卷下，第343页）

对此，张中行亦有记录：

刘叔雅是民初学术界的知名之士，名文典，因为学术有成就，人都称呼为刘叔雅，表示尊重。他是安徽合肥人，与大政客段祺瑞是同乡，也许由于贵远贱近吧，提到段祺瑞总有些不敬之语。对于早一代也出于合肥的李鸿章，不知道是不是也一视同仁。（张中行：《负暄琐话》，见刘平章主编《刘文典传闻轶事》，第28页，云南美术出版社，2002年12月第1版）

冬，章太炎门人、安徽歙县人吴承仕刊印《淮南旧注校理》木刻本三卷，勘补先生《淮南鸿烈集解》疏漏。

清儒治《淮南书》者，以高邮王氏为最。近人刘文典撰《集解》，旁征异文，博采众说，虽有疏漏，用力故以勤矣……今观刘氏《集解》，于注文沿误，显白可知者，多未发正。颇以暇日，从事校雠。寻庄逵吉刊本，自谓依据《道藏》，昔人已讥其妄有删易，未足保信。庄本既世所行用，《集解》又因而不革，惧其诖误后学，故今一依庄本，而以异本勘之。（吴承仕：《淮南旧注校理·自序》，见《吴承仕研究资料集》，第204页，黄山书社，1990年6月第1版）

## 1925年(民国十四年乙丑)　　年三十四岁

4月,北洋军阀政府司法总长章士钊兼任教育总长。章受命后,即宣称要整顿学风,合并北京八所大学,并统一大学考试,引起教育界进步人士及青年学生的反对。章遂辞职赴沪。

5月,国立北京女子师范大学校长杨荫榆借故开除刘和珍、许广平等六名学生自治会代表,引发女师大风潮。鲁迅、周作人、马裕藻等发表《对于北京女子师范大学风潮宣言》,支持学生运动。

7月底,章士钊复任教育总长。因支持杨荫榆,下令解散国立北京女子师范大学,并动用警力镇压学生运动,遭到教育界一致反对。北大为此宣布脱离教育部,不承认章士钊为教育总长。

8月29日,先生与周树人、周作人、钱玄同等41位北大教员联合发表《反对章士钊的宣言》,掀起"驱章运动"高潮:

章士钊

>　　章士钊思想陈腐,行为卑鄙。他作司法总长兼教育总长的第一着,就是接二连三的训令各校,禁止学生开会纪念国耻。第二着就是提倡荒谬绝伦的复古运动,压迫新思想,抹杀时代精神,以固宠而保禄位。他被驱逐以后,还不晓得后悔,乘英日惨杀同胞、外交紧急的时候,竟自鬼鬼祟祟回了教育总长的任。真正脸厚已极。并且他对禁止爱国运动的一切训令,任意抵赖,称为"黠者伪造"(见《甲寅》周刊)。教育部训令,曾经在各校悬

挂,这岂是一句话就能掩饰过去的吗?就是一切训令真是"黠者伪造",那末,彼时他自己还做着司法总长,何以竟不能依法检举呢?自从他卷土重来以后,借整顿学风的名目,行摧残教育的计划。对于女师大风潮,不用公允的办法解决,竟用武装警察强迫解散该校,又用巡警老妈强迫拉出女生,直接压迫女师大,间接示威教育界,并且可借此压倒种种的爱国运动,达到他一网打尽的目的。因为上列的缘故,所以我们今天要出来抵抗他,反对他为教育长官。(国立北京大学教员王尚济等:《反对章士钊的宣言》,载《晨报》1925年8月29日)

9月,北京大学国文系改订《国文学系学科组织大纲》,并附本年度课程指导书。先生担任秦汉诸子、汉魏六朝文等课程教职。

从民国十四年度九月编订的《北京大学国文学系学科组织大纲》附带的课程指导书看,当时在国文系开课的共有21人:沈兼士、马裕藻、周作人、钱玄同、陈垣、伊凤阁、朱希祖、黄节、沈尹默、张凤举、林损、许之衡、刘文典、周树人、刘毓盘、萧友梅、郑奠、刘复、洪允祥、俞平伯、高鲁。前七人在1922年北大研究所国学门成立时就被聘为导师,都与国文系有着颇深的渊源。(颜浩:《"某籍某系"和"东吉祥诸君子"》,载《东方文化》2002年第3期)

12月31日,北洋政府决定免去章士钊教育总长一职。

## 1926年(民国十五年丙寅)　　年三十五岁

2月25日,先生致函胡适,表达专事翻译的决心,并自夸"我不译书是社会的一件不幸":

接到了你的信,知道你特特地寻了一部《文选笺证》送我,令我十分心感。拙译《进化与人生》,承你大加奖饰,说弟的译笔竟是一时没有敌手,这一层尤其令人可感,高兴到了极点。因为弟平日很自负会译书,翻译界里除你之外,弟实在不佩服谁,可是到今天一共只听见过两个人赞赏我的译笔。蒋百里先生说我是译书的天才,我很高兴。这回你又来极力的称赞我,更令我舒服得大热天跑山路后喝汽水似的。

弟之所以弄那些妖孽的东西,也并非别的缘故,不过因为身在最高学府里,讲着这类的东西,其势不能不稍稍弄一点把戏,聊装门面罢了。这回接你来信,激于这点知己之感,决计把那一套搁起不谈,立誓此后用全力译书,免得"社会受大损失"。(刘文典致胡适函,见耿云志主编《胡适遗稿及秘藏书信》卷三九,第735~736页)

3月,胡适与亚东图书馆商议出版"古短篇小说丛书"及"常识丛书",并特意介绍先生为亚东译书。先生亦曾为此致函胡适:

拙译《生物学和哲学的境界》一书为日本学术界之宝贝,预计将来销路,必不过恶。此层请兄函告(汪)孟邹兄详加解释。倘嫌其过于专门,弟可以极平易之字句译之,使人人能解(此层确有把握)。至《进化论(讲话)》则完全通俗之书,分量亦不过大,与《进化与人生》页数相差无几。《进化与人生》因百里先生删去三章,故页数大减耳。此一部书三月后可以毕事,以后当专择小部头之通俗者译之,俾孟邹满意也。《生物学和哲学(的)境界》倘孟邹必以为不可,则弟即专译《进化论(讲话)》,亦无不可。(刘文典致胡适函,见耿云志主编《胡适遗稿及秘藏书信》卷三九,第713~714页)

4月,高世读出任安徽省长,上任之初即明确提出筹办安徽大学。在省立学校联合会的欢迎宴上,他表示:

辱承欢迎,愧不敢当。连年政局不定,经济困难,教育事业,不免有停顿之处,不独安徽一省为然也。本人来省后,方知本省大学尚未成立,以一省之大,而大学尚付阙如,致教育不能完成,殊为遗憾,缓日当与洪厅长筹商促成之法。(《皖省学校联合会欢宴高世读》,《新闻报》1926年5月14日,转引自周宁《地缘与学缘:1920年代的安徽教育界(1920—1926)》,第135页,合肥工业大学出版社,2010年7月第1版)

5月,上海大东书局出版《国语文选》(吴兴、沈镕编纂),共六集,其中第三集首篇为先生《怎样叫做中西学术之沟通》一文。

据谢泳先生考证,大东书局于1916年在上海成立,以编辑新教科书和印行其他新旧书籍知名,并在各省设立分局。此书局是可与商务印书馆和中华书局相竞争的出版单位,当时影响很大。(谢泳:《中国现代文学史研究法》,第14～23页,广西师范大学出版社,2010年12月第1版)

6月8日,亚东图书馆汪孟邹致函先生,商议译书事宜:

> 叔雅先生:五月廿四号信到,另稿子一件,均已收到,具知一是。《生物学和哲学的境界》,计稿一百〇五页,当即拜读一过。先生译笔,久已钦仰,惟此原书,较为专门,须略识生物学、化学门径者,方易明白,恐销路上较为狭小,为可惜耳。现已有四万余字,不知尚有若干,如稿过长以致定价昂贵,则更不宜,如何?乞赐复。
>
> 我们苦于资本短少,不能多收稿件,每月能否收受先生译稿至二百元,经济上尚是疑问,但与先生原是旧交,又加以适之兄之介绍,可以随时协商也。
>
> 二百元事,原是甚难,今年生意之坏,为往年所未有。惟承先生□(疑为"福"字)□之谆嘱,又不得不勉力为之。别种汇法,节前都汇不到,不得已今日由上海银行电汇上二百元,汇费电费代垫去洋四元四角,谅先生不以为专擅也。此颂。近安。弟汪孟

邹。十五(年)、六(月)、八日。(汪孟邹致刘文典函,见耿云志主编《胡适遗稿及秘藏书信》卷二七,第455~456页)

6月25日,安徽教育厅长洪逵宴请省内教育界重要人物,并宣布要邀请省内外教育名家召开安徽大学计划会议,以充分听取各方意见。会谈结束后,洪逵遂转令所属起草安徽大学计划会议规程,对会议组成人员资格等作出如下要求:

安大筹备处预定组织计划会议之人员有两种:(甲)凡皖籍人士具有下列资格之一者,则专函聘请之。(一)曾任现任各国立大学校长或教授者。(二)历任教育行政长官。(三)历任省教育会会长或委员。(四)乡望隆重富有教育经验者。(乙)函请下列各机关推举或指派者:(一)省立学校联合会推举代表五人。(二)省公署指派主管教育行政人员一人。(三)教育厅指派职员三人。(四)安徽大学筹备处指派主任三人。(周宁:《地缘与学缘:1920年代的安徽教育界(1920—1926)》,第141页)

这一规程上报省署后,很快得到批准。洪逵随即饬令安大筹备处向符合资格的教育界人士发出聘函,其中包括先生。此举应为先生介入安大筹建事宜之始。全体函聘人员名单如下:

(一)依第一项资格聘请者(现任国立大学校长或教授),姚文采、洪范五、程湘帆、孙洪芬、谢家声、光宣甫、陶行知、常宗会、查孝先、方东美、黄中苏、刘崇本、孙佩章、周家树、刘海屏、张武、吴杭生、张少函、张小函、高一涵、程振钧、刘贻燕、丁庶为、邓叔存、刘叔雅、郭绛侯、吴小朋、胡适、鲍幼齐、姚农青、金中凡、殷源之、韩竹平、程演生、吕意元、邵益周、周缉安、洪铸生、张镜臣、方君强。(二)依第二项资格聘请者(历任教育行政长官),董嘉会、江昉。(三)依第三项资格聘请者(历任省教育会会长或委员),江易元、来茂轩、刘道章、周世筠、史毓琨、窦延年、丁铭礼。(四)依第四项资格聘请者(乡望隆重富有教育经验者),姚永朴、李光炯、阮强、陈澹然、光升、胡敬安、余右泉、张敬度、吴传绮。(周宁:《地缘与学缘:1920年代的安徽教育界(1920—1926)》,第141~142页)

6月26日,《世界日报》报道,安徽积极筹备创办安徽大学。

> 【安庆快讯】五年以前,许世英长皖时即发起筹备安徽大学,当时由省教会、学校联合会公推蔡晓舟为筹备专员,并规定筹备费为八百元,因经费奇绌,各方多不赞成中止,现高世读长皖,极力主张□续前议,并另委该省教育厅长洪逵为筹备专员,一面力争烟卷税四十万,作为大学基金,一面重订筹备章程,处长一席,仍由省长兼任云。(《皖大学之积极筹备》,载《世界日报》第7版,1926年6月26日)

7月21日,安大计划会议召开,审查通过安大组织大纲案、安大设补习班案、安大设科次序案、安大师资问题案、安大校长资格案等,但此后省署和教育厅却在安大校长人选上发生严重分歧。

> 计划会议结束之后,洪逵仍然按照原定计划力保怀宁人王星拱为安大校长,并提出将法专升格为单科大学,以光明甫担任校长。高世读对洪逵用人本就感到不满,因而对于他的这一建议明确表示反对,认为此举有包办之嫌。洪虽极力解释,详述王、光二人之经历、学问、道德,谓系人才主义,但终难得高谅解,大学校长的任命一时陷入停顿之中。(周宁:《地缘与学缘:1920年代的安徽教育界(1920—1926)》,第144页)

8月19日,据《世界日报》报道,先生联合旅京皖省教育界人士致电安徽省长高世读、安徽教育厅长洪逵,请求维持安徽大学组织大纲:

> 安庆高省长、洪厅长鉴:安大计划会议由省署核准召集,全

省教育人士悉心讨论,且由长官莅会,并派员列席,可谓郑重将(其)事。组织大纲,既经全体通过,似不宜根本推翻。近闻有人破坏,不胜骇异。安大为全省文化所关,省长、厅长又为全省长官,当无区域成见,务乞毅力主持,始终一致,维持原案,速聘校长,以息浮言,而弭纠纷,否则筑室道谋,永难成立,恐非长官提倡大学之本旨也。丁绪贤、方时简、吴葆朋、周龙光、姚荭、俞忽、高一涵、郭世绾、程振钧、董嘉会、邓以蛰、刘文典、鲍达等同叩。(《皖省旅京教育界请维持皖大组织大纲,速聘校长以息浮言》,载《世界日报》,1926年8月19日)

11月,国民革命军在北伐战争中先后占领湖南、湖北、江西等省,即将攻入安徽,安徽军阀政权朝不保夕,无暇他顾,安徽大学筹建工作再度搁浅。

# 筹建安大

(1927—1928年)

**1927年(民国十六年丁卯)　　年三十六岁**

4月,国民政府定都南京。

10月7日,国立第四中山大学在南京补行开学典礼。国立第四中山大学是由国立东南大学和江苏省境内各公立单科大学、专科学校合并改组而成的一所综合性大学。

(国立第四中山大学)9月1日学校如期开学,但由于战事,交通中断,该月没能上课。10月7日补行了隆重的开学典礼。这时全校共有教师290人,职员150人,学生1421人,开课367门。1927年虽是四中大建校第一年,但由于它是由东南大学等9所完整大学组合而成的,故仍

筹办安徽大学时期的刘文典

有学生毕业离校。经过统一考核，共有170名学生毕业。

四中大初设9个学院，即自然科学院、社会科学院、文学院、哲学院、教育学院、工学院、农学院、商学院和医学院，各院下分系或门组。（王德滋：《南京大学百年史》，第129页，南京大学出版社，2002年4月第1版）

先生曾谋在此校任职，但因担任该校教务长一职的好友王星拱（字抚五）离职，只得选择回到故乡安徽，参与筹办安徽大学，为此曾致函胡适讲述苦衷：

> 弟亦明知安徽的那些东西不能共事，所谓大学也不过是那么一句话而已。不过抚五兄既已去职，南京中山大学文学院又是乌烟瘴气，所以被"饥"驱到安徽来了，内子看弟一走，连忙把上海的家取消，跟着追来。到了芜湖，安徽的所谓省政府已经跑到芜湖来"办公"，混乱不可名状。大学不成问题，我弄得进退维谷，狼狈万状。加以交通梗阻，欲行不得，全家带着几十个书箱，困在客栈里，受尽了困苦，费许多事才把家眷书籍设法送回池州，我自己不日也就要离开芜湖（因为孔方兄的问题不能起身，

刘文典致胡适函

大约三五日内即可走)。现在我的生活问题全仗你替我设法解决,务请你分神替我多方图之。(刘文典致胡适函,见耿云志主编《胡适遗稿及秘藏书信》卷三九,第717~718页)

10月,先生应安徽省政府聘请,与余谊密、胡春霖、张秋白、汤志先、雷啸岑、吴承宪、廖方新、常宗会、吴善、刘复诸等人组成"安徽大学筹备委员会",主持安大筹建工作。

11月12日,先生撰写译著《进化论讲话》自序。此书后由亚东图书馆出版,分上下两册。据先生自述:

> 去年秋天老友胡适之回来,特特地写信规劝我,奖进我,说我不译书是社会的一个大损失。这才又鼓动了我的兴致,重理起旧业来。其结果就是《进化与人生》出版七八年之后又有这部《进化论讲话》出版。
>
> 这部书也是日本丘博士【编者注:即丘浅次郎】著的,他的特长是会用畅达的文辞说精微的学理,教人读着无异听一位老博士"口若悬河"似的在那里讲演,只觉得畅快,不觉得烦难。一场听到底,不费事就把进化论的梗概都懂得了。这是原书的一点特色,可惜我的译笔还不能把他完全传达出来。鸠摩罗什说翻译好比是嚼饭哺人,这句话真不错啊!(刘文典:《进化论讲话·译者序》,见《刘文典全集》卷四,第529页)

11月,胡适在上海东亚同文书院演讲"中国近三百年的四个思想家",认为顾炎武、颜元、戴震和吴敬恒等四人代表这三百年中"反理学"的趋势。演讲全文在《贡献》杂志第一卷发表后,先生致函胡适,对他过高评价吴敬恒(即吴稚晖)的思想史地位表达不同意见:

> 《贡献》上你的文章已经读过,总觉得吴老先生在思想上的地位不如你自己。(刘文典致胡适函,见耿云志主编《胡适遗稿及秘藏书信》卷三九,第716页)

## 1928年(民国十七年戊辰)　　年三十七岁

2月7日,安徽大学筹委会函请安徽省财政厅筹拨大学预科开办费。对此,安徽省政府公函第十号回复道:

迳复旨顷准:贵会函开前奉省政府咨复转令财政厅借拨预科开办费壹万元,当即函转请予拨交具领,现瞬届两月,并未领到分文,而预科招生考试及始业日期均近在目前,急需开办经费应用。嘱即转促财厅遵照省令,克日筹拨,以便筹办一切等。因准此除转函财政厅遵照省会迅予筹拨开办费壹万元迳交贵会具领应用外,相应函复。(安徽省档案馆档案,见《省府、教育厅关于筹备安徽大学的来往文书》,全宗号(1),目录号2(1),卷号1661)

2月13日,先生经安徽大学筹备委员会第四次会议公推为预科主任,负责春季招生。

又据二月十三日筹备委员会第四次会议公推刘委员文典为预科主任,决议通过。

又决议(四):第一项,函请省政府转令财政厅借拨预开办费一万元。第二项,预科班设甲乙两部,每部招收一年级生两班,二年级两班(甲部社会科学,乙部自然科学)。第三项,由刘主任文典从速布告招生,以便始业……(安徽省档案馆档案,见《安徽大学筹备委员会呈安徽省政府事案》,1928年2月21日)

2月18日,先生拟就《安徽大学组织大纲草案》,由安徽大学筹备委员会秘书处函送省教育厅:

敬启者:兹将刘委员文典拟就安徽大学组织大纲草案及安大组织系统图,分别油印,附一份,即请察阅,以便大会提出意见,共同审定,此致雷委员啸岑。(安徽省档案馆档案,见《安大筹备委

员会秘书处函送组织大纲及系统图请察阅》,1928年2月18日)

省教育厅厅长雷啸岑阅后,大为赞赏,评价为"条理缜密,擘画周详":

> 敬复者:接准台函暨安大组织大纲及系统图各一份,条理缜密,擘画周详,啸岑极表赞同,即希提出大会为荷。此致安徽大学筹备委员会秘书处。雷啸岑启(安徽省档案馆档案,见《省教育厅关于安徽大学筹备委员会函送组织大纲及系统图问题与该会来往文书》,1928年2月24日)

2月21日,安徽省政府答复安徽大学筹备委员会,认可先生担任安大预科主任:

> 咨呈开办预科经过及公推刘委员文典为主任办理招生开学情形,请鉴核备案由:来牍阅悉,查核尚无不合,应准备案,仍希将办理情形,随时具报查考,此复。(安徽省档案馆档案,见《安徽省政府答复(教字第1号)》,1928年2月21日)

3月初,先生偕安徽教育经费管理处处长程小苏往返于京沪之间,与南京国民政府财政部部长宋子文、大学院院长蔡元培磋商安徽教育经费事宜。安大筹备经费一度依靠地方政府征收卷烟营业凭证税,但财政部于1927年6月要求将卷烟税收归国税范畴,导致安徽全省教育经费失去来源。

> 本省教育界,既要求省政府征收卷烟营业凭证税,又推举代表程小苏、刘叔雅两氏,晋京请愿。来往于京沪之间,和宋部长、蔡院长经过了数度的磋商,迄无若何的效果。在沪时,也曾向宋部长提出要求,如财部不许安徽设局另征,最低限度,亦应仿照浙江办法,在国税项下月拨十万元,作为安徽教育经费。宋氏意似只允六万元,仍未能满足皖省教育实际上每月十八万元的要

求,没有结果。三月八日,两代表相继返皖。(《风雨飘摇中之皖省教育经费问题》,载《安徽教育行政周刊》第一卷第一期,第11页,1928年4月2日)

对于此行心境,先生曾在致胡适函中详述:

> 弟昨日在中央银行和宋部长见面,为皖省教育经费事颇起争执,结果同往南京请蔡先生公断,因为是临时起意的,所以匆匆的走了,未克再和兄畅谈(所谓"三年不完"是也,一笑),不胜怅惘,弟所以跑在安庆那样秽浊的地方讨生活,一来是因为安庆有个中学(全省仅剩这一个硕果),小儿可以读书;二来是受生活的压迫,所以才忍耻含垢在那里鬼混,过的生活真苦极了。终日要和一班不相干的人们周旋,简直是娼妓一般。老大哥!弟虽不肖,究竟是个读书人,在那样秽浊的地方,和那些不成东西的人胡缠,试问精神上如何过得?现在环顾一班故旧,最爱我的只有你,能救我出那个恶劣环境的也只有你,务请你把我的事不要忘了,千万不要自己躲在第五国际的租界上舒舒服服的讲学读书,把一个老朋友丢在 W.C 里受罪啊!(刘文典致胡适函,见耿云志主编《胡适遗稿及秘藏书信》卷三九,第716页)

3月15日,因在沪宁周旋安徽教育经费事宜,先生缺席安徽大学筹备委员会第五次会议。预科主任一职由吴承宗暂代。

> 预科开学在即,主任刘同志文典,尚未回省,所有招考事宜、聘任教员,应由吴代主任承宗负责办理案。决议:通过。(《安徽大学筹备委员会第五次会议纪》,载《安徽教育行政周刊》第一卷第一期,第28页)

3月19日,北京《晨报》报道,安徽拟请李石曾担任安大校长,但后来李并未赴任。

（安徽大学）校长人选,尚未确定。前此教育厅长雷啸岑赴宁时,曾请李石曾担任,已得李同意,省政府不日即可具函聘任。(《安徽新政府将正式成立》,载《晨报》1928年3月19日第6版)

3月27日,下午7时,先生出席安徽大学筹备委员会常务委员第九次会议,商议预科招生诸事宜。

预科代主任吴委员承宗因刘委员文典业已返省,预科负责有人,辞去代理职务,并附送代理期内所聘请之教职员一览表一纸。

刘委员文典交来教厅致安徽大学函一件,转录法专学生金耀轩等呈文,请查核办理案。(《安徽大学筹备委员常务委员第九次会议纪》,载《安徽教育行政周刊》第一卷第一期,第29页)

4月7日,国民政府财政部同意月拨十万元作为安徽教育经费,裁撤卷烟税局风波暂告段落。

四月七日,宋部长始电允月拨十万元,教育界认为满意,省政府乃下令裁撤芜湖卷烟凭证税局。余（谊密）财厅长,并允负责于中央月拨十万元外,另于地方税项下,月筹四万元。教费问题,乃告一段落。(《再志皖省教育经费问题》,载《安徽教育行政周刊》第一卷第四期,第14页)

4月10日,安徽大学预科在安庆菱湖百子桥第二院大礼堂（原省立法政专门学校旧礼堂）举行开学典礼,正式宣告成立。此为安徽现代高等教育之始。

业经筹备之安徽大学,在吾人急切的盼望中,近已呱呱坠地矣。该校此次筹备招生事项,系由预科主任刘文典主持,计春季招预科甲乙两部,甲部社会科学,乙部自然科学,每部一年级两班,二年级两班,班各五十人。文、法、农、工四院,限秋季成立。

报名日期:第一次,二月十五至三月十八日;第二次,三月廿四至四月一日。考试日期:第一次,三月廿一、廿二、廿三日;第二次,四月二、三、四日。考试科目:三民主义、国文、英文、数学(算术、代数、几何、三角)、物理、化学、博物、历史、地理,体格检查。录取学生数,第一次甲部七十名,乙部六名;第二次甲部八十名,乙部十六名。限于四月五日前来注册部报到缴费。该校教授闻均已聘定,并举行编级试验,以便分班。订于四月十日上午十时在预科大礼堂举行开学典礼,除该校筹备委员会全体教职员及录取学生一律参加外,并敦请建设厅长胡春霖,市长宁坤,本厅代表、第一科长徐则陵,本城各中小学校长教职员以及各界人士云。(《安徽大学正式成立》,载《安徽教育行政周刊》第一卷第二期,第17页,1928年4月8日)

4月11日,先生出席并主持安徽大学筹委会常务委员第十二次会议,商议教育经费问题。

安大筹备委员会于四月十一日(星期三)午后一时,在本会开第十二次常务委员会议,出席者刘委员文典、廖委员方新、吴委员承宗。主席刘委员文典。恭读总理遗嘱,开会如仪。主席报告。一,报告事项:1,归德方振武同志来电转大学院征电,卷烟营业凭证捐碍难实行,皖省教费,自当妥筹办法,务使有着等语。2,教费管理处来函,十一日(星期三)下午一时在处开教育各团体联席会议,讨论教育经费问题,请届时出席。二,讨论事项:1,教育管理处函请派员出席教育各团体联席会议案。决议:公推廖委员景初代表出席。(《安大筹委会常务委员第十二次会议纪》,载《安徽教育行政周刊》第一卷第五期,第20页)

4月28日,先生出席安徽大学筹委会常务委员第十四次会议,报告预科开办及定期开学上课的大概情形。

**安徽省立法政专门学校校舍**

△上次常会决议预科向本会领取经费手续,并预科进行一切事宜,应由预科主任以书面报告本会,业已分别录案,函请预科主任查照办理。

△上次常会决议,预科开办经费暨开学上课日期,由本会分别呈报省政府及大学院案,已录案函知预科主任,一俟函报到会,即当根据来函分别咨呈。

△预科来第三号公函,并领刘主任所具预科开办费一万元领字一纸。

△预科来第四号公函,报告预科开办及定期开学上课之大概情形。

△预科主任请公定预科职员薪水案,决议:仍由预科主任自订,交会核议。

△预科主任刘委员文典,提议仍有多数学生要求补行入学试验,应否照准案,决议:不准。(《安大筹委会常务委员第十四次会议纪》,载《安徽教育行政周刊》第一卷第五期,第22页)

5月1日,安大预科学生俞昌准(化名陈青文)致函家人,称被人诬告为共产党员,得到先生关照。俞昌准,安徽南陵人,1926年9月入党,为方便革命工作,化名考入安大。

　　昌准同志考入安大预科后,除了担任共青团安庆的领导工作外,还兼任安大党支部书记,他与党员刘树德和共青团员陈一煌、欧阳良劢(即欧阳惠林)等一起,组织安大党团员,团结进步师生,开展反帝反军阀的斗争。由于他入学时带了许多进步书刊,而被国家主义派同学发现告密,于是他入学不久又被迫离开学校。同年五月一日,他给父亲的信中写道:"男入校事,原已就绪,和声先生为作保证,已决定在校安心读书。奈事不遂愿,竟有国家主义派同学在学校当局前密告男有某党嫌疑,男闻讯之下毛骨悚然,转念大人对男之热望,又不禁伤心泪下,主任刘文典待男亦颇厚,彼表示男非退学不可,同时亦示歉意。"(张正元:《碧血丹心照后人:俞昌准烈士革命事迹调查》,载《安徽师大学报(哲学社会科学版)》1982年第4期,第30页)

关于俞昌准离开安大的经过,早期共产党员钱新嘉曾回忆:

　　他和一位姓卢的女同志进了安大预科,但他又离开安大了,他为什么离开的呢?情况是这样:有一天夜里,他张贴《血光》【编者注:中共怀宁县委主办的革命刊物】,被校方负责人刘文典发现。刘对他说:"我们学校不准你们活动,你要活动到别的地方去。"这样小俞就被"斥退"了。(钱新嘉:《回忆俞仲则(昌准)烈士》,载《安庆文史资料》第二辑,第103页)

5月2日,先生经安徽大学筹备委员会第八次会议公推为文学院筹备主任,代行校长职权,主持校务工作。

> 安大筹备委员会于月之二日(星期三)下午二时,在本会开第八次会议。出席者:汤委员志先、刘委员文典、韩委员安、廖委员方新、吴委员承宗、胡委员春霖、吴委员善、余委员谊密(吴观光代)。主席韩委员安。恭读遗嘱,开会如仪。主席报告。一,报告事项:省政府财字第百二十五号咨复安徽大学各科岁出预算,业经第四十一次常会议决,先办两院,明年再为扩充,并指全省契税年比八十四万元为基金。二,讨论事项:1.各院成立之先后案,决议,先办文学院、农学院,其余法、工两院,须延聘专门人才,分别积极筹备,限明年秋季成立。惟文学院暂分一、二两部,一部属法学各科,二部属文学各科。2.文学院筹备主任人选案,决议文学院筹备主任暂设二人,公推刘委员文典、汤委员志先充任。3.工学院筹备主任人选案,决议公推吴委员承宗充任。4.法学院筹备委员人选案,公推汤委员志先兼任。(《安大筹备委员第八次会议纪》,载《安徽教育行政周刊》第一卷第七期,第14页)

5月9日,先生出席安大筹委会常务委员第十五次会议,讨论文法学院院址等事项。

> 文法学院院址案,决议由庶务妥觅地点,再行核议。(《安徽大学筹委会常务委员第十五次会议纪》,载《安徽教育行政周刊》第一卷第七期,第15页)

5月16日,先生出席安大筹委会常务委员第十六次会议,讨论慰劳北伐将士事宜。

> 慰劳北伐将士大会,函送捐册一本,并请每月按各职员月薪最少限度领捐百分之五,由各机关主管人饬会计处代捐代缴案。

决议:本会职员各捐助月薪百分之五,以上由会计即日垫缴。(《安徽大学筹委会常务委员第十六次会议纪》,载《安徽教育行政周刊》第一卷第十期,第18~19页)

6月6日,先生出席安大筹委会常务委员第十八次会议,请拨5月份预科开办经费。

预科来第二十号公函,请发五月份经费,并请迅向财政厅催请四月份经费,迅予补发。(《安大筹委会第十八次常务委员会议纪》,载《安徽教育行政周刊》第一卷第十期,第19页)

6月9日,先生向安大图书馆赠送中国科学社出版《科学通论》等书籍。在书中任鸿隽《发明与研究》一文的第一部分结尾空白页,先生批注道:"叔永文字篇篇皆佳,此二首尤多眄谊胜解。"(高山杉:《刘文典的"不狂"》,见《迟来的封赏》,第117页,上海书店出版社,2008年10月第1版)

6月13日,先生出席安大筹委会常务委员第十九次会议,商议秋季招生诸事宜。

安大筹备委员会于月之十三日(星期三)下午三时,假座省政府开第十九次常委会议。出席者:吴委员承宗、廖委员方新、刘委员文典、韩委员安、汤委员志先。主席韩委员安……二,讨论事项:1.……2,秋季始业之各事项及预科,招生手续应如何进行案。决议:组织招生委员会,筹划进行,并推定廖委员景初、刘委员文典、邓同志仲禹、高同志被遐、吴委员季瑞、吴同志觉民、葛同志明东、叶同志振钧、张秘书国乔为招生委员。(《安大筹备委员会第十九次常务委员会议纪》,载《安徽教育行政周刊》第一卷第十三期,第16页)

6月15日,先生致函胡适,倾诉办学苦衷,并邀请胡适回皖讲学:

安庆社会太坏，研究学问的空气十分稀薄，你能来讲演几天，必然可以改变风气。适之，你究竟是个安徽人，对于本省教育，似乎不能太漠视了。你自己成了一位世界知名的学者，就尽看本省一班青年们不知道戴东原、王念孙、杜威、罗素是什么人，心里总有点不忍吧？（刘文典致胡适函，见耿云志主编《胡适遗稿及秘藏书信》卷三九，第719～721页）

当日，先生出席安大筹委会常务委员第二十次会议，商议接洽文学院院址等事宜。

7月3日，皖籍学者杨亮功等人劝说胡适出任安徽大学校长，但胡适回答，"赌咒不干"，并两度在日记里记录此事，表明决心：

【1928年7月3日】（杨）亮功病了，我去看他。他说，郑通和、刘□□等少年留学生都期望我去做安徽大学校长。我说，赌咒不干。（曹伯言：《胡适日记全编》卷五，第195页）

【1928年7月4日】亮功和通和、□□来，仍谈安徽大学事，我说，绝对没有商量的余地。（曹伯言：《胡适日记全编》卷五，第198页）

7月14日，先生出席安大筹委会常务委员第二十一次会议，商议预科学生陈人寿私刻印章投考预科以及文学院选址等事宜。

安大筹委会于月之十四日下午四时在本会开第二十一次常委会议。出席者：韩委员安、刘委员文典、叶委员振钧、廖委员方新……预科第二七号公函转录南京储英中学校函开学生陈人寿私刻学校钤记，及校长、教务主任私章，投考预科，业将该生学籍开除。恐假冒者不止一人，请将此次用该校名义投考预科之姓名籍贯，连同转学证书，一并开示，以便查考。（《安大筹备委员会第二十一次常务委员会议纪》，载《安徽教育行政周刊》第一卷第十八期，第19～20页）

7月19日，先生出席安大筹委会常务委员第二十二次会议，商议预科聘任教员暂行规程等事宜。

> 安大筹委会于月之十九日（星期四）下午四时本会开第二十二次常委会议。出席者：吴委员承宗、刘委员文典、廖委员方新、韩委员安。主席廖委员方新……刘主任提预科聘任教员暂行规程案，决议公推韩委员安、吴委员承宗、廖委员方新审查。（《安大筹备委员会第二十二次常务委员会议纪》，载《安徽教育行政周刊》第一卷第十八期，第21页）

7月23日，《安徽教育行政周刊》载，先生遭人诬告"有共产行动"，后经省政府查明"系捏名诬控"。

> 中央军事委员会顷接安徽大学预科全体学生一函，控告预科主任刘文典宣传共产，希图破坏，请予调查扑灭。军事委员会以事关共产，虚实均应查究，为此函请省政府查照核办。本厅遵即委派省督学罗良铸前往彻查。现据呈复，谓督学前往该校彻查时，该校业已放假，遂召集留校学生四十余名会集一堂，将函控刘文典一节，逐一询查，均答以实不知有此事。罗督学详加考复，尚非虚饰。按之原控函件号称全体学生，兹既有四十余名称不知情，并具书面签字声明，则此种函件，系捏名诬告，不辨自明，因将查明情形，具文呈请大学院签核。同时另据该预科暑期留校学生王仲才等四十七人呈称，刘主任被控有共产行动，生等惊闻之下，愤慨同深。刘主任精通中西学术，而国学尤称独到，为人诚恳率真，热心教育，此次办理预科，尤见精勤恺切之忱，生等景仰靡穷，绝无控告之举。所谓宣传共产，尤属子虚，显系奸人盗名诬控。似此蒙蔽中央，阴谋捣乱，实属目无法纪，苟不严究反坐，何以澄清政治、发扬教育！本厅复核无异，持抄同原函备文呈报大学院鉴核云。（《呈大学院查明安大预科全体学生控

告主任刘文典事系捏名诬控》,载《安徽教育行政周刊》第一卷第十七期,第26页)

7月28日,先生出席安大筹委会常务委员第二十四次会议,欢迎农学院筹备主任谢家声。

安大筹备委员会于月之二十八日(星期六)下午四时,在本会开第二十四次常委会议,并欢迎农学院筹备主任谢家声同志。出席者:吴委员承宗、刘委员文典、韩委员安、廖委员方新、谢主任家声。主席韩委员安,记录张秘书国乔……主席请刘委员文典,致欢迎词,欢迎农学院筹备主任谢家声同志莅止。谢主任答词。(《安大筹备委员会第二十四次常务委员会议纪》,载《安徽教育行政周刊》第一卷第十八期,第22页)

8月1日,先生出席安大筹委会常务委员第二十五次会议,商议工学院筹备等事宜。

安大筹备委员会,于八月一日(星期三)下午四时,在本会开第二十五次常务委员会议。出席者:韩委员安、吴委员承宗、刘委员文典、廖委员方新。主席韩委员安,记录蔡秘书为山……二、讨论事项:1.工学院前经大会议决:推定主任,积极筹备,并限明年秋季成立。惟该院工厂建筑及机件设备等项,均非一时所能举办,似宜未雨绸缪。查省政府通过安大预算内,工学院预算所列工厂建筑费、校舍修理费、电厂设备费、机厂设备费共计国币现万六千二百元正,应咨呈省政府,自本年八月份起,仅六个月内,分三期拨交,以利进行案。决议:提交大会讨论。(《安大筹备委员会第二十五次常务委员会议纪》,载《安徽教育行政周刊》第一卷第二十三期,第22~23页)

8月17日,国民政府决议将清华学校改为国立清华大学,任命罗家伦为校长,并新聘杨振声、刘文典等一批教授、讲师,但先生因安大挽留未能即时到任。

  暑假后,因清华改办大学,新聘一批教授、讲师。杨振声被聘为清华大学中国文学系教授兼系主任,还聘刘文典任教授,俞平伯任讲师;外国语文系新聘教授陈福田、讲师钱稻孙;哲学系新聘教授冯友兰(并兼任校秘书长)、邓以蛰,国学研究院新聘讲师马衡。(齐家莹:《清华人文学科年谱》,第68～70页,清华大学出版社,1999年1月第1版)

8月29日,先生出席安大筹委会常务委员第二十六次会议,商议公推教育厅长韩安代理农学院筹备主任等事项。

  农学院筹备委员会委员吴觉民同志函称:闻谢主任家声抵省,自应遵照聘函,解除筹备委员职务。决议:照准。查农学院开办在即,非有负责专员不克迅表事功,公推韩委员安代理筹备主任。所有原推农学院筹备委员,即交由韩代理主任分别延聘,以资臂助。(《安大筹备委员会第二十六次常务委员会议纪》,载《安徽教育行政周刊》第一卷第二十三期,第23～24页)

9月1日,先生出席安大筹委会常务委员第二十七次会议,讨论大学本部房屋及聘任教员诸事宜。

  安徽大学筹备委员会于九月一日(星期六)下午三时,在本会开第二十七次常委会议。出席者:韩委员安、廖委员方新、刘委员文典、吴委员承宗。主席韩委员安,记录张秘书国乔……讨论事项:(1)现行修理大学本部房屋(即培媛旧址),以便筹委会迁入办公,并附瓦木匠估单各一纸。决议:交由廖委员负责办理。(2)刘委员文典提议聘任教员,应遵照大学院颁发大学教员资格办理案。决议:通过。(《安大筹委会第二七次常务委员会议纪》,

载《安徽教育行政周刊》第一卷第二十三期,第25页)

9月17日,先生委托李冰代为出席安大筹委会第九次会议。本次会议决定追认文学院设立国文学系、教育学系等,并设立招生委员会办理秋季招生诸事宜。同时,根据刘复临时动议,适时结束筹委会职能。

> 安大筹备委员会于九月十七日(星期一)午后三时,在本会开第九次筹委会议。出席者:韩委员安、胡委员春霖、廖委员方新、吴委员承宗、吴委员善、刘委员文典(李冰代)、余委员谊密(张和声代)、刘委员复。主席韩委员安、记录张秘书国乔。主席恭读总理遗嘱,开会如仪:一,报告事项:……2.报告文学院院址及大学筹委会会址经过情形,及临时使用办法案。决议,追认。3.报告上此谈话会拟定文学院第一部设立国文学系、教育学系;第二部设法律学系、政治经济学系,并函征各委员签字赞成请追认案。决议,追认。4.报告设立招生委员会办理秋季始业各学院,及预科招生事宜,请追认案。决议,追认……三,临时动议:刘委员复临时动议,现安大筹备已粗就绪,筹委会自应即行结束。决议,在最近期间将安大组织大纲决定后,本会即行结束。(《安大筹备委员会第九次会议纪》,载《安徽教育行政周刊》第一卷第二十八期,第23~24页)

9月22日,先生出席安大筹委会常务委员第二十八次会议,函请将"安徽大学文学院印"、"安徽大学文学院筹备主任章"等印章备案。

> 安大筹备委员会于九月二十二日(星期六)下午三时在本会(培媛旧址)开第二十八次常委会议。出席者:韩委员安、吴委员承宗、刘委员文典、廖委员方新。主席韩委员安,记录张秘书国乔。主席恭读遗嘱,开会如仪:一,报告事项:……10.文学院第一号函开刊刻木质大印一颗文曰"安徽大学文学院印",又石质小章一颗文曰"安徽大学文学院筹备主任章",业于九月一日启用,

**省立安徽大学一院大门(1928年,安庆)**

并摹印章二纸,请备案。决议,存。(《安大筹备委员会第二十八次常务委员会议纪》,载《安徽教育行政周刊》第一卷第二十八期,第24～25页)

9月26日,先生出席安大筹委会常务委员第二十九次会议,商议预科学生刘继宗等六人请求转学案。

  安大筹备委员会于九月二十六日(星期三)午后三时在本会开第二十九次常委会议。出席者:刘委员文典、廖委员方新、吴委员承宗、韩委员安。主席廖委员方新,记录张秘书国乔。主席恭读遗嘱,开会如仪:一,报告事项:……2.预科自然科学生刘继宗等六人呈称本校既不能成立农工学院,请予办理转学手续。决议,分行农工两院筹备主任,拟具办法,交会审议……二,临时动议:1.刘委员文典临时动议,本会以后召集大会手续,应如何办理案。决议,由常务委员会议决召集之。(《安大筹备委员会第

二十九次常委会议纪》，载《安徽教育行政周刊》第一卷第二十八期，第26～27页）

9月29日，先生出席安大筹委会常委第三十次会议，临时动议增设文牍员一名。

安大筹委会于九月二十九日（星期六）下午四时在本会开第三十次常委会议。出席者：刘委员文典、吴委员承宗、廖委员方新。主席廖委员方新，记录张秘书国乔……刘委员文典临时动议，本会事务殷繁，拟增设文牍一员，暂支办事员月薪案。决议：照增文牍一员，委储伯开同志充任，月支薪水五十元。（《安大筹委会第三十次常务委员会议纪》，载《安徽教育行政周刊》第一卷第二十九期，第20～21页）

9月，先生著作《三余札记》第一、二卷由商务印书馆印行。

三余，取"冬者岁之余，夜者日之余，阴雨者时之余"之意。（古人有"读书当以三余"之谓。）本书有两大显著特点：一是容量大，它包括了《淮南子校补》、《韩非子简端记》、《庄子琐记》、《吕氏春秋斠补》、《论衡斠补》、《读文选杂记》等内容；二是校释精审，考证详密，广征博引，信而有征，它的每一条札记即是一篇说理透彻、结论可靠的论文。本书示以校书方法、治学门径，有很高的学术价值，对校勘学贡献尤巨，堪与高邮王氏《杂志》、德清俞氏《评议》相匹俦。

本书共四卷，前二卷商务印书馆于民国十七年九月初版，民国二十四年二月重印过一次（称国难后第一版）；后二卷商务印书馆于民国二十七年五月初版。均为无标点排印本。（管锡华：《〈三余札记〉点校说明》，载《刘文典全集》卷三，第345页）

10月3日，先生出席并主持安大筹委会常务委员第三十一次会议,商议预科9月份经费、预科毕业生请开工学院特别班诸事宜。

  安大筹备委员会于十月三日(星期三)下午三时,在本会开第三十次常务委员会议。出席者:廖委员方新、吴委员承宗、刘委员文典。主席刘委员文典,记录张秘书国乔……3.预科自然科毕业生刘汉东等十一人,呈请速开工学院特别班,以重学业案。决议,照办,由吴主任拟具计划,交会核筹经费。(《安大筹备委员会第三十一次常务委员会议纪》,载《安徽教育行政周刊》第一卷第二十九期,第21页)

10月6日,先生出席安大筹委会常务委员第三十二次会议,临时动议请拨文学院9月份经费。

  安大筹备委员会于十月六日(星期六)下午三时在本会开第三十二次常务委员会议。出席者:廖委员方新、吴委员承宗、刘委员文典。主席廖委员方新,记录蔡秘书为山……刘委员文典临时动议,文学院开学在即,请先拨九月份经常费五千四百五十元正。决议,查照第三十一次常会议决案第二项办理。(《安大筹委会第三十二次常务委员会议纪》,《安徽教育行政周刊》第一卷第二十九期,第21页)

10月29日,《国立清华大学校刊》刊登《各系主任教授讲师一览》,先生名列其中。

  "经改组以后,留下的十八位教授,都是学问与教学经验很丰富而很有成绩的。新聘的各位教授,也都是积学之士。"(《清华大学史料选编》,二上,201页)名录如下(注:有些为兼职讲师):

  国文系:杨振声(兼主任)　杨树达　朱自清　刘文典　钱玄同　俞平伯　沈兼士　张　煦(下略)

(齐家莹:《清华人文学科年谱》,第71页)

11月23日,省立第一女子中学举行十六周年纪念。安大百余名学生闻讯前往,准备"参观跳舞",结果遭到拒绝,于是便捣毁礼堂、殴打女仆,酿成风波。据当年《申报》报道:

> 本月二十三日,安徽省立第一女子中学举行十六周年纪念,并开成绩展览会。晚间十时许,忽闻该校有被人捣毁消息,其中且杂有手枪声,秩序大乱,该校女生,吓得乱窜。
>
> 该校在城内百花亭僻静之区,时已夜深,未便前往。次日清晨,至该校探询究竟。据称昨日五时开会后,全校校友正在膳堂聚餐,突有安徽大学学生杨璘、周光宇、侯地芬等,先后率领百余人,直撞入礼堂。当经学生、教职员再四劝喻不去,其(气)势汹汹,并前后把守,阻止出入,于是无法处理。因即函请安大刘主任到校,妥商办法,乃该校传达,又被迫不为通报。处此情形紧急之下,特派役持函逾墙出请公安局,派警来校维持。
>
> 至八时许,保安队来校,始将礼堂打毁,一哄而出,沿路并将学生寝室、女教员室窗户玻璃捣毁无数,女生钟来仪头部被破窗击伤,并踢伤女仆夏妈腹部,顿时呕血数口。乃齐轰出门后,未几又来多人,手持木棍涌入,捣毁校务处,并扭校长迎头痛击,幸经救护,未受重伤。复拥至男教员室,殴人毁物,呼打之声震天。此时似闻有手枪声,幸有保安队伺打救护,历三小时之久,至夜深十二时许,方将校牌投诸污池以去,旋有瞿宗涛【编者注:瞿系《民国日报》记者】来校访问,行至礼堂前空地,尚有石子从学校西边纷纷飞来,安大文学院与该女学校只隔一墙故耳。此当晚肇事之情形也。(《皖一女中校发生被毁风潮》,载《申报》第三张,1928年11月29日)

据上海商务印书馆《教育杂志》报道,事发之后,先生曾派人前往省立一女中劝导:

二十三日为一女中十六周年纪念日。先一日通知各机关、各学校,叙明当日开成绩展览会,欢迎参观。届时前往参观之人士甚众。下午五时闭会,六时许全校教职员、学生方在膳堂聚餐,杨等百余人,即一轰入礼堂,声言来参观跳舞。该校教职员、学生即出谓本校晚间并无跳舞,只有实小学生小规模之游戏,系师生同乐会性质,并不招待来宾云云。杨等不信,坚欲阑门而入,其(气)势汹汹,小学生恐惧异常,各家属乃携之而去,师生同乐会亦不举行。杨等谓该校有意停会,严加责问。该校乃派人持函请文学院主任刘文典来校劝导,久久不至,不得已派人持函越墙至公安局,请派警维持秩序。八时许保安队莅场,杨等又大骂该校武力压迫,侮辱学生人格,一唱百和,而武剧开幕矣。该校校长程勉曾被追获,欲饱以老拳,经某某大声呵斥而止。程即赴教育厅报告经过,要求保护全校安宁。厅长韩安以安大非教育厅直辖学校,不便直接干涉,乃派员请刘文典前往劝导。闻刘曾派职员某赴一女中,至则群众已大半散去矣。(《皖省学潮之内幕》,载《教育杂志》第二十一卷第一号,第180页,1929年1月20日)

此次风波,后被证实与当地共青团组织有一定关系。据当年参与这一活动策划的早期共青团员欧阳惠林回忆:

十一月二十三日,安徽省立第一女中举行十六周年校庆,邀请学生家长参加,晚上演戏招待。安大文学院在城内百花亭,原来是圣保罗教会学校的旧址,与一女中仅一墙之隔。我们从一女中新发展的共青团员王淑瑾处获知此消息,认为一女中是一座封建礼教的堡垒,封建统治严厉,党团组织在该校的发展极为困难,决定动员一部分同学前往参加晚会,以图冲破其封建思想的牢笼,促进新思想在该校的发展。当晚,有安徽大学文法学院和省立一中等校近百人进入该校看戏。一女中校长程勉(为国家主义派分子,安徽教育界程筱苏之子)看到安大等校男生来校,便宣布停止演戏,勒令校外学生出校,彼此发生争吵。程勉当即用电话通知国民党安徽省会公安局,诬告安大学生捣乱会场,闯入宿舍,侮辱女生等,要求公安局派军警来校弹压,并将校门关闭。公安局派出大批荷枪实弹的军警,赶到女中,不分情由,鸣枪射击,拘捕安大等校学生,双方发生冲突,安大等校学生被迫夺门而出。(欧阳惠林:《安大初期共青团组织及其活动》,载《安庆文史资料》第七辑,第4页,1983年12月)

11月24日,安徽第一女子中学百余名女生赴省府办公地请愿。

次日且闻有打复场之说,该女校更为惶恐,遂由冯教务主任率领女生百余人,赴省指委会、省政府、教育厅请愿,至省府,系女生董瑞兰、姜润代表入内陈述,孙代主席答复,极为圆满。该女生行经各街市,该管警署,均出全队,保护至为周密。

午后,教育厅长韩安,恐此事风潮扩大,即召集各校长会议。讨论结果,派一职校长毛保恒、一中校长李相勖、六邑中学校长史邦轮出为调停,决定次日(二十五)午后,再行会议。(《皖一女中校发生被毁风潮》,载《申报》第三张,1928年11月29日)

同日,安徽第一女中派出三名代表会见先生,要求开除为首闹事的学生,但先生表示"学生气焰方张,本人无力解决"。

一女中方面,亦推举代表三人晤刘文典,请开除为首之学生杨璘等三人。刘氏答称,此事突然发生,为安徽教育界之大不幸,本人为公为私,对一女中全体十分抱歉。惟学生气焰方张,本人无力解决,务请原谅云云。(《皖省学潮之内幕》,载《教育杂志》第二十一卷第一号,第180页)

11月25日,奉命前往两校进行调解的三所中学校长无功而返。

> 毛校长等到厅报告:谓安大学生已经诉诸学生会主持,无法调停。各校长遂请韩厅长设法处理,韩厅长亦无甚办法,答候提出省政府委员会议解决。闻一女中教职员,已自动向安大主任刘文典交涉,如能达到开除杨璘等三人,即可和平解决,否则人证俱全,惟有诉诸法律请求法院依法讯办云。(《皖一女中校发生被毁风潮》,载《申报》第三张,1928年11月29日)

11月26日,先生答应正式道歉,并赔偿省一女中损失,但对开除学生一事声称"暂难办到",需查明案情再作处理。此时,安大党团组织却决定趁热打铁,提高斗争性质。据欧阳惠林回忆:

> 为了抗议国家主义派分子程勉的造谣诬告和枪击学生的暴行,安大团支部根据怀宁团县委指示,决定闹学潮,反对程勉,打倒程勉。二十五日,安大团支部派出王金林为首的十余人到安庆各中学串连,发动反对程勉的学潮。并到省教育厅请愿,提出"打倒学阀程勉!""打倒国家主义派程勉!""要求惩办枪击学生的凶手程勉!""撤换程勉的校长职务!"等等。省教育厅长韩安置之不理,偏袒程勉。二十六日,安大学生又贴出标语,散发宣言,进而提出反对韩安包庇程勉的口号,扩大学潮范围,提高斗争性质。(欧阳惠林:《安大初期共青团组织及其活动》,载《安庆文史资料》第七辑,第4~5页)

11月28日,南京国民政府主席蒋介石到安庆视察,途经安大,入内参观,先生未出面接待。据传先生曾言:"大学不是衙门!"

> 【二十九日安庆通信】蒋总司令二十八日晨到皖,各界欢迎情形已略记昨报,兹悉蒋到皖后即于是日晨九时,由省府乘藤舆出东门,往游迎江寺振风塔,随行者除卫士大队外,有省府孙代

主席及张亚威委员等。游览一周即转赴菱湖公园,道经安大预科,当入内参观,由该校职员招待,随行随问该校情形及历史,当由该校秘书、学监等一一详细报告。参观该校图书馆时,见所藏书籍甚少,当即面嘱省委张亚威,多拨款项,从事扩充。张委员云,经费业经筹措有着,日内即可筹办。蒋主席复云,此事至关重要,不可耽误。后又至体育场,见地址不广,令向邻近圈地扩充,旋即出校。临行时并谓时间匆促,不及向学生训话,表示歉意云。(《蒋主席莅皖盛况续纪》,载《申报》1928年12月2日)

11月29日,先生因学潮之事顶撞蒋介石,被扣押于省府"后乐轩"内。事情经过,《教育杂志》曾有详细报道:

> 二十九日早,刘文典接总部机要科来函,谓:"奉总座谕,约贵主任于本日下午,来辕问话。"同时程勉亦接函同前,惟时间为下午二时。刘程既先后往,于三时许延见。

> 蒋氏先询刘:"学生捣毁一女中、殴伤学生,已有办法乎?"刘答:"此事发生,为安徽教育界之大不幸,自身不能解决,有劳总司令动问,益觉汗颜,现在已与程校长和平了结矣。"蒋问:"肇事之学生三人,如何办理?"刘答:"当时滋闹者不止大学一校学生。"蒋言:"他校不管,单问尔校学生?"刘答:"此事内容复杂。"蒋问:"内容究竟若何?"刘称:"不便言。"蒋言:"当我面有何事不可言?"刘称:"背后有黑幕。"蒋厉声问:"有何黑幕?"刘言:"此事内容,程校长亦知之。"

> 蒋转问程。程答"一女中请愿之目的,在保全学校之安宁,学生能安心上课,他无所求。安大之学生开除与否,毫无成见。安徽教育界虽复杂,但此事极单纯,并无黑幕"云云。蒋点首,转问刘:"尔能不能办学生?"刘一再言"此事复杂",始终不承认严办学生,出言顶撞。蒋氏大为震怒,郑重而言曰:"大学学生黑夜捣

毁、殴伤学生,尔(指刘)事前不能制止,事后纵任学生胡作胡为,是为安徽教育界之大耻!我此来为安徽洗耻,不得不从严法办,先自尔始。"言毕,即令两卫士掖刘出,命秘书陈立夫饬送公安局收押,并嘱多派警士保护女校,又命程回校维持。对于为首滋事之学生,则命公安局访拿归案法办。(《皖省学潮之内幕》,载《教育杂志》第二十一卷第一号,第180~181页)

关于先生顶撞蒋介石的细节,众说纷纭,颇多附会。时任国民党安徽省党部指导委员会秘书石慧庐曾有回忆文字,较为可信:

> 我在那时任国民党省党部指导委员会秘书,尚没有资格参加这会,参加这个会的人,都是省政府和省党部的委员们。会后,据参加这个会的省党部委员们回来说:蒋当时盛怒之下,大骂安大学生代表们,骂了又坐下,稍停一下,站起来又开骂,训了学生一顿之后,转过来便责备两校校长。女师校长程勉旆【编者注:即程勉】,为安徽老教育界程筱苏的儿子,坐在那里一言不发,恭听责备。蒋又转向安大校长刘叔雅大加责难,认为刘对学生管教无方。叔雅和蒋言语间颇有冲突,众皆色变。蒋即骂:"看你这样,简直像土豪劣绅!"(编者按:据另稿云刘此时刚戒除鸦片嗜好,穿一件碧烟色的破旧灰鼠皮袄,面有烟容,神色傲慢)刘大声反骂:"看你这样,简直是新军阀!"蒋立时火气冲天地骂:"看我能不能枪毙你!"刘把脚向下一顿说:"你就不敢!你凭什么枪毙我!"蒋更咆哮地说:"把他扣押起来!"立时便有在门外的两个卫兵进来,把刘拖下。(石慧庐:《刘文典面斥蒋介石》,载《安徽文史资料选辑》第八辑,第227页)

12月2日,《世界日报》报道蒋介石在皖视察训话种种情形,包括扣押先生之事。

> 国闻社上海一日电,艳(二十九日)下午七时,蒋中正、赵戴

文召集皖省卅余县长至省府训话,午省府欢宴,下午二时,由蒋锄欧等在体育场代阅三十七军炮兵团,五时赴省指委宴,蒋演说党部宜节省党费,党员研究新旧各种学问,尤须注意各种心理学,土豪劣绅,固宜打倒,但最好发展党务,使其不能存在,党员能助政府做训政工作,则事半功倍。皖大学生捣毁一中女校,蒋传见皖大文学院长刘文典,面谕严办负责学生,刘谓难做到,蒋令卫士将刘押公安局,陷(三十日)夜东下,过芜不停,今晨到京。(《蒋中正昨晨已回京,即将赴苏沪等处校阅》,载《世界日报》第2版,1928年12月2日)

12月3日,安徽省政府发布公告,对安大风潮肇事学生作出处理。

为布告事:十一月二十三日,本省省立第一女子中学,举行十六周年纪念会,各校友并于晚间举行会餐。讵有安徽大学学生多人,误认该校表演游艺,要求参观。既由女中校当事人员声明,系校友会举行会餐,并无其他表演,该学生等仍强行蜂拥以入,秩序大乱,竟至捣毁礼堂及各处门窗、殴打役员。

大学学生一举一动,均为社会表率,女校何地,出此毫无意识破坏纪律之行为,虽其时群众杂厏,不尽为大学学生,容另行查明办理。但该校(指安大)既为本省最高学府,该生等即为本省学生领袖,乃一再开会集议,聚众游行,均由该校集会发动,殊属非是。该生等如果反求诸己,以悔自陈,尚可原恕,复于国府主席莅临之日,聚众游行,乱贴标语,乱喊口号,节外生枝,使社会顿呈不安宁状态。

国府主席目睹现状,详查事实,本爱护青年之心,为整顿学纪之举,手谕安徽大学主任刘文典,办学无方,致学生有破坏纪律之行动,着即免职,听候查办。安徽大学主任,应即由省政府另行派员暂行接办等因。本府除分别呈报,并另行办理外,兹查该校为首鼓动滋事学生杨璘、周玉波(即周光宇)、侯振亚(即侯地芬)三名,应交法庭讯办。其余刘树德、陈处泰、王焕庭、许国瑗、张思明、刘竹菁、刘复彭、刘励根、周振实、汪耀华等十一名,着即开除学籍,限即日离省,不许逗留。一面遴委该校职员,组织临时校务维持会,负责维持督饬全体学生,恪守规则,照常上课,听候整理。

本省大学,成立匪易,该生等遵父兄之命,负笈而来,为国家培养人才计,为家庭父兄期望计,宜如何努力自爱朝夕潜修,希图上进,想该生等由良心上主张,当能仰体斯意也。嗣后如再有不规则行为发见者,本省政府当即秉承国府主席意旨,依法严办,仰诸生痛改前非,猛力向学,以副国家乐育人材之至意。

此布。(《皖一女中风潮解决》,载《申报》1928年12月5日)

12月5日,经蔡元培、胡适、蒋梦麟力保开释,先生恢复自由,即日离皖。安大学生仍积极呼吁援助被开除学生。

安徽大学文学院主任刘文典,业经各方具保开释、恢复自由后,即赴南京。九日由京致函该校学生并教职员,勉以安心向学,努力校务。顷安大学生特组织护校代表团,推举俞翰儒、瞿长霖、朱延本三同学,于本月十一日上午十时,假菱湖公园爱莲茶社,招待各团体并各报新闻记者,陈述十一月二十三日一女中发生事变之真相及该团成立之意旨云。(《皖一女中被毁风潮余闻》,载《申报》1928年12月13日)

12月19日,国民党中央召开政务会议,决定免去韩安教育厅长职务,由程天放继任。后来,先生致函胡适,道出安大风潮实与韩安有关:

顷据至友某君相告,H【编者注:指韩安】因被免职,仇弟愈深,谋弟愈急,彼前因寻不出弟之破绽,以万扯不上之"土豪"二字相诬,现乃将错就错专从此二字硬做工夫,务欲以此相倾害矣。弟以书生,无自卫力量,实禁不起彼之阴谋中伤,务恳吾兄速为设法,早到北平,免受其害。以弟目下之财力,实不能在上海旅馆久居,否则早已到沪避之矣。(刘文典致胡适函,见耿云志主编《胡适遗稿及秘藏书信》卷三九,第722页)

对于这一说法,《教育杂志》亦有类似文字:

皖省自安大、一女中风潮发生以后,教育界顿呈不宁状态。自蒋主席在皖严厉解决,表面上似可暂安,实则风潮之酝酿更甚。究其原因,实因教厅长韩安与安大主任刘文典,早有意见。迨一女中风潮起,韩派则欲借此以去刘,刘派亦思扩大以逐韩。适蒋主席到皖,韩以省委地位,易于进言,刘遂失败。刘固亦学界闻人,后援不弱,经其夫人赴京奔走,蔡子民、胡适之、蒋梦麟辈均电皖并向中央解释,蒋主席乃于五日电皖开释刘。(《皖省学潮之内幕》,载《教育杂志》第二十一卷第一号,第181页)

## 卷四

# 水木清华

(1929—1937年)

**1929年(民国十八年己巳)　　年三十八岁**

1月24日,鲁迅委托柔石从商务印书馆购先生著作《三余札记》一部,花费六角。据《鲁迅日记》记载:

  二十四日微雪。午后寄语堂信。复杨晋豪、卜英梵、张天翼、孙用信。下午语堂来。达夫来。得江绍原信。托柔石从商务印书馆买来《The Best French Short Stories》及《三余札记》各一部,十一元三角。(《鲁迅日记》卷下,第633页)

2月,应罗家伦聘请,先生进入清华大学国文系任教,同时在北大兼职教授任课。据罗家伦就任后报告:

  家伦以奉命太迟(八九月间),那时各大学均将开课,良好教授十九均已受聘。再加以其他大学之竞争,一时要想聘到多数的良好教授,确属不易。几经困难,总算请到几位。如国文系之杨振声、钱玄同、沈兼士君(刘文典君本已应允,以安徽大学坚留未能到校),历史系之朱希祖、张星烺君,地理系之翁文灏、葛利普君,政治系之吴之椿、浦薛凤君及美国名教授克尔文君,经济学系之陈锦涛君,哲学系之冯友兰、邓以蛰君,数学系孙鎕君,物理系之吴正之、萨本栋君,化学系之谢惠君,生物系之陈桢君(暂时请假),工程系之孙瑞林君,均国内外学问能力颇为著称之教授。(罗家伦:《整理校务之经过及计划》,载《清华大学史料选编》卷二上,第11页,清华大学出版社,1991年3月第1版)

3月4日,北大学院举行教授会,聘定先生等20余名教授。之前,奉系军阀张作霖于1926年攫取北京政权后,任命国会参议员刘哲为教育部总长。1927年8月,刘哲呈请"将京师国立九校改组归并,定名为国立京师大学校"。1928年6月之后,刘哲逃离北京,北大复校运动兴起,议定校名为"国立北平大学校北大学院"。1929年2月27日,陈大齐到任院长,聘定教授,3月11日开学上课。

罗家伦在清华大学

北大学院,自院长陈大齐就职后,关于接洽教员筹备开课,甚为忙碌,其在平旧教授,已接洽妥当。允于本期即返校授课者,有王仁辅、胡濬济、胡壮猷、李麟玉、夏元瑮、朱希祖、王绍瀛、王尚济、李书华、王烈、刘复、沈兼士、刘文典、马裕藻、樊际昌、邓以蛰、温源宁、杨震文、周作人、韩述祖、温宗禹、黄右昌、秦汾等二十余人，聘书业于上星期六发出。讲师亦已请定数十人，聘书日内即可发送。又不在北平之教员，前经电请返校授课，丁绪贤、朱錩龄、潘家洵、严毅等，均有复电，允即行返平云。（《北大学院昨日下午举行教授会，教授已聘定二十余人》，载《世界日报》第6版，1929年3月5日）

3月20日，《世界日报》报道，因国民政府推行大学区制，北京师范大学改名北平大学第一师范学院，聘先生等人为国文系讲师。

第一师范学院近添聘翁文灏为教授、□山等为讲师。兹觅录取其名单如左：地理学教授翁文灏、史学系讲师□山、体育系讲师沈星吾、国文系讲师刘文典、董□、孙祥偈、图画讲师凌文渊、预科讲师刘世泽。（《第一师范学院新聘教授讲师翁文灏等》，载《世界日报》第6版，1929年3月20日）

4月10日，胡适发表《人权与约法》一文，援引先生骂蒋介石被扣之事，指责国民党政府"保障人权的命令"的虚伪。

安徽大学的一个学长，因为语言上顶撞了蒋主席，遂被拘禁了多少天。他的家人朋友只能到处奔走求情，绝不能到任何法院控告蒋主席。只能求情面不能控诉，这是人治，不是法治。（《新月》第二卷第二号，第4页，1929年4月10日）

5月20日，先生赴中央公园贺学生李秉中新婚，遇鲁迅，两人畅谈。鲁迅在日记和致许广平函中均有记录：

二十日，晴，风。上午得广平信，十六日发。午后访兼士，未遇。访尹默还草帽。赴中央公园贺李秉中结婚，赠以花绸一丈，遇刘叔雅。（《鲁迅日记》卷下，第644页）

> 昨天午前往中央〔山〕公园贺李秉中,他很高兴。在那里看见刘文典,谈了一通。新人一到,我就走了。她比李短一点,并不美,但也不丑,适中的人。下午访沈尹默,略谈了一些时,又访兼士、凤举、徐祖正、徐旭生,都没有会见。就这样的过了一天。夜九点钟,就睡着了,直至今天七点才醒。(鲁迅、景宋:《两地书·原信》电子版,中国青年出版社2005年1月第1版)

关于此次会面,先生解放后亦有回忆:

> 几天后,我就在中央公园来今雨轩遇见了他。那一天是一位四川人李秉中结婚的喜期。李秉中是我的学生,也是他的学生,我确记得新娘子穿的一身美丽的衣服,就是鲁迅送的贺礼。我那天到的特别早,不想鲁迅到的比我更早。我刚一走到芍药栏边,卷棚底下,就看见鲁迅躺在一张藤椅上。老友重逢,欢然道故,真有说不出的高兴。我拉一张椅子,坐在他的藤躺椅旁边,说了半天的话。他平日很健谈,但是很少发笑。这一次谈到广东军阀考查他的思想时那种蠢笨得很滑稽得很的情形,也撑不住发笑了。他的面貌很丰润,全不像在北京时候的枯瘦,精神很愉快,也不像从前那样的忧郁。(刘文典:《我和鲁迅最后的一面》,载《人民日报》1956年10月16日)

先生晚年在接受云南大学中文系《鲁迅逝世廿周年纪念特刊》编辑人员的访问时,曾详细回忆此次与鲁迅谈话的内容:

> 这次会面的光景,今天想起来,历历如在目前。那一天,他穿一件新的竹布大褂,我还笑说:"这是《风波》里赵七爷的装束。"他听了脸上好像很不高兴的样子,不过也没生气。那一天是一位姓李的学生结婚,新娘穿了一件非常华丽的衣服,是他送的礼物。他躺在一张藤椅上,谈的是他在广州时,国民党军警对他的"滑稽待遇",说是要考查他的思想,他说:"我这么大的年纪,思想

是极其复杂,极其古怪的,岂是你们这般年轻人所能考查得了的。"此外还说了些什么话,我一时也记不清楚了。我以为他还要在北京住几天,所以就匆匆分手了。看他那时的身体,好像比往年在北京时还好些,真想不到,这竟是最后的一面。(刘文典:《回忆鲁迅》,载《鲁迅逝世廿周年纪念特刊》,第8页)

6月2日,陈寅恪为清华园王国维先生纪念碑撰写碑文,首倡"独立之精神,自由之思想"。此主张为先生一生所推重。

**王国维纪念碑**

在王国维去世2周年之际,清华国学研究院师生集资,在清华园工字厅东南土坡下建"海宁王静安先生纪念碑"。纪念碑由梁思成设计,陈寅恪撰文,林志钧(宰平)书丹,马衡篆额。碑文曰:"士之读书治学,盖将以脱心志于俗谛之桎梏,真理因得以发扬。思想而不自由,毋宁死耳。斯古今仁圣所同殉之精义,夫岂庸鄙之敢望?先生以一死见其独立自由之意志,非所论于一人之恩怨,一姓之兴亡。呜呼!树兹石于讲舍,系哀思而不忘。表哲人之奇节,诉真宰之茫茫,来世不可知者也。先生之著述,或有时而不章。先生之学说,或有时而可商。惟此独立之精神,自由之思想,历千万祀,与天壤而同久,共三光而永光。"(齐家莹:《清华人文学科年谱》,第81页)

8月,《清华大学一览》所刊《大学本科学程一览》显示,先生承担国文、赋等数门课程的教学任务。

在《中国文学系的目的与课程的组织》中指出:"中国文学系的目的,很简单的,就是要创造我们这个时代的新文学。为欲达到此目的,所以我们课程的组织,一方面注重研究我们自己的旧文学。一方面参考外国的新文学。"基于此目的,安排的本系学程如下(附学分和任课教师):

第一年

国文6(杨树达 张煦 刘文典 朱自清) 英文6 中国通史(历史系课程)6 中国文学史6(朱希祖) 公共必修科甲组(物理学、化学、生物学、逻辑择一)8或10 公共必修科乙组(政治学、经济学、社会学、西洋通史、现代文化择一。甲乙两组于第一、二学年分习之)6 任选课

第二年

文字学4(容庚) 音韵学6(赵元任) 赋4(刘文典) 诗4(朱自清) 文(上古至秦,下学期)3(杨树达) 英文3 古书诗例(上学期)3(杨树达) 任选课

第三年

中国音韵沿革4 词(上学期)3(俞平伯) 戏曲(上学期)3(俞平伯) 小说4(俞平伯) 文(汉至隋)4(刘文典) 文(唐至现代)3(刘文典) 西洋文学概要(外国语文学系课程)8 任选

课……(齐家莹:《清华人文学科年谱》,第84页)

9月16日,《国立清华大学校刊》刊载,先生已辞去北大教职,专任清华教授。

刘文典已辞去北大教授,专任本校教授。刘先生对于汉魏六朝文学、校勘学、《淮南子》皆经十余年精刻研究,学有心得。上学期任北大教授,只能在本校担任讲师,本学期能来本校专任,事一力专,自必更有精彩。(《国立清华大学校刊》第86号,1929年9月16日)

9月19日,《世界日报》刊登清华大学文、理、法三学院教职员名单。先生名列其中,并被注为"新聘"。

国立清华大学,本学年新聘教授讲师多人,兹将该大学文理法三学院教授讲师全部名单,觅录如左:(一)文学院杨振声(院长兼国文系主任),(一)中国文学系,(教授)杨遇夫,朱自清,黄节(新聘),陈寅恪,刘文典(新聘),张煦,(讲师)赵元任,钱玄同,俞平伯,容希白……《世界日报》第6版,1929年9月19日)

## 1930年(民国十九年庚午)　　年三十九岁

5月22日,因清华大学学生代表大会提出"请罗家伦自动辞职"案,清华大学首任校长罗家伦黯然离校。

6月27日,在罗家伦辞职之后,阎锡山决定插手清华校务,任命乔万选接任清华校长。先生积极参与清华教授会活动,反对乔万选到任,为此联合发表宣言:

本校不幸因校长问题引起纠纷,同人等职在教学,对于校长个人之去来本无所容心。惟本校为最高学府,一切措施应以合法手续行之,校长自应由正式政府主持教育之机关产生,若任何机关皆可以一纸命令任用校长,则学校前途将不堪设想。

查本校自罗校长辞职后,校务由教务长、秘书长及各院长组成之校务会议维持,所有计划照常进行,学生毕业丝毫未受影响。经费则自去春起,由美使馆按月拨给中华教育文化基金委员会依法定手续转交本校正式当局。本校基金亦由该会保管,不受任何方面干涉。所愿学校行政亦能超出政潮独立进行,俾在此兵戈扰攘之中,青年尚有一安心求学之处。倘有不谅此衷别有所图者,同人等职责所在,义难坐视。谨此宣言。(《国立清华大学教授会宣言》,见《清华大学史料选编》卷二上,第91页)

9月14日,应陆侃如夫妇之邀,先生与顾颉刚、冯友兰等同餐于蓉园。

【九月十日号星期日(七月廿二)】徐文珊来。写日记六天。乘十点半车进城,到书社,马幼渔先生处,到蓉园应宴。

饭后到书社,到孟真处、旭生处,均未遇。到李济之处、亮尘处、建功处、仲严处,均遇之。乘七时半车归。

看《五德说》文。

今午同席:沈兼士　黄晦闻　刘叔雅　冯友兰　徐旭生夫妇　许守白　云南某君　陈援庵　予(以上客)　陆侃如夫妇(主)

(《顾颉刚日记》卷二,第438~439页)

9月,季羡林考入清华大学西洋文学系,先生担任其"大一国文"课程。

刘文典　中文系主任,著有《淮南鸿烈集解》,讲授"大一国文",一个学期只讲江淹的《别赋》和《恨赋》两篇文章。(季羡林:《我的老师们》,见《清华园日记》,第9页,外语教学与研究出版社2009年12月第1版)

10月20日,先生宴请胡适,谈论《西厢记》。

> 刘叔雅约吃午饭,遇见孙伯醇、邓叔存、张骥伯。叔雅说《西厢记》中"颠不剌的见了千万","颠不剌"是一种宝石之名。此说似甚当。(曹伯言:《胡适日记全编》卷五,第824页)

10月22日,清华中国文学会改选,先生负责学术事项。

> 校刊报道清华中国文学会改选新职员:总务霍世休,学术刘叔雅先生,出版朱佩弦先生,文书郝御风,庶务余冠英,会计朱宝雄。(黄延复:《二三十年代清华校园文化》,第582页,广西师范大学出版社,2000年3月第1版)

## 1931年(民国二十年辛未)　　年四十岁

2月23日,先生致函胡适,谈论《金瓶梅》及学生许骏斋的著作《吕览集解》(即《吕氏春秋集释》):

> 前天在蓉园席上,承垂询及《金瓶梅》一书,弟以座有女宾,未便多谈。以弟所知,沈德符《野获篇》【编者注:即《万历野获编》】之末尾曾详言之,不知兄已见之否?许骏斋所著《吕览集解》,考订甚精博,深盼兄为向商务介绍也。(刘文典致胡适函,见耿云志主编《胡适遗稿及秘藏书信》卷三九,第732页)

4月3日,兼任教育部部长职务的国民政府主席蒋介石颁布第550号训令,"任命吴南轩为国立清华大学校长"。吴南轩,原名冕,江苏仪征人。1919年赴美留学,1929年获教育学博士学位后回国,在国民党中央政治学校、中央党部、考试院等处任职。

4月12日,先生邀请胡适吃饭,谈论许骏斋《吕氏春秋集释》一事。胡适提出,整理古书"当以适用为贵"。据胡适日记记载:

> 刘叔雅邀吃饭,谈许维遹君所编《吕氏春秋集证》【编者注:

应为《吕氏春秋集释》】的事。我劝许君把正文及注均加标点。凡整理古书,所以为人也,当以适用为贵。我主张五项整理:一校勘,二标点,三分段,四注释,五引论:缺一皆不可。(曹伯言:《胡适日记全编》卷六,第112~113页)

4月15日,清华大学国文系"中国文学会"会刊出版创刊号(从第二卷第一期起易名为《文学月刊》,1933年停刊),先生应邀担任顾问。

附:《清华中国文学会月刊》顾问名表

朱佩弦　俞平伯　陈寅恪　徐祖正　浦江清
郭绍虞　黄晦闻　商承祚　张怡荪　冯友兰
杨遇夫　赵元任　赵万里　罗莘田　刘叔雅

(黄延复:《二三十年代清华校园文化》,第409页)

5月23日,先生再次致函恳请胡适帮忙推荐学生许骏斋的著作《吕氏集释》:

弟久想和你谈谈,苦不得闲,今天看见你的汽车在叔永先生门口,顺便写几个字儿给你,问一件事。我的学生许骏斋著的《吕览集解》,实在不错,在我的指导之下,有这样出品,诚可自豪。出版一节,务要请你帮忙。(刘文典致胡适函,见耿云志主编《胡适遗稿及秘藏书信》卷三九,第726~728页)

5月25日,先生致函胡适,推荐青年人安慕陶,希望胡适能帮其在中华文化教育基金会谋一职位:

弟的集著偿还旧债和北大许生骏斋《吕览集解》出版,固均要仰赖吾兄之吹嘘;尤急者,河南中山大学学生安慕陶,人极笃实,因家贫废学,困在此地,闻文化基金委会要用书记,伊极愿就,此事弟已函恳洪芬先生,倘吾兄能与叔永先生帮忙说一句话,更是感同身受。安慕陶君之兄文倬是弟之学生,师生情谊极

厚,故不避冒昧之嫌,专函奉恳也。(刘文典致胡适函,见耿云志主编《胡适遗稿及秘藏书信》卷三九,第730~731页)

5月28日,因新任校长吴南轩任用私人、独揽大权,清华大学教授会举行临时会议,包括先生在内的48位教授联合签署声明,要求教育部更换校长,并声称"倘此问题不能圆满解决,定于下学年与清华脱离关系"。据清华大学档案显示,当天的临时教授会情形如下:

讨论三小时余,结果通过议决案两项:

(一)"新改国立清华大学规程,于学校前途,诸多危险,同人等应呈请教育部,斟酌清华特殊情形,重行筹划。至吴南轩校长到校以来,惟务大权独揽,不图发展学术,加以蔑视教授人格,视教授如雇员,同人等忍无可忍,为学校前途计,应并请教育部另简贤能,来长清华,以副国府尊重教育之至意"案。(以三十八票对二票通过,投否决票者两位均起立声明对于议案原则完全赞成,惟对于措辞方面不尽赞同)(《国立清华大学教授会临时会议记录》,见《清华大学史料选编》卷二上,第102页)

《四十八教授态度坚决之声明》全文如下:

同人等因吴南轩蒙蔽教部,破坏清华,除一面呈请教育部另简校长,重议规程外,特此郑重声明,倘此问题不能圆满解决,定于下学年与清华脱离关系。

(签字者:——以姓氏笔画多寡为次序)

| 王化成 | 王裕光 | 王文显 | 王绳祖 | 艾 克 | 孔繁霱 |
| 石泰安 | 朱自清 | 吴有训 | 吴韫珍 | 吴之椿 | 李运华 |
| 李继侗 | 周先庚 | 周培源 | 金岳霖 | 施嘉炀 | 陈寅恪 |
| 陈锦涛 | 陈岱孙 | 孙光远 | 孙国华 | 浦薛凤 | 张奚若 |
| 张子高 | 张 煦 | 高崇熙 | 黄子卿 | 斐 鲁 | 傅尚霖 |
| 冯友兰 | 杨武之 | 杨遇夫 | 邓以蛰 | 熊庆来 | 叶崇智 |

叶　麐　郑桐荪　刘文典　刘崇鋐　蔡可选　蒋廷黻
萨本铁　萨本栋　钟春雍　钱端升　钱稻孙　萧叔玉

(全校专任教授共五十九人,五十九人中有外国教授十人,除上列签名声明者四十八人外闻尚有补签者云)(《四十八教授态度坚决之声明》,见《清华大学史料选编》卷二上,第103页)

8月22日,因朱自清休假出国,先生任清华大学中国文学系代理主任。

> (朱自清)先生准备出国游学。刘文典先生继任清华中文系主任。(郭良夫:《完美的人格:朱自清的治学和为人》,第230页,生活·读书·新知三联书店,1987年7月第1版)

9月,钱穆北上,任北京大学历史系副教授,讲授中国上古史、秦汉史,同时在清华大学、燕京大学、北平师范大学兼课,与先生始有往来。钱穆曾回忆先生当时情形:

> 刘文典叔雅,余在北平时为清华同事。住北平城中,乘清华校车赴校上课。有一年,余适与同车。其人有版本癖,在车中常手挟一书阅览,其书必属好版本。而又一手持烟卷,烟屑随吸随长,车行摇动,手中烟屑能不坠。万一坠落书上,烟烬未熄,岂不可戒。然叔雅似漫不在意。后因晚年丧子,神志消沉,不能自解放,家人遂劝以吸鸦片。其后体力稍佳,情意渐平,方力戒不再吸。(钱穆:《八十忆双亲·师友杂忆》,第249页,生活·读书·新知三联书店,2005年3月第2版)

10月8日,大藏书家傅增湘致函先生,谈转让桐城派散文创始人方苞(晚年号望溪)手札一事。

> 叔雅先生阁下:前寄自述文小册计荷垂鉴,尚乞赐以教益,他日拟修定后拟别刊入集也。时局奇变,决不敢张筵宴客,以速

谤咎。倘承挚爱赐贲佳章,并乞示知,以便送呈屏条,此外则不敢奉赐也。再前持去方灵皋札子,前途迭来相促,若决定能留,则下册当以奉上,其值二百元不能再减也。近来起居若何,计清健胜常,至以为念,暇时尚拟趋承大教。手此,即候。撰安。弟增湘拜启。十月八日。(《傅增湘书札》,见《刘文典全集补编》,第153页,黄山书社,2008年8月第1版)

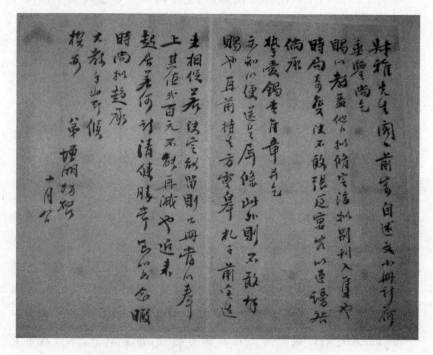

**傅增湘致刘文典信函**

12月3日,梅贻琦出任国立清华大学校长。(齐家莹:《清华人文学科年谱》,第113页)

12月11日,鲁迅以"佩韦"为笔名,在上海"左联"旬刊《十字街头》发表《知难行难》,其中谈到先生骂蒋介石一事,借以讽喻胡适:

安徽大学校长刘文典教授,因为不称"主席"而关了好多天,好容易才交保出外,老同乡、旧同事、博士当然是知道的,所以,"我称他主席!"(鲁迅:《二心集》,第126页,人民文学出版社1973年5月第1版)

## 1932年(民国二十一年壬申)　　年四十一岁

2月29日,清华大学举行总理纪念周,校长梅贻琦邀请先生作主题演讲,题为《东邻野心侵略之计划》。演讲稿后以《日本并吞各国之推进机——黑龙会》为题载于3月11日《国立清华大学校刊》。

　　2月29日,举行总理纪念周活动,梅贻琦首先致词,继而由刘文典讲演,题为"东邻野心侵略之计划"。(齐家莹:《清华人文学科年谱》,第116页)

　　2月29日上午11时,中文系刘文典教授演讲。梅贻琦校长致词,略谓:上次曾请郑振铎先生报告过上海战事的情形,又有两位新近从上海来平者,对于战地情况知道的很清楚,最近拟请来校讲演。今天特请刘叔雅先生为吾们讲演。刘先生对于日本文学很有研究。当甲午之役,刘先生之令伯从事海军,参加大战,曾击沉日舰一艘,然不幸为国捐躯。刘先生二十几年来,不断地研究日本的国情及其对外阴谋。今天他的讲题为《东邻野心侵略之计划》。(蔡乐苏:《"九一八"事变后清华师生的义举》,载《历史学家茶座》第13辑,山东人民出版社,2008年8月)

同日,章太炎赴北京游说张学良坚定抗日信念。抵达后,特意召先生进城见面,夸赞先生痛骂蒋介石之举。离京前,章太炎抱病赠联给先生:"养生未羡嵇中散,疾恶真推祢正平。"据先生回忆:

　　袁世凯死后,章先生住在苏州,我到北京大学教书,地北天南,师生十几年没有见过面;但是章先生晚年最喜欢我这个小学生,这决不是因为我能传他的学问,而是因为章先生最恨蒋介石,而我在安徽大学的时候,骂蒋一顿,被蒋关过两个星期。他在上海,逢人便说有这个好学生。"九一八"事变后,十九路军在上海和日本兵打起来,章先生冒着炮火到北京来见张学良,劝他出兵,讨伐溥仪。一到北京,就派人到清华园找我,我一听老师呼唤,赶忙进城,在西城的花园饭店,拜谒老师,章先生看见我,摸摸我的头,说:"叔雅,你真好。"随后就大骂蒋介石的不抵抗主义,真是卖国军阀。张学良去见他的时候,我在楼下龚镇鹏的房里,听见他大声疾呼,声震屋瓦,那种激昂慷慨的声音,至今还留在我

章太炎书赠刘文典的对联
(原件现存安徽大学刘文典纪念室)

耳朵里。后来他迁居东城永康胡同,正请医生治疗鼻子,还扶病下床,写一副对联,派龚镇鹏送给我,对文是"养生未羡嵇中散,疾恶真推祢正平"。上联是告诫我不要吸烟,下联是夸奖我骂蒋介石。(刘文典:《回忆章太炎先生》)

3月4日晚,先生在同和居宴请章太炎等人。宴请细节,章门弟子黄侃日记有录:

廿八日甲子(三月四号 礼拜五)晴。 晨阅报,知昨号外所传不确,大愤。检斋来,起与久谈。遂同诣师。师谓入歧路。又询予弟子孰为佳。检斋请师饭于新陆春,予及公铎陪坐。饭

罢久谈,从师还寓,从容燕语,及明儒之学,盛赞王时槐、林春(《唐顺之集》有其事状)。又询予治学、诲人之法甚详。刘文典坚邀师食于同和居,予从往,复送之还,夜深退。(黄侃:《黄侃日记》卷下,第781页,中华书局2007年第1版)

章太炎在京期间,除先生外,其他弟子及好友亦纷纷邀宴。据学者桑兵考证,

> 以宴请论,所知除最早3月1日是由吴承仕、朱希祖、马幼渔、黄侃共同做东外,以后分别由吴承仕(3月4日午)、刘文典(3月4日晚)、林损(6日)、尹炎武(7日)、熊希龄、左舜生、王造时(11日)、尹炎武(22日)、黄侃的学生汪绍楹、陆宗达、骆鸿凯、朱家齐、周复、沈仁坚、殷孟伦、谢震孚等八人(29日)做东,然后是4月6日陈垣、尹炎武、伦明、余嘉锡、杨树达等以京都名席公宴于谭祖任家,谢国桢、刘盼遂(4月13日)、徐森玉(16日)等人亦分别宴请,北大弟子邀宴,已在4月中旬以后。(桑兵:《章太炎晚年北游讲学的文化象征》,载《晚清民国的学人与学术》,第237页,中华书局2008年3月第1版)

3月5日,《清华周刊》第37卷第2期"校闻"栏目刊登消息,介绍先生2月29日在清华纪念周上的演讲:

> 【本刊特讯】二月二十九日上午十一时总理纪念周行礼如仪后,由梅校长介绍本校国文系教授刘叔雅先生讲演,略谓:日人之野心极大,自己亦昌言不讳,而其侵略中国之原动力则为一民间团体"黑龙会",此会始于三十二年前,领袖为廿一条之主计者内田养平,今尚健在。此会虽以侵略他国为职志,而其会员牺牲为国之精神则颇堪钦敬:彼尝派会员三百余人步行由东三省经蒙古入西伯利亚至中央亚细亚,测绘地图,餐风饮露,辛苦备尝,生还者仅四十余人耳。彼辈政策最喜乘各国革命时,拉拢革命

分子,阳为扶助,阴为培植日本之势力。如吾国辛亥革命时,黑龙会员寺尾弯、北辉次郎、葛生能久等,活动甚力。倒袁失败后,吾等在东京,北辉次郎告予曰:"吾有妙法,可使袁政府立倒,即设法刺杀日本驻中国公使是也;此事若实现,日政府必不干休,袁政府自必倒无疑。"当时党中少年有欲听之者,余力持不可,始未至上当。又日大正二年张勋在南京杀二日人,黑龙会员认为好机会,张立刻出兵。当时其外交次长觉时机未熟,力持异议,黑龙会一会员遂刺杀之,已则购中国大地图一张,仰卧其上,自以刀剖腹而死。今日人言"剖腹",即指此事云。及大正三年黑龙会遂以民间团体资格推翻山本内阁,翌年遂有廿一条之提出,黑龙会犹复认为软弱,对外交当局攻击甚烈。至大正七年,遂有张勋复辟,亦黑龙会会员所主谋也。大正十年,彼辈又联络满洲汉奸组织同光会,定有满洲建国大纲等,即现在满蒙伪国拟名永光、大同等之所由来也。故日人对我之处心积虑,由来已久,最初当始于女皇时代,而其目的则决非以获得整个中国为满足,土耳其、印度、阿富汗,均其目的物也。(《日本侵略中国史:刘叔雅先生在纪念周讲》,载《清华周刊》第三十七卷第二期,第92页)

4月11日,先生在清华大学纪念周以"清华大学国文系的特点"为题进行演讲。演讲词刊于5月6日《国立清华大学校刊》,未被收入《刘文典全集》和《刘文典全集补编》。演讲要点如下:

第一,每个学校总有它的特点,清华的特点就是外语程度比其他学校高,我们就要利用这个特点,来实现我们的理想。因为外国文程度高,就可以多读文学作品,看清楚世界文艺的思潮,认识中国文学在世界上的地位。把这一点认识清楚了,自然就会寻出我们当走的途径,创造出我们所需要的文学来。

第二,有些大学的国文系,偏重旧文学的研究,教学生们钻故纸,做那些浮词滥藻咬文嚼字的文章,那是不合现代潮流的,不是我们所需要的。纵然做得好,也不过是些现代的"假古董",白费精力,毫无用处,绝不能提高中国文学的国际地位。

第三,清华的国文系,经杨今甫先生一番规划,力求适应世界潮流,其目的和方法,都是完全对的。本人萧规曹随,继续杨先生的计划去做,一方面固然要研究我们古代的文学,发扬它的优点;另一方面是要建立我们所需要的文学。所以我们仿照英国伦敦大学、美国哥伦比亚、耶鲁等大学英文系的规模,拟定清华大学国文系的课程。

第四,从下学年起,本系要极力和西洋文学系、哲学系合作。人类的思想,向高深玄妙处发展就是哲学;往优美处发展就是文艺。文学既是人类思想最高最美的表现,所以每一位作家都要有他的高尚深邃的人生观、宇宙观,我们一定要真能了解人生,认识宇宙,具有丰富的理想,再继之以天才,然后才能把宇宙、人生描写得非常美妙,批评得十分深刻。

第五,各民族的文艺思想,当然都各有它的特征。然而这中间,却也没有铜墙铁壁一般的界限,所以从古至今,都是互相影响的,尤其是在现在这个世界,更是要放开眼光,作比较的研究,采取别人的长处,补自己的短处。所以本系从今以后,非要极力和西洋文学系合作不可。关于这件事,本人早已和西洋文学系里的几位先生切实商量过几次,得拟定个初步的办法。

第六,我们国文系,除研究文学外,还负了一个重大的使命,就是研究国学。现在要研究国学,也非要参用外国的新方法不可。近来东西洋的所谓"支那学"者,应用科学方法,研究中国的经史学、小学,都有极好的成绩,对于音韵上的贡献,尤为伟大。我敢断言此后要想研究中国的经史,非深通东西洋文字,参用他们的新方法不可。

第七，近十年的新文学创造，固然不能说没有相当的成绩，但是就全体上看起来，毕竟是很幼稚的，总不免失之浅薄，未能把民族的精神发扬起来。前几天郑寿麟博士送我一本德国百年纪念刊物，引起了我心里一点感慨，德国的诗人是谁，英国的诗人是谁，法国的诗人是谁，哪国的戏剧家是谁，哪国的小说家是谁，都是一问就可以答出来的。但是请问中国的诗人是谁呢？是杜甫么？不是。是李白么？也不是。他们都不能代表中华民族的真精神。就古人说是如此，就今人说也是如此，说起来好不惭愧，就是真正"中国文学家"、"中国民族精神的代表"，至今还未产生。我们只要纵观世界，立刻就感觉到本国文艺界的荒凉寂寞了。

第八，在这个青黄不接的时候，我们要努力研究旧的，才能认识民族固有精神，一面要尽量吸收新的，准备创造出一种适合潮流的新兴文学。文艺既然是民族精神的结晶体，所以文艺的盛衰，是关系民族兴亡的。现在国难临头，国家存亡之机，间不容发，我们应该加倍的努力，研究国文。这句话看起来，似乎很迂远，好像是"颂《孝经》以退黄巾贼"一般的笑话，其实是一个很切实的根本的办法。因为一个人对于固有的文化涵濡不深，必不能有很强烈的爱国心，不能发生伟大文学的国家，必不能卓然自立于世界。文艺哲学，确乎是救国的工具。德国 Fichte 以一位哲学教授战胜拿破仑；《最后一课》、《柏林之围》等类小说，以及许多赞颂祖国的诗歌，都能振发国民精神，这是大家都知道的。

第九，我们国文系的使命，实在非常重大，一面要努力研究旧文学，以求了解我们民族的真精神和他固有的优点，一面又要往新的方向创造，求这个精神发扬光大，此外还要介绍东西洋学者的新方法，来整理国故，所以本系的学程不得不特别多，本学年新添了许多门功课，中西并蓄，新旧兼收，例如"支那学"，是专为介绍东西洋学者研究中国学问的方法和成绩的;"诗学"是要把中西的诗作比较研究的;"大一国文"添了两个特班,一个是专教学生近代著名的政治经济论文,预备他们将来好做政论家,一个专教古今有名的诏、令、奏议、文移,预备他们毕业后服公务时间用的。关于旧的方面,添设史卷文、诸子文等类的功课,阐发旧文学上说理文、叙事文的优点,这都是从前所没有的。

第十,至于本系的学科组织和分配,因为时间短促,未能一一例(列)举。总而言之,本系的主旨,是在创造新的;就是研究旧的也要用新的眼光,用现代文艺批评的原理,重新估定其价值,和那些抱残守缺的办法迥然不同,希望本系的同学不要一味迷恋枯骨,醉心旧文学词藻的美丽,想开倒车,是虽想开也开不动的。也不要把旧文学一概抹杀,一味地专去追求西洋文学的皮毛,模仿其外表形式,以为是极尽创造新文学之能事。文艺作品价值之高下,要看里面所含的质量是否充实,外表形式的新旧并不十分重要,旧八股和新八股同是一文不值。

我们的使命既然如此重大,且不要作空洞的、肤浅的、专在形式上讲求的文章,要求民族精神的复活、国家的振兴,必须要发扬我们民族的真精神,应用我们这个时代的新方法,才能产生适合需要、顺应潮流的伟大文艺作品,完成这个使命。(《国立清华大学校刊》第401号,转引自黄延复《二三十年代清华校园文化》,第172~175页)

5月1日,先生在清华中国文学会会刊《文学月刊》第三卷第一号上发表《最容易读错的几个成语》。

5月7日,先生与胡适、周作人、叶公超、俞平伯等人参加马裕藻宴请。

上午往北大,收退还捐款及所得税等三七五元,至故宫买普洱茶二斤,往应幼渔之招,来者叶公超、适之、西谛、耀辰、平伯、昂若、叔雅等,下午三时返。(《周作人日记》影印本卷下,第236页)

5月7日,应马幼渔之招,前去聚会。周作人、叶公超、胡适、郑振铎、徐耀辰、许宝驹、刘文典等在座。(孙玉蓉:《俞平伯年谱》,第147页,天津人民出版社,2001年1月第1版)

5月23日,因受非议,清华大学国文系教授杨树达致函先生,提出辞职。先生立即回函称,校方允许其休假,但不许辞职。对于此事,杨树达在回忆录中有详细记录:

(五月)十一日。书与系主任刘叔雅,告以下年不愿受清华之聘。(杨树达:《积微翁回忆录》,第43页)

(五月)廿二日。文学院长冯芝生(友兰)来,言见余与叔雅书,有辞职之说,务请打消此意云云。余答言:"闻学校有人与余为难,故有彼信,免使学校为难。余学问佳否,姑可不论,即凭余之努力,学校不应因诸先生无知之言而对余不满。"芝生唯唯而去。(杨树达:《积微翁回忆录》,第43~44页)

(五月)二十三日。在清华,刘叔雅来信:学校局面已定,不许余辞职,休假不成问题。此次当教授皆续聘三年,希望假满后仍回校任教云云。(杨树达:《积微翁回忆录》,第44页)

5月,清华大学国文系增聘闻一多、俞平伯为教授。

《清华大学一览(1932—1933年度)》出版,各系概况如下:中国文学系,增聘了教授闻一多,俞平伯(原为讲师);专任讲师王力、浦江清、刘盼遂;教员许维遹;助教安文倬。赵元任、罗常培等不再担任或兼任本系讲师。课程组织与1929—1930年度基本相同,选修学程增加了"校勘实习"、"先秦汉魏六朝诗"、"鲍照诗"、"王维及其同派诗人"、"杜甫"、"唐诗校释"、"唐代诗人与政治关系之研究"、"中国文学中佛教故事之研究"等,"文选学"、"国故论

著"等课程取消。(齐家莹:《清华人文学科年谱》,第119页)

闻一多与先生往来,应始于此时。据刘平章先生回忆:

> 闻一多原来在青岛大学当中文教员,1930年11月到1932年6月之间,学校发生三次学潮,闻一多三次都主张学生不要罢课,因而遭到学生驱逐,有人甚至在学校里打出标语,"驱逐不学无术的闻一多"。1932年6月16日,闻一多写信给好友饶孟侃,倾诉自己的遭遇:"校中反对我的空气紧张起来,他们造谣言说我上北平是逃走的。现在办学校的事,提起来真叫人寒心。我现在只求在这里教书混碗饭吃,院长无论如何不干了。"事态的发展逐渐超出了他的想象,他不仅院长干不了了,就连混碗饭吃都没有去处了,只好走人。

> 到了北平之后,闻一多很想回到母校任教。在那一段时间,他成了刘文典家的常客,经常有事没事就去刘家坐坐,与刘文典聊聊学问,谈谈人生。对于他的想法,刘文典自然明白。观察了一段时日后,刘文典感觉闻一多学问还做得不错,于是就同意推荐他进清华大学中文系。

> 这件事虽然不见正史记载,但来源于刘文典夫人口述,且作一家之辞,记录在这里供研究者参考。闻一多的孙子闻黎明先生就不太同意这一说法,他说,闻一多"回清华是1930年定下,并聘以研究教授资格,首先回青岛大学,但清华保留闻的聘任。此事与刘无关。"(章玉政:《狂人刘文典:远去的国学大师及其时代》,第285页)

6月29日,先生致函安徽省立图书馆馆长陈东原,表示愿意将珍藏的望溪手稿借给安徽图书馆抄录或摄影:

> 东原先生左右:
>
> 久不见,念甚,顷拜读惠赐之《学风》,深佩足下治学之勤、立

论之高,又见有征求前代公私文件之启事,卓识胜举,尤令人可钦可敬也。弟处有望溪手稿二巨帙,中多未刊之文(约三十首),其已刊者,亦皆涂乙改削至再三,纸上丹铅灿然,其苦心推敲之迹,见之可悟作文之法。稿旧藏浙江巨室,弟去年以其有关乡邦文献者甚钜,介江安傅沅叔先生求得之,并承沅叔先生为作跋尾,洵艺苑之鸿宝也。倘贵馆有意采撷,或抄录,或摄影,皆无不可。惜江湖未靖,道弗且长,未克邮寄而。专此奉闻,顺颂

公祺不一

弟文典再拜(六月二九日)

(《极可珍贵之望溪手稿·刘叔雅先生来书》,载《学风》第二卷第七号1932年8月15日)

6月,先生与陈寅恪、吴宓等联合担任《清华学报》编委。

是时,(冯友兰)仍任《清华学报》编委。同任编委者还有浦薛凤(总编)、王文显、吴宓、吴景超、金岳霖、施嘉炀、陈达、陈寅恪、陈桢、陈岱孙、孙国华、张奚若、张准、叶企孙、叶崇智、熊庆来、赵人儁、蒋廷黻、钱端升、钱稻孙、刘文典、谢家荣。(蔡仲德:《冯友兰先生年谱初编》,第137~138年,河南人民出版社,2001年1月第2版)

傅增湘为刘文典所藏望溪手稿题跋

7月12日,安徽省立图书馆馆长陈东原回函,委托先生雇人影抄望溪手稿:

> 叔雅先生有道:
> 
> 拜读赐函,奖饰过蒙,愧甚!承允将尊壁珍藏之《望溪手稿》影印或抄存省馆,感何可言。摄影需价较昂,无力置办;能得影抄(色笔涂乙,均照原样),即已甚善。邮寄既多未便,平中又素产书手,能否请先生就近雇人影抄,计酬若干,赐知即当奉寄。事关乡邦文献,想能慨许也。拜别忽已三年,府上平寓何处,乞示以便迳函,免收发课转递劳耳。敬复顺颂
> 
> 著安
> 
> 学生陈东原敬上(七月十二日)

(《极可珍贵之望溪手稿·东原复书》,载《学风》第二卷第七号)

7月30日,清华大学夏考新生入学开始考试。应先生邀请,陈寅恪拟定国文试题,一为作文题"梦游清华园",一为对子题"孙行者",结果被认为是向"新文化"发起挑战,引发学术界"对对子"风波。据陈寅恪后来回忆:

> 三十余年前,叔雅先生任清华大学国文系主任。一日过寅恪曰,大学入学考期甚近,请代拟试题。时寅恪已定次日赴北戴河休养,遂匆匆草就普通国文试题,题为"梦游清华园记"。盖曾游清华园者,可以写实。未游清华园者,可以想象。此即赵彦卫《云麓漫钞·玖》所谓,行卷可以观史才诗笔议论之意。若应试者不被录取,则成一游园惊梦也。一笑!其对子之题为"孙行者",因苏东坡诗有"前生恐是卢行者,后学过呼韩退之"一联(见《东坡后集·柒·赠虔州术士谢〔晋臣〕君七律》)。"韩卢"为犬名(见《战国策拾齐策·叁·齐欲伐魏》条及《史记·柒玖·范雎

传》)。"行"与"退"皆步履进退之动词,"者"与"之"俱为虚字。东坡此联可称极中国对仗文学之能事。冯应榴《苏文忠诗注·肆伍》未知"韩卢"为犬名,岂偶失检耶?抑更有可言者,寅恪所以以"孙行者"为对子之题者,实欲应试者以"胡适之"对"孙行者"。盖猢狲乃猿猴,而"行者"与"适之"意义音韵皆可相对,此不过一时故作狡狯耳。又正反合之说,当时惟冯友兰君一人能通解者。盖冯君熟研西洋哲学,复新游苏联返国故也。今日冯君尚健在,而刘胡并登鬼录,思之不禁惘然!是更一游园惊梦矣。一九六五年岁次乙巳五月七十六叟陈寅恪识。(陈寅恪:《〈与刘叔雅论国文试题书〉附记》,见《陈寅恪集·金明馆丛稿二编》,第256~257页,生活·读书·新知三联书店,2001年7月第1版)

8月7日—19日,北平《世界日报》"读者论坛"陆续刊出读者来信,对陈寅恪所拟清华大学国文试题进行讨论,为期两周,多有批判指责之言。

  报纸上的读者投书,或要求提供标准答案,或批判出题者有复古心态。北平《世界日报》在两个星期内,即间歇刊出十四篇投书。这是民国以来第一桩因大学入学考题引发的媒体争论。出题者陈寅恪几番作出回应,并顺势提出一大套西方历史语言学和辩证法的大道理,不仅在于澄清出题的意义,且欲反守为攻,惟拒绝提供标准答案。对陈寅恪的"答辩",非但有读者不领情,其所提出的西学理论,以及藉此要"摧陷廓清"国文或说汉语文法照搬西方文法硬套的"格义"观念,也未获学界正面回应。此一双重挫折,在三十余年后,陈寅恪重编《金明馆丛稿》时,另写了一篇《附记》。"孙行者"的"标准答案"竟然就是"胡适之"。这应是上个世纪三十年代民国学界的一大公案。(王震邦:《孙行者/胡适之——陈寅恪的"对对子"争议》,台湾中正大学历史

研究所博士论文)

8月15日、17日,因所拟国文考题引发争议,陈寅恪分别在《世界日报》与《清华暑期周刊》上发表谈话,解释出题因由是要"测验考生国文文法及对中国文字特点之认识"。

今年国文试题,均分三部,第一为对对子,二为作文,三为标点,其对对子及作文二题,全出余(即陈寅恪)手,余完全负责,近来有人批评攻讦,余不便一一答复,拟将今年国文命题之学理,于开学后在中国文学会宣讲,今日只能择一二要点,谈其大概。

陈寅恪

本大学考试国文一科,原以测验考生国文文法及对中国文字特点之认识。中国文字,固有其种种特点,其文法绝非属于"印度及欧罗巴Indo—European系",乃属于"缅甸西藏系"。中文文法亦必因语言文字特点不同,不能应用西文文法之标准,而中文应与"缅甸西藏系"文作比较的研究,始能成立完善的文法。现在此种比较的研究,尚未成立,"对对子"即是最能表现中国文字特点,与文法最有关系之方法。且研究诗词等美的文学,对对实为基础知识。(《清华中国文学系教授陈寅恪谈出"对对子"试题理由》,载《世界日报》1932年8月15日,转引自王震邦《孙行者/胡适之——陈寅恪的"对对子"争议》)

8月15日,安徽省立图书馆馆刊《学风》刊登《极可珍贵之望溪手稿》，为先生与陈东原关于方苞手稿来往函各一封（前文已录）。此手稿后来还引出一段藏书佳话：

> 安徽省立图书馆馆报曰《学风》第二卷第七期载有：合肥刘叔雅教授文典于壬申□月购得桐城方望溪侍郎苞手稿两巨帙，集中未刊之文约三十篇，皆涂乙改削，至再至三，朱墨灿然，其苦心推敲之迹，见之可悟作文之法，洵如教授所云。余即函恳陈馆长东原代为介绍照原书影钞。旋得教授复函，慨然应允。逾数月，惠寄影钞一本。教授原为出洋留学生，宣统辛亥返国后，历任北京大学、清华大学、师范大学国文教授，安徽大学文科主任，皋比坐拥数十年，未尝服官，以文学自食其力，不特学问渊深，为恒人所难，而高风亮节尤足令人敬畏。其生平喜治秦、汉诸子，精研训诂，考证群籍，俨有乾嘉诸老之遗风。撰有《淮南鸿烈集解》□卷、《刘向说苑义证》□卷、《王充论衡集解》□卷、《三余札记》□卷、《宣南随笔》□卷，并编译英、德、日本人撰述若干种，诚多文以为富者。窃思声木与陈、刘二君本不相识，一纸函求，皆蒙允诺。徐行可恕更屡以桐城文学家撰述远道见惠，亦不相识也。三君之雅量厚谊，成人之美，不让古人。孔子曰："吾犹及史之阙文也，有马者，借人乘之。今亡已夫。"东周末造已属如此，何况世衰道微至于此极！声木何幸而得此于三君哉！（刘声木：《苌楚斋随笔》，转引自《方望溪遗集·附录》，黄山书社1990年12月第1版）

8月20日，《独立评论》刊登《荒木政策与我们的态度》，向国人介绍日本陆军大臣荒木贞夫的对华谋略。先生后来曾专门翻译荒木著作，以警醒国人。

> 谁都知道荒木是现在日本内阁政策的决定者及执行者：一方面代表日本军部参谋部的思想，一方面有少壮派军人的拥护

作后盾。所以他的文章不是单单的托之空言,是时时刻刻见诸行事的。看了这篇文章可以知道,当九一八事初起时,苏俄所说"满洲的争执不过是东亚战争的一个序幕,正文尚在后面",确是一个入骨的观察。(顽:《荒木政策与我们的态度》,载《独立评论》第15号,第5~6页)

9月5日,天津《大公报·文学副刊》刊发陈寅恪《与刘叔雅论国文试题书》一文,正式行文回应社会各界批评,侧重学理说明,并感慨其国文出题"不过藉以说明对偶确为中国语文特性之所在","徒遭流俗之讥笑":

> 昔罗马西塞罗Ciccro辩论之文,为拉丁文中之冠。西土文士自古迄今,读之者何限,最近时德人始发见其文含有对偶。拉丁非单音语言,文有对偶,不易察知。故时历千载,犹有待发之覆。今言及此者,非欲助骈骊之文,增高其地位。不过藉以说明对偶确为中国语文特性之所在,而欲研究此种特性者,不得不研究由此特性所产生之对子。此义当质证于他年中国语言文学特性之研究发展以后。今日言之,徒遭流俗之讥笑。然彼等既昧于世界学术之现状,复不识汉族语文之特性,挟其十九世纪下半世纪"格义"之学,以相非难,正可譬诸白发盈颠之上阳宫女,自矜其天宝末年之时世装束,而不知天地间别有元和新样者在。亦只得任彼等是其所是,而非其所非。吾辈固不必,且无从与之校量也。(陈寅恪:《与刘叔雅论国文试题书》,见《陈寅恪集·金明馆丛稿二编》,第255~256页)

9月20日,因朱自清休假回国复职,先生卸任清华大学中国文学系代理系主任。(齐家莹:《清华人文学科年谱》,第122页)

9月25日、10月2日,先生在《独立评论》第19、20号上连载发表《日本侵略中国的发动机》,署名"刘叔雅",提醒国人日本"举国一致,定要吞并中国和亚细亚洲,以尽大和民族的天职,实现'王道正直'的大理想"。而在日本不断传播这种思想并形成一定影响的"真正发动机",竟是一位女子——高场乱。先生写道:

> 日本侵略中国的真正发动机,并不在东京,也不在横滨、神户、大阪。而在博多湾上福冈城头一座小小的房子里。主动的人物既不是去年九月十八日以来大家哭着咒骂的本庄繁、土肥原贤二,也不是南次郎、荒木贞夫,连那组织在乡军人会、著《国民总动员》、做上奏文、名震天下的田中义一也都不相干。说起来也奇怪,这一位"有席卷天下、包举宇内、囊括四海之意,并吞八荒之心"的英雄却是个美貌的女子。这位女英雄姓高场,单名一个"乱"字,道号"向阳先生"。他【编者注:原文如此,以下同】家是世代书香,他聘请英国人教授英文和法律之外,自己又把中国的《尚书》、《论语》、《孝经》、《孟子》、《礼记》、《左传》、《史记》、前后《汉书》、《三国志》等类都读得烂熟,群经诸子以及历朝史籍无不融会贯通。远在日本维新以前,他就高瞻远瞩,看清了东洋的大势,认为南而台湾、琉球,北而高句丽、新罗、百齐都原是日本的藩属,非要光复旧物不可。并且看透了中国政治的腐败、社会的昏乱、国民太无知识只知道自私自利,断定我们这个国家民族决无发奋(愤)图强的希望。而他们的经典上又明白昭示,说中国和亚洲,甚而至于全世界都是上天注定了该要归他们管的。他们自觉负有吞并东亚的使命,至少也要吞并朝鲜和中国,才对得起天地鬼神。(刘文典:《日本侵略中国的发动机》,载《独立评论》第19号,第17页)

11月5日,先生致函安徽省立图书馆馆长陈东原,再谈影钞方苞手稿之事。此影钞本后寄赠安徽省立图书馆。

> 东原吾兄馆长左右:敬启者,望溪手稿,弟已就近倩高手影

钞。行款一依元式；朱蓝墨笔，改窜涂乙处，亦如其旧，因此颇费时间工力不少。然为求其逼肖真迹，不敢稍有草率也。每页系用特制之油纸，蒙于元稿上，双勾影写。虽不敢自诩为"下真迹一等"，然亦几可乱真矣。至元稿上字迹漫漶，虫蛀无从辨识之处，只得照样描写，未敢逞臆改动，以存其真。此事等于影摹碑帖，重在不失原样，与抄录文稿不同，想吾兄亦必以弟之办法为然也。余不白。顺颂著祺不一。弟刘文典再拜。十一月五日。

  再启者：承惠寄尊处出版之《学风》，拜读吾兄与诸位先生大作，不胜钦佩之至。吾兄论述唐宋科举制度之文，搜罗广博，论断精确，尤为罕见之杰作。倘能辑为专著，其供（贡）献史学界者将不可量也。典再拜。(《刘叔雅先生来书》，载《学风》第二卷第十期，第7~8页，1932年12月15日)

11月13日，先生在《独立评论》第26号上发表《日本侵略政策的历史背景》，署名"刘叔雅"，"举出日本(明治)维新以前，德川氏锁国时代几位维新先进的著作为证"，印证日本侵略中国的野心由来已久。先生写道：

  一般人总以为日本是明治维新之后，国家的财力兵力膨胀起来，工商业勃兴，制造品急于要有销场，加之国内的卫生医疗进步，人口激增，更要力求移民，以谋解决他们那每年增加几百万无处容纳的人口问题。美洲和其他白色人种的世界又处处不表欢迎，所以才不得已向满洲求出路的。但是据我看起来，这些事固然也有相当的关系，未可一概抹煞，但是日本之处心积虑要侵占朝鲜、东三省，甚而至于要吞并中国全部，其远久的动机决非是要维持什么既得权和消纳人口。世人都以为日本是维新以后才要侵略朝鲜、满洲、蒙古，我以为他们是因为要侵略朝鲜、满洲、蒙古，所以才尊王倒幕，变法维新。这中间的因果关系，我和

一般人的见解是恰恰相反的。(刘文典:《日本侵略政策的历史背景》,载《独立评论》第 26 号,第 20 页)

在列举日本企图"吞并中国"的大量文字记录之后,先生写道:

  总而言之,日本这个民族,处心积虑要吞并中国,南自菲律宾群岛,北自黑龙江和俄属极东勘(堪)察加,在八九十年前早已视若囊中之物,志在必得,日本历年的内乱和对外战争其主因都全在这一点,什么满蒙政策咧,大陆政策咧,拥护既得权咧,都不过是一时诌出来的口号罢了。当局诸公既昧于日本的国情,又不能力图振作,把国家误到这步田地,是不足责的,今日号称知识分子的一班学者,如果不能看清楚这中间的因果关系,专在什么协定、什么条约上作精密的研究,也还是枝枝叶叶,无关大旨,决研究不出一点所以然来,和那些专讲究虚文的外交官之背诵非战公约、九国协定是一样的劳而无功。历史这件东西,不仅是叙述以往的陈迹,还可以用他判断现在的情形,推定将来的结果,所以我才说了这一大堆的废话。许多料想日本决不敢与全世界为敌的先生们,万一因我这番哓舌,肯去翻翻那些明治维新前的陈编旧籍,那就是大幸了。(刘文典:《日本侵略政策的历史背景》,《独立评论》第 26 号,第 23 页)

12 月 15 日,藏书大家傅增湘为先生所藏方苞手稿题跋,刊于安徽省立图书馆馆刊《学风》上,并附编者按:

  【刘叔雅先生去岁得望溪手稿二巨帙,中多未刊之文,愿意本馆借钞一节。前曾在本刊二卷七期披露。现该稿业已钞竣寄到。兹将傅沅叔先生跋尾一篇,誊录发表,庶可见该稿价值于一斑矣。】

  右方望溪先生文稿三十八篇,咸为先生手迹。庚午二月,余见于杭州。陈立炎许言与张古余钞校诸书,同获之越中旧家。

先生书翰,余昔年在陆慎斋中,见尺牍二册,笔致古朴,政复相类,无可致疑也。此册属稿之后,更加改定,朱墨灿然,错出行间,殊足玩味。昔人得老杜墨迹"桃花细逐杨花落",淡墨改三字;又有得坡公原稿"三尺长胫阁瘦躯",阁字凡数易始定,因悟作诗用字之法。况先生为古文大家,后学所宗仰,观其涂乙窜易,日锻月炼,致思之密如此,则于文事思过半矣。册中诸文,其与学圃,与贺生,答顾霞沧三笺;及记荐甥女,书东鄂氏事略,题梦归图,祭尹少宰文凡八首,见诸文集。余则咸为本集所佚。考苏淳元辑遗文为集外文,得文一百六十六首,赋诗十六首;戴钧衡又续辑补注,得文二十首;亦可云穷搜博访,不遗余力矣。然所谓韩理堂所编逸集,任心斋所藏佚稿,迄不可得见。今余无意幸获观此册,其佚文至三十首之多。倘得好事者更访韩任二家之藏,汇取而锓诸木,以继苏戴二君之志,其为功于皖桐,顾不韪欤。呜呼!海上风烟,楚人一炬。涵芬秘笈,尽化劫灰,而吾辈虮虱之臣,犹抱此虫鱼之屑,捃残钩逸,奋心剽志以蕲文字一线之留贻,亦徒见其既愚且妄,不知自量也,悲夫!壬申正月十有八日江安后学傅增湘识。(傅增湘:《望溪手稿题跋》,载《学风》第二卷第十期,第7页)

12月16日,陈寅恪《与刘叔雅论国文试题书》一文刊于《青鹤》第一卷第三期,前有"编者识":

> 义宁陈寅恪先生,为散原老人第五子,学问渊博,久任清华大学教授,尝以对联为国文试题,一时群起诘难,先生未辨也。顷友人抄得其致刘叔雅书,复录以视余。刘为是校国学系主任,曾属(嘱)先生拟试题者。此书于命题之旨,颇多发挥,殊有兴趣也。

## 1933年(民国二十二年癸酉)　　年四十二岁

1月3日,日军攻陷山海关,先生在清华大学"大一国文"课堂上开讲明末清初文学家归庄《万古愁曲》,感叹国运飘零。据毕业于清华外文系的厦门大学教授郑朝宗回忆:

> 一九三三年一月三日,日本军队从东北三省进占山海关,继而攻陷承德,占领热河全省,接着又强夺长城三口(古北口、喜峰口、冷口),整个平津地区失去了屏障,随时都有沦陷的可能。在这情况下,学校照常上课,但人心浮动,课堂有时变成时事讲坛,教"逻辑"的张申府教授撇开他所心爱的数理逻辑不谈,而专与学生议论时局,教"大一国文"的刘文典教授也撇开了原定的子史文章不讲,而特选了一篇归庄的《万古愁曲》足足讲了一个月,把明朝遗老的满腔亡国哀愁有声有色地传播给我们。自然也有些教授坚持上课不讲"闲话"的原则,照常教书。(郑朝宗:《旧书读似客中归》,载《读书》1988年3月第5期,第42页)

3月3日,北大教授傅斯年在《独立评论》上发表《"中日亲善"？？!!》一文,肯定先生《日本侵略中国之发动机》一文"是一篇值得国人永久注意的好文章"。傅斯年写道:

> 广田非币原之比,论其背景煞是可疑。币原之背景为财阀与立宪政治,其政治思想又较近英美式,故西向兼并如东北事变之行为,在彼以为非事其国家之正道,乃有与中国和善之诚心。当时之外交部长王正廷君昏然无知,致使机会错过。至于广田,本属于玄洋社一派,玄洋社之行动,及其对中国之存心,是留心日本事情的人所知道的(参考刘叔雅先生之《日本侵略中国之发动机》,载《独立评论》第十九号、第二十两号,这是一篇值得国人永久注意的好文章)。中国若干革命志士被这一派人愚弄得不

在少数了,即如头山满翁,他诚然帮助中国的革命党,然而最终目的总是为日本建业,为明治求归服者。此中故事我也听了不少,此地来不及说,总之,上当不是一次,不便再上大当了。(孟真:《"中日亲善"??!!》,载《独立评论》第140号,第4页)

3月4日,日军先头部队仅以128名骑兵兵不血刃占领热河省会承德。热河沦陷,举国震惊。对于国人蔓延的消极悲观情绪,先生力主对日一战:

> 热河失守之后,卢沟桥炮响以前,我在北平清华园里,和某君有一场热烈的辩论。此公是悲观的、消极的,认为中国是样样都不行的。他说中国绝对不可以和日本打仗,如果不度德、不量力的打起来,简直是自取灭亡。我呢,自幼读过一点宋明先贤的书,相信文天祥、陆秀夫、史可法、张煌言诸公的精神永不会消灭,岳飞、曲端、李定国、郑成功现在仍然活着。从前读匈牙利史学家埃密尔·莱布氏的书,有这样的几句话:"自古无以战亡国者。能战者纵一时败亡,终有复兴之日,惟不敢一战之国家民族必然灭亡,且永无恢复之期耳。"这几句话我受了极大极深的感动,细看古今中外各国兴亡成败的史迹,确乎是如他所讲的这样,几乎没有一个例外。所以我坚决的说,纵然是战事毫无把握,必定亡国,为后世子孙光复旧物计,也不能不拼命一战。(刘文典:《中国的精神文明》,载《云南日报》1942年10月4日第2版)

3月17日,先生作为考试委员,出席清华大学研究院文科研究所中国文学部毕业生萧涤非的毕业考试。据清华大学档案记载:

> 考试日期:二十二年三月十七日下午二至五时
> 考试委员:朱佩弦、陈寅恪、杨遇夫、刘叔雅、俞平伯
> 　　　　　闻一多、吴雨僧、叶石荪、叶公超、黄晦闻

应考学科:一、中古史(音乐、政治、民俗、文化);

二、中古文学史;

三、《诗经》、《楚辞》;

四、文字学;

五、目录学。

评定成绩:中,1.0

(《清华大学史料选编》卷二下,第648页)

**据朱自清日记记录:**

【十七日 星期五 晴】下午研究院考试,委员均到,萧答案至令人失望,结局殊纠纷,久之始定为中等。众意一、萧知识大抵转贩而来,二、其答案多模棱闪避之辞,记诵亦太劣,三、无想象力,不能持论。一多谓对此间中国文学系学生治学方法极不满,杨遇夫亦以为然。余甚愧恧,因余见亦尔也。(《朱自清全集》卷九,第207页,江苏教育出版社,1997年9月第1版)

3月,章太炎撰《新出三体石经考》题记,是书系《章氏丛书续编》之六。初印为白纸本,由钱玄同手书上版,先生参与初校。其余初校者为马裕藻、朱希祖、周作人、许寿裳、沈兼士,复校者为吴承仕,均为章太炎门人。近代名人以手书上版刻书者较少,此书为其一。

4月10日,先生在《大公报·文学副刊》发表《荒木贞夫告全日本国民书》一文,向读者介绍同名书籍,并表达将尽快翻译的愿望:

最近日本大道书院,把荒木年来的论文和讲演词,编成十二篇,统名之曰《告全日本国民书》,定价一圆,这是近来日本最流行的所谓"圆本"是也。这部书是今年二月十一日出版的,过了三天就翻印到第十版之多,我从朋友处借到的一本是二月二十七日发行的第二十八版。日本这种"圆本",每一版总在五万部上下,其销行之广而且快,真可以说是"东京纸贵",而日本国民是怎样的崇拜他之为人,遵从他的主张,也就可以想见了。

　　这部书连附录的《国民更生之根本义》,一共不过是二百四十九面薄薄的一个小册子,全部都是极其简明浅显的语体文,字大行疏,清朗悦目,拿到手中一看,仿佛是我二十几年前在日本读的小学教科书一般。我想他所以用这样的文体,这样的行款格式,也正是为要使全体国民,自大学者以至小学生,人人都能读的缘故。其所以印成"圆本",也是为要使人人都买得起(按照日本的物价说,这种"圆本"要算是最贱的书了)。这都还是就其外表而言,说起他的内容来,句句都令我们被屠宰被践踏的中国人不寒而栗,连那一班睡里梦里的欧美政治家、言论家,如果都能懂得日本文,看看这部书,包管也要吓一大跳,因为他公然说日本负有指导全世界的责任。"指导"这两个字的意义作何解说,我在《独立评论》"日本侵略中国的一个发动机"里已经说过的了。这部书篇幅无多,文字浅显,我打算在一两个月内把他译成汉文,因为希望稍通日本文的人早一天购读,不通日本文的人早一天略知梗概,所以把他的内容,尤其是荒木对于国际联盟的态度,独吞东亚的雄心,和他对于赤字问题(就是预算不敷财政恐慌的问题)的见解,先择要说个大概。还有一点要请读者注意:就是荒木决不是荒唐,他是一位沉潜弘毅修养功深的军事家,识见卓越规模宏远的政治家,他所说的话,句句都从学问经验中来,绝对不是轻躁浮夸的大□豪语,并且大多数的日本民众,又都是奉他的话为金科玉律,在他指导之下拼命向我们进攻,而且要和欧美各大强国算□的啊!(刘文典:《荒木贞夫告全日本国民书》,载《大公报·文学副刊》第275期)

4月24日,先生在《大公报·文学副刊》发表《宇内混同秘策》,向国人介绍19世纪日本学者佐藤信渊的同名著作《宇内混同秘策》。此书系日本历史上第一本系统提出侵华方略的学术著作。先生写道:

日本的文政六年,就是清道光三年(西历一八二三年),日本最有势力的一位大学者佐藤信渊,刊行了一部《宇内混同秘策》。我对于此书的内容不甚清楚,只知道他是先说要采取世界万国的长处,把世界各国的长处学会了之后,就首先征伐中国。据他说,少则五载,多则七年,就可以征服我们全国,他的理由是"皇国天然据有统一世界的形声之故也"。他要夷全世界为日本的郡县,使万国的君长都为他的臣仆。他的计划是先要把国都迁到世界上第一个形胜之地,把原有的京城作为陪都,置节度使于天下各处,统理各处的军事政治。然后开发南洋诸岛,作为日本的郡县。南洋既入其掌握之中,就由满洲进兵攻取朝鲜和中国全部。他对于入统中原之后,所要颁布施行的学制、军制和财政计划,都有详细的打算,明白的规定。(刘文典:《宇内混同秘策》,载《大公报·文学副刊》第277期)

5月2日,冯友兰与朱自清谈论安文倬一事。

【二日 星期二 晴,风】早与芝生谈预算事,芝生谓王了一治学甚杂,又谈安文倬书,谓刘公之毁安,或有误会在内。(《朱自清全集》卷九,第215页)

5月7日,朱自清拜访先生,再谈安文倬一事。

访刘叔雅,询安文倬事;渠意确不甚称职,但极主留之。(《朱自清全集》第九卷,第217页)

5月30日,先生撰写《日军陆军大臣荒木告全日本国民书》译者自序,警醒国人。此书后由胡适题签,天津大公报馆出版。先生在自序中写道:

军阀的意思就是日本的国策,而荒木贞夫的意思就是军阀和暴力团体的总意思。我们要知道日本统治者的意见、政策和

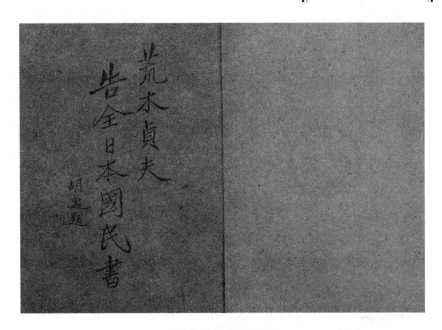

**胡适为刘文典译著题签**

野心,都非要知道荒木贞夫的主张不可。自从沈阳的事变发生以来,当局和民众把日本误认为一个欧美式的现代国家,以致应对无方,把国事败坏到今天这样,推原祸始,全是由于对日本的认识错误。然而,从今天起痛自悔悟,也还不算过迟,所以我以一个学问知识思想都落伍的人,凛于"侨将压焉"之惧,把那些支离破碎的线装书暂且束之高阁,来翻译荒木贞夫的这部书。无论大家怎样的不了解日本,不肯了解日本,我总要尽我的些微努力。(刘文典:《日本陆军大臣荒木告全日本国民书·译者自序》,天津大公报馆)

6月3日,朱自清拜访先生,谈阅卷事。

又访刘叔雅,商阅卷事及论文事。(《朱自清全集》卷九,第229页)

6月13日,先生担任萧涤非论文考试委员。据清华大学档案记载：

> 论文考试：
> 考试时间：二十二年六月十三日
> 考试委员：黄晦闻、朱佩弦、陈寅恪、杨遇夫、刘叔雅
> 　　　　　俞平伯、闻一多、吴雨僧、钱稻孙
> 论文题目：乐府之变迁史
> 评定成绩：超，1.20
>
> (《清华大学史料选编》卷二下，第648页)

7月，《学衡》第79期刊载陈寅恪《与刘文典教授论国文试题书》一文。(齐家莹：《清华人文学科年谱》，第133页)

8月26日，《北平晨报》刊发《北大昨已开学，各系主任教授均已聘定》一文显示，先生受聘为国文系讲师。据陈平原考证，从1931年起，北大实行教授专任制，教授在他校兼课不得超过四小时，兼课较多者只能改为讲师。(陈平原：《老北大的故事》，第246页，江苏文艺出版社，1998年3月第1版)

9月初，张岱年受聘为清华大学哲学系助教，讲授"哲学概论"一课，与先生始有来往。据张岱年回忆：

> 回忆三十年代我在清华大学任教时，曾在当时"三院"的教员休息室中遇到刘叔雅(文典)先生，当时已知叔雅先生是著名学者，甚为敬佩。当时刘叔雅先生最著名的著作是《淮南鸿烈集解》。《淮南鸿烈》一书，高诱注夙称精审，但未免过简，而且流传已久的版本又多错讹。叔雅先生总汇了清代以来关于《淮南》的校释，更加订补，撰成《淮南鸿烈集解》，裨益学者良多，受到学术界的欢迎。
>
> 抗战胜利之后，又见到刘叔雅先生的《庄子补正》、《说苑斠补》，皆简明精确，有裨于读者，这都是我案头常备之书。(张岱年

致诸伟奇函,见《刘文典全集》卷四,第998页)

9月17日,清华大学研究院教授黄晦闻告知朱自清,先生曾去广州,朱对此深表不满。

> 【十七日 星期日 阴】上午读《陶集》,下午入城访晦闻先生,告我刘叔雅曾去广东,得一顾问,此公神通颇大也。与黄先生借《陶诗析义》及《陶诗本义》。(《朱自清全集》卷九,第248页)

先生赴广州一事,疑与"南天王"陈济棠之邀有关。陈济棠,粤系军阀代表,中国国民党一级上将,一生两度举旗反蒋,曾有意邀先生共襄反蒋大业。据先生亲戚何晋回忆:

> 粤系反蒋派陈济棠知刘文典反蒋有名,学识渊博,不惜以万金相聘,请先生出山。刘叹曰:"日本侵华,山河破碎,困难深重,怎置大敌当前而不顾,搞军阀混战。"遂退汇款,不受聘。(何晋:《忆刘文典》,见《刘文典全集》卷四,第959页)

9月18日,《大公报·文学副刊》推荐先生译著《日本陆军大臣荒木贞夫告全日本国民书》。同一版面,刊有先生《新本事诗》一文,解读丸山作乐、西乡隆盛等四位日人的诗作,前有引言:

> 现在的大多数青年学生,平日虽然也会贴标语,喊口号,放着正经书不读,去开"特别临时紧急大会",甚而至于入京请愿,拜见当局,要求对日如何如何,但是遇见了傻子,问日本之欲吞并中国,起于何时,肇端于何事,我敢断言除了极少数的人还依稀仿佛记得个什么"甲午"两字之外,余下的百分之九十九都是瞠目张口,回答不出来。这可以说是中等教育破产,尤其是教"近百年史"的先生太糟,然而青年们不肯用功,在试验室、图书馆、战壕里、飞机上努力,只会以弄些无聊的把戏来恐吓乡愚,麻醉自己,也真令人痛心。

要细细的追溯根源,日本之想入统中原,本是由于南宋理学家张南轩和朱晦庵那一班人唱道于前,明末忠臣朱舜水□日本乞师,受水户藩主的优待,教出贝原益轩等朱子学派的人来,才会有水户学派的人士今天这样的拼命于后,这中间的关系十分微妙,我正在研究,想做一个有系统的叙述,现在暂且按下不表,只把明治维新以后,中国前清同治光绪时代的日本志士诗文抄录下来,作为片段的介绍,聊资大家谈助罢。二十二年六月一日刘文典识。(刘文典:《新本事诗》,载《大公报·文学副刊》第298期)

9月21日,先生出席清华大学国文系"国学要籍"及"大一国文"教学办公会。

中国文学系召开"国学要籍"及"大一国文"教学办公会议。出席者有刘文典、杨树达、闻一多、许维遹、朱自清等。议决事项:一、"国学要籍"的教学由教师讲解,或由教师指定范围,令学生阅读,每月考试一次。二、"大一国文"教学规定选文讲授办法,每学期作文6次,每学期举行小考1—2次。规定了本学期新的成绩计算法及保留《词诠》、《字辨》二书供学生参考。(齐家莹:《清华人文学科年谱》,第136页)

9月27日,朱自清向清华大学文学院院长蒋廷黻反映先生"不负责任",但蒋允先回应"教授地位不易动"。据朱自清日记记载:

【二十七日 星期三 晴】下午晤蒋廷黻,商黄晦闻诗律一科人数不足事,觉全无办法。蒋允先向梅言之。因谈系中功课太多。又谈明年可否去杨,余谓杨这一年做得尚佳,蒋答他认真是认真的,但训练太差,余为栗然。又谈罗雨亭,余谓明年可去之。又谈起斐云,渠云甚好。又谈语言学一类学程,是否必要,当告以现分文学、语言两方面。余谈刘叔雅不负责任,渠笑曰"余亦知之,但你也知道很困难"。总之,教授地位不易动。因谈刘盼

遂可去否？余谓再通盘计划再谈。(《朱自清全集》卷九,第252～253页)

10月15日,安徽省立图书馆馆刊《学风》刊发吴景贤《读刘译〈荒木贞夫告全日本国民书〉》一文,肯定先生译著:

刘叔雅先生(文典),最近译了一本《日本陆军大臣荒木贞夫告全日本国民书》。在刘先生的学术研究中,虽然不是主要的贡献,但对于我国的目前社会,富有唤醒群众的伟大力量。——像给予了国人一面镜子,使大家深切的看出自己的弱点,能够奋发振作的去自救。

说来真是可怜,当敌人的炮火刀光,刺激到我们的耳目的时候,我们才有片刻的惊惧;一等到那强烈的刺激暂时的停息——虽然是暂时的停息,大家又像把过去的一切危险都放到九霄云外,依然恢复醉生梦死的故态,诚如荒木所说的"人造的机器人"一般,对于站在身旁日夜不息的打算怎样宰割我们的行动,丝毫也没有感动,这是怎样的麻木的一种现象呢?! 不怪有人说:"中国不亡,是无天理。"证诸实际,的确使人有这样的感觉。

相反的,我们看看日本人的态度。他们对着我们,对着东亚,对着世界,都是一贯的取着他们自己所谓"发扬皇道",而实际上便是蛮干的野心。姑不问这种野心,对于世界人类的影响如何,但首当其冲的我国,若无正当的自救方法,第一次受其祸殃的,当然临不到别人。(吴景贤:《读刘译〈荒木贞夫告全日本国

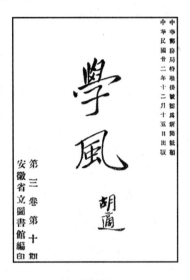

《学风》

民书〉》,载《学风》第三卷第十期,第77页)

12月,先生友人胡超时向北平图书馆转赠其译著《日本陆军大臣荒木告全日本国民书》,并书有题记:"这书是刘文典先生送给我的。日本军阀思想的顽固、言论的荒谬,可见一斑。故转赠国立北平图书馆,送给大家看看。"(根据国家图书馆藏书原件照片整理)

## 1934年(民国二十三年甲戌)　　年四十三岁

2月,《安徽大学旅京同学会会刊》出版创刊号,于右任为其题写刊名。会刊正文前有先生为会刊题词:

> 君子曰:学不可以已。青,取之于蓝而青于蓝;冰,水为之而寒于水。故木受绳则直,金就砺则利,君子博学而日参省乎己,则知明而行无过矣。书赠安大旅京诸同学。文典。

正文部分刊有先生《日本侵略政策的历史背景》一文。

3月7日,先生出席清华大学国文系本年度第三次教授会,并转告朱自清:刘盼遂教授坚持辞职,将转往河南大学。

> 【七日　星期三　晴】下午开会,甚顺手。刘叔雅转告刘盼遂仍不愿在此。(《朱自清全集》卷九,第285页)

3月28日,胡适赴友人宴,遇杨昭隽,谈论先生《淮南鸿烈集解》一书。据胡适日记记载:

> 唐桂梁(蟒)邀吃饭,有张远伯、危道丰、陈博生诸人,都能喝酒,我也喝了不少,颇有醉意。又同到美仙园喝了不少啤酒。同席有湖南杨昭隽,字潜庵,近校注《淮南子》,席上与我谈,他颇不满意于刘叔雅的《集解》。(曹伯言:《胡适日记全编》卷六,第358页)

4月18日,钱玄同致函《刘申叔遗书》校对郑友渔,就先生因担心后人讥笑刘师培先革命后变节而不赞成收录《攘书》一事发表看法,

认为应尊重历史,"仍以刊行为宜"。钱玄同写道:

> 申叔先生遗像,承赐一纸,尤感。此像当是戊申年所摄(申叔是年廿五岁),睹此遗影,怀我亡友,倍增惨怆。关于《攘书》应否印行事,谨述鄙意如左,如遇叔雅兄,乞转告之为荷。
>
> 弟以为《攘书》仍以刊行为宜。最大之理由,即此书内容甚精,对于古代学术及历史发明甚多,是一部极有价值的著作。叔雅兄主张不刊,弟窃谓太顾虑也。申叔先生早年以文字学术鼓吹革命,此事不当讳,且亦不能讳。章太炎师之文录中,即有不少关于申叔之材料,而邹鲁所编《中国国民党党史稿》中,关于申叔对于革命之鼓吹及活动,记载甚详。其他彼时之友人等文中提及者亦不少。若申叔彼时只有实际活动而无文字宣传,则亦无可如何耳。有文字著作而讳不刊行,窃谓此大不可也。且《攘书》之名,虽取义于"攘夷",然全书中明示排满者不及十分之一,其他则专言学术者其半,发挥"攘夷"之义者居半。而发挥"攘夷"之义者,亦非如今之标语宣传之浅薄文字,类皆原本学术,根柢遥深,皆粹然学者之言也。夫泛言"攘夷",此在任何时代,皆不失其价值。即以今日而论,抗日非"攘夷"乎,打倒帝国主义非"攘夷"乎。四万年后,或者有打破国界至大同世界,至彼时则"攘夷"之义始失其价值耳。国界存在之日,无不忠己国而排他国者,即彼号世界主义之苏俄,又何独不然。孙总理于革命后,反扩大民族主义之范围,即此意也。故申叔先生之《攘书》,在学术上是一部甚有价值之作品,不可不表彰者也。申叔此类议论,岂独《攘书》有之,即《国粹学报》前两三年之作品,亦处处涉及此义。"攘夷"之义本不当讳言,且欲讳言而但不刊《攘书》,则所讳者十之一,而不讳者十之九,殊无意义也。弟亦知叔雅之用心,彼实因申叔晚节之有亏,恐人见其早年之鼓吹革命而讥其后之变节耳。实则申叔早年之革命,于理固不当讳,而于事实亦无法讳,因他

处提及者甚多也(如上文云)。至于变节一层,与申叔相识者,殆无不知之,而对于此事之评判,约有三派之不同。甲派谓彼实为群小及艳妻所累,以致陷入坎窞,不能自拔,然非其罪也。此始终谅解者也。乙派则当时闻其变节而颇致诋毁,逮革命既成,往事已成陈迹,而敬其学问之博深,谅其环境之恶劣,更念及旧之交谊,释怨复交,仍如曩昔。此始恶之而终谅之者也。丙派则始终敌视,至今仍不屑齿及申叔者也。弟以为对于此三派,皆不必讳也(弟自己当归乙派)。至于与申叔不相识者,则或不知其事,或得诸传闻,但不将某函刊布,彼等又乌能知其真相耶?最敏睿者,亦不过见到申叔后来之"不革命"耳。(申叔自己酉后,发表之文章,但不言革命耳,始终未谀颂清廷也。)夫始革命而后不革命者,其人亦多矣。一人因思想感情、环境等等之异,而前后主张及宗旨变易者,亦多矣。即如梁任公先生,始而保皇,继而立宪,与革命党大打笔墨官司,而民国以来乃拥护共和。然彼刊布全集,前后之文一一列入,未尝自讳。人之读其全集者,亦但敬其学问之深博与夫文笔之雄健耳,讥其前后宗旨有异者甚少也。(国民党中有一部分人始终不满意于梁任公,此则另有其交恶之历史耳。)且如梁任公之保皇,刘申叔之变节,此在二十年前(民国初元),因时代较近,故诋毁者甚众。今则又阅二十年矣,彼二人昔日之所为,早已成为历史上之陈迹,今则知之者已甚少,即真知之亦甚隔膜,即不隔膜而怨恨之念亦不复萌生,但见其学问之渊深而敬之矣。盖行事之善恶,时过境迁,即归消灭,而学问则亘古常新也。故申叔之行为,今日已成旧迹,人即知之,亦于彼无甚损益,而其学术文章,则极应表彰,嘉惠后学也。窃谓吾侪此时刊行申叔遗书,首在表彰其学术,次则为革命史上一段史料。循此二义,《攘书》均以刊行为宜。叔雅与申叔固为师弟,而弟与申叔亦谊兼师友,以年而论则为友(彼长于我三岁),以学为论,则实堪为我之师也。弟昔年亦列名同盟会中,而平日喜治古籍,故对于申叔爱之敬之,且悯其遭家不造,又无子息,下世十余年今始得南佩兰先生之仗义,为之出赀刊行遗书,弟幸获在顾问之列,以为凡申叔有价值之文章,必当乘此机缘,为之刊布,故不愿独缺此《攘书》一种也。至于某函,本非公开之件,且为人刊行遗书,亦万无发表此等文件之理。黎劭西彼日偶然提及,本是随口闲谈,彼绝无刊行此函之意,弟更不作刊行之想,愿先生便时告叔雅,可无庸顾虑也。(钱玄同致郑友渔函,见《钱玄同文集》卷六,第191～194页,中国人民大学出版社,2000年8月第1版)

4月,陈寅恪在《清华学报》第九卷第二期刊载《四声三问》一文,再谈"对对子"问题。对于此文,吴宓曾有评价:

始宓于民国八年,在美国哈佛大学得识陈寅恪。当时即惊其博学,而服其卓识。驰书国内诸友,谓合中西新旧各种学问而统论之,吾必以寅恪为全中国最博学之人。今时阅十五六载,行历三洲,广交当世之士,吾仍坚持此言。且喜众人之同于吾言。寅恪虽系吾友而实吾师。即于诗一道,历年所以启迪予者良多。不能悉记。其《与刘文典教授论国文试题书》及近作《三声四问》一文,似为治中国文学者不可不读者也。(吴宓:《空轩诗话》,转引自蒋天枢《陈寅恪先生编年事辑》,第83～84页,上海古籍出版社,1997年6月第1版)

5月6日,吴宓作《感事》一诗,记先生口诵"气质美如兰,才华馥比仙"将其比拟为妙玉之事。吴宓后借用此二句作《新红楼梦曲》之一,并旁注:

昔当一九三四年春,在清华古月堂西餐社座中,会食闲谈。同人以《石头记》中人物方今之人。刘文典君(叔雅,合肥)口诵此二句,曰,宓应比槛外人妙玉。宓亦窃喜,故宓是年五月六日《感事》诗有"隔世秾欢槛外身"之句。此乃本曲所托始,否则宓何敢自比妙玉,更何敢掠用此二句之原文乎?(《吴宓诗集》,第343页,商务印书馆,2004年11月第1版)

5月25日,先生担任清华大学研究院文科研究所中国文学部毕业生霍世休毕业考试委员。据清华大学档案记载:

  日期:二十三年五月二十五日

  委员:朱自清、吴宓、雷海宗、张崧年、陈寅恪、杨树达、刘文典、俞平伯、闻一多

  应考学科:中古思想史(汉至唐)、小说、唐诗、元曲

  成绩:上,1.075

(《清华大学史料选编》卷二下,第658页)

5月,《国立清华大学一览(1934—1935年度)》出版,先生担任"国学要籍"、"校勘学"等课程。(齐家莹:《清华人文学科年谱》,第145~146页)

6月6日,余冠英转告朱自清,先生曾声称欲离开清华。

  【六日 星期三 晴】冠英来告,刘叔雅曾谓将与学生别,又谓将不干,因刘盼遂系彼介绍云云;前事乃聘书晚送之故。(《朱自清全集》卷九,第296页)

6月7日,先生拜访朱自清,谈安文倬一事。

  【七日星期四 晴】早刘叔雅来谈安文倬事,余告以半助教事办不到,渠又表示意见甚多,多无关紧要者。(《朱自清全集》卷九,第297页)

6月17日,朱自清来访,先生答应担任《荀子》、《韩非子》等课程教职。

  【十七日 星期日 晴】早访孟实、叔雅。孟实决定不来,叔

雅允任荀、韩,因恐任温、李,则唐代诗太多也。(《朱自清全集》卷九,第299页)

7月,《清华暑期周刊》刊出佚名文章《教授印象记》,将先生的教学形象刻画得惟妙惟肖。文章写道:

> 记得那日国文班快要上课的时候,喜洋洋坐在三院七号教室里,满心想亲近这位渴慕多年的学术界名流的风采。可是铃声响后,走进来的却是一位憔悴得可怕的人物。看啊!四角式的平头罩上寸把长的黑发,消瘦的脸孔安着一对没有精神的眼睛,两颧高耸,双颊深入;长头高举兮如望平空之孤鹤,肌肤黄瘦兮似辟谷之老衲;中等的身材羸瘠得虽尚不至于骨子在身里边打架,但背上两块高耸的肩骨却大有接触的可能。状貌如此,声音呢?天啊!不听时犹可,一听时真叫我连打几个冷噤。既尖锐兮又无力,初如饥鼠兮终类猿……且说刘先生外观虽不怎样动人,然而学问的广博精深,性情的热烈诚挚,却是予小子到如今仍觉得"十二万分"(刘先生常用言语)地佩服的……(佚名:《教授印象记》,转引自刘平章《刘文典传闻轶事》,第36页)

9月12日,《北平晨报》刊发《北大讲师名单,文理法三院共六十五人》显示,中国文学系共9人,分别是:刘文典、俞平伯、余上沅、唐兰、冯文炳、赵荫棠、闻一多、马廉、顾随。

9月上旬,清华大学新学年开学,先生担任"国学要籍"等课程。

> 新学年(即1934至1935年度)开学。俞平伯在清华大学中国文学系与朱自清、浦江清、杨树达等分教大学一年级国文;与闻一多、刘文典分教大学二年级国学要籍,讲授《论语》。(孙玉蓉:《俞平伯年谱》,第169页)

9月,"合肥四姐妹"之一、沈从文妻妹张充和进入北大中文系读

书,对担任其六朝文和唐宋诗课程教职的先生颇有好印象:

> 刘文典是充和念北大时的古典文学老师。也正是这个刘文典,说沈从文的月薪只应该拿四块钱。一般人大都了解刘文典的口出狂言,不过是他自命不凡的表现,充和却觉得他的话很好笑。刘文典后来因为吸食鸦片成瘾,被联大解聘,大多数人都觉得这是他自视过高的报应,充和却不这么认为。她会说,刘文典是个喜欢逾矩的人,他的生活方式夸张,常发怪论。他轻视充和的姐夫沈从文,不过并不止他一个,所有用白话文写作的人他都看不起,包括胡适在内。充和相信刘文典强烈的主观判断中没什么恶意。他说刘文典甚至连自己都看不顺眼,那么其他人又何必跟他较真呢?(金安平著,凌云岚、杨早译:《合肥四姊妹》,第302~303页,生活·读书·新知三联书店,2007年12月第1版)

10月10日,《北平晨报》再刊《北大本年度全校讲师名单》,其中中国文学系名单与9月12日公布的名单略有不同,具体如下:闻一多、马廉、顾随、刘文典、俞平伯、唐兰、冯文炳、赵荫棠、王力。余上沅在英文系名单中。

10月18日,杨树达完成对于先生门生许骏斋《吕氏春秋集释》一书的审查报告。

> 【十八日】清华同事许骏斋(维遹)撰《吕氏春秋集释》,请学校出版。学校嘱陈寅恪及余审查,寅恪又专委之余。余略为校阅,今日草报告书。大意谓大体尚好,惟仍须有修正处耳。(杨树达:《积微翁回忆录》,第62页)

10月23日,先生在进城车中遇杨树达,口出奇语表达敬仰之意:"不佩服者,王八蛋也!"

> 【二十三日】由清华入城,车中遇刘叔雅。谓余云:"我对于遇

夫先生钦佩之至！"余以其语无端，则云："吾辈老朋友，君何为客气如此！"渠乃云："近读《学报》大著，实属钦佩之至。不佩服者，王八蛋也！"余闻言，乃知其为近出《学报》文字而发，而其出语出人意外，错愕不知所答。在彼或出至诚，而其态度之神妙，又不能不令人大吃一惊矣。（杨树达：《积微翁回忆录》，第62页）

11月15日，辅仁大学校长、史学家陈垣委托胡适向先生转赠《元典章校补释例》一册。陈垣在致胡适函中写道：

> 闻台从北还，正拟趋诣，知公必忙，是以未果。大序早已刻好，谨送上单印本十二册。又《释例》四册，一册呈先生，一册请转叔雅先生，又二册分送同好。承示《说儒》，谢谢，并照转。（陈垣致胡适函，转引自陈智超《陈智超自选集》，第220页，安徽大学出版社，2003年10月第1版）

11月18日，先生致函陈垣，感谢赠书：

> 援庵先生大人座右：数星期前在《大公报》上见适之兄为大著《元典章校补释例》所作序文，深佩先生校订古籍之精而勤，与方法之严而慎。凡研究元代典章制度者固当奉为南针，即专攻版本校勘之学者，亦当谨守先生所用之法则也。猥蒙不弃，颁赐一部，拜读之下，愈深钦感。典以蒙鄙之姿，谬主北大、清华两大学校勘学讲座。方法、经验两感阙乏，今得读大著，受益多矣。项已将适之兄序文油印颁发选修此课诸生，并将大著留置本系研究室中，使与俞先生《举例》同观矣。肃此敬颂著祺不备。弟刘文典拜言。十一月十八日。（刘文典致陈垣函，见陈智超编著《陈垣来往书信集》，第610页，上海古籍出版社，1990年6月第1版）

同时，先生又致函胡适：

> 承赐大著两部，并援庵先生本书一部，不胜心感。吾兄序

文,前在《大公报》上已读一过,深佩吾兄对校勘古籍方法之卓识,剪下保藏。今得精刊单行本,不禁笑于抃会也。从弟治校勘诸生见之,人各愿得一部,弟以人数过多,未敢允其请也。(刘文典致胡适函,见耿云志主编《胡适遗稿及秘藏书信》卷三九,第723页)

12月18日,先生致函商务印书馆总经理王云五,谈《庄子补正》出版一事。据商务印书馆信件批核单,摘要如下:

  费十年精力,著成《庄子补正》十卷。稿已杀青,请酌定一数,俾使稿款两交(内容请询傅沅老与胡适之先生)。(刘文典致王云五函摘要,未刊稿)

12月20日,国民政府为民主革命先驱、淮上军总司令张汇滔举行葬礼。张汇滔墓在安庆北门外南庄岭(今安庆市殡仪馆),墓前建有一六角形石塔,塔上刻有于右任、居正、柏文蔚等人铭文。墓中另置墓志铭一方,铭文系先生所撰,并由寿州书法家张树侯书写、张辅伯刻字,全文如下:

### 张烈士汇滔墓志

(合肥刘叔雅撰　寿州张树侯书　张辅伯刻字)

  维中华民国二十有三年十二月二十日,国民政府式遵先典,遣安徽省主席刘镇华持节送柩,诸院部使者暨省政府官属工商群士,具礼乐威仪,备法驾,葬我张烈士与郑赞丞、张子纲、骈锦芳、郑养源诸公于会垣南庄岭之阳,礼也。烈士讳汇滔,字孟介,安徽寿州人也。含贞固之德,应期运之数,幼而循齐,少负大志。值胡清失绪,天纲解纽,慷慨淮泗,电发东南,纠合同盟,共志兴复。与倪映典、熊成基扬旌安庆。虽功业未就,而义声已昭布于天下矣。河北商震、河南阎子固慕义景附,千里来会,密共要约,分任大江南北与江淮间事。辛亥武昌举义,江皖响应。烈士军谋素定,淮上豪杰,多其部属,乃取寿县,留王庆云守之。分遣偏师,略淮上郡县。躬率大军,攻下颍上、霍邱、阜阳诸左邑,徇名城以十数。师次颍州,方将进窥中原,荡定河翔,会和议成,奉令罢兵。袁世凯寒盟,使其将倪嗣冲率精兵数万人卒袭烈士军,新附之众,叛应嗣冲。烈士乃返寿县,整军与战,大破之。时吾党建宅金陵,贼之豪帅锐卒,崇聚中州,终不敢以一骑渡淮南犯。江表完固,京师艾安,烈士之功懋矣! 事定,乃以所典兵还执事,未尝有一语自矜伐。明年,吾党将起兵诛袁氏,烈士与范光启、郑芳荪、张人杰、田桐、凌毅、管鹏会于上海,定计以所部发难淮上,总理命为皖军第一支队长。仓卒受命,奋兵扑讨,躬率部兵数千人,与倪嗣冲数万人之众相据淮上,数摧强寇。会金陵不守,乃随总理东之日本,周旋于患难之中,而讨贼之志益坚,数举义苏、皖间,总理愈委任之。烈士感激,誓以死报。张勋挟溥仪据北平以叛,总理率师入粤讨贼护法,烈士受命图江淮军事。嗣冲犹据皖不宾,惮烈士威望,遣盗贼之,穴胸洞腹,殁而犹眠,时民国九年二月五日也【此处日期有误,实际上张汇滔是于民国九年一月三十一日去世,见《申报》、《民国日报》1920 年 1 月 30 日—2 月 5 日】。总理亲临视其创,嗟叹之,书"国魂不死"四字,以旌其灵,呜呼烈矣!

铭曰:英英烈士,受天弘造,刚而无虐,坚而不挠。能乎其仪,穆乎其操。翻飞淮甸,奋身匡世,翼翼鹰扬,桓桓虎眈。辅翼洪业,琅琅高致。明明执政,崇德报勋。光光宠赠,省葬诸生。爰勒铭赞,式昭懿声。(刘文典:《张烈士汇滔墓志》,转引自视野《张汇滔年谱》,第 292~293 页,吉林文史出版社,2006 年 10 月第 1 版)

12 月 24 日,王云五致函先生,谈《庄子补正》稿酬一事:

文典先生大鉴:奉十二月十八日惠翰,借审先生以多年之精力,著有《庄子补正》一书,业已脱稿,具征为学宣劳,莫名钦佩。承示此书计十卷三十三篇,尊书分量较多于大作《淮南鸿烈集解》,拟交敝馆印行,盛情厚意,尤为欣感。惟酬报一节,敝馆最近收印大部书稿,均照版税法。辱荷见商,照让与版税办法,谨当勉从台命,照《淮南集》加酬半数,共一千五百元。倘蒙俯允,当俟全稿寄到后,再行订约奉款。专此驰复,敬颂文祺。王云五。(王云五致刘文典函,未刊稿)

## 1935 年(民国二十四年乙亥)　　年四十四岁

1月3日,先生致函王云五,提出用增加著作的办法请商务印书馆凑足三千元稿酬,以便购车代步:

> 云五先生左右:接奉复示,承允收买拙著《庄子补正》,出资至千五百金之巨,感幸曷极。弟近六年因清华研究院、北大均不欠薪,粗足自给,且学问上著作与市上商品不同,既承先生不弃,惠许多金,弟岂敢斤斤争价,惟近来门人许维遹(字骏斋,清华教员)所著《吕氏春秋集释》,由清华大学评议会通过,出资两千元收之。弟忝为许君之师,稿费反少于弟子之著作,相形之下,似未免难堪。拙著《庄子补正》承先生允给之价,又未敢要求增加,再四思维,只得将拙著《刘向说苑补正》二十卷及近年所著《宣南杂识》若干卷(虽系随时所作笔记,虽写有清稿而未分卷)一并出售,希望凑足三千元之数,以之购车代步。《宣南杂识》中考订毛诗、佛经、史籍外,尤注重清代掌故,出版后销路恐尚在《庄子》、《说苑》之上,以其书人人能读,且饶兴味故也。三书均现成,可在北平贵分馆稿款两交。惟《庄子》、《说苑》务要在北平印刷,由弟自行校对尔。此两书皆弟在清华研究院与北大之讲义,学生亦亟盼其早日印成也。如何?乞即赐复。专此寸简,立盼德音。敬

颂公祺,不一。弟文典再拜。(刘文典致王云五函,未刊稿)

1月10日,王云五致函先生,表示因商务印书馆负担较重,决定只收《庄子补正》一书:

> 叔雅先生大鉴:奉一月三日惠复,知前奉芜缄,为尊著《庄子补正》报酬事,已邀青察,并蒙曲予同意,至深感纫。承商酌大著《说苑补正》等稿一并让与敝馆印行一节,因负担较重,拟□仍照原议,按一千五百元之数以《庄子补正》稿见让,书价拟改为版税办法。如何?仍祈核示为荷。专复,顺颂著祺。(王云五致刘文典函,未刊稿)

1月17日,商务印书馆收到先生来函,商议增印《宣南杂识》一事,以便凑成二千元稿酬。信函摘要如下:

> (1)拙著《庄子补正》一稿,承允以千五百金收购。惟同系教员某君适欲以二千金脱售其购仅数月之汽车。弟拟请以杂著《宣南杂识》一稿相让,意在凑足二千之数,以便购得汽车。如承俯允,可在北平贵馆稿款两交。

> (2)如在十四日内某君之汽车售脱,则此议即作罢论。但《说苑补正》及《宣南杂识》二稿,仍愿依版税办法请贵馆印行。(刘文典致王云五函摘要,未刊稿)

同日,王云五致函先生,请其将书稿寄往上海:

> 叔雅先生大鉴:顷奉手书,承示以需款应用,除前议将大著《庄子补正》照一千五百元之数让与外,拟以《宣南杂识》一并相让,凑足二千元。敬悉。请将两稿寄沪,俾就排印情形究研后,再商,何如?专此驰复,敬颂文祺。(王云五致刘文典函,未刊稿)

1月28日,先生致函王云五,提出因时间关系,书稿可立即交到商务印书馆北平分馆。信函摘要如下:

拙作《庄子补正》如蒙允给二千元，可于北平分馆稿银两交，将来由著者自校，请尽于阴历廿七日以前办妥，否则作为罢论。至审查一节，辗转邮寄，则旧历年阅已过矣。（刘文典致王云五函摘要，未刊稿）

2月3日，王云五致函先生，表示因出差耽误，未及处理所商事宜，表达歉意：

叔雅先生大鉴：日前弟以事离沪，顷始归来，得读一月廿八日手书，致稽奉复，无任歉悚。承商事，因时间已过，只得遵命作罢，敬祈垂谅。专此驰复，顺颂著祺。（刘文典致王云五函，未刊稿）

2月8日，商务印书馆收到先生来函。先生在函中表示，仍愿将《庄子补正》、《宣南杂识》两书交其印行。信函摘要如下：

（1）仍愿以《庄子补正》及《宣南杂识》两稿售诸贵馆，稿费两书至少千八九百元，如同意，乞即通知平馆款稿两交，并盼立即在平印刷，俾便亲自校对。

（2）《说苑斠补》一书，当照尊意版税办法，希望《庄子补正》印成，即印此书。惟亦须自校。（刘文典致王云五函摘要，未刊稿）

当日，王云五回函：

叔雅先生大鉴：顷奉二月四日大札，复以尊著《庄子补正》酬报为商，感佩无既。前寄来书，弟适以事离沪，垂商事，因时间已过，只得遵命作罢，决非为一二百元之款，想邀亮鉴。今时间既仍许可，因敝馆接受书稿，必须经由敝编审部研究排印情形后方可发交分厂排印，分厂无直接收印稿件之权。即□将大稿迅予寄沪，到后当即办理，决不耽搁。专此奉复，只颂文祺。（王云五致刘文典函，未刊稿）

2月12日，先生致函王云五，商议《庄子补正》、《宣南杂识》出版之事。信函摘要如下：

(1)《庄子补正》及《宣南杂识》两稿，内容得适之兄一言而定，愧甚。原稿甚多，且后者仅抄成一册，拟择一二篇保险邮上，请酌定版式后即电平馆，将稿费二千元一次付下。

(2)稿最好在（北）平排印，俾亲自校对，用宋体字，简式句读，尊意如何？

(3)《庄子补正》印成后，最好即依版税办法接印《说苑补正》。

(4)顷得电话，悉适之先生发热。（刘文典致王云五函摘要，未刊稿）

2月14日，王云五复函先生，要求必须将两书全稿寄上，以便研究排版情形：

叔雅先生大鉴：顷奉二月十二日赐复，承示尊著《庄子补正》及《宣南杂识》两稿以篇幅甚巨，拟择一二篇交下，敬悉。惟研究排版情形，必须综观全稿，仍请将全稿掷下，不胜感盼。专此奉复，敬颂文祺。（王云五致刘文典函，未刊稿）

2月19日，阴历正月十六，夜，先生长子刘成章因咯血病发，医治无效，英年早逝。关于刘成章患病情形，先生在致胡适函中写道：

民国十九年暑假中，深夜披衣起算难题三，忽患咯血，急送往医院诊治，以X光照之，右肺锁骨下已有浸润矣。劝其休学不肯，譬喻百端，乃改入国文系，复经医士力劝，弟与秋华严谕始肯休学养疴。而病势已深，不可救药矣。百计医治，终无显效，去夏始知病疾不可为，犹秘而不言，恐伤亲心也。适秋华以妇科病入协和医院施行手术，亡儿虑其母有万一危险，竟数夜未眠。秋华知之，于施行手术后第二日即归家，以出院过早，患胃痛症。亡儿每夜必数起，立窗外静听，一闻其母呻楚声，即泣涕祷天，愿以身代,又磨刀欲割股和羹以进。弟严谕止之。亡儿曰:"男学数理科者,岂不知割股未必能愈母疾,惟希冀精神感应,或有万一之效,且以此少分吾母之痛苦耳。"如是者浃旬,疾乃大作,病不能兴。及秋华病愈,亡儿乃能少进饮食,步履如常,而肺疾愈重,声嘶骨立,延至旧历正月十六夜竟长逝矣。故谓其死于病可也,谓其死于孝可也,谓其死于劬学亦可也。(刘文典致胡适函,见耿云志主编《胡适遗稿及秘藏书信》卷三九,第741~744页)

刘成章逝后,移葬安徽安庆,惜因战乱,无人照理,墓今已不存。又,刘成章曾留下诗作,解放后被安徽省地方志资料搜集部门借走,一直未归还,今已查无下落。

2月28日,先生担任霍世休论文考试委员。据清华大学档案记载:

日期:二十四年二月二十八日

委员:胡适、郭绍虞、冯友兰、雷海宗、陈寅恪

　　　刘文典、俞平伯、闻一多、朱自清

题目:一、六朝隋唐文学

　　　二、中印度故事之研究

成绩:上一,1.075,(按50%计0.538)(《清华大学史料选编》卷二下,第658页)

但据卞僧慧《陈寅恪先生年谱长编》记载,在2月25日清华大学校长梅贻琦致本校考试委员会诸先生函中,先生名下注"因事不能到"。(卞僧慧:《陈寅恪先生年谱长编》,第166页,中华书局,2010年4月第1版)

2月,先生丧子之际,不忘致函北大文学院院长胡适,为马裕藻说情。去年4月,胡适兼国文系主任之时,将许守白、林损等人解聘,并使原系主任马裕藻处于休假状态,无事可为,引发风波。先生写道:

丁君贡知来，具道吾兄盛意，承介绍方石珊先生为秋华医治，不胜心感。方先生之医学精深，弟所钦佩，定当遵命，因协和虽多良医，秋华去夏入院动手术，亡儿忧虑过度，四五夜未眠，以致触发旧疾而死。秋华若见协和医生，恐反引起伤感也。弟素来认生命为发展而非延长，又好庄子与叔本华哲学，颇能排遣。奈秋华忧伤过度，恐将致疾，二十余年患难夫妻更非寻常可比，自亡儿逝后，弟即日夜照料秋华，不敢少离，除授课外，未尝出门，有许多话欲与吾兄商量，迄未得暇。传闻许守白先生之逝世半为忧贫，而现在休假之某先生，日以失业为虑，极希望假满后仍旧复职。吾人办事固不能曲徇私谊，使青年学生之学业受损失，惟据弟所知，某先生对于文字学颇得余杭师之绪余，尚非绝对不能教者，倘能在不以私害公之原则下为之别筹办法，或请其任课一二门，或请其指导学生研究专题，以及担任其力所能胜之职务，均无不可。吾弟极知吾兄对国文系自有整个计划，安能为人设事，然苟有一公私两尽之办法，岂不更佳。弟因感于守白先生之事，又闻某先生情况，再四思维，敢有此不情之请。此事本不当形诸笔墨，值此自身忧惶无计之时，亦本不能写长信，因间接闻启明先生言，深恐有第二守白先生，故特向吾兄一言，能否设法，乞赐一简单覆示为盼。（刘文典致胡适函，见耿云志主编《胡适遗稿及秘藏书信》卷三九，第755～758页）

3月14日，先生致函王云五，拟将著作《庄子补正》、《宣南杂识》、《群书校记》、《三余札记续编》汇刻为《望儿楼丛书》，纪念亡儿刘成章：

云五先生大鉴：弟年近五旬，仅有一子，因性好数学，用心过度致疾，于夏历正月十六死矣。弟近年之治《庄子》，原是借以忘忧。书成后，清华、北大均愿印行。所以急欲出售者，因亡儿虑弟日日赶清华公共汽车，辛苦万状，在病重时犹力劝弟购一车代步,又妄冀购一小车外,余数百元稍补助其医药费耳。前奉大札时,正是亡儿疾革,命在旦夕之际,忧劳万状,未暇奉复,且去夏杀青后续有所得,亦拟补入。加之拙著究用新式标点,抑用简式句读,未暇商定,故延缓至今。拙著《宣南杂识》,字太潦草,万不能径付手民,请人抄写,仅成一册,欲加改削,因心绪恶劣,不能动笔也。现拟将《庄子补正》及《宣南杂识》、《群书校记》、《三余札记续编》均汇刻为《望儿楼丛书》,以为亡儿纪念,以《庄子补正》为第一种,余者陆续付印。《庄子补正》拟用宋字大版,照《淮南集解》式,余者用小册。妄冀亡儿附庄子而不朽耳。如何?乞即示知为盼。临楮凄恻,诸希原宥。

顺颂著祺。不一。弟文典挥涕。

近来写信太多,信笺偶尽,草草不恭,千祈仁恕。(刘文典致王云五函,见方继孝《碎锦零笺》,第150页,山东画报出版社,2009年4月第1版)

**因商务印书馆档案流失民间,此信疑散佚两处,另一为先生附笔:**

再,弟虽明知庄子"生乃徭役,死乃休息"几为至言,又素信德国哲学家Schopenhauer(叔本华)"人生乃痛苦"之说,颇能强自排遣,奈老妻钟爱此子,去冬即以泪洗面,近三星期更日夜悲号,以致脑病、心脏病大发,深为可虑,拟使其离平回南,换换环境。徒因亡儿之丧费用较多,其医药费结算一次,为数甚巨,此时需款良殷。《庄子补正》及《宣南杂识》清稿寄到后,能否即汇二千金来,诸希卓裁,不敢妄肆干求也。此刻心绪烦乱悲苦,不能自校,可否待阳历六月初着手排印,统希示知。典再拜。(臧伟强:《风云际会:五四历史文化名人掠影》,第17页,黑龙江大学出版社,2009年8月第1版)

3月23日,王云五复函先生,痛悼刘成章早逝,并谈《望儿楼丛书》事：

> 叔雅先生大鉴：奉三月十四日手书，惊悉文郎以笃学致疾，遽遭不治，痛悼实深；执事明达，尚祈勉抑悲怀，无任企祷。承示拟将尊著《庄子补正》、《宣南杂识》、《群书校记》及《三余札记续编》等汇印，定名为《望儿楼丛书》以资纪念一节。查□□书以□□，故用□科为名，俾便读者选购，尊意为文郎纪念，似可仿欧美通例，在里封面志启言，不必另定以书名目，尊意以为如何？又，执事以需款甚殷，嘱于大著《庄子补正》及《宣南杂识》清稿到后即行汇款，自当俟全稿寄到后提早办理，以□尊嘱。专此驰复，顺颂台安。（王云五致刘文典函，未刊稿）

4月9日、10日，先生两度致函胡适，请其为刘成章撰写碑文：

> （刘成章）计其生二十三年，未尝有疾声厉色，事亲纯孝，处朋友笃厚，同学有困乏者，必节省乘车钱午膳费以周之，犹不足则为弟言某人穷困状，自请乞弟济以资而自请减少月费以抵补其数。其月费只十二元，周学友之急恒六七元也。自休学后，悒悒寡欢，每谓人曰："吾父之学足以抗手石臞，恨我病废，不能如伯申，死不瞑目矣！"呜呼！写至此事，真肝肠寸断矣！如此子之聪慧、好学，世亦多有之，独其至性过人，实为难能。其最令人伤怀者亦唯此一端也。倘蒙吾兄表扬，存殁均感。（刘文典致胡适函，见耿云志主编《胡适遗稿及秘藏书信》卷三九，第744～746页）

刘文典长子刘成章

先生又道：

> 亡儿成章不幸早夭，本无学行足述，碑文请注重"纯孝"一点，余皆庸言庸德，人家佳子弟多有之，不必详叙；且碑文过长则碑石甚大，运输树立皆不便也。除碑座、碑额不算外，碑身最高不过三尺（二尺半最好），宽亦不过尺五寸，文字以简为要。正面乞题"故大学生刘成章之墓"，文则刻于碑阴，寥寥数行尽足尽之，不必铺叙，例如弟之所开前半段，可以"幼慧，性醇谨和厚，八岁善画，十岁能词"十五字包括之，质之高明，以为如何？（刘文典致胡适函，见耿云志主编《胡适遗稿及秘藏书信》卷三九，第748页）

5月1日，安徽省立图书馆馆刊《学风》"安徽文化消息"栏目刊登消息，介绍先生新作《庄子补正》，并附先生致陈东原馆长函，谈欲捐书一事：

> 合肥刘叔雅先生（文典）久寓北平，执教清华、北大各校。世兄成璋【编者注：应为"章"】，天性诚笃，勤于学问，已毕业于高级中学。然以用功过度，染咯血症。去岁刘夫人病，成璋忧劳逾分，迨母愈后，已竟不起。刘氏惟此一子，恩爱素笃，殁后抱痛，不可言喻，遂力校《庄子》以自遣，现已杀青，不久可付梓。与本馆陈馆长书，述其近况，并预拟百年后赠藏书与本馆云。兹录原函于后，俾海内知先生最近之生活焉。
>
> 东原先生如晤：承赐书唁慰，至以为感。亡儿生性诚笃，生平未尝有疾声厉色，待友厚，事弟夫妇孝。因好数学，用心过度，民十九年夏，甫在辅仁大学附属高中毕业，已将大学程度之《代数》、《解析几何》、《微积分》略治一过。因书室去弟卧室稍远，俟弟寝后必披衣挑灯算至天明。及患咯血，弟始知之，急尽藏其书，叮嘱静养，已无及矣。弟素来达观，自此子病后，乃以全力校《庄子》自遣，去夏已杀青，现方修订，不久可以付梓，即作亡儿纪

念刊。兴言及此,不禁流涕。弟在北平近二十年,所得脩金,半以购书,虽无力收藏珍贵刊本,然性好校勘考订,所校古籍颇多,惟恨学力太浅,于经史绝少订正。仅致力于《选》学、诸子与集部耳。现与内子商定,在弟生存时,既须作教书之参考,又赖此销忧养生。一旦先犬马,填沟壑,定当以其较难得者、曾详加订正者捐赠贵馆。不知照章须捐若干部始可刊名留影,乞便示知为盼。专次寸简,敬请俪安。不一。弟文典再拜。

又弟七八年来从沅叔先生游,略窥版本目录学门径。中秋日,沅老来约弟共著一讲目录版本校勘之书,因亡儿病象日非,心绪烦乱,至今尚未著成也。(《刘叔雅先生校庄子将付梓》,载《学风》第五卷第四期)

5月30日,先生至清华大学图书馆,与朱自清、郑奠、郭绍虞、冯友兰、陈寅恪、杨树达、浦江清、王力等出席清华大学研究院文科研究所中国文学部为崔殿魁举行的毕业考试。据清华大学档案记载:

  日期:二十四年五月三十日

  委员:郑奠、郭绍虞、朱自清、冯友兰、陈寅恪、杨树达、俞平伯、刘文典、浦江清、王力、孔繁霱

  应考学科:中古史(汉魏南北朝隋唐)、文字学(偏重训诂)、诗经楚辞、目录学

  成绩:上,1.100,按25%计0.275

(《清华大学史料选编》卷二下,第659页)

6月20日,先生到清华大学图书馆,与朱自清、罗庸、郭绍虞、冯友兰、陈寅恪、杨树达、闻一多、浦江清等出席清华大学研究院文科研究所中国文学部为崔殿魁举行的论文考试。据清华大学档案记载:

  日期:二十四年六月二十日

  委员:罗庸、郭绍虞、刘文典、冯友兰、孔繁霱、朱自清、陈寅

恪、杨树达、闻一多、俞平伯、浦江清

题目：萧选李注杨榷

成绩：上一，1.075，按50％计0.538

(《清华大学史料选编》卷二下，第659页)

7月5日，冯友兰夫妇邀请先生及其夫人、顾颉刚等在来今雨轩同宴。据《顾颉刚日记》记载：

【七月五号星期五】记日记六天。润章先生来。谒石曾先生，略谈。张次溪来。到维钧处，与同到史学研究会，与次溪等商北平志事。

到来今雨轩赴宴。钟克勤来。校《禹贡》稿。到今甫处，谈民众读物事。

到东兴楼赴宴。到何乐夫处谈话。

今午同席：杨今甫　邓叔存　刘叔雅夫妇　钱稻孙夫妇　盼遂　刚主　子水　予（以上客）　冯芝生夫妇（主）

今晚同席：陶孟和　卓君庸　卓宜来　汤象龙　陈宜珍等两桌（客）　赵泉澄夫妇（主）(《顾颉刚日记》卷三，第362~363页)

7月14日，胡适夫妇设宴给先生等人饯行。

七点，与冬秀饯送张真如、徐耀辰、刘叔雅、孙云铸、俞大缜女士；并欢迎钱端升夫妇。（曹伯言：《胡适日记全编》卷六，第526页）

8月20日，皖籍学者黄晖耗时7年著成《论衡校释》，蒙先生"许为精当"，作自序以记之。此书后由长沙商务印书馆于1938年印行。据黄晖自述：

我整理这部书，前后凡七年。在三年前，只就《文选》李注所引本书及本书见于他书者，互相比勘，成《论衡校录》若干卷、《王充年谱》一卷,就正于刘叔雅先生,幸蒙许为精当。去年,胡适之先生也以为我的《论衡校录》有些是处,所以愿意出其手校本和杨守敬校宋本借给我。今年,马幼渔(裕藻)先生借给我朱宗莱校元本,吴检斋先生借给我手校本。因为增加了这些新的材料,校录的内容也就扩张了。计校释的时间凡五年,全稿写定凡二年。其中一部分的稿子,曾经胡先生和高阆仙(步瀛)先生看过,改正好多地方。全书既成,友人齐燕铭举其论衡札记稿本相饷,又抉取约二十余条。——这些都是帮助我这书能够有成功的人。谨志其始末,以申谢意。(黄晖:《论衡校释·自序》,第21页,中华书局,1990年2月第1版)

黄晖,字政厂,桐城孔城人。1930年进入国立北京大学法学院政治系学习,与先生时相过从,交流请益,并得到先生资助。黄晖著成《论衡校释》后,先生曾为其出版之事致函胡适:

> 政厂之《论衡》所望甚奢,兄切勿代为定价,只能抽版税也。弟特来相告,因知兄有事,未敢惊动矣。至弟之《庄子》,原是小玩意,只要能许弟自己校对,价好商量,并无大欲也。(刘文典致胡适函,见耿云志主编《胡适遗稿及秘藏书信》卷三九,第715页)

同日,先生与顾颉刚、郭绍虞等同宴。据《顾颉刚日记》记载:

> 【八月二十号星期二】六时起,整理书物。到校印所。七时半乘人力车与履安回城。与子臧同到院长室。记日记六天。
>
> 到大美番菜馆吃饭。三时归。与仲良谈。校《禹贡》。宝德堂李君来。寿彝来。芸圻来。张璠来,为写适之先生信。文通来。
>
> 到煤市街丰泽园吃饭。访锡永未遇。
>
> 今午同席:徐旭生　黎劭西　罗雨亭　高　亨　唐立广　侯芸圻　向觉明　贺昌群　高阆仙　刘叔雅　孙海波　郭绍虞　何乐夫　黄仲良　予(以上客)　刘盼遂　张西堂(主)

今晚同席:卓君庸　魏建功　何乐夫　谢君　杨君　予等凡八人(以上客)　李润章(主)(《顾颉刚日记》卷三,第380~381页)

9月18日,清华大学新学年开学,先生续任国文系教授。

本学年中文系教师阵容如下:教授朱自清(兼任主任)、陈寅恪(与历史系合聘)、俞平伯、杨树达、刘文典、王力;专任讲师浦江清;讲师赵万里、唐兰;教员许维遹、余冠英;助教张健夫。(黄延复:《二三十年代清华校园文化》,第590页)

10月18日,先生为门人许骏斋《吕氏春秋集释》一书撰序。此书1933年被列入国立清华大学整理的古籍丛刊之一印行,1935年由清华大学出排印本。先生在序言中写道:

许君青土之彦,博通经传,尤精校勘训诂之学,栖心坟典,笃好《吕书》,以十年之力,著为《集释》廿六卷。呜呼!当此九服崩离,学术放绝之日,许君独能取我先民之鸿宝,补苴諟正,理而董之,使复大显于世,其发扬文化之功,岂不伟哉?后之览者,钦念哉,钦念哉!(刘文典:《〈吕氏春秋集释〉·序》,见《刘文典全集补编》,第40页》

许骏斋,即许维遹,在北大就读期间,与先生往来密切。据先生同事浦江清回忆:

(许)骏斋,山东荣成人。一九三一年毕业于北大中文系,原从刘叔雅(文典)先生治校勘训诂之学。时叔雅先生代理清华中文系主任,延聘骏斋来任教员。任大一国文课。课余继续其《吕氏春秋集释》一书。此书由商务印书馆代印,作为清华大学整理古籍丛书之一(也没有第二部)。指导此著作者为刘叔雅及孙蜀丞(人和)两先生,皆骏斋之师。热心助成付印之事者为冯芝生(友兰)及闻一多。(浦江清:《许维遹先生辞世前后》,见《无涯

集》,第172～173页,百花文艺出版社,2005年5月第1版)

11月23日,先生所撰《范烈士鸿仙先生行状》刊于《申报》,后又刊于安徽省立图书馆馆刊《学风》。此文刻于范鸿仙墓碑之阴。前一日,依孙中山先生遗愿,国民党中央迎辛亥烈士范鸿仙灵柩至南京,并决定翌年国葬于南京中山陵东侧马群山中,追赠陆军上将衔。先生写道:

> 先生性慷慨,亮贞勇烈过人,尤笃慕风义,与张静江、沈缦云辈并著交期。又能轻财结士,在《民立报》馆日,所入尽以周同党,不以一钱赡家室。素好聚书,所藏多精刊。方图上海,资用常不给,则举所蓄书数千卷斥卖之,犹不足,至质帷幕。故来附士卒,皆感其惠。殁之日,有泣不可仰者,亦所谓大业未就,亮节弥昭者也。子天平,女天德,饰终之典,请依前烈,谨状。(刘文典:《范烈士鸿仙先生行状》,载《学风》第五卷第十期)

12月20日,先生拜访胡适。

> 【廿四,十二,廿】下午重到大学,只有周祖谟一人来上课!谈到四点。唐兰、刘叔雅、王毓铨来谈。(曹伯言:《胡适日记全编》卷六,第548页)

## 1936年(民国二十五年丙子)　　年四十五岁

春,先生赴日本大阪等地访问,过奈良晁衡墓,赋诗感怀。据先生自述:

> 民国二十五年春,余游奈良,登嫩草山,游春日神社,赋诗吊衡云:当年唐史著鸿文,怜汝来朝读典坟。渤国有知当念我,神州多难倍思君。苍梧海上沉明月,嫩草山头看碧云。太息而今时世异,不修政教但兴军。关中耆儒张鹏一先生熟精唐代史事,

著《唐代日本人往来长安考》,采余诗入其书,列之李王岑诸家之后。余驰书止之,已无及矣。每一念及,犹怀怍惭也。(刘文典:《学稼轩随笔·晁衡》,载《云南日报》1943年1月30日)

先生此行亦受到日本静安学会同人盛情款待,为此另赋一诗,表达复杂感情,后以《静安学会诸儒英招饮宴席上感赋》为题,刊于1936年12月《国风》第八卷第十二期:

> 读骚作赋二毛生,又访奇书万里行。舟过马关魂欲断,客从神户自来迎。既知文物原同轨,何事波涛总未平。记取今宵无限意,还期相敬莫相轻。(桑兵:《国学与汉学:近代中外学界交往录》,第245页,浙江人民出版社,1999年11月第1版)

此诗后经先生删定,首联"二毛生"改为"鬓华生",颔联"波涛总未平"改为"风波总不平",尾联"还期"改为"长期"。但收入《刘文典全集》时,无题。

4月,《国立清华大学一览(1936—1937年度)》出版。先生承担课程与1934-1935年度基本相同,与闻一多、俞平伯等人分担国学要籍等课程。在选修课程中,先生则担任校勘学附实习、墨子等课程教职。(齐家莹:《清华人文学科年谱》,第180～182页)

6月14日,章太炎病逝于苏州。

7月9日,南京国民政府发布"国葬章炳麟令"。但因战事频繁,"国葬"未能举行。

7月30日,先生至清华大学图书馆,与朱自清、陈寅恪、杨树达、闻一多、王力、浦江清、冯友兰、雷海宗等出席清华大学研究院文科研究所中国文学部为何格恩举行的毕业考试。据朱自清日记记载:

> 【三十日 星期四 晴】访萧。下午开何格恩初试委员会,考试精神佳,然何之成绩颇幼稚。得七十四分。(《朱自清全集》卷九,第429～430)

8月17日,清华大学文科研究所《中国文学部学程一览》公布,先生担任选学、诸子指导。

9月4日,先生与马裕藻、周作人等章门弟子在北京孔德学校为章太炎再开追悼会,所发《通启》如下:

**1936年9月4日,刘文典(后排左一)等章门弟子在章太炎追悼会后合影**

  先师章太炎先生不幸于本年六月十四日卒于江苏吴县,先生为革命元勋,国学泰斗,一旦辞世,薄海同悲。同人等今定于九月四日上午十时假北平东华门大街孔德学校大礼堂开会追悼。凡先生生平友好,吾同门诸君,又景仰先生者,届时敬希莅会,无任企盼。章氏弟子:马裕藻、许寿裳、朱希祖、钱玄同、吴承仕、周作人、刘文典、沈兼士、马宗芗、黄子通同启。(汤志钧:《章太炎年谱长编》,第978~979页,中华书局,1979年10月第1版)

9月上旬,清华大学开学,先生担任大学二年级国学要籍课程教职。

9月17日,先生至清华大学图书馆,与朱自清、陈寅恪、杨树达、闻一多、王力、浦江清、冯友兰、郑奠等出席清华大学研究院文科研究所中国文学部为何格恩举行的论文考试。据俞平伯日记记载：

【十七日】上课，(以后有课不悉书。)下午三时参加研究生何格恩考试，论题甚狭，备员而已。外姑、四妹来。(《俞平伯全集》卷十，第230页，花山文艺出版社，1997年11月第1版)

关于此次考试情形，朱自清日记记录颇有不同：

【十七日　星期四　晴】上午甚忙。下午何格恩进行学位考试。考试顺利，何得八十四分。(《朱自清全集》卷九，第436页)

10月1日，先生偶遇俞平伯。

午饭春阳楼，车中遇刘叔雅。(《俞平伯全集》卷十，第232页)

10月2日，先生至清华大学图书馆，与朱自清、陈寅恪、杨树达、闻一多、王力、浦江清、冯友兰、郑奠等出席清华大学研究院文科研究所中国文学部为张恒寿举行的毕业考试。据朱自清日记记载：

【二日　星期五　晴】开张恒寿论文考试委员会。张得七十五分。(《朱自清全集》卷九，第439页)

10月5日，先生偶遇俞平伯。

十时出城遇刘叔雅。(《俞平伯全集》卷十，第233页)

10月15日，先生至清华大学图书馆，与朱自清、陈寅恪、杨树达、闻一多、王力、浦江清、冯友兰、冯友兰、钱稻孙、罗常培出席清华大学研究院文科研究所中国文学部为许世瑛举行的毕业考试。据俞平伯日记记载：

【十五日】七时续写之。九时上课，下午三时课后参加研究生许世瑛口试，未及格。至佩寓茶点，后至工字厅教职员工会聚餐，因备有杂耍，到者纷纷，十时余偕江清出访健君，步归已十一时矣。(孙玉蓉：《俞平伯全集》卷十，第235页)

10月,《国立清华大学1936年度教职员一览表》公布。其中,中国文学系教职员有:

> 教授:朱自清(兼主任)　陈寅恪(与历史系合聘)　杨树达
> 　　　俞平伯　刘文典　闻一多　王力
> 专任讲师:浦江清
> 讲师:赵万里　唐兰
> 教员:许维遹　余冠英
> 助教:李嘉言
> 助理:张健夫(齐家莹:《清华人文学科年谱》,第192页)

## 1937年(民国二十六年丁丑)　年四十六岁

1月27日,胡适为先生所藏清代郝懿行、孙星衍等著名学者手札题跋:

> 刘叔雅收藏的清代学者手迹六件,二为孙星衍小简,一为马瑞辰书,一为臧庸论校刻《〈山海经〉笺疏》书,一为胡承珙约同人为郑康成作生日启,以上五件都是写给郝懿行的;又一件为郝懿行写而未发的小简。六件都是从栖霞郝家流出的。

> 诸件中,臧庸的两纸长书最可供考证。第一纸谈刻《〈山海经〉笺疏》应列审定校勘诸人的爵里姓氏。臧氏提出的宋湘、姚文田、鲍桂星三人,今刻本都补入了。此书中特别提出的"之罘觉人",臧氏提议用"覆核"名义。今刻本末页有"福山王照圆婉佺覆核"一行,可知"之罘觉人"就是那多才博学的郝夫人了。

> 臧书第二纸是臧庸读《〈山海经〉笺疏》初刻本所附《〈山海经〉图赞》的校记十六条。今检郝书,十六条之中,只有"水圜四十"一条未被采用,"见人则抱"一条补刻入原书,余条附刻在《图赞》后,别为"补臧氏校正"。古人治学肯相友助如此,肯虚心服善如此。

（胡适：《跋郝懿行、孙星衍诸人手帖》，见《胡适全集》卷十三，第222～223页，安徽教育出版社，2003年9月第1版）

先生为此致函胡适，表达谢意：

> 敝箧所藏清代经师手札，承兄题记，考出"之罘觉人"为郝夫人王照圆，精确之至，曷胜钦佩。王女士所校辑之《列仙传》、《梦书》，弟有一精钞本，以黄绫为书衣，题曰"前户部江南司主事郝懿圆之妻王照圆"，与刻本迥殊。盖郝氏裔孙预备进呈御览者也。又旧钞本吴自牧《梦粱录》二巨帙，有曹楝亭、墨香堂、昌龄藏印。楝亭为雪芹之祖，身后藏书尽归昌龄。见叶氏《藏书纪事诗》。此固夫人而知之者，惟墨香堂弟实不知其为何家藏书印记，吾兄倘有暇，能代为一考乎？（刘文典致胡适函，见耿云志主编《胡适遗稿及秘藏书信》卷三九，第749～750页）

胡适题跋原件现存于安徽省博物馆，文字与收入《胡适全集》者略有不同，更为精简。

4月23日，先生致函胡适，讲述其春假随清华大学西北考察团赴张家口、大同等地的游历见闻：

> 春假一星期弟本拟在家休息，奈秋华性好游览，硬拉弟加入清华西北考查团。二日由平出发，十日始归，途中辛苦已极。虽在张家口、大同、绥远、百灵庙、包头各停一日，然忙于应酬讲演，对于古迹名胜皆无暇细看，正所谓走马看花也。回校后即要上课，未得一日休息，贱躯本来孱弱，经此次长途跋涉，更是委顿不支。寄语未婚之朋友，万勿娶好游之太太也，一笑。（刘文典致胡适函，见耿云志主编《胡适遗稿及秘藏书信》卷三九，第750页）

5月22日，先生在北京王府井大街承华园饭庄设宴，举行银婚典礼，立胞侄刘庆章为嗣子，改名刘平章。据俞平伯日记记录：

【廿二日】课罢,陈来。十一时进城与佩偕至承华园贺镏菽苊银婚。二时出城。(《俞平伯全集》卷十,第264页)

"镏菽苊"为当时清华教授对先生之戏称。据朱自清日记记载:

【二十二日 星期五 晴】参加刘叔雅银婚纪念式。(《朱自清全集》卷九,第468页)

据《吴宓日记》记录:

【五月二十二日 星期六 半阴晴】刘文典(叔雅)君,今日正午,假座王府井大街承华园饭庄,举行银婚典礼,并立胞侄庆章为嗣子。有柬来,宓未赴。晨8—10写录陈树人《专爱集》中五诗,以为贺。托颉代交。(《吴宓日记》卷六,第133页,生活·读书·新知三联书店,1998年3月第1版)

7月7日,卢沟桥事变后,北平沦陷。先生在京寓所,多次遭日人搜查,据当时住在先生家的何晋回忆:

1937年7月卢沟桥事变后,平、津沦陷,未能即时离开北平者为数较多,学术界周作人曾至刘处游说多次,希其能在沦陷区"维持会"工作,刘皆为婉言谢绝,后又多次委人相邀,皆被刘拒之门外,此举激怒了日本侵略者,刘文典住宅(北平北池子骑河楼蒙福禄馆三号)先后两次遭日本宪兵搜查,凡国际往来函札,以及中央名人信件一律被查抄。据知,被搜抄去的有吴忠信、于右任、邵力子、胡适、陈独秀等人对国际形势探讨信札。当时家人不知所措,而刘文典先生和夫人张秋华却躺椅昂首吸烟,冷目相视,沉默不言,决不讲一句日语,向日寇献媚。后来得悉其四弟刘管廷,竟在华北冀东一个日伪政府搞到一个高缺,刘文典极为愤慨,他说:"有病不与管廷同餐。"继则又说:"新贵往来杂踏不利于著书。"逐其另迁新居。刘先生根据当时形势,已不能久留,

决议迁离北平,经塘沽搭外轮经香港转内地。(何晋:《忆刘文典》,见《刘文典全集》卷四,第959~960页)

9月,奉教育部令,清华大学决定南迁,与北京大学、南开大学合并为长沙临时大学。(齐家莹:《清华人文学科年谱》,第203页)

10月2日,吴宓步行来访,先生商谈译书计划。

【十月二日　星期六　晴】宓步行至骑河楼,蒙福禄馆,三号,访刘文典(昨遇于途)。谈其拟编译某书之计划。3—5直谈二小时以上,宓方克辞归。(《吴宓日记》卷六,第224页)

11月1日,长沙临时大学正式开课。此后西南联合大学以这天为校庆纪念日。(齐家莹:《清华人文学科年谱》,第205页)

11月14日,傅增湘致函张元济,附笔为先生《庄子补正》、《说苑斠补》两书出版之事说情:

> 副启者。友人刘叔雅来,言所著《庄子补正》、《说苑补正》为馆中收购印行,订有契约,其价为一千五百元,近来数月不得音耗。自缘战事停顿,惟叔雅困守此间,学校既散,无以自给,亟盼此款度岁。祈致拔可先生,可否为之设法。若一时不能全付,或每月陆续兑给二三百元,俾得暂维生计。两书考证极精确,其改订夺文误字皆有二三证据。渠常持来商榷,力劝其刊以行世,其书大足流传,惜其遇时之不偶也。寒士笔耕,情殊可悯。原稿当在沪馆,公试取看,自知鄙言之非阿好也。菊公及拔可先生同鉴。增湘再拜。二十六年十一月十四日。(张元济、傅增湘:《张元济傅增湘论书尺牍》,第359~360页,商务印书馆,1983年10月第1版)

12月4日,傅增湘为先生著作出版之事再度致函张元济:

> 刘叔雅又有书见托,以原笺奉寄,侍告以前订合同能否付款

尚不可知。若更续收稿本，必更无望。祈阅后惠复数行，以便转告。（张元济、傅增湘：《张元济傅增湘论书尺牍》，第360页）

12月15日，张元济复函傅增湘，谈先生著作出版一事：

> 昨奉十二月四日手书，展诵祗悉。刘君《庄子补正》询诸公司，云际此时期，实无力购稿，只可改用版税办法。数日前已有信径复刘君。至《说苑补正》一书。现时亦无法承受，尚祈婉达歉忱为幸。（张元济、傅增湘：《张元济傅增湘论书尺牍》，第360页）

## 卷 五

# 联大风云

(1938—1943年)

### 1938年(民国二十七年戊寅)　　年四十七岁

1月20日,因战火逼近长沙,长沙临时大学迁往昆明。

4月2日,国民政府教育部电称,奉国防最高会议决议,改国立长沙临时大学为国立西南联合大学。

4月3日,先生在燕京东城大佛寺佛经流通处购得《大唐西域记》。(张友铭:《刘文典教授〈大唐西域记〉一书校笺》,油印本1979年4月)

4月14日,先生拜访蔡元培。据蔡元培日记记载:

> 刘叔雅(文典)来,称在平被监视,设法离平,将赴蒙自联大文学院上课。(《蔡元培全集》卷十七,第197页,浙江教育出版社,1998年6月第1版)

5月22日,先生在友人帮助下由塘沽搭外轮,经香港、安南(今越南)等地,辗转到达云南蒙自(西南联大文学院所在地),在西南联大任教。(《朱自清全集》卷九,第533页)

关于南下情形,先生曾致函胡适:

弟自北平沦陷后备历艰危，次年春间始由叶企孙先生派人设法，脱离险境，经天津、香港、安南到昆明。（刘文典致胡适函，见耿云志主编《胡适遗稿及秘藏书信》卷三九，第760页）

5月23日，经朱自清安排，先生住歌胪士洋行楼。关于居住情形，时任北大历史系教授兼秘书长郑天挺曾回忆道：

> 当时的教授大多住在法国银行及歌胪士洋行。歌胪士为希腊人，原开有旅馆和洋行。临街系洋行，此时早已歇业。我第一次去该处时，尚记得室内的月份牌为192*年某月日，说明以后未再营业。洋行中尚存有大量洋酒待售，一些清华的教授见到，高兴极了，当即开杯（怀）畅饮。我原住法国银行314号，大部分教授来到后，又重新抽签。314号为罗常培、陈雪屏抽得，我抽至歌胪士洋行5号房，邱大年住4号房，于5月3日迁入。此外住在歌胪士楼上的尚有闻一多、陈寅恪、刘叔雅、樊际昌、陈岱孙、邵循正、李卓敏、陈序经、丁佶等十几人。（郑天挺：《滇行记》，见《国立西南联合大学史料·总览卷》，第81页，云南教育出版社，1998年10月第1版）

因歌胪士洋行餐饮不便，先生遂与陈寅恪、闻一多等一同包饭，轮流添菜。据同在西南联大任职的浦薛凤回忆：

> 初到两周，三餐均在海关，往返殊不方便。后来歌胪士楼上人满，乃自己组织，由两桌增至三桌。包饭每月十四元，而饭菜不佳。味道固不适口，滋养亦缺少，且量亦递减。于是每隔一二日辄由桌上同仁轮流添菜。所添者大致不外鸡或肉。此非讲究，亦借以增加滋补营养。予与寅恪、一多、鸣岐、舞成、仲端、（周）先庚、（刘）叔雅诸人同桌。隔座为（叶）公超、（金）龙荪、（邱）大年及毛、莫诸位，另一桌为心恒、（南开）柳无忌、李卓敏、丁喆、（北大）郑毅生诸位。岱孙与逵羽虽住歌胪士，却往海关进饭食。

(浦薛凤:《浦薛凤回忆录》卷中,第86~87页,黄山书社,2009年6月第1版)

**西南联大大门**

5月,西南联大1937年至1938年度下学期开学。先生到校后,担任《文选》、《庄子》课程教授,均为两个学分。关于先生授课情形,据曾选修先生《文选》课程的清华大学政治系学生宋廷琛回忆:

> 西南联大文法学院教室和图书馆都设在蒙自海关旧址,教授和学生们则赁屋在相隔三、四百码的从前法国商人所建造的歌罗士洋行,在校园和宿舍中隔着一个南湖。我们初到蒙自时,南湖干得像一片足球场,五月份后,雨季来临,湖水盈满,荷花盛开;青山绿野,小桥长堤,风景宜人,真是一个理想的读书环境!
>
> 开学选课时,笔者除本系必修科目外,尚余两个学分未作决定,忽然看见课程布告栏上贴有刘叔雅师讲授《文选》一科,当即选修,在该学期短短三个月中叔雅师只能挑选十几篇较短的辞

赋来讲解，上课时间是在每周六下午二时，连讲两小时中间不休息。上课前先有校役提了一壶茶和一个茶碗，外带一根两尺来长竹制的旱烟袋，放在讲桌上，接着老先生就上堂讲授，讲到得意处一边吸着旱烟一边解说文章中的精义。笔者印象最深者有《芜城赋》、《海赋》和《月赋》三篇，他老先生讲到兴会得意时，才不理会什么四点钟的下课铃，有时一高兴就讲到五点多钟才勉强结束。当他解说《海赋》时，不但形容大海惊涛骇浪，汹涌如山，而且叫我们特别要注意讲义上的文字，留神一看，果然满篇文字多半都是水旁的字，叔雅师说姑不论文章好坏，光是看这一篇许多水旁的字，就可令人感到波涛澎湃瀚海无涯，宛如置身海上一般。有一天他老先生才上了半小时的课，讲完了上一课未完的一篇文章，他突然宣布道：今天提早下课改在下周三（农历五月十五日正值月满之期）晚饭后七时半继续上课。届时在校园内摆下一圈座位，听他老人家坐在中间讲解《月赋》，那是距离人类登陆月球四十多年前的事情，大家想象中的月宫是何等的美丽，所以老先生当着一轮皓月大讲其《月赋》，讲解的精辟和如此别开生面而风趣的讲学，此情此景在笔者一生中还是第一次经历到的。待学期结束后，文法学院也就迁往昆明上课，这种月下花间讲解《月赋》的情景，再也不可能旧梦重温了。（宋廷琛：《忆刘文典师二三事》，载台湾《传记文学》第四十四卷第四期，第55页）

6月，陈寅恪作《蒙自南湖》诗，先生曾手录此诗赠云南学者马竹斋。全诗如下：

风物居然似旧京，荷花海子忆升平。桥边鬓影犹明灭，楼上歌声杂醉醒。南渡自应思往事，北归端恐待来生。黄河难塞黄金尽，日暮关山几万程。（据刘文典手录诗稿，见刘平章《刘文典传闻轶事》，第121页）

先生手录原件现存于蒙自县档案馆。据三联版《陈寅恪集·诗集》，此稿与陈寅恪最后定稿略有出入，首联中"风物"改为"景物"，颔联中"犹明灭"改为"还明灭"、"楼上歌声"改为"楼外笙歌"，尾联中"日暮关山"改为"日暮人间"。

陈寅恪致刘文典夫人函

7月，任继愈从北大哲学系毕业，考入北京大学文科研究所，继续留在西南联大，与先生素有往来。1995年，云大中文系教授张友铭拟邀任继愈为《刘文典全集》作序。任回函谦称：

> 叔雅先生是我平时敬重的老师之一，欣闻刘先生遗著准备出版，十分高兴。叔雅先生治学范围广博，昔年虽曾受业，但难以窥其涯之矣。昔年及门者不乏硕学之士，您的推荐，我感谢十分，还望您再考虑考虑，当有更合适的人选，我就不写序文了。

（任继愈致张友铭函，未刊稿，1995年3月23日）

8月4日，远在英国伦敦的胡适作八行诗《寄给北京的一个朋友》，希望周作人南下，不要做汉奸。但周作人以"庵里住的好些老小"为由婉拒，继续担任伪职。对于周的附逆，先生曾深为感叹："读书人要爱惜自己的羽毛。"据时任西南联大国文系助教吴晓铃撰文回忆：

> 我初到昆明，叔雅先生见面便问周作人的景况。我答以胡适曾从伦敦以"藏晖居士"的名字给他写了一首八行诗劝他到昆

明去,结句说:"天南万里岂不太辛苦?只为智者识得重与轻。"然而自称"苦住老人"的周氏在他的十六句和诗里则以"家中还有些老小"做推脱之语。叔雅先生听了很生气,愤愤地说:"连我这个吸鸦片的'二云居士'都来了,他读过不少的书,怎么那样不爱惜羽毛呀!"四十多年过去了,言犹在耳。(吴晓铃:《忆刘叔雅先生数事》,载《春城晚报》1985年8月6日)

8月15日,选修先生《庄子》课程的西南联大历史系二年级学生王玉哲写成读书报告《评傅斯年先生"谁是齐物论之作者"》一文,对傅斯年认为《齐物论》"是慎到的著作,不是庄周的说法"一说提出异议,得到先生赞赏,并附有批语。此事后来引发小小风波,据王玉哲回忆:

> 在1938年春,西南联大文法学院因校舍问题,改在云南蒙自上课。我是历史系二年级的学生,选了刘文典先生的"庄子"一课,作了一篇读书报告,题为《评傅斯年先生"谁是齐物论之作者"》一文。我对傅先生认为《齐物论》是慎到的著作,不是庄周的说法,提出异议。当时颇得刘文典先生的赏识。当年秋后文法学院从蒙自又回到昆明。我这篇文章在联大教师间有所传阅。联大教师如冯友兰、闻一多等先生都读到我的原稿,极为称赞。顾颉刚先生以前同意傅先生的说法,在读了我那篇文章后,也改变过来,并主动推荐寄到《逸经》杂志。因为傅先生是我最尊敬的学者之一,未经他同意我暂不发表。所以,我又请顾先生把稿子索回。罗常培先生正主编《读书周刊》需要稿件,对我说,他想把我的文章拿去请傅先生作个答辩,与我的文章同时刊出,我同意了。可是傅先生看到我那篇文章后很生气,不但不写答辩文章,而且对我的意见很大。因此,我之此文便一直度置箱底,至少在傅先生在世时我不打算发表了。

这个事件在联大师友之间颇有流传……1940年暑假前,我是在这种气氛中报考北大文科研究所的。有的同学对我说,你的成绩好,考取绝对没有问题;有一个教过我日文的老师对我说,只要不是傅斯年看考试卷,就一定会考上。我也被这些称赞冲昏了头脑,也认为考试很有把握。

　　当时北大文科研究所所长是胡适先生,副所长是郑天挺先生,胡先生在美国未归,由傅斯年先生兼代理所长。听说傅先生在审查我的论文时,一看我的名字,就把我的报考论文提出来,对别的老师说,这类学生我们不能录取,他的城市味太浓,不安心刻苦读书,专写批驳别人的文章。可是其他审核论文的老师,老给我说好话,并大力推荐。于是论文一关算通过。另外还有笔试,也勉强通过。最后是口试一关。面试我的老师,正是我最怕见到的傅先生。傅先生问我几个问题,记得全很难回答,其中有一问题是:《秦公簋》铭文中"十有二公"是哪十二公,是从非子算起,还是从秦仲算起?还是从襄公算起?该器是什么时代作的?这一连串问题,问得我张口结舌,汗流浃背。我完全没料到会问金文上这些问题。

　　当天考试下来,我自然是捏着一把汗,对我今后的去向渺茫了。

　　后来听说在录取会议上,傅先生本来主张不录取我,为了照顾其他先生的意见,最后把我录为"备取生"(过去学校招生,在正式录取名额以外,还录取数名,以备正取生不到时递补)。并且说,他还要到四川去招生,如果招不到更好的,再把我由备取生转为正式生。(王玉哲:《古史集林》,第9~11页,中华书局,2002年9月第1版)

　　此事是否系先生与傅斯年交恶之起因,有待进一步考证。所幸王玉哲后来顺利转为正式生,进入北大文科研究所学习,并成为中国著名先秦史专家。

8月23日,蒙自分校课程结束,西南联大文法学院师生迁回昆明。据《国立西南联合大学史料·教职员卷》记载,先生迁回昆明后,住"一丘田十号"。

9月28日,日军敌机首次空袭昆明,而后一再狂轰滥炸。联大教授纷纷"跑警报"以避之。据《吴宓日记》记载:

【九月二十八日　星期三　阴】是晨,日机九架轰炸昆明。初次。联大教职员学生所居住之西门外昆华师范,落弹最多。一楼全毁。幸教授皆逃出,仅损书物。死学生二人,由津来复学者。校役三人,又教职眷属二三人。阅二日,陈福田有英文函详述此事。宓倘早赴昆明,亦必住此楼中也,幸哉。(《吴宓日记》卷六,第357～358页)

对于"跑警报"情形,先生曾致函胡适:

所堪告慰于老友者唯有一点,即贱躯顽健远过于从前,因为敌人飞机时常来昆明扰乱,有时早七点多就来扫射,弟因此不得不黎明即起,一听警报声,飞跑到郊外山上,直到下午警报解除才回寓。因为早起,多见日光空气,天天相当运动,都是最有益

西南联大时期的刘文典

于卫生,所以身体很好。弟常说,"敌机空袭颇有益于昆明人之健康",并非故作豪语,真是实在情形。(刘文典致胡适函,见耿云志主编《胡适遗稿及秘藏书信》卷三九,第760页)

10月18日,西南联大常委会第91次会议议决,聘请先生等文学院各系教授。其中中国文学系教职员有:

  教授:朱自清 罗常培 罗庸 魏建功 杨振声 陈寅恪
     刘文典 闻一多 王　力 浦江清 唐兰 游国恩
  副教授:许维遹 陈梦家 余冠英(齐家莹:《清华人文学科年谱》,第216页)

本学年度,先生依旧担任《文选》、《庄子》两科教职。

10月22日,朱自清拟邀先生等三人为教学委员会委员。

【二十二日 星期六 阴】(杨)今甫去重庆。大一中文审议会今天下午开会。大一中文阅读班将分为六部分,每一教授与讲师均授课。我们将邀请魏(建功)、罗莘田和刘文典为教学委员会委员。(《朱自清全集》卷九,第556页)

11月,西南联大1938—1939年度第一学期开始注册选课。是时,杨振宁考入西南联合大学,曾听先生授课。当时,西南联大规定国文为大学一年级学生必修课,并采用教授轮流教学法授课。据西南联大毕业生、翻译家许渊冲回忆:

凌霄阁是三楼的大教室。在这里,杨振宁和我听过闻一多讲《诗经·采薇》,陈梦家讲《论语·言志》,许骏斋讲《左传·鞍之战》,朱自清讲《古诗十九首》,刘文典讲曹丕的《典论·论文》,罗庸讲《杜诗》,浦江清讲李清照的《金石录后序》,唐兰讲刘知几的《史通》,魏建功讲鲁迅的《狂人日记》等等。这一年的大一国文由中国文学系的教授轮流讲课,每人各讲两周,每周讲三学时,真是空前绝后的精彩。(许渊冲:《诗书人生》,转引自苏国有《杨振宁在昆明的读书生活》,第93页,云南人民出版社,2009年11月第1版)

关于先生讲解《典论·论文》情形,许渊冲另有文字:

> 他讲曹丕《典论·论文》,一边讲一边抽烟,一支接着一支,一小时只讲了一句。文中讲到"文人相轻,自古而然","夫人善于自见,而文非一体,鲜能备善,是以各以所长相轻所短","常人贵远贱近,向声背实",他讲得头头是道。(许渊冲:《逝水年华》,第27页,生活·读书·新知三联书店,2008年1月第2版)

## 1939年(民国二十八年己卯)　　年四十八岁

1月16日,先生的得意门生、西南联大青年教师陶光拜访朱自清,谈先生批评陈梦家一事。

> 【十六日　星期一　晴】晚饭后陶先生来访,谓刘叔雅尖锐地批评了陈梦家。(《朱自清全集》卷十,第7页)

5月1日,西南联大国文系教员余冠英拜访朱自清,谈先生所议清华教师聘用之事。

> 【一日　星期一　晴】晚冠英来。李嘉言、刘叔雅告以清华学校之教师只聘二人,即刘、陈,而李则望升迁也。(《朱自清全集》卷十,第22页)

6月21日,清华大学第二次聘委会议通过"1939年度清华续聘各系、所教授、副教授、专任讲师名单",中国文学系教授有:朱自清、陈寅恪(与历史学系合聘)、刘文典、闻一多、王力、浦江清。(齐家莹:《清华人文学科年谱》,第223页)

6月27日,国立西南联合大学常务委员会第111次会议通过决议,自下学年起,聘沈从文为西南联大师范学院国文学系副教授,月薪280元。关于先生与沈从文的关系,说法颇多,近乎传闻。据许渊冲回忆:

他(刘文典)轻视作家,公开在课堂上说:"陈寅恪才是真正的教授,他该拿四百块钱,我该拿四十块钱,沈从文只该拿四块钱。"有一次跑空袭警报,他看到沈从文也在跑,便转身说:"我跑是为了保存国粹,学生跑是为了保留下一代希望,可是该死的,你干嘛跑啊!"(许渊冲:《逝水年华》,第27页)

散文家吴鲁芹也曾写过类似故事,但西南联大毕业生、著名诗人马逢华则认为仅凭传闻,不足为据:

这则故事见于吴鲁芹先生《余年集》:

在昆明的西南联大,有一件流传甚广的故事,某一天日机空袭,联大教授学生们照例疏散到城外去躲避。天下事无巧不成书,当大家或疾走或快跑,争先恐后之际,小说家沈从文从庄子专家刘文典身边擦肩而过,刘老略现不悦之色,乃对同行的学生说:"沈从文是替谁跑警报啊!这么匆匆忙忙地!我刘某人是替庄子跑警报,他替谁跑?"

吴先生真不愧是文章高手,但凭传闻,就能写得如此绘影绘声,如在左右。不过西南联大文学院所在地之"新校舍"(也就是联大的校本部),位于昆明北郊,本来已在城外。遇有警报,师生们就无须"照例疏散到城外去"了。而且昆明有陈纳德的飞虎队(后来改称第十四航空队)坐镇,有恃无恐,偶有"预行警报",联大师生也只是不慌不忙地向大饭厅后面的空旷山坡地带疏散而去,很少见到争先恐后,摩肩擦肘的情形。(马逢华:《教授写真》,转引自鲁静、史睿《清华旧影》,第204页,东方出版社,1998年12月第1版)

8月1日,先生与顾颉刚、冯友兰、朱自清等人同赴钱伟长、孔祥瑛宴请。据《顾颉刚日记》记载:

【八月一号星期二】……赴钱孔吉席。九时许,冒大雨归。与佩弦同行。

今晚同席：吴正之夫妇　芝生　钱临照夫妇　佩弦　张为申夫妇　戴振铎　吴大猷　刘叔雅　容琬　共六桌（以上客）钱伟长　孔祥瑛（以上主）(《顾颉刚日记》卷四，第262页）

10月2日，国立西南联合大学1939—1940年度第一学期开始上课，先生担任《中国文学专书选读·文选》和《中国文学专书选读·温飞卿集、李义山集》两科教职。

西南联大毕业生郑临川曾整理出先生温李诗笔记，开头写道：

什么是诗？下个定义说：诗是人的思想感情用美的组织与声调所表现出来的艺术形式。我曾风趣地用"观世音菩萨"五个字来概括，意思是作诗要包涵（含）三个因素，第一是"观世"，指的是生活阅历，第二是"音"，要有美的声调，第三是"菩萨"，即必须有伟大的同情心。

唐诗是我国诗歌最发达的时期，原因是：(一)思想自由，佛道两家思想同时并行，不受儒学限制；(二)音乐发达，当时国乐与印度西域等域外音乐交流融汇，成为世界的音乐中心，诗歌的音律由此得到促进和提高。(郑临川：《先师谈诗录》，载《名作欣赏》1985年第3期，第63页）

在讲温庭筠《寄渚宫遗民弘里生》时，先生又道：

诗人本领像面团者的工艺一样，可随意塑制各种不同的事物形态，使人叹赏其绝技。我曾作过有趣的比喻，诗人是上帝的老师，上帝所造的天地万物在诗人眼里都像小学生的绘画，必须经过老师的改正润色，然后才成为完美的艺术品。（郑临川：《先师谈诗录》，载《名作欣赏》1985年第3期，第64页）

关于先生艺术创造的观点，西南联大毕业生、文艺理论家孙昌熙曾与人联名撰文回忆：

当年刘文典（叔雅）先生在西南联大开过三门课："庄子"、"文选"和"温（飞卿）李（商隐）诗"。事隔数十年，具体情况，已经忘记了，但有两段话却铭刻在心：一个是文字有三种美——音乐、图画和整齐；另一个是题外的话，反而偏偏记牢，说到艺术的创造，大意是即使有天才的想象，也离不开现实（生活和自然），现实没有的就无法创造。

譬如"龙"是天才的想象，是最惊人的创造，是凭空臆造无中生有的。然而您想想，他身上哪一部分不是大自然所有所提供的，他的头是牛头，角是从鹿那里借来的，利爪是鹰的，身体是蛇的……而且他是按自然规律组织起来的，头在前，尾在后，四爪在下支持着身体，而不是生在背上……不然就不能行动，也不像个生物——爬虫。

听了很觉新奇，其实是真理，是艺术真实，于是恍然大悟，便牢记在心。（孙昌熙、李思棪：《两条龙——从图腾到艺术》，载《云南师范大学学报·哲学社会科学版》1990年第2期，第109页）

10月，当代作家、散文家、戏剧家汪曾祺考入西南联大中国文学系，师从沈从文等名家。关于西南联大课堂，汪曾祺曾写下许多生动回忆：

联大教授讲课从来无人干涉，想讲什么就讲什么，想怎么讲就怎么讲。刘文典先生讲了一年《庄子》，我只记住开头一句："《庄子》嗐，我是不懂的喽，也没有人懂。"他讲课是东扯西拉，有时扯到和庄子毫不相干的事。倒是有些骂人的话，留给我的印象颇深。他说有些搞校勘的人，只会说甲本作某，乙本作某——"到底应该作什么？"骂有些注释家，只会说甲如何说，乙如何说："你怎么说？"他还批评有些教授，自己拿了一个有注解的本子，发给学生的是白文,"你把注解发给学生!要不,你也拿一本白文!"他的这些意见,我以为是对的。他讲了一学期《文选》,只讲了半篇木玄虚的《海赋》。好几堂课大讲"拟声法"。他在黑板上写了一个挺长的法国字,举了好些外国例子。(汪曾祺:《西南联大中文系》,见《汪曾祺文集·汪曾祺散文》,第148页,广西人民出版社,2006年11月第1版)

11月14日,陈寅恪作《刘叔雅〈庄子补正〉序》,高度评价先生此著:

> 合肥刘叔雅先生以所著《庄子补正》示寅恪,曰:"姑强为我读之。"寅恪承命读之竟,叹曰:先生之作,可谓天下之至慎矣。其著书之例,虽能确证其有所脱,然无书本可依者,则不之补;虽能确证其有所误,然不详其所以致误之由者,亦不之正。故先生于《庄子》一书,所持胜义,犹多蕴而未出,此书殊不足以尽之也……然则先生此书之刊布,盖将一匡当世之学风,而示人以准则,岂仅供治《庄子》者之所必读而已哉!(《刘文典全集》卷二,第1页)

12月7日,先生点校《吕氏春秋》并作简端记。据云南大学中文系张友铭1985年题记:

> 云大图书馆藏经训堂丛书本及四部丛刊明刊本《吕氏春秋》简端,均有叔雅师批语。先生"胸中自有善本",某书一经先生批点、匡正,遂成善本,使后之学者,深受其惠,乃整理古籍之宝贵资料。辑录成帙,便为名著,孙诒让之《札迻》即是一例。惜先生私人藏书均散失于抗战中矣。
>
> 兹谨将两部《吕览》简端所记辑录。又先生于毕本目次后书有题记,并恭录之。
>
> "民国二十八年十二月上旬,以朱笔点一通。寒夜无聊,每达旦不瞑。惜不前善本核订,但加句读耳。七日夜半点毕。记于

昆明晚翠园。文典。"

  毕本共三册。每册封面有先生题字,曰:"文典点定本"、"叔翁点过"、"文典曾读"。(刘文典遗稿、张友铭辑录:《〈吕氏春秋〉简端记》,见《西南古籍研究》,第133~134页,云南大学西南古籍研究所,1985年编印)

## 1940年(民国二十九年庚辰)　　年四十九岁

  2月12日,先生为国立中正医学院两学生继续学业事宜致函该院院长王子玕求情担保。先生在信函中写道:

    敬启者:贵校三年级学生叶绍淇、宁锡霖仍愿继续肆业,恪遵校章,对于前事,均已深悔,倘蒙曲与成全,俾得完成学业,不胜欣盼。典愿负完全责任,为之担保,此之。中正医学院,王院长(子玕)。清华大学教授刘文典。民国二十九年二月十二日。(刘文典致王子玕函,未刊稿)

  信函日期下有注,"十四日刘医师交来"。国立中正医学院由著名医学教育家王子玕担任院长,于1937年9月在南昌招收第一班学生,后因抗战爆发,四处迁徙。1938年11月4日,教育部下令该学院迁设昆明。先生信函中所提"对于前事,均已深悔",应为学生闹学潮之事。

  1940年1月,中正医学院在昆明时,该院学生因对当局不满,又对学院内部政治腐败,教学混乱,应用解剖学教师讲课毫无条理,随便乱扯,教学效果极差的现象产生极大反感,同时因学院扣压学生贷金,以致学生生活极其困难,甚至断炊绝食,因而向校方要求调换教师,改进教学方法,及时发放贷金等,均遭院方拒绝。由此,三年级学生万德元等罢应用解剖学考试,并向全国呼吁,还将呼吁书刊登在重庆《中央日报》上。同时他们向社会散发"反饥饿、反迫害、反独裁"的传单等,斗争经历半年之久。1940年2月底,当局进行镇压,开除学生万德元等42人,派出荷枪实弹的伪宪兵多人,将手无寸铁的学生拖上汽车,从昆明白龙潭押至昆明市的难民营内监禁一个多月才释放。1940年3月,该院恢复了上述开除学生中的25人的学籍。(徐书生:《培植公医人材的国立中正医学院》,南昌市网上家长学校网站)

5月13日,先生复函吴宓,并经吴宓介绍认识顾良,受邀入石社。石社成立于前一日,以研究《石头记》为宗旨,顾良任总干事。

【五月十三日 星期一】晴。晨7:00,陈舜年送刘文典复函来。8—10上课,讲《佛教与印度》。叶宅午晚饭。下午1—3寝息。3—4至昆北,介绍顾良见刘文典。邀入石社。良来舍,借宓款$30去。(《吴宓日记》卷七,第168页)

5月15日,国立西南联合大学1939—1940年度交入毕业论文提交最后限期,先生负责指导中国文学系毕业生两人,一为王鸿图,论文题目为《庄子研究》;一为董庶,论文题目为《声病论在中国文学史上的实际影响》。(《国立西南联合大学史料·教学科研卷》,第107~108页)

5月16日,先生在昆明文林堂讲演《日本侵略中国之思想的背景》。

【五月十六日 星期四】晴。晨,至文林堂未见布告,怒。归,函宸责诉。再往,则布告已贴出。急毁函,幸未发。此宓躁急之失也。与榆端立谈。然后早餐。上午,补撰日记。叶宅午晚饭。下午1—3寝息。整理衣物。晚7—9,在文林堂陪刘文典讲《日本侵略中国之思想的背景》。听众极多。典谈次,对诸生赞宓"所言皆诚而本于经验"云。(《吴宓日记》卷七,第169页)

5月22日,清华大学召开迁昆明后第七次聘任委员会会议,议决续聘先生与朱自清、陈寅恪、闻一多、王力、浦江清为文学院中国文学系教授。(闻黎明、侯菊坤:《闻一多年谱长编》,第584页,湖北人民出版社,1994年7月第1版)

5月23日,先生在昆明文林堂讲演《庄子哲学》。

【五月二十三日　星期四】晚7—9,文林堂陪刘文典讲《庄子哲学》。二学生伴宓归舍,9—10在操场伫立久谈。(《吴宓日记》卷七,第172页)

关于先生演讲《庄子》情形,西南联大毕业生吴晓铃回忆:

在西南联合大学,我听过叔雅先生讲《庄子》,不是在"破瓦寒窑"式的所谓"新校舍",而是在大西门里文林街的基督教文林堂,那儿的牧师常常邀请昆明各大学的教授去作学术报告,爱讲什么就讲什么,反对宗教迷信都没有关系,倒也开明豁达。叔雅先生报告中给我印象最深的是他解释《庄子》第二十七篇《寓言》里"万物皆种也,以不同形相禅,始卒若环,莫得其伦,是谓'天均'"的"天均"。他使用了一个西方哲学的用语说:"'均'就是Natural balance 嘛!"言简意赅,一语中的,不能不使人钦服。现在回味起来,觉得其味无穷。Natural balance 岂不就是大家经常长在嘴上的"生态平衡"么!老师宿儒的横通功力,后学者诚难望其项背,不愧被反将赐以"学术权威"之嘉名也。(吴晓铃:《忆刘叔雅先生数事》,载《春城晚报》1985年8月6日)

6月1日,吴宓读先生点校《大唐西域记》。本月10日、11日、12日,吴宓日记中均有读此书之记录。

【六月一日　星期六】晴。上午读《西域记》,刘文典君批校注本。叶宅午饭。(《吴宓日记》卷七,第174页)

6月18日,吴宓来访。此前,西北大学欲聘吴宓为文学院长兼外文系主任,吴宓"怦然心动",但在与先生等人交谈后决定仍留昆明。

【六月十八日　星期二】访刘文典于其寓宅(一丘田五号)。还书。又借书。久谈,极佩。决留昆明读书矣。时已下午2:30。雨,日月新午餐。乃归。(《吴宓日记》卷七,第180页)

6月26日,西南联大第147次常委会议决,聘罗常培为西南联大文学院中国文学系兼师范学院国文系主任。(齐家莹:《清华人文学科年谱》,第236页)

7月1日,因朱自清休假,清华大学校长梅贻琦函请闻一多代理清华大学文学院中国文学系主任。(齐家莹:《清华人文学科年谱》,第237页)

9月22日,梅贻琦服务清华大学25周年茶会在云大至公堂举行。先生为之撰题名录序,悬于纪念会入场处。

**西南联大时期的吴宓**

梅校长月涵先生在母校任教,今夏满廿五年,昆明同学会特定于九月廿二日(联大开学前一日)举行茶会,以资庆祝。是日也,朝雨初晴,天朗气清,云大至公堂中悬林主席题赠"育材兴邦"四字横额,两旁柱上分悬祝贺之楹联立轴,演讲台前陈花篮礼物,入会场处悬刘文典教授撰之题名录前序,其旁即陈展备就之签名纸,请与会来宾校友签名,下午二时起来宾纷纷来集,三时半开会。(沈刚如:《梅校长任教母校廿五年昆明校友会公祝

会记》,转引自黄延复《梅贻琦先生纪念集》,第44页,吉林文史出版社,1995年2月第2版)

对于梅贻琦,先生在题名录序中赞道:

缅维校长,讲学莅事,廿有五稔,百年树人,既四分而有一;六爻系《易》,亦两贯而兼三。功既伟矣,德莫大焉,不有题名,曷光盛事!同人等俱沾凯泽,咸挹风猷,于是署兹方册,昭宣仰止,庶显显令问,播芳蕤于无穷,济济英贤,被薰风于有截。(刘文典:《梅校长任职廿五年纪念题名录序》,转引自黄延复《梅贻琦先生纪念集》,第24页)

9月24日,吴宓来访,先生整理行装,准备迁往乡间居住。

【九月二十四日 星期二】宓至叶宅午饭。下午2—3访典(一丘田五号)。还书。方整装,将移家乡居。(《吴宓日记》卷七,第234页)

先生南迁后,因日军空袭,曾数次搬家。吴宓所见,应是迁往龙翔街。

9月,国立西南联合大学1940—1941年度第一学期开学,先生担任《中国文学专书选读·庄子》和《中国文学批评》两科教职,同时,在国立西南联合大学师范学院国文系担任《中国文学专书选读·庄子》教职。(《国立西南联合大学史料·教学科研卷》第205、229页)

10月28日,敌机来袭,先生"跑警报时",偶遇吴宓。吴邀其为之改诗。

【十月二十八日 星期一 晴】晨,上课不久,7:15警报至。偕恪随众出,仍北行,至第二山后避之。12:30敌机九架至,炸圆通山未中,在东门扫射。时宓方入寐,恪坐宓旁。是日读《维摩诘经》,完。觉此经(一)似《薄伽梵歌》行而无著之主旨。(二)有中国老庄及禅宗之理趣及词调。2:00同恪在第二山前食涂酱米饼二枚。遇缘。(明日,又遇于此)。继3—4在第一山前土洞中,与刘文典夫妇谈。请典改润宓作寿遐诗。(《吴宓日记》卷七,第253页)

10月29日,吴宓拜访先生。

【十月二十九日　星期二　晴】(警报)解除后,4—5访典于龙翔街72楼上新宅。吸烟。诗未改完。(《吴宓日记》卷七,第254页)

10月30日,吴宓来访,先生为之改定新诗。

【十月三十日　星期三　晴】9:00偕正再访典,诗改就。乃回舍寝。(《吴宓日记》卷七,第254页)

10月31日,吴宓寄出先生为其所改新诗《祝叶遐庵丈六十寿》。

【十月三十一日　星期四　晴】作航函上叶遐庵丈(恭绰)。香港。干德道五十五号。写寄《祝叶遐庵丈六十寿》诗一首。录此。生日为十一月四日。

清门世德重儒林,政事文章早共钦。缩地曾筹兴国策,回天独抱济时心。煌煌经牒如来教(佛灭度后四百年,犍陀罗国迦腻色迦王,因胁尊者之请,以赤铜为牒,镂写经文,石函封记。奥义重明,王之力也),袅袅词坛正始音。风义平生师友笃(遐庵丈历年曾校刊文道希先生及曾刚甫、罗瘿公等诸君遗集,并恤其孤),故应眉寿仰高岑。

此诗承典修改,又加第五句注,始颇平妥。(《吴宓日记》卷七,第255页)

## 1941年（民国三十年辛巳）　　年五十岁

1月6日，皖南事变发生，中共西南联大地下党支部部分党员开始疏散离校。

5月12日，罗常培因公赴叙永分校，离校期间，由闻一多代理西南联大中国文学系主任一职。（齐家莹：《清华人文学科年谱》，第254页）

夏，因昆明龙翔街寓所被日军飞机炸毁，先生只得移居官渡镇，先住在官渡孔子楼中，后借住于西庄村李姓村民家。据云南文史学者郑千山写道：

> 在昆明期间，为躲避日机空袭，刘文典一家曾先后在一丘田、龙翔街、官渡西庄等处住过。60多年后，刘文典次子平章还能依稀记起当时"躲警报"的情景。记得龙翔街寓所被炸时屋顶的窟窿和满屋被炸乱的衣物、书籍……艰难困窘，其实并未消磨了刘文典内心深处的忧患意识。移居昆明滇池之滨的官渡西庄时，他仍坚持每天赶几小时的路进城上课，他说："国难当头，我宁愿被日机炸死，也不能缺课！"（郑千山：《独立苍茫看落晖——抗战中的刘文典》，见刘平章《刘文典传闻轶事》，第165～166页）

移居官渡期间，先生曾赋诗二首：

> 西庄地接板桥湾，小巷斜邻曲水间。不尽清流通滇海，无边爽气抱西山。云含蟾影松阴淡，风送蛩声苇露寒。稚子临门凝望久，一灯遥识阿爷还。
>
> 绕屋松篁曲径深，幽居差幸得芳林。浮沉浊世如鸥鸟，穿凿残编似蠹蟫。极目关河余战骨，侧身天地竟无心。寒宵振管知何益，永念群生一涕零。（《刘文典全集补编》，第111～112页）

7月，先生撰《庄子补正》自序，谈校勘《庄子》缘起：

亡儿成章，幼不好弄，性行淑均。八岁而能绘事，十龄而知倚声。肄业太学，遂以劬学病瘵。余忧其疾之深也，乃以点勘群籍自遣。《庄子》之书，齐彭殇，等生死，寂寞恬淡，休乎天均，固道民以坐忘，示人以悬解者也。以道观之，邦国之交争，等蜗角之相触；世事之治乱，犹蚊虻之过前也。一人之生死荣瘁，何有哉！故乃玩索其文，以求微谊，积力既久，粗通大指。复取先民注疏，诸家校录，补苴谠正，成书十卷。呜呼！此书杀青，而亡儿宰木已拱矣。盖边事棘而其疾愈深，卢龙上都丧，遂痛心呕血以死也。五稔以还，九服崩离，天地几闭，余复远窜荒要，公私涂炭。尧都舜壤，兴复何期，以此思哀，哀可知矣。虽然，《庄子》者，吾先民教忠孝之书也，高濮上之节，却国相之聘，孰肯污伪命者乎！至仁无亲，兼忘天下，孰肯事齐事楚，以忝所生者乎！士能视死生如昼夜，以利禄为尘垢者，必能以名节显。是固将振叔世之民，救天下之弊，非以违世陆沉名高者也。苟当世之君子，善读其书，修内圣外王之业，明本数末度之道，使人纪民彝复存于天壤，是则余董理此书之微意也。是为序。中华民国三十年七月合肥刘文典序于官渡之学稼轩。（刘文典：《庄子补正·自叙》，根据手稿整理，原件现藏于安徽大学刘文典纪念室）

10月6日，国立西南联合大学1941—1942年度第一学期开学，先生担任《中国文学专书选读·文选》和《温李诗》两科教职。同时，在国立西南联合大学师范学院国文系担任《中国文学专书选读·文选》教职。（《国立西南联合大学史料·教学科研卷》，第235、263页）

11月18日，吴宓来访，未遇先生。

【十一日十八日　星期三　晴】文林午饭。米饭赠为$1。在系中遇卢飞白，述宓苦衷。下午1—2上课。以座位事，对某女生发怒，颇悔。以宓内情悲郁，人莫能识也。访刘文典，未得见。

(《吴宓日记》卷八,第202页)

12月3日,先生遇见吴宓,谈温庭筠、李商隐诗。

【十二月三日　星期三　晴】文林午饭。毕,出遇刘文典。再陪文林午饭。谈温、李诗。下午1—3上课。3—5访宁。宁陪宓往孝园,取出《辞源》上下二册。即送交琼借阅。宁请宓新新晚饭。(《吴宓日记》卷八,第207页)

12月9日,先生赞吴宓诗作"置之李义山诗中,可以乱真"。

【十二月九日　星期二　晴】恒丰晚饭。晚刘文典来,读宓《诗稿》。赞宓《送寅恪》五古诗。而最取宓《无题》七律。谓"置之李义山诗中,可以乱真"。又评琼诗"刻意做作,未能纯熟。若学长吉,恐入魔道"。雪梅诗,则"浑融有情,远胜琼所作"云云。(《吴宓日记》卷八,第210页)

12月16日,吴宓宴请先生。

【十二月十六日　星期二　晴】夕5—6立门外候典。久久乃率赵希陆(国文系助教,赵太侔子)至。宓请二人适园便餐($10)。乃至工合会楼上茗谈。遇陈雷(鸣夏)将军。论中国必当以全力取暹、越。宓请典改诗。10:00归。(《吴宓日记》卷八,第215页)

12月25日,在1万多名英军顽强抵抗18天之后,时任港督杨慕琦宣布向日军投降,香港沦陷。先生存留在香港的大量珍贵手稿和书籍被劫掠到日本,存放于东京上野图书馆。据先生次子刘平章回忆:

次年(1939年)余与先慈收拾行李,带上先父多年收藏的珍贵的书籍(共三箱六百四十六册)取道天津至越南,途经香港换船登岸。香港大学教授马鉴(先父学生)看到先慈只身一人携带数十件行李加上三大箱藏书,又带上余(当时余只有四岁),旅途艰辛劳累,建议不如先将藏书暂寄存香港大学。认为香港为英国属地,估计日本人不会侵犯,待中日战争结束再取。先慈觉得有道理就将三箱藏书留存香港。先慈和余到达昆明,先父见到我们问的第一句话就是书运到没有。当听到书未运到时,当即抱怨先慈,宁可将所有的行李不要,也不可将书不带走,今后如何再做学问。但事已如此,只好作罢。1941年12月太平洋战争爆发,香港被日寇占领,从此藏书下落不明。抗战胜利后,先父曾致信香港马鉴教授询问藏书情况,马教授回信称"藏书已被日寇掠走,下落不明"。(刘平章:《日寇掠走先父刘文典藏书追踪记》,未刊稿)

## 1942年(民国三十一年壬午)　　年五十一岁

1月13日,先生拜访朱自清,谈陈寅恪、鲁迅诸事。

【十三日　星期三　晴】晚饭后访刘叔雅不遇,余冠英来,原原本本讲了上午关于莘田月薪的辩论情况。从利害的分析上我劝莘田不要辞职,他接受了。叔雅自学校来,谈"捣衣"问题,并谈及陈寅恪的《庄子补正》的序文,鲁迅和《颜氏家训》以及诸子书中说理的韵文。(《朱自清全集》卷十,第144页)

3月3日,先生在西南联大南区讲李商隐《锦瑟》一诗,并与吴宓畅谈。

【三月三日　星期二　晴】刘文典来,1—3久谈。典评李商隐诗,谓诗人必具真情。对宓甚加赞誉。3:00送典。上课。宁请昆华夕餐。4—5访昕、铨,察看北门街98之房室。访水,留柬。5—6请宁新新晚饭($4)。

晚7—9南区20乙教室(7)听典讲李义山《锦瑟》诗。9—11

陪典及鼎文林街9茶馆（＄1）坐，聆典畅谈。归玉龙堆舍宿。（《吴宓日记》卷八，第258页）

关于先生讲授《锦瑟》情形，弟子傅来苏曾有记录：

> 有一次讲李商隐《锦瑟》一诗时，对诗中"锦瑟"的说法——是"爱妾"，是"乐器"？旁征博引，加以解释，并认为"锦瑟"是令狐楚（或其子）之妾一说较荒唐，盖义山乃令狐楚之徒，不可能不顾师生、师兄弟之情谊吧？后又从诗的声调上明确，"先"韵是沉重的长叹而非意切的号啕。先生兴致极佳，边吟诵，边感叹，下课钟声响了，先生仍处于"追忆""惘然"之中，下一节课的某教授早在教室门外等候，我们这群学生也不敢提醒先生，大约过了20多分钟，先生的感情渐渐平息，掏出怀表一看，才"哦，哦"了两声，慢慢起身，包好书本，夹在腋下，缓缓走出教室。（傅来苏：《是真名士自风流》，见刘平章《刘文典传闻轶事》，第56~57页）

3月10日，先生讲李商隐诗。

【三月十日　星期二　晴】晚7—9听典讲李义山诗。送典至工合。（《吴宓日记》卷八，第262页）

3月11日，吴宓拜访先生。

【三月十一日　星期三　晴】6:00起，渐复恒时。8—9上课。携洗衣（＄8）归。圆通街早餐。10—1工合访典，并见工合处长余大炎（江西）。（《吴宓日记》卷八，第262页）

3月16日，西南联大国文学会举办中国文学十二讲，邀请朱自清讲"诗的语言"，沈从文讲"短篇小说"、冯友兰讲"哲学与诗"、罗常培讲"元曲中之故事类型"等。当天，先生应邀在昆明师院露天讲演《红楼梦》。

【三月十六日　星期一　晴】晚，偕水及雪梅在师院7—9听典露天讲《红楼梦》。见琼在众中。宓偕雪梅归途。遇琼与珍共

坐日月新咖啡店。宓举帽为礼,未及介绍,以雪梅不欲也。(《吴宓日记》卷八,第265页)

关于先生露天讲演《红楼梦》情形,西南联大毕业生马逢华曾有回忆:

> 那次是刘文典讲《红楼梦》,校园里到处都贴满了海报。时间是某天晚饭以后,地点在图书馆前面的广场上。届时早有一大群学生席地而坐,等待开讲。其时天尚未黑,但见讲台上面灯光通亮,摆着临时搬来的一副桌椅。不久,刘文典身穿长衫,登上讲台,在桌子后面坐下。一位女生站在桌边,从热水瓶里为他斟茶。刘文典从容饮尽了一盏茶,然后霍然起立,像说"道情"一样,有板有眼地念出他的开场白:"只—吃—仙—桃——一口,不—吃—烂—杏—满筐!仙桃只要一口,就行了啊!"这两句开场白,一方面表现出他的自负,一方面也间接回答了大家对他长期缺课的怨言。语毕,他又端起杯子,喝了两口茶,然后说道:"我讲《红楼梦》嘛,凡是别人说过的,我都不讲!凡是我讲的,别人都没有说过!今天给你们讲四个字就够了!"于是他拿起笔,转身在旁边架着的小黑板上,写下"蓼汀花溆"四个大字……(马逢华:《教授写真》,见鲁静、史睿《清华旧影》,第205页)

3月17日,先生作《有感》一诗,题写吴宓女友卢雪梅之《飘零集》。

【三月十七日 星期二 阴。风。甚寒。】晨8—9又10—11上课。又早餐,皆如昨。《中西诗》讲碧柳生平。亦不佳。同铮文林午饭,又同访典于工合。典作《有感》诗,题写雪梅《飘零集》卷。云:"故国飘零事(一作梦)已非,江山萧瑟意多违。乡关烽火音书断,秘阁云烟典籍微。岂有文章千载事,更无消息几时归。兰成久抱离群恨,独立苍茫看落晖(自注,晖寓日本败亡之意,故言落

晖)。"此诗浑成雅正,纯然唐音。可贵。(《吴宓日记》卷八,第265页)

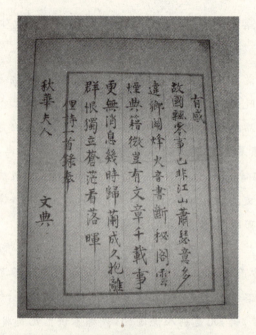

《有感》诗

3月24日,先生讲李义山诗。

【三月二十四日　星期二　晴】恒丰晚饭。访虞唐。7—9偕听典讲李义山诗。9—10唐请青云街茶馆坐谈。伴典归。(《吴宓日记》卷八,第269~270页)

3月30日,先生在西南联大南区再度讲演《红楼梦》,并答学生问。

【三月三十日　星期一　晴】恒丰晚饭。晚,风雨。6:30出,至工合。冒雨,陪典至校中。南区第十教室。听典讲《红楼梦》,并答学生问。时大雨如注,击屋顶锡铁如霆声。风雨入窗,寒甚,且湿。10:00雨止,归。赵西陆请青云街食元宵。微受寒。(《吴

宓日记》卷八,第 272～273 页)

关于先生讲演《红楼梦》情形,西南联大毕业生、哲学家张世英曾有回忆:

> 我到现在还记得我一年级时听刘文典讲《红楼梦》,到了教室,已经挤得人山人海,地上都坐满了。刘文典是一个不拘小节、文人派头十足的学者,只见他抽一口烟,似乎要说话了,但又不说话,大家只好焦急地等待。他又抽一口烟,才不紧不慢地开了腔:"你们各位在座的,都是贾宝玉、林黛玉呀!"当时化学系的一位老教授严仁荫,已经坐着等了半小时,听到这样的话,很生气地说,"什么贾宝玉、林黛玉,都是大混蛋、小混蛋!"这是骂刘文典的。可是刘文典讲课后,底下的人,没有一个是走开的。(《张世英忆西南联大》,见"起步真的那么艰难么"博客,2008 年 9 月 21 日)

4 月 20 日,先生拜访朱自清。

> 晚陈仕林及叔雅来。(《朱自清全集》卷十,第 166 页)

5 月 5 日,吴宓携女友卢雪梅来访,未遇先生。

> 【五月五日 星期二 晴】雪梅招往,命陪访典等。宓立待于门外。12:30 警报(是日,敌机 36 架,炸保山县,旧永昌府。损失惨重)至。雪梅方盛装艳服(粉红绸衫,鹅绿色绸外套,白高跟鞋,黑蓝条花伞),只得与绍华陪之同出,在第一山后小坐。与殷福生等谈 love。约 3:00 解除,归。复陪梅历访悲鸿及典。留柬。(《吴宓日记》卷八,第 291～292 页)

同日,先生好友陈寅恪辗转任教于广西大学。

> 5 月 5 日,陈寅恪由香港取道广州湾返内地,抵桂林后停留 1 年,任教于广西大学。(齐家莹:《清华人文学科年谱》,第 265 页)

5月16日,国立西南联合大学1941—1942年度毕业论文进入最后提交限期,先生负责指导中国文学系毕业生三人,均为与其他导师合作:一为与彭仲铎合作,指导女生章蕴芳,论文题目为《荀子正名篇》;二为与许维遹合作,指导女生刘功高,论文题目为《新序校正》;三为与许维遹合作,指导男生吴正良,论文题目为《吕氏春秋研究》。(《国立西南联合大学史料·教学科研卷》,第109页)

6月30日,西南联大奉教育部命令,呈报服务年限满10年教授名单,作为部聘教授候选人。先生名列国立清华大学连续服务十年以上之教授名单中。中国文学系人选如下:

| 姓名 | 到校年月 |
| --- | --- |
| 朱自清 | 民国十四年八月 |
| 闻一多 | 民国二十一年八月 |
| 陈寅恪 | 民国十五年七月 |
| 刘文典 | 民国十八年二月 |
| 王 力 | 民国二十一年八月 |
| 浦江清 | 民国十五年八月 |

(《国立西南联合大学史料·教职员卷》,第330页)

9月10日,闻一多痛骂先生。这是目前关于先生与闻一多交恶的最早记录。据朱自清日记记载:

一多痛骂刘叔雅先生,口气傲慢。刘是自作自受,尽管闻的责骂对于一个同事来说太过分了。他还说他不愿再为他人服务,意思是在暗讥我的妥协脾气。(《朱自清全集》卷十,第197页)

9月25日,先生撰《大唐西域记简端记》引言,并注:

余避戎南奔,未负书而行,犹赖上庠藏书,时通假借。自去秋,居室毁于飞礮,伏处官渡,地既僻左,乃益苦无书可读,行箧所有,仅此书与《大慈恩寺三藏法师传》三卷耳。乃取两书比勘读之,夜苦蚊扰,以菜子油灯置帐中,偃卧把卷,以为一适。性又好加朱墨,乃置笔砚枕畔,意有所触,则伏枕书之,初颇以为苦,久亦习而安之矣。昔梁元帝夏日苦痁痛,卧绛纱蚊绸中读书,时饮山阴甜酒以减痛,余文学不中为金楼子执鞭,惟此一事颇与相似耳。漫记于此,以志吾炳烛而学之乐。民国三十一年中秋后一日叔翁卧书于帐中,时明月丽天,万籁俱寂,若在圣贤,可以悟道也。(刘文典:《大唐西域记简端记·引言》,见《刘文典全集》卷三,第591~592页)

在此前后,吴宓曾借阅此书,并一一译出梵文法文地名,为此先生特意作了题记:

> 凡用写书体者皆依法国人 Grousset 氏《远东史》所用法文名词也。雨僧先生律身治学,忠信笃敬,今之古人也。假余此书匝月,承以楷书细字一一笺注梵文法文地名,良友厚意,可钦可念,每一翻阅,肃然起敬。其朱墨笔草书涂鸦、满纸芜乱无纪者,则余随手批注也。两相比较,惭悚曷极。民国三十一年九月二十五日文典记于小长安之学稼轩。(刘文典:《大唐西域记简端记·引言》,见《刘文典全集》卷三,第591页)

10月4日,先生在《云南日报》"星期论文"专栏上发表《中国的精神文明》一文,认为"我们今天看中国固有的文化,也应该照日本水户学派的看法才对,不能用封建的、农业社会、资产阶级的等类形容词,轻轻的一笔抹倒他"。文章写道:

> 日本兵的飞机、大炮、坦克车,其数量品质固然远在中国之上,其运输的便利,以至兵的被服给养都不是中国所能及的。这在西洋的军事专家,尤其是机械化部队的专家,按照他们专门精密的方式计算起来,中国和日本简直是不能对打的。可是事实

怎样呢？战事初期我们诚然是失利的时候多，到一两年后情形渐渐的改观了，两边打个平手。这一两年竟完全倒转过来，总是我们打胜仗了。若论物质上的条件，日本是只有愈加优越的，机械是更精更多的。我们是物质愈加缺乏，交通更加不便的。这在西洋专家的打算法，是更无致胜之理的。但是摆在面前铁一般的事实，中国果然是"愈战愈强"，屡次大捷，世界各国一直到惊叹，成为不可思议的奇迹。连日本人自己也承认是出乎意外，有悔不当初之意。军事固然如此，经济文化等各方面又何尝不然。试看前次的欧战，打了四个年头之后，德国的马克、俄国的卢布全成废纸，一个苹果、一支铅笔，要两百万金之多。法国的佛郎，金的和纸的也相差到几十倍，最巩固的英镑也都大跌特跌。我们中国以经济落后的国家，内乱才稍平定，经济机构又很不健全，以近代战争费用之浩大，富源税源都被敌人破坏劫夺，以常理论之，早该破产了。可是五年多的大战之后，国家财政还可以维持，社会上也未发生经济恐慌，建设的事还能进行。这岂不更是一个奇迹。我想这要不是多数国民都能深明大义，牺牲小我，共相维持，恐怕不行吧。至于教育文化机关，这些年来在极艰苦的情况之下，努力向前，进步发展，那是当然的事，没有什么稀奇的了。这些都是精神重于物质的铁证。如果物质可以支配精神，南京北平的衣食住行都比重庆好得多，暂时又不怕空袭，何以稍知自爱的中等人都不肯去呢。我也知道营养不良对人的精神上很有影响，食物里缺乏某种维他命，身体上会生什么病，可是世界上确乎有许多不吃不义之食物、甘心饿死的人。你急需一些物品用，有人送给你，但是以打两个嘴巴为条件，我想十个人中至少有九个是不肯接收的，有这一点就很够，不用更去高谈什么哲理了。（刘文典：《中国的精神文明》，载《云南日报》1942年10月4日第2—3版）

10月31日,罗常培说服朱自清代替先生讲授《大慈恩寺三藏法师传》。

> 莘田说服余讲授刘的《慈恩传》。并转达陈寅恪之叮嘱。(《朱自清日记》卷十,第206页)

此事具体情形,尚不清楚。但先生对于《大慈恩寺三藏法师传》研读颇深,据云南大学校史办刘兴育记载:

> 史学家、云大博士生导师李埏先生,还是青年教师时,就十分敬仰刘文典的渊博知识,曾听过刘文典教授的《校勘学》。抗战期间,刘文典一家为躲避日机空袭,搬到官渡西庄借居在一户农民家中。1944年的一天,他与张友铭先生相约同去拜访刘文典。
>
> 李埏看到刘文典的书桌上有一本《唐三藏法师传》,是支那内学院的木刻本。这本书上有许多刘文典写的眉批,眉批是用毛笔书写的蝇头小楷,字迹清晰、工整,每页的书头、夹注、脚注都密密麻麻写满了。眉批的内容既有我国前人的书评,也有刘文典搜集英、德、法、日学者对此书的见解,还有刘文典的读书心得。这使李埏爱不释手,便说道:"如果先生暂时不看,能不能借给我?"得到刘文典的同意后,李埏把书带回学校,有空就阅读,不但看书的内容,还一字不漏看刘文典所注眉批,看不懂的地方记下来,趁先生上课之机当面请教。他愈往下看,愈是佩服这位生活上拖沓,不注意衣冠修饰,有时竟将长衫的纽扣扣错,头发长了,理发师不登门就不理发的"怪人"。(刘兴育:《老鼠与油灯——李埏先生向刘文典的两次借书》,载《春城晚报》2001年1月8日)

11月1日,先生在《云南日报》"星期论文"专栏上发表"中国的精神文明"系列文章之一《中国的宗教》一文,认为"中国根本上并没有

宗教这件东西","中国人也不需要宗教,中国固有的精神文明之崇高伟大也就在此"。文章写道:

> 老实说来,中国根本上并没有宗教这件东西。因为中国真读书明理的人都不需要什么宗教。所谓孔教者是对待别种宗教,勉强安上去的一个名目。道教是一班术士们为和佛教的僧侣争生意,仿洋货制造的土货,所以我说中国根本上并没有宗教,中国人也不需要宗教。中国固有的精神文明之崇高伟大也就在此。
>
> 中国人几千年来都是以理性为重的,所以虽是祭祀天神地祇,也有巫觋祝宗之类,可是文化程度既高之后,这些事物都渐渐的被人看轻了。从晚周到近代,无知愚民们所信的,虽然是拜物教之流,读书明理的人所信的却是他们自己的哲学,绝对不是什么宗教。中国人看孔子是一个人,不是一个神。汉朝人造作的纬书上也曾经想把孔子神化,说他是千里眼,站在泰山上看得见吴门上的白马,说他能前知,预言秦始皇的焚书。可是这类的纬书隋唐以后都消灭了,读书讲学的人谁也不去理会他。孔子的学问人格是否当得大成至圣,是否足称万世师表,那是另一问题。中国人之崇拜孔子,奉为大成至圣,尊为万世师表,这实在是中国精神文明崇高伟大之处。(刘文典:《中国的宗教》,载《云南日报》1942 年 11 月 1 日第 2 版)

这一观点,曾遭到中国现代思想史上"全盘西化"论的首倡者和代表人物陈序经的反驳:

> (陈序经)在 40 年代初写成的 20 册《文化学论丛》手稿中,有一部名为《中国文化观》。这部手稿的起因是由于当时刘文典在《云南日报》上发表了一篇星期论文《中国的宗教》,刘的结论是中国没有宗教。这是陈序经所不能同意的。1934 年胡适在《三

论信心与反省》中认为"薄弱的宗教心"为中国文化的三个特点之一,当时陈序经对此说法就很是不以为然。陈序经对中国宗教的认识与他们恰恰相反,作为对胡、刘观点的回应,陈序经便撰写了《中国文化观》这部手稿,"以供关心这个问题的人们参考"。因此,这部手稿实际上并不是一般意义上的对中国文化的全面认识,通篇谈论的始终是中国文化中的宗教问题。陈序经的结论是:"我以为与其说中国没有宗教,我们应当说中国是一个多神与多鬼的迷信的国家。而且与其说中国人民的宗教心理是很薄弱,我们却以为中国人民的宗教心理是很浓厚。"(刘集林:《陈序经文化思想研究》,第120页,天津人民出版社,2003年1月第1版)

同日,吴宓来访,先生与之谈论理想道德。

【十一月一日 星期日 阴,雨】迟起。9:00大西门外早餐。孝园访任送书,见巍。

约11:00文林铮请同其女覃葛、小廉午饭。即入城。宓得悉铮子女名如下:(一)覃葛(二)探微(三)参【男,余皆女】(四)小廉【法名赤珠】(五)松涛(六)征明。冠生园购物。铮代购来回火车票($12)相赠。同乘1:00火车,至官渡附近之西庄站。刘文典在站迎候。邀至其寓宅,就烟榻而谈。典议论多偏理想道德,可取。宓持《红楼梦研究集》借典读。5:00典家治肴馔晚饭。

晚7:00偕铮及女探微子参至西庄车站,乃7:15之火车至11:45始到。在站内外昏黑中久立待。微雨,风,甚寒。抵昆明,街市无路灯,惟借人家窗光,及宓抵舍已午前1:30矣。(《吴宓日记》卷八,第406~407页)

11月8日、9日,先生连续两天在《中央日报(昆明版)》上发表政论文章《天地间最可怕的东西——不知道》,提醒英美国家应了解日

本、警惕日本,避免因"不知道"而产生的祸害。文章写道:

> 平心而论,由于这样的"不知道"生出来的祸害是不足怪的。二十世纪民主国家的公民,如何料想得到世界上会有如此这般的国家民族呢。我已经说过的:在不知道的时候虽然可怕,虽然危险;可是一经知道之后,也就并没有什么可怕的了。日本这个国家对全世界所加的祸害,归结起来不过是这样的:东方一个岛国,有时因为不见兵革,也很文弱的。正当他的政体停留在封建阶段的时候,国民因为世代君主的关系,养成一种封建的道德。这在中国封建的时代也是有的,例如弘演切腹装卫懿公的肝,田(开)疆、古冶子为一点吃桃子的小事就自杀。正在这时候,美国的贝莱少将率领兵舰,把他的门打开,惊醒了他们。他本无自发的文化,专会吸取别国文化的,所以也就很容易的吸收了欧美的文化。现在他依仗着那封建的道德——尼采所谓奴隶道德而已——和初学会的近代科学,妄想征服全世界。(刘文典:《天地间最可怕的东西——不知道》,载《中央日报〈昆明版〉》,1942年11月9日)

11月13日,先生在《云南日报》上发表专论文章《第六纵队》,署名"刘叔雅"。文章将一味对军国大事持悲观论调的国民称为"第六纵队",认为他们"侵蚀整个组织的细胞,动摇国民必胜的信念"。文章写道:

> 住在后方安全地带的人,身上既未破皮,又不发烧,却逢人大叫其苦。并且凡是造谣言的,轻信谣言的,无理抬高物价的,因物价腾贵就悲观叫苦的,他们都是第六纵队的队员。这班人们虽不是东京参谋本部派遣的,他们的言语行为都正是东京参谋本部所最高兴、最愿意的,这班人自己替敌人组成第六纵队,一半是由于无知,一半也由于无耻。要知道在今天国家危急存

亡的时候，自己忍耐劳苦，勉励别人也忍耐劳苦，这是一个国民最基本的义务。这点道理都不明白，还算得一个人么！况且市面上三炮台香烟、绫罗绸缎、各种补品都并未绝迹，你如果真有技艺能力，是个好工程师、医生、律师，就可以依然像战前那样的享受。一个人如果并无更远大的希图，只想吃油穿绸，这似乎也还不是什么难事。要是在今天国家战费浩繁、通货不得不膨胀的时候，因为吃不着几毛钱一斤的肉，半圆一听的三炮台烟，就对于军国大事发悲观的论调，那不是无耻是什么。（刘文典：《第六纵队》，载《云南日报》1942年11月13日第2版）

11月15日、16日，先生在《云南日报》"星期论文"专栏上发表"中国的精神文明"系列文章之二《中国的文学》一文。文章认为《水浒传》和《金瓶梅》"是绝妙的、最富于革命精神的小说"，而"《红楼梦》更了不得"：

> 这部书（《红楼梦》）不止是中国的第一部好小说，简直是全世界文学界空前绝后的鸿宝。中国人著出《红楼梦》来，是我们民族最大的光荣，也是中国对全人类最大的贡献。西洋文学，自希腊的大悲剧至现代的一切小说、戏曲，所描写的都是某时某地某些人的生活，就是人生的一部分，充其量也只是人生的某些问题。《红楼梦》所说的虽只是姓贾的一家一族的事，他所提示的却是整个人生的最根本的问题。人生本有两方面，就是实际的和理想的，任何人也离不开实际，实际的人是国家社会上最有用的人，可是人类的生活所以能进步，和别的动物的生活不同，就因为有理想。人既注重实际，就该做甄宝玉，那是真的好宝贝。他是于国于家都最有用的甄宝玉同时也是贾宝玉——假的宝贝——因为人毕竟是有理想的。（刘文典：《中国的文学》，载《云南日报》1942年11月16日第3版）

11月27日、28日,先生在《云南日报》上发表专论文章《对日本应有的认识和觉悟》,署名"刘叔雅"。文章认为抗日不能一味依赖英美联军,而要"全靠我们中国人流血流汗":

> 我们早应该有一种觉悟,有一种认识,就是日本从前好比一个野兽,现在是一头负痛的野兽,自觉处境很危险的野兽了。打猎者遇见这样的野兽,是要加倍的小心、加倍的努力。古人说得好:"困兽犹斗,而况国乎?"我们一方面得着了强大的盟邦,不再像从前的独立撑持,这当然是大可庆幸的。一方面也要觉悟,今后打倒日本是要我们比从前加倍努力、加倍吃苦的。无论英美的海空军如何大胜,决最后胜负的还是要靠我们的陆军。盟邦的资源无论如何的充实,能接济我们的终有限度。我们虽然有人助力,敌人也比从前更加勇猛。我们不但不能存半点依赖的心,还要比从前更加奋发,才可以得到最后的胜利。我们今后遭遇的困难必然是更大更多的。全国军民都要比前五年更能忍痛、更能吃苦才是。(刘文典:《对日本应有的认识和觉悟》,载《云南日报》1942年11月28日第3版)

12月3日、4日,先生在《云南日报》上发表《东乡和山本——从战史上推论太平洋的战局》一文。文章将日俄战争时期日军海军统帅东乡平八郎与当时日本海军总司令山本五十六二人作比较,认为山本必败:

> 日本的海军诚然是极强大的,极勇猛的。美国有识见的人士都一致的大声疾呼:"不可轻敌。"但是今天的日本仍然没有第二副本钱,禁不起浪战的耗费。一岛一屿的得失、一舰一艇的沉浮都是次要的事。今天的形势非同昔比。山本纵然想学东乡,也学不成了。战争这之事发很容易,收是极难的。□□东乡的策略是日本军人所钦佩的。山本亲自见过东乡的,何以先下手

袭击能学他,持重不能学他呢。这固然是两人的性格不同,尤其主要的是两人的战争哲学不同。话东乡是一种拯救国家危难,"仁者之勇"。说句失礼的话,山本是狗子,所谓"狗彘之勇"。他们两人的成败,也就是日本国的兴亡。我们瞧着罢。(刘文典:《东乡和山本》,载《云南日报》1942年12月4日第3版)

12月16日,先生在《云南日报》上发表《日本人的自杀——日本民族性的研究之一》一文。文章从实例出发,分析认为"日本的历史,简直可以说是一部自杀史",很多自杀者都被"推许为日本武士的典型,认为日本精神的花",其中写道:

> 自杀这件事的是非善恶究竟如何,那是要留待哲学家、伦理学家去讨论研究的,我们且不去管他。不过苏东坡说的一句话,"能自拼命者能杀人也",却值得我们深深的注意。日本之"能自拼命"确乎是日本民族的强点。我们现在正和这个"能自拼命"的国家民族拼命,更要注意这一点。试看我们两国各出战百万的大兵,在几千里的战线上,打了几年的仗,到今天生擒活捉的俘虏一共才有几多呢。再看上次欧洲大战和这回欧洲大陆上的战争,每次大会战,每攻下一个城镇,俘虏总是成千成万的。法兰西一败,被俘的有一百几十万之多。意大利的军队更有趣,前次欧战和这回在北非,在苏俄的战线上,常常有整个军团师团,带着完全的武装,向人缴械投降的事。这是什么缘故呢?因为这东西洋人的思想根本不同,道德意识和伦理观念也有绝大的差异。东洋民族很能轻死重义,有宁死不辱的精神,每到临难的时候,总不肯苟免,不惜以一死表示成仁取义。(刘文典:《日本人的自杀》,载《云南日报》1942年12月16日第2版)

为此,先生特意提醒国人,"我因为这件事关系极大,将来反攻的时候,决定战略战术,都很有重大的关系,甚至于将来战事终了之后,我们要怎样去应付这个紧邻,也都有注意到这一点的必要,所以不惮辞费,说了这许多的话。我还有很多的话要说,预备在报上和国人从长的商讨",但实际上并未见下文。

12月20日、21日,先生在《云南日报》"星期论文"专栏上发表"中国的精神文明"系列文章之三《中国的艺术》一文。文章从建筑、雕刻、绘画、音乐等角度谈论中国艺术的特点,开宗明义地写道:

> 东洋民族天生的富于艺术天才,绝非西洋所能及的。中国人又是东洋民族中最优秀的,所以中国的艺术是世界最高尚、最优美的艺术。论到中国固有的艺术,本来是光辉灿烂、照耀全人类的历史,这是中国对全人类最大的贡献,我们国家民族最大的光荣。不幸自从西洋人的大炮兵舰打进来之后,中国人震于西洋自然科学的神奇玄妙,对于本国固有的文明失去信心,西洋人在大炮兵舰轰打一阵之后,又把他们工业的产品,无数花花绿绿的东西搬运进来,以致中国人眼花心乱,丧失了自家独有的美感。近百十年来,几乎件件事都日趋于俗恶化。这些年民德的堕落,固然也由经济政治的原因,可是国民之丧失美感,确乎是一个主要的致命伤。我常常的说,中国人民的美感恢复之日,才是真正的民族复兴之期。世间不乏有见识的人士,大约不会否认我的这句话罢。(刘文典:《中国的艺术》,载《云南日报》1942年12月20日第2版)

12月30日、31日,先生在《云南日报》上发表专论文章《日本统一世界思想之由来》,署名"刘叔雅"。文章从大量史实出发,不赞成"日本经过明治维新之后,国富兵强,接连着把中国和帝俄两个大国打败,于是骄横起来"的传统认识,认为日本统一世界之心,由来已久。文章写道:

> 日本是先有并吞全世界的野心,后才有推翻幕府、明治维新

的事。他是为要统一世界,才肯事事效法西洋的。这和中国古代赵武灵王之"胡服骑射"是一样的心事。他并不是因为富强了才要向外发展,乃是因为要想向外发展,才力图富强的。所以"统一世界"的野心是因,明治维新是果。当时的幕府,征夷大将军德川庆喜和他的大臣,如果是顾名思义,有志"征夷",而不谨守家康公以来传统的锁国政策,日本人或者不一定要把那个七百年以来久已统治全国的霸主推翻。因为幕府的传统政策是和美国从前的孤立派一样,要把日本的门户闭锁起来,与世界隔绝。这和当时有志之士开国进取的意思大相违背,所以轻轻的就被推倒了。他们是要攘夷才尊王,为要统一世界才维新的。(刘文典:《日本统一世界思想之由来》,载《云南日报》1942年12月30日第2版)

## 1943年(民国三十二年癸未)　　年五十二岁

1月19日,先生在《云南日报》发表《暹罗在日本之北》和《燕九》,此为"学稼轩随笔"系列文章之一。"学稼轩"系先生在昆明期间书斋名,取"学辛稼轩浮海南奔"之意。《暹罗在日本之北》已被收入《刘文典全集》,文字略有不同。《燕九》重点谈北京旧俗"耍燕九"由来,全文如下:

> 北平旧俗,夏历正月十九日,士女倾城出游白云观,谓之"耍燕九"。新绫艳锦,细马钿车,箫鼓沸天,黄尘匝地,不数唐人之游曲江、宋人清明上河也。白云观,元代全真教丘处机所居。故老相传:处机既见元太祖于雪山,上爱其才,欲使尚公主。处机度上意不可回,乃于是日自宫以告绝。前代有以是日腐其童稚者,燕九又称阉九。其名旧昉于处机之也。实则处机生于金皇统戊辰,其应聘西游,见元太祖谈道时,年已七十,安得有妻以公主

事。旧明永乐中,道士丘玄清以蒇为御史。上尝以二宫女赐之,玄清遂自宫。沈德符尝观其遗像,俨然一老妪也。世之不察,以处机玄清皆姓丘,又皆为道士,乃以玄清为处机矣。昔退之肥而少髭,熙载清癯美髯,江南亦谥熙载为文公,世遂误以熙载画像为退之,亦犹玄清事之误为处机也。(刘文典:《燕九》,载《云南日报》1934年1月19日第4版)

1月30日,先生在《云南日报》发表"学稼轩随笔"系列文章之《晁衡》和《唐代乐谱》。《晁衡》已被收入《刘文典全集》,文字略有不同。《唐代乐谱》全文如下:

中国古乐久亡,即唐宋乐普亦已不传。今世所传最古者莫如姜白石词谱,此上不得而见之矣。日本自开辟以来未尝易姓,典章文物,又皆仿效唐人,故其宫中犹有唐代乐谱。每天皇即位,御紫宸殿,所奏者杨贵妃所制曲,其有事祖庙之乐章,则唐明皇御制也。余往岁东游时,适吾皖先达许公俊人为大使。僚众皆同学,尝欲介许公倩彼宫内省官写其谱,会以事不果,未几而战祸遂起矣。他日倘能如宋公入长安,尽收其乐器法物以归,岂非大快事耶。最哉东征诸将士,余日延颈而鹤望矣。(刘文典:《唐代乐谱》,载《云南日报》1943年1月30日第4版)

2月22日,国立西南联合大学1942至1943年度第二学期开学。先生担任《元遗山诗》和《吴梅村诗》两门课程教职。据西南联大毕业生王彦铭回忆,此课程只上过一次课,地点在南区十号,当时的上课情形是:

刘先生讲梅村诗还是相当认真的,整个晚上只讲了"攒青叠翠几何般,玉镜修眉十二环"两句。自然美和体态美有共同处:可以用自然美来形容仕女的美丽;也可以用仕女的顾盼生姿来形容山水自然的美。刘先生安闲地抽着香烟娓娓而谈,把我们的心思、感情都引进美妙的诗情画意中去了。有的地方,还使人有操觚染翰,参与创作构思的感觉。他的目光,透过镜片,安详,深邃,有一种无法看透的神秘味……

下课的时候,月亮已经升得很高。门外公路上杳无人迹,不但没有汽车,连缓缓驶过吱哑发声的木轮牛车也没有了。四周一片寂静,路旁的蓝桉树孤寂地站着,微风过处,欠伸着腰体,沙沙发响。月光很清亮,公路的碎石路面仿佛用水洗过一般。大家热情地护送刘先生回去,他很感动,兴致勃勃地吟诵道:"李白乘舟将欲行,忽闻岸上踏歌声。桃花潭水深千尺,不及汪伦送我情。"

他那安徽口音的普通话微微摇曳,有时还带点颤音。(王彦铭:《刘文典先生的一堂课》,载《云南师范大学学报(哲学社会科学版)》1984年第3期,第95页)

2月23日,先生在《云南日报》上发表《美日太平洋大战和小说》一文。文章从拜瓦特、冈本的两部战事小说出发,评说二战风云,指点天下局势,纵横恣肆,独具眼光。其中写道:

战事小说的作家,对于军事都有相当的认识。书上的情节穿插,固然是小说家向壁虚造的,例如拜瓦特氏书上说,美国海军将校会钻进日本秘密建造的潜艇,窥探日本亲王和大将挟妓饮酒的情况,这都是电影侦探片上的资料罢了。但是有几点确乎成了事实。日本对美国的确是突然袭击的,日本的飞机轰炸珍珠港的时候,特使来栖和大使野村不是正在和国务卿赫尔会议么,这么突然送一封宣战书似乎还要来得出乎意外罢。这一回日本虽未敢派大兵在美国登岸,但是攻取菲律宾、甘姆岛、威克岛,以至所罗门群岛,何尝不是派兵登陆,攻取美国的土地。如果澳洲失守,南太平洋全入他的掌握,他又岂有不直攻美国本土之理呢。(刘文典:《美日太平洋大战和小说》,载《云南日报》

1943年2月22日第3版)

3月15日,吴宓回复先生信函。

【三月十五日　星期一　晴】下午3:00入校,途遇关懿娴来(以下称娴,按彼房季娴已赴渝矣),知甫下课,遂同入校。银行取款。回舍,见铮留典诗函,即复。在舍食饼,甚郁闷。(《吴宓日记》卷九,第42页)

4月1日,先生应滇南普洱盐商张孟希邀请,到磨黑中学,引起非议。据同行者萧荻回忆,磨黑井是滇南主要的盐井,属普洱县管辖,当地最大的实力派张孟希附庸风雅,也讲一些江湖义气,于1941年底专程派人到昆明招募教师,创办磨黑中学。当时中共西南联大地下组织,正按照"隐蔽精干,长期埋伏,积蓄力量,等待时机"的方针分别疏散外地,有人遂积极应聘,并决定邀约先生同行。萧荻写道:

> 吴子良和董大成原都是西南联大地下党领导的进步社团"群社"的成员,延聘教师的事,有"群社"同志的支持,并不为难。于是我和许冀闽(我俩和吴子良又都是1939年"民先"解散后成立的秘密组织"社会科学研究会"的成员)、郑道津("群社"社员)决定和吴子良同志同去磨黑。至于礼聘名教授则并不容易,于是想到有"二云居士"雅号(因他"阿芙蓉"癖甚深,又嗜云南火腿)的国学大师刘文典(叔雅)教授。当时通货膨胀,物价飞腾,教授生活已大不易,叔雅先生鸦片烟瘾又甚重,张孟希当时既以厚礼相聘,表示保证供应他鸦片和全家三人生活费用,回昆时再致送"云土"五十两作为谢仪,当时他又正在休假(清华制度,教授每工作四年可休假一年),所以磨黑虽然山遥路远,但有滑竿代步,也欣然允诺了。(萧荻:《关于刘叔雅先生磨黑之行》,载《春城晚报》1989年8月31日)

对于此事,先生在后来致清华大学校长梅贻琦的信函中有详细陈述:

> 典往岁浮海南奔,实抱有牺牲性命之决心,辛苦危险皆非所计。六七年来亦可谓备尝艰苦矣,自前年寓所被炸,避居乡村,每次入城,徒行数里,苦况非楮墨之所能详。两兄既先后病殁湘西,先母又弃养于故里,典近年在贫病交迫之中,无力以营丧葬。适滇南盐商有慕典文名者,愿以巨资倩典为撰先人墓志,又因普洱区素号瘴乡,无人肯往任事,请典躬往考察,作一游记,说明所谓瘴气者,绝非水土空气中有何毒质,不过疟蚊为祟,现代医学,尽可预防,"瘴乡"之名,倘能打破,则专门学者敢来,地方富源可以开发矣。典平日持论,亦谓唐宋文人对瘴确夸张过甚,(王阳明大贤,其《瘗旅文》一篇,对贵阳修文瘴扣帽子形容太过),实开发西南之一阻力,深愿辞而避之,故亦遂允其请。初拟在暑假中南游,继因雨季道途难行,加之深山中伏莽甚多,必结伴请兵护送,故遂以四月一日首途。动身之先,适在宋将军席上遇校长与蒋梦麟先生、罗莘田先生,当即请赐假,承嘱以功课上事与罗先生商量,并承借薪一月治装,典以诸事既禀命而行,绝不虞有他故,到磨黑后,尚在预备《玄奘法师传》,妄想回校开班,与东西洋学者一较高下,为祖国学术争光吐气。(刘文典致梅贻琦函,载《闻一多研究动态》第四十二期,2003年6月)

5月,西南联大按惯例给先生等教授续发聘书,但清华大学中文系主任闻一多知晓后,却要求校方收回聘书,并致函先生道:"昆明物价涨数十倍,切不可再回学校,试为磨黑盐井人可也。"此信极尽讽刺之语,令先生百思不得其解,后来先生在致梅贻琦函中写道:

> 不料五月遽受停薪之处分,以后得昆明友朋信,知校中对典竟有更进一步之事。典尚不信,因自问并无大过,徒因道途险

远,登涉艰难,未能早日返校耳。不意近得某君来"半官式"信,云学校已经解聘,又云纵有聘书亦必须退还,又云昆明物价涨数十倍(真有此事耶,米果实贵至万元耶),切不可再回学校,度为磨黑盐井人可也。其他离奇之语,令人百思不解。典此行纵罪在不可赦,学校尽可正式解聘,既发聘书,何以又讽令退还。典常有信致校中同人,均言雨季一过,必然赶回授课,且有下学年愿多教两小时,以为报塞之言。良以财力稍舒,可以专心全力教课也(此意似尚未向罗先生提及也)。此"半官式"信又言,典前致沈刚如先生信中措辞失当,学校执此为典罪状。伏思典与沈君笃交,私人函札中纵有文词失检之处,又何以致据此与兴文字之狱乎?(当时因为债家所逼,急迫之中诚不免有失当之处,然自问尚未至大逆不道也。)学校纵然解聘,似当先期正式通知,何以及此"半官式"信。此事芝生、莘田二公亦无片纸致典,仅传闻昆明谣言。典一去不返,故正觅替人。(刘文典致梅贻琦函,载《闻一多研究动态》第四十二期,2003年6月)

5月24日,先生在《云南日报》发表"学稼轩随笔"系列文章之《桃花扇》和《岳氏五经》。其中,《桃花扇》全文如下:

同学孙君养臞,今之振奇士也,尝为州将军谋祭酒。州将善为兵,转战万里,所向克捷,以功得开府吾皖。未几为蜚语中伤,槛车迁入京,君亦以连累下吏。衣赭关木,幸以奇迹得脱。民国十八年夏,相见旧都,班荆道故,为余述从军北征,攻战围守状如绘。因言往岁□□归德时,尝信宿侯氏壮悔堂听事上。世所艳□之桃花扇,犹为侯氏宗老宝藏。百计索观,乃出以□视。扇大几三四倍于今制,香君之折枝桃花,犹鲜艳如新绘。龙友题字已漫漶不可辨识矣。君在戎马中观此尤物,为之神往,向余道之,犹忻忻也。城中冷掷,法书名画,狼藉□上,皆西陂□廊旧物也。

盖牧仲子孙,式微已久,西陂别业亦荒畦寒水。一片千芜,唯有兔葵燕麦荡漾□中耳。(刘文典:《桃花扇》,载《云南日报》1943年5月24日第4版)

7月15日—7月24日,吴宓获知先生遭清华解聘,四方奔走,并致函远在桂林的陈寅恪,希望清华大学校长梅贻琦改变决定。据《吴宓日记》记载:

【七月十五日 星期四 阴】浦江清来,谈《石头记》。请宓六和午饭。微雨,翠湖小亭坐谈。浦君力劝宓,老年应善自为计,专心著作小说《新旧因缘》,传之永久,求知音于后世。即欲影响今时,亦应兼撰成《文学与人生》一书,就《大纲》分章详为阐发,勒成个人专书。较之《曙报》之效力必宏……浦又述清华已将典下年解聘等情。(《吴宓日记》卷九,第75页)

【七月二十一日 星期三 阴】夕5—8六和晚饭。访铮【编者注:查良铮】,周达樵在,陪同杭州食店晚饭。既散,乃以典解聘事告铮。铮命宓速函请寅恪函梅校长留典。宓回舍,拟室中联云,"静悟得真,退藏于密"。宓于一切人事,但感厌离与烦苦耳。(《吴宓日记》卷九,第78~79页)

【七月二十二日 星期四 阴,微雨】3:00访水【编者注:毛子水】,谈典事,及罗常培君毁宓怨宓之原因(为敬故耳)。回舍,寝息。夕,接淑七月十三日禀,即访罗常培,商在成都觅车办法。(《吴宓日记》卷九,第79页)

【七月二十三日 星期五 晴】下午1—2寄信。六和午饭($11)。靛舍昕室见游国恩,读其近年所作古近体诗。回舍。2—4函刘健(天行)。托为淑介绍觅车。又函陈寅恪(桂林),确述典解聘详情,及铮意求寅恪函梅公挽回云云。4:30以此函交送水缄发。遇唐兰写就《曙报》题签。(《吴宓日记》卷九,第80页)

【七月二十四日　星期六　晴】六和午饭。下午杨树勋来，谈典事。拟用勋为编辑助理。张允宜来。罗翠玉导妹佩玉持其父文柏函来见。柏并赠其在中山大学所撰《文心雕龙》(油印)讲义。佩玉欲考转学，入联大外文系三年级。二十七日佩玉又来，欲以保送借读。宓劝并考转学。禀父，未完。夕，至唐山馆，已休业。乃至如意晚餐。(《吴宓日记》卷九，第82页)

7月22日，国立西南联合大学常委会第268次会议通过决议，"改聘沈从文先生为本大学师范学院国文学系教授，月薪三百陆拾元。"

过去曾有传言，说西南联大在讨论沈从文升任教授时，先生持反对观点，并声称："如果沈从文都要当教授了，那我岂不是要做太上教授了吗！"实际上，此时先生远在磨黑，不可能发表类似言论。

7月25日，先生自磨黑致函梅贻琦，解释其赴滇南缘起，并一再声明"自身则仍是为学术尽力，不畏牺牲之旧宗旨也"，对闻一多解聘他的原因表示不解。先生写道：

典虽不学无术，平日自视甚高，觉负有文化上重大责任，无论如何吃苦，如何贴钱，均视为应尽之责，以此艰难困苦时，绝不退缩，绝不逃避，绝不灰心，除非学校不要典尽责，则另是一回事耳。今卖文所得，幸有微资，足敷数年之用，正拟以全副精神教课，并拟久住城中，以便随时指导学生，不知他人又将何说。典自身则仍是为学术尽力，不畏牺牲之旧宗旨也，自五月以来，典所闻传言甚多，均未深信。今接此怪信，始敢迳以奉询究竟。典致沈君私人函札中有何罪过，何竟据以免教授之职。既发聘书，何以又令退还，纵本校辞退，典何以必长住磨黑。种种均不可解。典现正整理著作，预备在桂林付印，每日忙极(此间诸盐商筹款巨万，为典刊印著作，拙作前蒙校中特许列为清华大学"整理国学丛书",不知现尚可用此名称否,乞并示知),今得此书,特抽暇写此信,托莘田先生转呈。

先生有何训示亦可告之莘田先生也。雨季一过,典即返昆明,良晤匪遥,不复多赘。总之典个人去留绝对不成问题,然典之心迹不可不自剖白,再者得地质系助教马君杏垣函,知地质系诸先生有意来此研究,此间地主托典致意,愿以全力相助,道中警卫,沿途各处食宿,到普洱后工作,均可效力,并愿捐资补助费用,特以奉闻。(刘文典致梅贻琦函,载《闻一多研究动态》第四十二期,2003年6月)

关于清华辞退先生的原因,一般解读为闻一多认为先生接受滇南盐商邀请一举失节,但亦有另外一种解读。据西南联大毕业生鲲西回忆:

据我听到是由于在一次课间休息,教授休息室中刘先生直指一位读错了古音的同事,这在学界自然会引起极大的反应,从某种意义上说,这是一种令人难堪的羞辱。由羞辱而积怨,终于导致报复,贤者在所不免。(鲲西:《清华园感旧录》,第13页,上海古籍出版社,2002年6月第1版)

虽然鲲西并未明说被指出"读错了古音的同事"是谁,但通过相关资料分析,此人应该就是闻一多。这与先生门生张文勋的解释极为相似。张说,闻一多解聘刘文典的原因可能是很复杂的,但其中确有一种说法是:在清华的时候,刘文典有一次路过闻一多上课的教室,好奇地驻足听了三分钟,结果听到闻一多读错了两个古音,大跌眼镜。按照他的个性,自然是逢人就说,这种"多嘴"可能在一定程度上得罪了自尊心极强的闻一多。

8月11日,冯友兰到朱自清处,对闻一多解聘先生表示不满。

【八月十一日 星期三 阴晴不定】上午改作文。心恒要求在中法大学教诗两小时,不得已许之。晚冯来,对叔雅被解聘表示不满,谓终不得不依从闻之主张。(《朱自清全集》卷十,第255页)

此后,清华国文系众教授皆曾为先生说情,但均遭闻一多拒绝。

系里一位老教授应滇南某土司的邀请为他做寿文,一去年半不返校。闻先生就把他解聘了。我们几个同事去见闻先生,替他那位老教授讲情。我们说这位老教授于北京沦陷后随校南迁,还是爱国的。闻先生发怒说:"难道不当汉奸就可以擅离职守,不负教学责任吗?"他终于把那位教授解聘了。(王力:《我所知道闻一多先生的几件事》,载《闻一多研究动态》第四十二期,2003年6月)

先生返回昆明后,曾找闻一多理论,但最终还是未能重回清华。

刘文典回到昆明后,对解聘他的事很不服气。他曾到司家营清华文科研究所找闻先生论理。当时两人都很冲动,闻一多正和家人一起吃饭,他们就在饭桌上吵了起来。朱自清先生也住在文

**西南联大时期的闻一多**

科研究所,看到这种情况就极力劝解。刘文典终归未能重返清华,他后来被云南大学聘去做教授。(闻黎明访问王瑶记录,载《闻一多研究动态》第四十二期,2003年6月)

8月12日,教育部复函西南联合大学,核准将先生等35人列入部聘教授候选名单。

三十二年六月十六日代电一件：电呈本校任教满十年以上之教授名单请核选为部聘教授由

代电暨附件均悉。据呈荐该校教授罗庸等七十三员为部聘教授候选人一节，兹分别核示于后：一、陈寅恪、吴宓、汤用彤、饶毓泰、吴有训、曾昭抡、张景钺、庄前鼎等八员本年度均已核聘为部聘教授，毋庸荐选。二、罗庸、朱自清、闻一多、刘文典、王力、陈福田、温德、郑昕、贺麟、冯友兰、金岳霖、毛准、郑天挺、雷海宗、噶邦福、江泽涵、杨武之、朱物华、周培源、高崇熙、黄子卿、张奚若、赵凤喈、周炳琳、秦瓒、陈总、萧蘧、施嘉炀、王裕光、张泽熙、刘仙洲、马约翰、章名涛、赵廷抟、陶葆楷等三十五员准予列入名单，发交汇选……（《教育部关于部聘教授候选人的复函》，见《国立西南联合大学史料·教职员卷》，第334页）

8月15日，陈寅恪复函吴宓，称已向云南大学校长熊庆来、文学院院长姜亮夫推荐先生。

【八月十五日　星期日　晴】(下午)5:30接寅恪八月四日桂林函。(房君未往见，宓甚懊丧。)知寅恪已函云大熊、姜二公，荐典。又寅恪将于八月中，携家赴成都，就燕京教授聘。宓因此，痛感宓在此经济、精神种种艰迫，遂决即赴燕京与寅恪、公权共事共学……（《吴宓日记》卷九，第97页）

8月21日，云南大学校长熊庆来致函先生，盛情邀请先生担任云大文史系龙氏讲座教授。所开薪酬待遇，均高于西南联大。

叔雅先生史席：久违道范，仰止良殷。弟忝长云大以来，时思于此养成浓厚之学术空气，以求促进西南文化。乃努力经年，尚少效果，每以为憾。尝思欲于学术之讲求，开一新风气，必赖大师。有大师而未能久，则影响亦必不深。贤者怀抱绝学，倘能在此初立基础之学府，作一较长时间之讲授，则必于西南文化上成光灿之一页。用敢恳切借重,敦聘台端任本校文史系龙氏讲座教授。月支薪俸六百元,研究补助费三百六十元,又讲座津贴一千元,教部米贴及生活补助费照加。素识贤者以荷负国家文化教育为职志,务祈俯鉴诚意,惠然应允,幸甚幸甚。附上聘书一份,至希察存。何日命驾来昆,并请赐示,以便欢迓。专此布达,敬请道祺。弟熊庆来。八月二十一日。(刘兴育:《熊庆来高薪礼聘刘文典》,载《云南政协报》2008年7月9日)

9月4日,吴宓复函先生。

【九月四日 星期六 半晴阴】下午,寝息。宁来,为改订回家计划。熙来。程行敬来,宓表示拟不就《曙报》编辑意。敬强留薪金＄1000而去(暂封另存,容退还)。函刘文典(本省,磨黑,私立磨黑中学校,吴子良校长转交),总复其三月十日、三月十一日及五月六日、五月九日来函。(《吴宓日记》卷九,第111页)

9月10日,梅贻琦复函先生,对于解聘一事表达歉意,"事非得已,据承鉴原"。至此,清华大学向先生关闭大门。

西南联大时期的沈从文

【复刘先生】日前得罗莘田先生转来尊函敬悉种切,关于下年聘约一节,盖琦三月下旬赴渝,六月中方得返昆,始知尊驾亦已于春间离校,则上学期联大课业不无困难,且闻磨黑往来亦殊匪易,故为调整下年计划,以便系中处理计,尊处暂未致聘,事非

得已,据承鉴原。琦。九、十。(梅贻琦复刘文典信,清华大学档案室存稿,载《闻一多研究动态》第四十二期,2003年6月)

9月,因经济困顿,闻一多与杨振声、沈从文、冯友兰等12位教授联合挂出"诗文书镌联联合润例",其中亦含"碑铭墓志"。照录如下:

【署名:杨振声、郑天挺、罗常培、罗庸、浦江清、游国恩、冯友兰、闻一多、沈从文、彭仲铎、唐兰、陈雪屏等十二教授】

文值:颂赞题序　五千元,传状祭文　八千元,寿文　一万元,碑铭墓志　一万元(文均限古文,骈体加倍)

诗值:喜寿颂祝　一千元,哀挽　八百元,题咏　三千元(诗以五律及八韵以内古诗为限,七律及词加倍)

联值:喜寿颂祝　六百元,哀挽　四百元,题咏　一千元(联以十二言以内为限,长联另议)

书值:楹联　四尺六百元,五尺八百元(加长另议)

　　　条幅　四尺四百元,五尺五百元(加长另议)

　　　堂幅　四尺八百元,五尺一千元(加长另议)

　　　榜书　每字五百元(以一方尺为限,加大值亦加倍)

　　　斗方扇面　每件五百元

　　　寿屏　真隶(书法)每条一千五百元,篆书每条二千元(每条以八十字为限)

　　　碑铭墓志　一万元

篆刻值:石章每字一百元,牙章每字二百元(过大过小加倍,边款每五字作一字计)

收件处:国立西南联合大学中国文学系王年芳女士代转

【陈注:按原件照片抄录。1943年下半年的100元可以购买大约5斤米,合20元一斤,再过一年每斤米价42元,又翻倍了。】
(陈明远:《文化人的经济生活》,第247页)

此前曾有学者认为,闻一多辞退先生,是因不满先生为磨黑盐商撰先人墓志,认为此举有失文人气节,但此润例亦有"碑铭墓志"条目则证实,此说依据不足。

10月6日,先生在《云南日报》发表"学稼轩随笔"系列文章之《北京名物》,谈读古书时发现的北京风俗名物传承脉络:

> 北京为辽金元明清五朝旧都,其风俗名物,犹多仿宋之东都临安街,如售色丝巾帼之肆曰绒线铺,售果瓜之肆曰果局。今四方皆无此名,独北平有之。余初至时深以为异,偶读宋人耐得翁《都城纪胜》、《东京梦梁录》诸书,乃至其为南宋临安之旧名也。(刘文典:《北京名物》,载《云南日报》1943年10月6日第4版)

11月10日,先生由磨黑归来,路遇吴宓。

> 【十一月十日 星期三 晴】回舍,卧息。兴华午饭($35)。下午1—2寝息。3—5云大、中法合班,在云大第二教室,上《世界文学史》课(印度)。云大门口遇典初归。(《吴宓日记》卷九,第146页)

11月12日,黄埔第一期毕业生杨觉天欲求先生删改其父行状。

> 【十一月十二日 星期五 晴】下午1—3同铮参观艺展。3—4在铮处缮写昨晚所作致《正义报》社长方国定函。由铮送刘治雍转交……4:00回舍。奉父十月八日洛阳快谕。而杨觉天来,欲求典改削其父行状,又为陕生入联大逾期不收事……(《吴宓日记》卷九,第147页)

11月16日,重庆《大公报》论述教授"兼营副业",提及先生,有失实之嫌。

> 【十一月十八日 星期四 阴,较寒】宓邮局送信。荣盛午饭($9),归。正持示十一月十六日重庆《大公报》,其中《昆明杂

缀》(另粘存)一条,述教授"兼营副业"。而举"外语系教授吴雨僧(宓)则应大光明戏院之聘,担任影片翻译"云云(其中述刘文典事,亦失实)。宓颇为痛愤。(《吴宓日记》卷九,第150页)

11月19日,先生正式进入云南大学文史系任教,开设《庄子》等课程。

  云大文史系新聘教授刘文典已抵达昆明,订下周起上课。所开课程为《庄子》及《校勘实习》。(《云南大学志·大事记》,第101页,云南大学出版社,1993年4月第1版)

据《云南大学志·教学志》记载,先生在国立云南大学期间开课10余门,分别为《文选学》、《校勘学》、《先秦诸子研究》、《大唐西域记研究》、《庄子》、《淮南子研究》、《文心雕龙》、《史通》、《文赋》、《历代韵文》和《杜诗研究》等。

11月29日,云大教授白之瀚邀先生赴宴。白系山西人,曾任云南督军唐继尧秘书、云南警备总司令部顾问等职,著有《云南护国简史》。

  【十一月二十九日 星期一 阴】9:00淑来。同淑文林午饭($96),遇砚。入校。12—2考《英国文学史》。晴。黄宏煦呈父右昌《癸未初度感怀》(年五十九岁)诗十首。即作诗一首题其集。云大托段蕙仙交典函,代瀚约宴。(《吴宓日记》卷九,第155页)

11月30日,吴宓未赴先生邀约。

  【十一月三十日 星期二 晴】简洁早饭($15)。上午函黄右昌(黼馨,临沣)。钞寄奉题其《竹窗诗稿》诗(另录),附寄《五十生日诗》及油印近年诗。均交其子黄宏煦转去。11:00云大留函张友铭交典,不赴瀚家晚饭……

  6:00过雪梅。遇段蕙仙,述典言,命宓至节孝巷58访典,未从。乃于6:30至翠湖防守司令部赴杜聿明宴,为晤杜丕功。烟酒苦我,至郁激乱语,11:30始散归。(《吴宓日记》卷九,第155~156页)

12月1日,先生路遇吴宓。

【十二月一日　星期三　晴】1:00请琰文林午饭($105)。至2:30乃至云大,3—5上课(Bible),遇典絮絮,甚倦。(《吴宓日记》卷九,第156页)

12月16日,国民政府教育部推选第二批部聘教授,先生名列中国文学类第一名,但最终因"有嗜好"而落选。据中山大学历史系教授曹天忠考证:

第二批部聘教授推选在1943年12月。在《部聘教授荐举名单》这份档案中,不仅记录了第二批部聘教授候选人的姓名和得票排序,而且列出了当时属于秘密的荐举人的姓名,这无论对学术史和教育史的研究都是不可多得的珍贵材料。限于篇幅,仅将各科候选人排序第一和第二位的票数标出,并胪列前者的荐举人的名字,以资比较分析。

一、中国文学:第一刘文典,12票,荐举人向楚、陈子展、蒋天枢、罗常培、冯沅君、陆侃如、霍玉厚、汪国垣、魏建功、台静农、王佩芬、陈中凡;第二胡光炜,8票。二、外国文学:第一楼光来,12票,荐举人饶孟侃、沈同洽、叶孟安、周办明、胡光廷、梅光迪、郭斌龢、汪扬宝、范存忠、初大告、徐颂年、蔺承注;第二梅光迪,10票。三、史学:第一柳诒徵,14票,荐举人束世征、王文光、郑师许、皮名举、吴其昌、陈祖源、郑天挺、蔡维藩、缪凤林、张圣奘、顾谷宜、钱穆、盛叙功、张邃青;第二缪凤林,9票。四、哲学:第一冯友兰,5票,荐举人瞿菊农、黄方刚、吴士栋、余家菊、罗志恕;第二金岳霖、方东美并列,均为4票。五、教育学:第一常导直,15票,荐举人袁伯樵、汪德亮、孟宪承、徐继祖、沈履、陈剑恒、鲁世英、方惇颐、胡昌鹤、孙元曾、胡昌麒、严鼏莘、吴家镇、方万邦、林本;第二邱椿,14 票。六、数学:第一何鲁,9 票,荐举人孙镛、陈传璋、段子燮、蔡仲武、张济华、余介石、单粹民、张效礼、江之水;第二胡坤升、孙镕、何衍璿并列,均为 5 票。七、物理:第一胡刚复,17 票,荐举人郑愈、熊正理、郑衍芬、王恒守、朱物华、吴有训、谢玉铭、张维正、朱正元、张铭忠、何增禄、王淦昌、朱福炘、祁开智、霍渠庭、赵新吾、施士元;第二周培源,10 票。八、化学:第一高济宇,12 票,荐举人戴安邦、郑兰华、周焕章、曾昭抡、张江树、李景晟、倪则埙、曹蕑禹、李方训、方乘、张仪尊、秦含章,第二张江树、黄子卿并列,11 票。九、政治:第一萧公权,8 票,荐举人翟楚、赵泉天、刘乃诚、左乃彦、宋玉生、刘平侯、费巩、马洗繁,第二钱端升,6 票。十、法律:第一戴修瓒,13 票,荐举人胡元义、李祖荫、潘震亚、陈顾远、张定夫、王觐、蒋思道、白世昌、赵鸿翥、高承元、卜绍冈、吕复、张庆桢;第二余群宗,5 票。十一、经济:第一刘秉麟,4 票,荐举人萧伟信、陈清华、姚□□、周宪文;第二萧遽,3 票。十二、农科:第一邓植仪,15 票,荐举人彭家元、曾省、彭师勤、丁颖、钟兴正、应廉耕、赵云梦、谢申、蔡邦华、林亮东、冯子章、杨星岳、罗大凡、彭谦、蒋英;第二丁颖,15 票。十三、工科:第一刘仙洲,8 票,荐举人金锡如、林斯□、白季眉、余炽昌、李辑祥、王敬立、孟昭礼、秦家洵;第二李熙谋、陆志鸿、施嘉飏三人并列,均为 7 票。十四、医科:第一梁伯强,12 票,荐举人楮葆真、梁灿英、谷镜□、黄家□、汤肇虞、陈纳逊、章元瑾、李化民、廖亚平、李为达、孟宪□、咸寿南;第二谷镜□,8 票。十五、艺术科:第一徐悲鸿,7 票,荐举人陈之佛、李骧、卢学咏、余上沅、吴伯超、雷圭元、吕斯□;第二洪深,1 票。

从以上分析可知,其一,在 15 个学科中,中国文学、历史、数学、物理、法律、医学、艺术七科的名列第一、第二位候选人之间的票数差别较大（以 4 票以上为界），其余八科的票数较为集中。这与第一批部聘教授推选时，"各科所荐举之人选，亦甚集中"的情况有所不同，表明首批部聘教授的荐选较第二批的同行公认度要高。其二，在不少学科位居第一和第二名的候选人中，存在着互相欣赏和推荐的情况，至少在一定程度上说明同行并不一定都是冤家。其三，在专精行业中，票数集中固然反映水平，但也不排除人际关系因素。如史学、农科排在前两位的候选人的票数，远较第三位为高，而荐举人却大同小异。这与柳诒征和缪凤林为师徒关系，弟子同门众多；邓植仪与丁颖是中山大学农学院同事，故旧友朋不少，不无关系。

关于第二批的终选结果，据竺可桢 1943 年 12 月 16 日记："部聘教授人选，除国文刘文典以有嗜好，以次多数之胡光炜递补外，其余均由各科教授之最多者当选。"计有中国文学胡小石（光炜）、外国文学楼光来、历史柳诒征、哲学冯友兰、教育常导直、数学何鲁、物理胡刚复、政治萧公权、法律戴修瓒、经济刘秉麟、农学邓植仪、工科刘仙洲、化学高济宇、医科梁伯强、艺术徐悲鸿，共 15 人。除刘文典外，其余都是以推荐票数第一位者当选，证明学术审议会还是比较尊重业内专家的意见。刘氏之所以落选，不是水平，而是因为他抽鸦片，这显然不能为人师表。（曹天忠：《档案中所见的部聘教授》，载《学术研究》2007 年第 1 期，第 114～115 页）

12 月 19 日，先生在《云南日报》上发表《内阁大库》和《墨玉酒瓮》两篇札记，此为"学稼轩随笔"系列之一。其中，《内阁大库》与收入《刘文典全集》者略有不同，主要记录当年参与整理清内阁大库典籍图书的情形：

阁建自明代，石为窗櫺，晦暗不见掌纹。典籍文书充栋宇，积尘厚二三尺蛇虫窟穴其中，诸郎官则以杖拨之，遇善本书即载归。明清两代文牍则以贮以麻袋八千，辇送厂肆，将煮以为糜，更制新纸。又有倡议焚之者。李木斋（盛铎）、傅沅叔（增湘）二公止之，乃送北京大学史学科，使上庠诸生检视之。余亦得寓目焉。宋本之精者，若《文苑英华》，黄绫书衣犹新，有缉熙殿印，裱褙臣某印。盖当时进御本也。《水经注》残本，仅存数卷，实海内孤本。《名臣言行录》，板匡绝小，文多与世间传本异，盖未经改削之初本也。至清太祖努尔哈赤透入寇时之檄文，自称"金国汗"，言及大明犹提行。顺治中追尊多尔衮为成宗义皇帝之册文大赦诏，皆官私书所不敢言，治清史者所未知也。明季边帅塘报，言明清兵攻战斗围守事，亦多与清代实录官书异同，可谓正明史之误，弥足珍也。（刘文典：《内阁大库》，载《云南日报》1942年12月9日第4版）

12月21日，先生与杨觉天晤面。

【十二月二十一日　星期二　晴】邮局送致骧函。简洁早饭（＄15）。遇侣。又遇杨耀（觉天），以远峰诗函附之，托荐与杜聿明将军。同至云大，又至联大，耀求介见典……

云大如约，晤耀及丁则良。待至3：30典始至，为匆匆介识，即偕至宓舍小坐。宓叠劝耀不必求典撰墓志铭，而耀不省。乃以耀撰其父行述还耀，令彼自往与典商谈。（《吴宓日记》卷九，第170页）

# 栖身云大

(1944—1949年)

**1944年(民国三十三年甲申)　　年五十三岁**

3月22日,先生在云大演讲《诗缘情以绮靡》,迟到一小时,令吴宓不满。

【三月二十二日　星期三　晴】晚7—9偕雪梅及学熙云大聆典讲《诗缘情以绮靡》,而迟至8:00始到。烟癖累人,行事草草,可哀也已。(《吴宓日记》卷九,第231页)

关于先生吸食鸦片情形,西南联大毕业生鲲西曾有文专记:

四十年代后期,我一度与王永兴君(陈先生及门,现在北大任教)同住一处,夜里两人不知怎么忽想起去看刘先生,刘先生住城内,不似联大多数教职员都择居联大近处。数十年前旧事,现在留下最深的印象即我们进屋后刘先生正在卧榻吸烟,刘夫人也在榻的另一边。一间极小的房子,我们侧坐榻旁,这正是极不寻常的情景,以见刘先生对学生怎样不拘礼节。我们来访是想听刘先生讲《红楼梦》,补充一句,战时联大读《红楼梦》几成风气。刘先生对《红楼梦》最独到的见解是省亲那节,大观园题匾大多宝玉所拟,"蓼汀花溆"四字是在入园最明显处,贾妃看了这四字便笑说"花溆二字便好,何必蓼汀?"刘先生以为花溆者形容袭人与宝钗,而蓼汀反切林,明指黛玉。意云曹雪芹有意的这一笔,是说明作为贾家最高的元春(他是代表皇室的),其意在于宝钗,而不欲黛玉入主怡红院。刘先生读书精到,独具只眼由此一例可见。我在另外文中已记过此事。但这是那一夜谈话留下最深的印象。其他还有一些。刘先生入滇后自号"二云居士",指云土与云腿(宣威火腿)。他是烟筒放下,又再点一支香烟。初时刘夫人尚只是歪躺榻上,后来也吞云吐雾起来。我们是两个极恭敬的学生,刘夫人自不把我们当陌生人看待。(鲲西:《清华园感旧录》,第12页)

**刘文典在上课**

至于先生吸食鸦片的原因,则众说纷纭,钱穆先生有一文记之:

(刘文典)因晚年丧子,神志消沉,不能自解放,家人遂劝以吸鸦片。其后体力稍佳,情意渐平,方立戒不再吸。及南下,又与晤于蒙自。叔雅鸦片旧瘾复发,卒破戒。及至昆明,鸦片瘾日增,又曾去某地土司家处蒙馆,得吸鸦片之最佳品种。又为各地土司撰神道碑墓志铭等,皆以最佳鸦片为酬。云南各地军人旧官僚皆争聘为诔墓文,皆馈鸦片。叔雅遂不能返北平,留教云南大学,日夕卧榻上,除上课外,绝不出户。闻余去,乃只身徒步来访,闻者皆诧,为积年未有之奇事。(钱穆:《八十忆双亲·师友杂忆》,第249页)

3月30日、31日,先生在《云南日报》发表长文《日本败后我们该怎样对他》,建议政府和国民"务必要连最初丧失的琉球也都收回来"。在这篇文章中,先生颇具先见地指出:

关于国家民族的事,是要从大处远处想的,不能逞一朝之忿,快一时之意。我们从东亚的永远大局上着想,从中国固有的美德"仁义"上打算,固然不可学克莱孟梭那样的狭隘的报复,就是为利害上打算,也不必去蹈法兰西的覆辙。所以我的主张是,对于战败的日本务必要十分的宽大,基于这种宽大的态度,发挥我们中国固有的尚仁尚义的美德,那么,我们中国将来在和平会议上,不但不要用威力威逼这个残破国家的遗黎,还要在伐罪之后实行吊民,极力维护这个战败后变得弱小的民族。这个民族自立为一个国家已整一二千年,我们既不能把他根本夷灭,改为中国的一个省份,依然让他做个独立自主的国家,也就应该有个待国家之道。根据罗斯福总统、丘吉尔首相和盟邦议定的《大西洋宪章》,日本这个国家也应该享有他应有的权利,也应有一份资源还是要留给他的。这是此次大战远胜于前次大战的地方,也是世界政治上的一大进步。我们当然热忱拥护这一点。(刘文典:

《日本败后我们该怎样对他》,载《云南日报》1944年3月30日）

为此,先生提出战后处理日本问题的三个原则:第一,主张不索赔款;第二,不要求割地,但日本必须要将琉球岛归还中国;第三,日本应拿出他们的文物作为对于中国文化劫掠的赔偿。其中,先生一再强调收回琉球的重要性,却不幸一语成谶,为今后的历史留下遗憾:

> 我对于战后合约的主张,可以说是个"无割让,无赔偿"的,不过"侵地"必须要"尽返","旧物"必然要全"光复",不能含糊了事,以收复东北四省为满足。台湾固然要收回,琉球是关系国防的要害之地,无论如何,必须要收归自己的掌握。中国之不能放弃琉球,犹之美国之不能放弃珍珠港,英国之不能放弃直布罗陀,澳邦之不能放弃所罗门群岛。关于这一点,政府固然要在和会上力争,国民更要一致的为政府后盾。总

1944年3月刘文典在《云南日报》发表长文

要举国上下,一齐努力,把这个地方收回来,切不可视为一个无足重轻的小岛,稍有疏忽,贻国家后日无穷之害。(刘文典:《日本败后我们该怎样对他》,载《云南日报》1944年3月31日)

4月19日,吴宓留函,托先生为从佛门还俗的好友释远峰求职。

【四月十九日　星期三　晴】下午1:30偕浦江清宝云饮茶。宓食圆面包二枚($46)。谈李素等旧事。云大留函与典,附履历等件,托为远峰荐职。3—5上课(Ital. Lit完)。沈桂送交其母为宓补成(并洗过)长衫二件。告凡约宴,时狂风骤雨,过顷复晴。(《吴宓日记》卷九,第246页)

4月24日,先生复函吴宓,对释远峰还俗一事表示不以为然。

【四月二十四日　星期一　晴】(晚上)11:00始归。接典复函,极不以远峰还俗求职为然。宓遂作长函,同寄远峰(此函至五月十三日始付邮),钞示宓《再赠》诗。夜半始寝。(《吴宓日记》卷九,第249页)

4月25日,先生与吴宓同进晚餐,相谈甚欢。

【四月二十五日　星期二　晴】11:00乐宅,以致远峰函留示典、乐。即至经济午餐($53)。下午1—2联大上课。回舍,热,半浴。3—5寝息。6—10乐宅陪典素馔晚饭,至为爽适。谈远峰事。闻远峰已往任玉溪中学教员。前此居佛教会,会中且供月费$2000,为其零用云云。晚,与乐谈甚洽。(《吴宓日记》卷九,第249页)

5月9日,吴宓应先生之邀赴其好友孙乐家中,与众人聊。

【五月九日　星期二　阴,雨,寒】4—9(孙)乐宅赴典约,请食面包,聆众谈。乐留众晚饭,素餐。示近作诗,并以《乐乡文类》五册授宓读。诸客中有玉溪李鸿翔将军,光溪之伯父也。(《吴宓日

记》卷九,第258页)

5月16日,先生赴云南重九起义元勋李鸿祥将军家宴。

【五月十六日 星期二 雨】(下午)5:30至福照街70杯湖精舍本宅,赴李鸿祥(翼庭,云南玉溪。年六十六,民元一元三任云南民政长,封懋威将军。云大学生李光溪之伯父)招宴。家馔,甚丰美。客为王灿(惕生)及典、炜等。先进茶点,多谈清代掌故。(《吴宓日记》卷九,第262~263页)

5月29日,孙乐与吴宓谈论不收先生房租一事。当时先生避居官渡,在城中有课时则借住好友孙乐宅中。孙乐,云南元江人,又名孙乐斋,善书法,通诗文,中途弃仕学佛,号"佛海居士",与先生关系甚笃。

【五月二十九日 星期一 晴】上午,读Germ. Lit湘战起,报无豫战消息。《扫荡报》云在灵宝西南……11—12乐来,借二书与宓读,劝为父念"观音菩萨"祷祝。并述不收典房租等情,且有早离此五浊恶世之意……(《吴宓日记》卷九,第270页)

5月31日,吴宓拜访孙乐,与先生谈释远峰。

【五月三十一日 星期三 晴】上午,改《荷兰文学史》讲义(油印)。11:00乐招往,见典。典述顷所闻于前九江警备司令陈雷(鸣夏)将军者,谓远峰实为中央之间谍。去年在玉溪查出有据,云云……(《吴宓日记》卷九,第271页)

6月6日,吴宓到孙乐家中拜访先生。

【六月六日 星期三 半阴晴】5—7约而精晚饭($60)。乐宅,访典。乐留再同晚饭。(《吴宓日记》卷九,第275页)

6月13日,吴宓拜访先生,谈闻一多。

【六月十三日　星期二　阴，雨】5—8乐宅访典。典述闻一多□□病等情。宓述伺种菜,词颇激昂。乐留同饭,又在乐楼室坐。乐自述发愿依佛,并求往生之诚,而以慎言节劳规宓。今后决守玄默。乐诚极纯挚之良友也……(《吴宓日记》卷九,第278页)

6月20日,吴宓来访未遇先生。

【六月二十日　星期二　阴,小雨】小吃午餐($67)终日阅《欧文史》考卷。夕,至乐宅,典昨今未来城中。乐仍留晚饭,谈国学之重要,及龙主席欲聘马湛为黄实所尼事。晚,续阅卷。(《吴宓日记》卷九,第281页)

6月27日,吴宓来访,求先生为其修改诗稿。

【六月二十七日　星期二　阴】新村早餐($27)。上午,忙于阅卷。而乐来,邀至其宅中。10—12与典谈,以诗稿就正,并同午饭。下午1—2在舍寝息。犀导锡业公司叶启祥君来约演讲。(《吴宓日记》卷九,第283～284页)

7月7日,坊间传言先生为人撰墓志铭,得金甚丰。据《吴宓日记》记载：

【七月七日　星期五　阴,雨】访彤,偕彤至南开,赴中西哲学名著编译会请宴,陪吴俊升。梅公持黄酒三斤来。梅公醉,隐几久眠。席间众与吴俊升多谈。且悉罗常培等赴美讲学,当由胡适援荐。又罗主持《大理县志》编辑事,得款近十万元。又传典撰、炜写缪云台母墓铭,典得三十万元,炜得十万元,未知确否。又传华莱士居间疏通,中俄邦交略进。俄陈兵黑龙江,故日本撤回关东军之一部。衡湘及豫粤战事乃忽松动云云。(《吴宓日记》卷九,第289页)

7月10日,国民政府教育部高等教育司司长吴俊升邀约西南联大三大学文法院主任讨论《部颁课目表》修改事项,会中闻一多痛斥云大聘请先生,令吴宓大为不满。当晚,吴宓大醉。

【七月十日 星期一 阴,小雨】3:00雨。至清华,赴吴俊升邀集三大学文法学院主任教授,讨论《部颁课目表》如何修改,直至9:00方毕。其间奚【编者注:张奚若】发言最多,痛诋政府。又闻一多发言,痛斥各大学之国学教法,为风花雪月、作诗作赋等恶劣不堪之情形,独联大翘然特异,已由革新合时代云云。又盛夸其功,谓幸得将恶劣之某教授(典)排挤出校,而专收烂货、藏垢纳污之云大则反视为奇珍而聘请之。云云。云大在座者姜寅清无言。徐嘉瑞圆转其词以答,未敢对闻一多辩争。

9:00吴俊升请宴。总引宓上坐。梅公出极佳之黄酒。宓因闻一多等暴厉之言行,心中深为痛愤(宓此次发言,撮述宓昨拟之《意见书》各条。奚对《世界文学史》怀疑,莫直不赞成),故以酒浇愁,痛饮多杯。又因积劳空腹(未进饭),遂致大醉,为三年来所未有。临去,以怀中各件授升,而未能(因醉)与之言。宓时已出院中呕吐一次,麟扶宓回舍,再呕。胡乱就寝,甚觉眩晕。以后当学公权"当筵春醑回回却",毋纵饮以再伤身自苦也。(《吴宓日记》卷九,第290~291页)

7月11日,吴宓到孙乐家中,共谈闻一多并大骂。

【七月十一日 星期二 晴】10:30出遇施莉侠,托事,并约宴。至乐宅,为述昨会中闻一多等恶论,共嗟息久之。遂在乐宅午饭。乐邀往其高峣别墅随意留住。宓甚感乐,互恨相识之晚。乐又述徐为光(昭五)之生平,及责骂闻一多等事。(《吴宓日记》卷九,第291页)

7月22日,吴宓拜访先生,畅谈甚欢,兴致颇高。

【七月二十二日　星期六　阴】新村早餐（$37）。乐遣子孙智明（女名焕章）来招，乃钞缮《续感事诗》，11:00携往乐宅，请典修改。在乐宅午晚饭，与典等直谈至晚8:00，乃归。聆典述说种种。其门弟子吴承幼等来，典讲谈不倦，宓不能支，乃归。（《吴宓日记》卷九，第298页）

8月1日，吴宓拜访先生。

【八月一日　星期二　阴，小雨】T. H.见周久庵，取部定《休假进修章程》，率允下午送来，宓益不悦。即至乐宅午饭，晤典，并见徐为光（昭五，云南峨山）。（《吴宓日记》卷九，第304页）

8月2日，先生与胡小石、孙乐、张友铭等人倡议创立云南国学研究院，并力推吴宓为筹备主任。

【八月二日　星期三　阴】11:00如约至乐宅午饭。典、炜、乐、张友铭（铸生）共议创设云南国学研究院事。典、炜谓可募款千万元。典欲宓为筹备主任，如昔清华故事。宓雅不欲为此。典评宓为"忠信笃敬"，但仍多不能了解同情宓处。

下午3:00送典至青云街乃归舍。李希泌来，求五华英文男教员。宓荐陈晓华，并以《五十生日诗》一份付泌，转呈其父李根源。（《吴宓日记》卷九，第305页）

8月8日，吴宓拜访先生。

【八月八日　星期三　阴，微雨】晨食麦香三饼（$30）。访熙（付清Baker译费）。上午，读Sainte_Beuve书Mme　Geoffrin篇【编者注：圣伯甫书《若弗兰夫人》篇】。11—2乐宅午饭，与典等谈。乐获宓赠诗，以五律一首为酬（尚待修改）。（《吴宓日记》卷九，第308页）

8月20日，"中央研究院"历史语言研究所助理研究员王叔岷完

成《庄子校释》一书及附录共6册,20余万字,其中附有《评刘文典〈庄子补正〉》一文,对先生著作颇多指责:

> 在王氏以前,近世以校勘见长者有刘文典(叔雅),以《淮南鸿烈集解》、《庄子补正》名世。按:王氏四十年代所著《庄子校释》附有《评刘文典〈庄子补正〉》一文,少年气盛,于刘著指摘严苛;据说中央研究院首届院士选举时,王亦批评刘氏《集解》、《补正》两著皆甚粗疏,不宜作院士候选人。(胡文辉:《地阃星火眼狻猊邓飞·王叔岷》,载《南方都市报》2008年5月11日)

在此前后,王叔岷亦曾致函胡适,对先生《庄子补正》颇有微词:

> (民国)三十一年至三十三年来,生在李庄,常接昆明联大师友函,无不称颂刘文典先生《庄子补正》。刘先生亦极自炫,所谓"欲与我谈庄子,须庄子后生可也",实刘先生口头语,至今亦然。彼时师友中多劝生不必作《庄子校释》,言刘先生旧稿,已有观止之叹也。及得见其书,不过尔尔,故心颇有不平,因于评《补正》一文中,引及彼语,然不平即失和,至今思之,诚如先生所言,彼之语不必举出也。临颖匆上,聊陈衷曲,先生将复有以教我邪?(王叔岷致胡适函,见台湾"中央研究院"近代史所胡适纪念馆"胡适档案",馆藏号HS-JDSHSC-0789-001)

1972年,台北台联国风社重印《庄子校释》,王叔岷悔其少作,将《评刘文典〈庄子补正〉》一文删除。据王叔岷自述:

> 《(庄子)校释》附录二,有《评刘文典〈庄子补正〉》一篇,乃岷少年气盛之作,措词严厉,对前辈实不应如此!同治一书,各有长短,其资料之多寡,工力之深浅,论断之优劣,识者自能辨之,实不应作苛刻之批评。况往往明于人而暗于己邪!一九七二年,台湾台北市台联国风社翻印拙作《庄子校释》,岷在海外,如

知此事,决将《评刘文典〈庄子补正〉》一篇剔除,至今犹感歉疚也!(王叔岷:《庄子校诠》,第10~11页,台北《中央研究院历史语言研究所专刊》之八十八,1988年)

8月22日,先生晚上赴徐为光宴请,同席者有吴宓、胡小石等人。

【八月二十二日　星期二　半阴晴】晚6—10文明街21徐宅,赴徐为光(昭武)请宴。素席,佳美,尼所制。进香花酒。客为典、炜、乐等。诸客多谈密宗及怪力乱神之事。偕炜步归。(《吴宓日记》卷九,第319页)

8月23日,先生与吴宓闲谈,未涉及国学研究院事宜。

【八月二十三日　星期三　阴,雨】晨食麦香三饼($30)。上午淑来。《中央日报》载教部核定本年休假进修教授名单,联大为罗常培、吴宓。又载联大新生榜,淑名见焉。清华见潘教务长,决定令研究生俞铭传、茅于美休学一年。乐宅午饭,典、炜等杂谈,未及研究院事。(《吴宓日记》卷九,第319页)

8月25日,先生拜访云南军界名流马崇六,为云南国学院募款,并力推吴宓为院长。但吴宓希望先生兼任。

【八月二十六日　星期六　阴,微雨】以柬招,至乐宅午饭,与典、炜等谈至下午四时。昨典访马崇六,允为游说大理、腾冲三富商捐款。典坚欲宓任云南国学研究院院长。宓力辞,主以典兼任。而炜、乐并劝宓任之。宓先言种种顾虑,末谓倘事诚可为,则蜀游亦可止云云。倦甚。(《吴宓日记》卷九,第321页)

8月27日,因云南国学院事宜,吴宓左右为难,征询好友虞唐意见。虞唐批评先生品行,建议吴宓推却。

【八月二十七日　星期日　半阴晴】晨,德锡来。宓请德锡小吃晨餐($150)。德锡极主张宓任云南国学院事……宓访犨,不遇。遇虞唐、俞铭传等。回舍,林同珠来,借去Shakepeare书一册,又《斐冷翠山庄》一册。

10—11虞唐来,宓细述情形,求教。唐力劝宓出游。谓晤友讲学,厥益甚大。而云南国学院事,决不可参与。盖典品行不修,名誉不好。炜亦素薄义理之学。而捐款人多为情不可却,敷衍一时,院中经费恐难持久。宓若任院长,必与俗人周旋,既日夕繁忙,且应付人事为难,精神必大感痛苦。尤以宓多年之清节令誉,必缘此而败坏,甚属不值云云。宓深感唐忠告之意。(《吴宓日记》卷九,第322页)

8月29日—9月12日,吴宓四度拜访先生,除一次未遇外,其余三次皆略谈,未再提及国学院一事。之后,吴宓游学四川,国学院一事遂作罢。

【八月二十九日　星期二　阴】11—2乐宅午饭,陪典谈。又在乐楼斋陪徐为光谈。(《吴宓日记》卷九,第323页)

【八月三十日　星期三　晴】上午,写信。而淑来。又德锡来。杨立达来,假宓二千元,连前购书款共欠杨立达四千元。偕德锡访典,略谈。请德锡同淑约而精午饭($480)。(《吴宓日记》卷九,第324页)

【九月五日　星期二　阴,小雨】偕翁同文乐宅访典,未及研究院事。乐留午饭,饭后与乐谈。(《吴宓日记》卷九,第329页)

【九月十二日　星期二　阴,雨】晨,作日记。食麦香二饼($20)。马彬如来,作函介见马约翰,为陕西同乡会事。懿携Magali来。10:00访乐,谈研究院计划(典未入城)。乐留午饭。(《吴宓日记》卷九,第334页)

9月,中国陆军第八军在盟军支持下,攻克由日军驻守的松山阵地,全歼守敌3000余人,并缴获山炮15门,机枪、步枪300余支,弹药无数。中国军队亦有近千人伤亡。此为著名的滇西松山战役。两年后,"滇西战役阵亡将士纪念碑"落成,为此,《西南导报》编有《落成特刊》,刊载先生七律一首,注为"1944年秋滇西反攻战役开始后所写"。全诗如下:

> 雪山万尺点苍低,七萃军声散马蹄。海战方闻收澳北,天兵已报过泸西。春风绝塞吹芳草,落日荒城照大旗。庾信生平萧瑟甚,穷边垂老听征鼙。(刘文典:《天兵西》,见《刘文典全集补编》,第112页)

同月,国立北平图书馆《图书季刊》"学术界消息"栏目刊载先生等人举办演讲会的消息,全文如下:

> 国立云南大学文史学系及文史学会本年度举行学术演讲会,分请校内外学人作专题讲演,每周一次,现已举办至第七次。各次演讲人及题目录后:(一)罗常培——读书八式;(二)刘文典——中国旧诗;(三)吴宓——红楼梦人物评论;(四)游国恩——文学与谐隐;(五)白寿彝——中国伊斯兰之发展;(六)浦江清——诗词的语言;(七)朱自清——文学的国语。各次听众皆极踊跃云。(《国立云南大学文史学系之学术演讲会》,载《图书季刊》新第五卷第二至三期,第108页)

## 1945年(民国三十四年乙丑)　　年五十四岁

3月,先生应冯友兰之邀,为其母撰墓志铭。

> (冯友兰)在重庆第三次为中央训练团讲演两周。在此期间曾同蒋介石谈话,言及联大区党部信时,蒋表示"共党问题要政治解决"。又言及吴太夫人丧事,"蒋对我说:'我不知老太太去世,如果知道,就要叫刘主席(河南省主席刘茂恩)去吊祭。'不久

他的侍从室送来用蒋的名字写的四个字(什么字忘记了)。当时我觉得很有面子。我计划将来为我的父母修墓,将蒋的四个字刻在碑上。我又托国民党一个大头目吴敬恒(吴稚晖),写了墓志的盖子,又托云南大学教授刘文典作了一篇墓志文"。讲演后,出席三青团总部所设评议会会议。(蔡仲德:《冯友兰先生年谱初编》,第303~304页)

5月26日,云南大学文史系扩充史学组,教授达10余人,其中包括先生。

> 云南大学文史学系为充实史学组,建立云南史学基础,新聘专任教授柳翼谋(部聘教授),不日即可来校。又聘联大教授姚从吾、郑天挺、张印堂为兼任教授,连同云大原有专任教授刘文典、方国瑜、白寿彝、蒋硕虞、丁则良、陆钦墀等共十余人。(《云南大学志·大事记》,第110页)

6月,云大学生陆续开始毕业考试。先生担任云大毕业考试委员,负责监督毕业考试、审核的整个过程。

> 毕业考试委员会依据《学则》所组织,一年一届,为临时性机构,校长为当然主任。与省立云大不同的是,委员会增聘外校教授、司法机关首要等参加,以监督毕业考试、审核整个过程,保证学校教学质量不受外界所怀疑。兹举例如下。
> 
> 1939年,委员会的组成情况是:熊庆来、梅贻琦、李季伟、王士魁、陶天南、吴文藻、杨克嵘、李炽昌和蒋导江。特要求云南省高等法院派一检查官参加,对法律系毕业生进行监考。1945年,委员会委员是:熊庆来、何衍璿、刘文典、凌达扬、王树勋、丘勤宝、张福延和姚碧澄。外校3人是:李书华、查良钊和鲁师曾。(《云南大学志·教学志》,第162~163页,云南大学出版社,2006年11月第1版)

7月7日,先生应云大学生邀请,在泽清堂讲演"卢沟桥事变"。据云大校工张传回忆:

> 1945年"七七"抗战八周年,晚上云大学生请刘先生在泽清堂演讲。我听说刘先生在泽清堂讲"卢沟桥事变",就跑去听。到了泽清堂看见里面已经挤满了学生,我就站在窗子外面听。见刘先生身着灰色长衫,体貌清瘦,戴着一副黑框眼镜,坐在讲台上发表演说。记得他说:"七七"事变发生地卢沟桥战前他去过,是一座很有名的石拱桥,有清乾隆帝题写"卢沟晓月"的石碑,桥上有雕刻精美的各种形态的大小石狮数百个,其数量之多,没有人能数得清。先生讲了一个多小时,讲完后,是满堂热烈的掌声。(张传:《我所认识的刘文典先生》,载《云南文史》2009年第2期,第48页)

8月15日,日本侵略者宣布投降,八年抗战宣告胜利。

12月1日,昆明爆发震惊中外的"一二·一"爱国民主运动。一伙暴徒冲进云南大学、西南联大等校园,殴打教师和学生,造成4人死亡、25人重伤、30余人轻伤,引发罢课运动。云大校长熊庆来一方面积极报告事件真相,谴责暴行;一方面邀请先生撰文,呼吁学生尽快复课。据云大校工张传回忆:

> 1945年12月1日,昆明发生震惊中外的"一二·一"惨案,国立西南联合大学、云南大学等高校学生罢课,抗议国民党当局的暴行。云大校长熊庆来迫于上面的压力,不得不请刘文典帮他写了《劝学生复课书》、《再劝学生复课书》两篇文章。我觉得熊校长请他写这样的文章,他是很为难的,但为了报答熊校长的知遇之恩,他也不得不勉为其难了。这两篇文章用熊庆来的名义,由云大印刷散发,我仅仅记得文章开头的一两句。第一篇的开头是:"慨自抗战军兴以来,生灵涂炭,庐舍为墟……"第二篇的

开头是:"弦歌中辍,已逾半月……"两篇文章都比较长,中心意思是学生任何时候都要以读书为重,不能长期罢课,问题还是要谈判解决。文书组的一些先生看后都说,这肯定是出自刘文典的手笔。到了1952年云大思想改造运动时,刘先生说过,《劝学生复课书》是他为熊庆来作的。(张传:《我所认识的刘文典先生》,载《云南文史》2009年第2期,第48页)

先生本人也曾回忆:

> "一二·一"李宗黄屠杀学生,昆明全市震动,学生罢课,做革命运动。熊庆来叫我做文章,劝学生复课,我也很高兴的做了,因为我是和反动政府、熊庆来站在同一的立场,任何反人民的文章,我都愿意做。(刘文典:《思想总结》,1953年,未刊稿)

## 1946年(民国三十五年丙戌)　　年五十五岁

5月14日,先生在《云南日报》"星期论文"栏目发表《几句陈腐的老生常谈》一文,表示反对内战,其中悲愤地写道:

> 自从日寇投降以后,国家的政治、经济以及社会上的一切情形,不但不见光明进步,反而愈趋于纷乱,人民的痛苦反而更见加增,瞻念国家民族的前途,真令人不寒而栗。说起来也奇怪,就是以我这样一个最抱乐观的人,在抗战胜利以后反而抱起悲观来了。要问什么事最令我悲观呢,就是"是非不明",没有了公是公非……
>
> 所幸公理自在人心,绝不因为有人不讲他而归于消灭。谁对国家有功,谁对国家有罪,大多数的国民都眼里雪亮,任你巧舌如簧、说白道黑,任你会用洋话对洋人说,事实总是事实,委曲求全的必定得国民的同情赞助,不顾大局的终久必然为国民所唾弃。大多数国民的心理就是最大的力量,刀枪的力量、造谣说

谎的效用都止是暂时的。(刘文典:《几句陈腐的老生常谈》,载《云南日报》1946年5月14日第2版)

6月7日,私立五华学院发起人秦光玉等34人在省立昆华图书馆内举行第一次会议,对学院创办起因、负责筹备人员、院址、工作推进事项、院董选举、学院规章等重要事项作出决议。这是云南历史上第一所民办大学。先生后来亦签名成为五华学院发起人。关于成立缘起,云南省档案馆档案记载:

> 抗战结束,建国开始,年前全国教育善后复员会议出席人士,佥以昆明为西南文化重心,规划积极发展教育文化事业具体办法,见诸实行,甚盛举也!同人等感于研究工作为建国急先之务,国民皆与有责。复爱兹湖山之美,郁郁葱葱,气候温和,允为学者之乐园。爰不揣棉(绵)薄,拟创设研究机构,名曰五华学院。募集资金,用其子息。经费管理则由出资人、发起人及研究师生组会监督之,成绩优劣则聘学术先进评衡之。其所研究学科作始也简,先设文科与植物两研究所及文史研究会等,更积极筹备地质、药物及其他科学研究部门。又复编工具书,设讲习会及发行期刊丛书等,皆可以按程而课功者,并设奖学金,师诺贝尔之意,分为科学、文学等类,年为一次,期之永久。(《五华学院缘起》,见《私立五华文理学院档案资料汇编》,第2页,云南大学出版社,2009年6月第1版)

6月16日,云南《正义报》刊登消息,称五华学院组织文史研究会,邀请先生、朱自清等人指导研究工作:

> 教育学术界人士拟筹组五华学院而外,兹复以人民文化团体方式,组织文史研究会,请罗膺中、刘叔雅、徐地(旭)生、朱佩弦、徐梦麟先生等指导业余有志研究人员作专题研究工作,此纯系学术组织,设理、监事会,各教授指导工作,即在异地,亦可以

书函讨论,以研究文史学科,整理西南文献,养成朴实学风为宗旨。闻已依照人民团体组织办法,呈报主管备案中云。(《本省学术界人士等组五华学院及文史研究会》,见《私立五华文理学院档案资料汇编》,第 15 页)

6 月 25 日,应云南省民政部门邀请,先生在县长考试及格人员讲习班上开讲《历代循吏史实》。这个演讲稿由"学员保维德笔记",存于云南省档案馆中,具有较高的史料价值和研究价值。此演讲从希腊文化、中国文化的差异谈起,阐述中国哲学的特色,由此引申出中国古代"循吏辈出"的根源,最后分析循吏的处事手段,环环相扣,妙趣横生,耐人寻味:

> 循吏的"循",作"顺"字解,即奉公守法、循良的意思。再有"抚循",即安慰抚爱之意。《汉书》循吏,最著名者,为龚遂、黄霸,均由外官调为宰相。汉制最好,地方官、成绩优良者,一经查明,即升调为朝廷大官,因此人人感奋,循吏辈出。汉宣帝调龚遂进京问治,遂对曰"为政如理乱绳",最为得体。盖县政极繁,要办得井井有序,有条不紊,须有耐心,顺情理之。至于将魏高欢教诸子理乱丝,其子高洋,抽刀断之,欢称为能。意谓遇纷乱之事,陷于不能理时,只有快刀斩乱麻之一法,取其迅速了结已耳。有时固应采此断然之手段,但处理县政总以细心为上。(云南省档案馆档案,全宗号 11,目录号 2,案卷号 259)

7 月 15 日,闻一多在出席民盟云南省支部为李公朴遇刺举行的记者招待会后遭到暗杀,身中数弹,当场身亡。

7 月 27 日,身在四川的吴宓接前妻陈心一附友人函,转达先生意见,盼其赴云大任职。

【七月二十七日 星期六 晴】晨,食敬赠饼酪,完。华西函告,指定宁村(高琦中学对门)第十六宅,为铖居住;第十七宅,为宓居住。又接心一七月二十三日沪函,附德锡七月二十二日沪函,合其七月一日昆明函,述典意,盼宓就云南大学文学院长兼文科研究所主任,又五华书院讲座,薪津三倍常数,由滇省津给云云。德锡沪址,上海善钟路75王贯之……(《吴宓日记》卷十,第94页)

7月31日,西南联大正式宣告结束。

8月1日,浙江人吴斌、云南人周尔新向云南当局申请创办《民言周报》,获得批准,先生应邀担任主笔。但该杂志似并未办成,据原始档案记载:

新闻杂志申请书

名称:民言周报

类别:杂志

发行旨趣:宣扬三民主义,倡导善良风气

社务组织:设社长、副社长及编辑、经理两部

资本数目:国币伍仟万元

发行人:吴斌(浙江人,三七岁,上海法政学院)、周尔新(云南人,三二岁,云南大学)

编辑:刘文典(安徽人,五六岁,英国留学,云南大学教授),住所:云南大学,主笔。

编辑:萧政之(湖北人)、胡志文(湖南人)、李正山(湖南人)、刘华寿(湖南人)、戴文辉、蒙启德、罗石圃(安徽人)、尹烈钧(江苏人)、何浩天(浙江人)

考核意见:旨趣正大,拟准登记。

中华民国三十五年八月一日

(云南省档案馆档案,全宗号86,目录号1,案卷号2)

同日,五华学院正式成立植物研究所和文史研究会,作为纯学术

的研究机构,开展学术活动,组织学术演讲。先生受邀成为文史研究会演讲嘉宾。

五华学院文史研究会除决定研究计划外,还决定系统研究工作三项:(一)云南年表及云南编年史之编纂。(二)咸同滇乱史料之整理。(三)《云南备征志》之重订。由会员分别部门进行研究。该会每周安排1至2次演讲,确定讲题,邀请西南联大、云南大学等高校知名教授及国内著名学者如贺麟、罗庸、钱穆、刘文典、方国瑜等及地方知名学者如方树梅、由云龙等讲演。外界人士若参加听讲,须经会员介绍,先行登记并领取听讲证。为增进会员研究起见,自11月起,定期设立讲习会,请各教授作专书或学术系统讲授,会员可借此机会向讲授者请益。同时,不定期召开座谈会,使会员相互切磋。讲座共举办百余次,大多为知名学者开讲,部分为会员研究心得交流。一批国内知名教授在这里讲授了多年潜心研究取得的成果,其中,钱穆的《中国思想史》、罗庸的《中国文学史导论》深受欢迎,听众踊跃。(夏艳疆:《五华学院办学记》,载《云南文史》2009年第2期,第56页)

8月4日,朱自清等清华校友在四川为闻一多募捐,吴宓到场,但分文未捐。

【八月四日　星期日　晴】是日热甚。夕4—5访敬。在其宅中作函上关公,求代办赴武汉飞机票位。即至新南门外致民路十五街二号刘迺桐宅,赴清华校友刘迺桐、阴毓璋、李先闻、刘历荣、童沛森合请宴。到者四十余人,并开同学会,为闻一多募赙、沈崇诲募纪念款。宓均未捐。宓与汪德亮、华忱之等谈,倦且郁。(《吴宓日记》卷十,第98~99页)

8月9日,吴宓致函先生,辞谢云大聘请,并赠以陈寅恪著作。

【八月九日　星期五　半阴晴】合记午饭（＄520）。下午大晴,又颇热。函孙乐,复其1945中秋日及十月十二日来函,附寄德锡七月一日昆明函、七月二十二日沪函(见七月二十日记)。即以复刘文典,辞谢滇聘。另以陈寅恪《陶渊明思想》二部,寄乐与典。(《吴宓日记》卷十,第102页)

8月,先生赠冯友兰《庄子补正》。

刘文典赠其所著《庄子补正》(石印本)。吴宓来信请假留成都养病。(蔡仲德:《冯友兰先生年谱初编》,第309页)

秋,云大农学院由呈贡迁回昆明,学院藏书尽归学校图书馆。至此,云大图书馆雏形渐显,学校成立图书委员会,先生入选。

根据国立云大《组织大纲》规定,在校务会议下设立图书委员会,其职责同省立时期基本一致。委员由校遴选,任期一年,由校长聘任。其组成多为院长、系主任、图书馆负责人。如1946年的委员是:何衍璿、刘文典、曾勉、李达才、梅远谋、吴富恒、方国瑜、朱驭欧、于振鹏、张文渊、崔之兰、黄士辉、丘勤宝、黄国瀛、马光辰、王绍曾、李吟秋、杜荣、蒋惠荪、彭元士等20人,召集人为何衍璿。图书馆规章制度的废立,由图书馆提出初步方案,交图书委员会审查,最后报校务委员会讨论通过,校长批准执行。图书委员会在图书馆的管理中发挥着重要作用,图书馆的管理更加科学和规范。随着学校规模的继续扩大,图书馆的藏书不断增加,工作人员也逐渐增多,而且向专职化方向发展。(《云南大学志·教学志》,第177页)

10月2日,先生任云南大学文史教研室主任导师,每月增加研究费国币20万元。

【云大总务处人事通知】兹加聘刘文典先生为文史研究室主

任导师,每月加送研究费国币二十万元,自八月份起照送,即加聘书。此致。民国三十五年十月二日。(云南省档案馆档案,全宗号16,目录号3,案卷号91)

10月8日、23日,先生两次在五华学院文史研究会讲习《庄子哲学引论》。

同月,先生为云南省政府主席卢汉撰写蒋介石六十生辰贺表。据先生自述:

> (1943)年底回昆明到云大任龙氏讲座,还是不能维持生活,于是就开始卖文章,不管什么如寿序,以致蒋匪的贺表都做,并代伪《中央日报》做过几篇文章,天天与军阀官僚土豪来往。我既然是一味地追求腐化享乐的生活,既然是靠拢反对派,要分润一点人民的血汗,才算得到满足,所以卢汉叫我替他做蒋匪的六十寿序,我认为这是一笔最好的生意,我进一步要把寿序改为贺表的格式,贺表上把蒋匪说成是圣人,这样我和卢汉拉拢的更紧。熊庆来提议叫卢汉捐廿万大头,在云大建筑"中正图书馆",为蒋匪的六十大庆的永久纪念,叫我做一篇缘起,我也很高兴地做了,还自以为这是对云大的"功劳",完全不觉得这两件事的危害性。当时就有人骂我这两篇"美蒋文",我还很得意说扬子云的《剧秦美新》是最好的文章,自鸣得意。(刘文典:《思想总结》,1953年,未刊稿)

同月,云南大学发放恢复区籍学生教员还乡旅费,先生共领取64万余元。

文史系教授　　刘文典　　年龄51
　　　　　　　到职日期　(民国)32年8月
　　　　　　　月薪额　　600元
　　　　　　　眷口　　　二口

　　　　　还乡旅费数目　　　215000元

　　　　　眷□　430000元

　　　　　合计　　　　　　　645000元

　　　　（1946年10月——1946年12月）

（云南省档案馆档案,全宗号16,目录号3,案卷号66）

11月9日,先生在五华学院文史研究会开讲《校勘学发凡》。随后,在本月21日、30日以及12月7日,共四次讲完。

12月14日、21日,先生两次在五华学院文史研究会讲习《文选学》。

**云南大学校长熊庆来为刘文典著作题签**

同年,先生著作《说苑斠补》列入国立云南大学丛书石印,封面由云南大学校长熊庆来题签。

## 1947年(民国三十六年丁亥)　　　年五十六岁

1月,五华学院《五华》月刊第一期出版,高度评价先生学术演讲。

　　（五华）学院举行学术讲演,自上年8月至12月,已有44次。刘叔雅教授的《庄子哲学》、《版本学》、《文选学》和罗膺中教授的

《中国文学史导论》,均属创解,对于学人启发甚深。(《五华学院筹办及其学术讲演、植物研究所工作等动态》,见《私立五华文理学院档案资料汇编》,第110页)

3月,应云南省江川县政府邀请,先生撰写《唐淮源将军庙碑》。此文由国民党元老于右任篆额、李鸿章后人李广平书丹,安放于唐公祠内。唐淮源,字佛川,江川县人,国民党陆军第三军军长。1941年,率军驻守山西省中条山。同年5月12日,陷敌重围,饮弹殉国,是牺牲于抗日战场上的国民党四位上将之一,被誉为"滇军完人"。关于唐公殉职情节,先生写道:

> 冦窀方妥,驰返中条,值倭虏间衅,凶丑燔炽,偏师失律,大兵败衄。公以寡弱之众,在丛围之中,据无十雉之城,守无一重之檐,而寇如猬毛,蜂屯蛾傅。公奋其猛锐,志存厌难,积威爱发,在用弥亮。将士感其忠义,公一巡三军,拊而勉之,则裹创疾斗,死不旋踵。罢困相保,坚守浃旬,兵尽力竭,受陷勍敌,公慨然曰:"将军死绥,咫尺无却,战阵无勇,谓之非孝,老母既殁,此吾殉国时矣!"乃整衣冠,西向再拜,从容作书辞元首,遂自射也。非忠贞秉之自然,壮烈出乎天性,孰能临难引义以死殉国若斯者哉?元首震悼,赠恤之礼有加,饰终之典隆焉。(刘文典:《唐淮源将军碑记》,《刘文典全集》卷三,第765~766页)

6月,先生《庄子补正》一书由商务印书馆印行,共十卷五册,陈寅恪作序。此书尚存民国时期云南大学讲义本,石印,全一册。该书后成为先生代表作之一,屡次重印。

**刘文典《庄子补正》自序手稿**

《庄子补正》,十卷。全书收列《庄子》内、外、杂篇全部原文和郭象注、成玄英疏及陆德明《经典释文》之《庄子音义》,校以历代之《庄子》重要版本,并广泛征引著名学者王念孙、王引之、卢文弨、奚侗、俞樾、郭庆藩、章太炎、刘师培、马叙伦等人的校勘成果,而将其补正之文分系于各篇相关内容之下。(赵锋、诸伟奇:《庄子补正·校点说明》,《刘文典全集》卷二,第1页)

春夏之交,应云南辛亥"重九起义"的主要领导人之一、曾担任云南省民政长(省长)、省临时参议会议长的李鸿祥邀请,先生与罗庸、钱穆等人共赴云南玉溪考察。

1947年春夏之交,李仪廷先生邀请罗庸、刘文典、钱穆等著名学者到玉溪参观游览,并由李光溪陪同,下榻文兴祥。罗庸先生是我的老师,我也听过刘文典先生的学术演讲,对钱穆先生也久慕其名,我便怀着敬仰的心情前往文兴祥拜望他们。罗先生等对我十分亲切。我在昆明上大学时,也在福照街李将军府第"杯湖精舍"会见过仪廷公。这次在玉溪见面,仪廷公对我亦亲如家人。当时由县长严中英安排,亲自驾着吉普车送几位教授和仪廷公去游览了大士庵、涩水井、九龙池、杯湖村和通海秀山,有专门雇滑竿送罗先生去游览了灵照寺。有一天晚上,还请了几位教授欣赏了滇剧表演,优礼有加。那几天,光溪和我几乎天天陪着参观游览。刘文典先生对涩水特别赞赏,他向县长严中英建议在涩水井建一座亭子,取名"洗心亭",大家对叔雅先生为亭子取得这个雅号表示赞赏。可惜后来这座亭子并未建成。(孙绳武:《既是武将也是文才——回忆李仪廷先生》,载《玉溪市文史资料》第七辑,载玉溪网)

对于此次考察,钱穆亦有回忆文字:

> 有一退休军人,约叔雅、膺中及余三人赴其家度旧岁。其家在昆明湖之南边,已忘其地名。汽车去,共三日,沿途风景佳胜,所至必先为叔雅安排一吸烟处所,余与膺中则得畅所游览。有一夕,停宿某县城,其城中有一老伶人,唱旦角,负盛名。已年老,不复登台。是夕,特在县署堂上邀其演唱,听者除叔雅、膺中与余三人外,县中士绅约不过三十人。滇戏在全国各地方戏中,与京戏最相近。余等因在座上批评称道,并盛论京戏与滇戏之异同得失。演唱已毕,余等谈论犹不已。主人乃曰,不意三教授皆深通此道,滇中有老伶工栗成之,有云南谭鑫培之誉,彼亦年老退休。待返昆明,当告以三教授乃难得之知音,必强其登台,以供三教授解闷。(钱穆:《八十忆双亲·师友杂忆》,第249~250页)

6月2日,"国立中央研究院"发布第一次院士筹备会通告,面向全国推选院士。据档案记载,云南大学推选的院士候选人为数理组何衍璿、生物组秦仁昌和人文组刘文典。

本会现已依法成立,即日起在南京鸡鸣寺一号本院内办理第一次院士选举之预备工作。依照本院组织法之规定,第一次选举之院士名额为八十人至一百人,分配于数理、生物及人文三组,由各大学、各独立学院、各著有成绩之专门学会或研究机关,提名院士候选人。兹特登报通告,本院第一次院士候选人之提名期间各登报之日至三十六年七月二十日截止,统希查照办理为荷。(云南省档案馆档案,全宗号16,目录号3,案卷号69)

7月4日,先生填写《财产损失报告单》,报告抗日战争期间其财产损失情形。

财产损失报告单

填报日期　民国三十六年七月四日

| 损失年月日 | 事件 | 地点 | 损失项目 | 购置年月 | 单位 | 数量 | 价值(国币元) ||证件 |
|---|---|---|---|---|---|---|---|---|---|
| | | | | | | | 购置时价值 | 损失时价值 | |
| 民国三十年 | 日本兵拆毁 | 安庆 | 住宅花园 | 民国十八年 | | 房屋二十间 | 国币三万元 | 同上 | |
| 香港沦陷后 | 乱兵掠去 | 香港 | 中西贵重书籍 | 历年购置 | | 四大板箱 | 国币五万元 | 同上 | |
| 民国二十六年八月 | 北平沦陷 | 北平 | 衣服、车、木器、什物 | | | | 国币一万元 | 同上 | |
| 民国三十一年 | 空袭炸毁 | 昆明 | 衣服、书籍、什物 | | | | 国币三千元 | 同上 | |
| | | | | | | | 以上均按战前币值计算 | | |

受损者　刘文典　国立云南大学（云南省档案馆档案，见刘平章《日本侵华掠走"刘文典藏书"追踪记》，未刊稿）

8月，云南大学决定每月为先生增加研究补助费50万元。另，罗庸每月增加研究补助费40万元，钱穆每月增加研究补助费50万元。（云南省档案馆档案，全宗号16，目录号3，案卷号126）

9月3日，先生与云南省教育厅长王政、昆明师院院长查良钊、昆明市市长曾恕怀以及陶光、吴乾就教授等人联手发起滇剧名伶演唱会，作为昆明广播电台纪念抗战胜利两周年特别节目。同时，先生还赠诗滇剧大师栗成之、彭国珍。

> 1947年，昆明广播电台为庆祝抗日胜利两周年举办的滇剧名伶演唱会上，刘氏首先致辞讲述戏坛之演变，对滇剧推崇备至。他说："真正能保持中国之正统者，唯有滇戏。希望爱护东方艺术者，有以提倡之。"他不但这样说，且能付诸行动，他几乎每天晚上都泡在滇剧场中。光华剧场的头排两个座位被他常年包下，届时风雨无阻，偕夫人每晚必到。尤对著名老生栗成之的演唱艺术极为倾倒，曾誉为"云南叫天"，并赠以诗"檀板讴歌意蓄然，伊凉难唱艳阳天。飘零白发同悲慨，省食憔悴李龟年"。当年的栗成之每晚要赶演两三剧场，生活清苦，令人同情。
>
> 刘文典还写了《送彭郎》一诗，赠给坤角老生彭国珍，诗云："六诏歌声动地来，彭郎芳誉满蓬莱。升庵老去风情减，难到昆明话劫灰。"刘氏还写过一些题咏诗分赠各演员，多未发表，若认真搜集，总在十首以上。（任道远：《题诗赠滇伶》，见刘平章《刘文典传闻轶事》，第111～112页）

10月1日，五华学院致送聘函，敦聘先生担任教授。先生在五华学院人文科学研究班第一学年下学期开设《庄子》课程，每周3个学时。

11月3日,教育部来电,查知先生在香港沦陷时期遗失图书下落,请其填写申请书索还。电文如下:

【教育部代电(发文社字第59078号,中华民国卅六年十一月初三日)】

国立云南大学转刘文典先生:准行政院赔偿委员会京(卅六)字第二四九四号申陷代电开:"准驻日代表团代电开'查东京上野图书馆存有被劫之我国图书五八〇箱,该项书籍均系自香港所劫取,照盟军总部所规定,须由我国政府咨请香港政府向总部申请归还,方可由本国接收'等由,附书籍清单到会。查原附清单所列被劫书籍其标记物权及被劫情形等,亟待查报,即请贵部分别转知该项被劫书籍所有权人国立北京图书(馆)等(九单位人名)就(一)关于被劫书籍之详细记载(例如书版记号等);(二)所有权之证明;(三)被劫情形(简单说明)等项,依照本会京(卅六)二字1058号函所开合并填报方法分别填明(即盟军总部规定之申请归还劫物表格内第一条ABC三项),呈转过会核转。除先电外交部核咨香港政府代为申请归还,并复驻日代表团外,相应抄同原书籍清单及本会京(卅六)二字1058号函暨中英文附件,电请查照办理"等由,并附抄件到部,准此特抄同原附各件,希将被掠图书依式详填报部,以凭核复。教育部酉。印。

抄附书籍清单。赔偿委员会京(36)二字第1058号函暨中英文附件全份(云南省档案馆档案,全宗号16,目录号5,案卷号671)

11月6日,傍晚6时左右,记录闻一多最后一次演讲内容的云大外语系学生何丽芳被特务逮捕,成为昆明学生运动中第一个被捕的学生。先生积极参与营救。10天后,何丽芳等被捕师生先后获释。据云南省档案馆档案记载:

国立云南大学快邮化电:云南省警备总司令何勋鉴,查逮捕乱期共党及为共党工作人员,在此戡乱期间自无可议,惟逮捕方式不慎,颇足引起疑虑,如本校学(生)何丽芳被捕后……教授刘文典等戌元叩。(云南省档案馆档案目录,全宗号16,目录号2,案卷号1)

11月15日,先生入围"国立中央研究院"第一届院士候选名单。先生名下脚注"治校勘考古之学"。

　　兹经本院第二届评议会第四次大会依法选定第一次院士候选人,数理组四十九人、生物组四十六人及人文组五十五人,特为公告如后【编者注:数理组、生物组名单略】:

　　吴敬恒、金岳霖、陈康、汤用彤、冯友兰、余嘉锡、胡适、唐兰、张元济、杨树达、刘文典、李剑农、柳诒徵、徐中舒、徐炳昶、陈垣、陈寅恪、陈受颐、傅斯年、蒋廷黻、顾颉刚、王力、李方桂、赵元任、罗常培、李济、梁思永、郭沫若、董作宾、梁思成、徐鸿宝、王世杰、王宠惠、吴经熊、李浩培、郭云观、燕树棠、周鲠生、张忠绂、张奚若、钱端升、萧公权、方显廷、何廉、巫宝三、马寅初、陈总、杨西孟、杨端六、刘大钧、吴景超、凌纯声、陈达、陶孟和、潘光旦(云南省档案馆档案,全宗号16,目录号3,案卷号69)

11月18日,先生致函云南大学总务处,委托其代为索还被劫书籍。

　　敬启者:本人有书籍两大箱,于抗战期间香港沦陷时遗失,兹奉教部代电,得稔该项遗失书籍现存日本东京上野图书馆,谨遵照规定办法,填具中英文声【编者注:应为"申",下同】请书各四份,连同教部代电及附发各件送请贵处代为呈转为荷。此致总务处。

　　附教部社字第59078号代电一件、原附件二件、声请书中英文各四份。刘文典谨启。(云南省档案馆档案,见刘平章《日本侵

华掠走"刘文典藏书"追踪记》,未刊稿)

11月24日,云南大学呈文教育部,恳请交涉归还先生被劫书籍。

案据本校文史系刘教授文典函,为该员有书籍两大箱,抗战时期于香港沦陷时遗失,顷奉钧部本年十一月三日社字第五九〇七八号代电,以该项书籍现存日本东京上野图书馆。特照规定填具中英文声请书各四份,请转呈交涉归还等情前来,理合检同原呈中英文声请书备转,呈请社钧部鉴核办理。示遵。谨呈教育部部长朱。附呈中英文声请书各四份。(云南档案馆档案,见刘平章《日本侵华掠走"刘文典藏书"追踪记》,未刊稿)

11月29日,教育部要求先生补报财产损失报告单。

国立云南大学:本年九月十一日大字第2793号呈及附件均悉,查所报教授刘文典等十八人财产损失报告单俱悉,查各人仅表一份,不敷存转,饬转知各员依照前表,再行补报一份,由校转呈,以凭核转。教育部。印。(云南省档案馆档案,见刘平章《日本侵华掠走"刘文典藏书"追踪记》,未刊稿)

12月中旬,先生门人、古典文学专家陶光与滇戏名角耐梅结婚,遭人非议,但先生与原任昆明市市长庚晋侯专程到场祝贺。

耐梅原名张竹音,出身贫寒,曾嫁给一个性格粗暴、动辄就对妻子拳打脚踢的滇戏武生。30年代后期,她拜被誉为"青衣皇后"的滇剧名角碧金玉为师学戏。40年代初,张竹音离婚后孑然一身回到昆明,进了清唱茶铺唱戏,并以耐梅为艺名。她边唱边学,掌握的剧目越来越多,她演出《赵五娘》、《三娘教子》等受到滇剧戏迷的喜爱。陶光非常同情耐梅不幸的遭遇,更加敬佩她的自学精神和聪明才智,最终冲破世俗的偏见向耐梅求婚。1947年12月,陶光和耐梅在巡津街商务酒店举行了简单婚礼,包了两桌西餐，邀请十多位好友参加，刘文典和曾任昆明市市长的庾晋侯到场祝贺。

大学教授与女艺人结婚，更何况还是离婚再嫁的女艺人，在当时被认为是叛经离道的行为。消息传出后引起了一场风波，一些教授夫人自认为高人一等，不愿意和"女戏子"作为邻居，陶光遭到了不少闲言碎语攻击，刘文典也因此受到牵连。陶光一气之下到成立不久的昆明师范学院教书。人到教院是非也跟着来了，校内的议论与责难对陶光夫妇造成了很大的压力。1948年10月，陶光携夫人愤愤不平地离开昆明到台湾教书。为此，10月23日的《民意（日）报》还发表他们离昆的消息。（刘兴育、何开明：《陶光请刘文典看滇戏》，见刘平章《刘文典传闻轶事》，第104～106页）

12月，国立北平图书馆馆刊《图书季刊》"新书介绍"栏目推介先生著作《庄子补正》，作者署名"愚"。全文如下：

刘文典著。三十六年六月上海商务印书馆出版。线装五册。定价六十元。

合肥刘叔雅君文典，邃于子学，所著《淮南鸿烈集解》，已行于世。此《庄子补正》十卷（各卷又析为上下或上中下，故都二十四卷）为刘君近年所成书。刘君取《庄子》为正文，郭象注、成玄英疏、陆德明释文各以小字散附篇内，而采清儒王念孙、王引之、俞樾、孙诒让、郭庆藩及近人奚侗、马叙伦诸家之说，盖以刘君参校及己见，为《庄子补正》。刘君所持参校之本，有道藏本及日本所藏旧写本。仅恃旧本之不足也，故又据唐以来类书及文选注等书所引，以校正焉。刘君于《庄子》本文，虽确证其有脱讹，然无旧本可依据者，则不之补不之改，辄以按语加于后。其著书之例，可谓审慎。治先秦诸子书者，其可废之哉！（国立北平图书馆：

《新书介绍》,载《图书季刊》新第八卷第三、四合期,第36页)

## 1948年(民国三十七年戊子)　　年五十七岁

1月7日,先生致函五华学院教务长于乃义,谈论《荀子·正名篇》授课一事:

> 仲直先生左右:前日讲《荀子·正名篇》而枝蔓其辞,未讲本文,实因学者必先明名家苛察缴绕,然后知儒家正名之可贵耳。弟对于《荀子·正名篇》管窥蠡测,粗有发明,颇欲就正于有道,原与莼公【编者注:张维翰,字莼沤】一商榷之。下星期二日仍烦派人往迎,弟家无僮仆,不能驰简相邀也。试题拟就附呈,顺颂。文祺不备。文典顿首。一月七日。(《刘文典为授课函·之一》,见《私立五华文理学院档案资料汇编》,第592页)

1月10日,应好友孙乐斋之邀,先生为云南著名学者袁嘉谷《移山簃随笔》一书作序。袁嘉谷,云南石屏人,字树五,号澍圃,是云南独一无二的状元,曾在云大执教十余年,逝于1937年,故先生无缘得见。

1948年袁嘉谷著的《移山簃随笔》刊印,这是袁先生1929年辞官回滇后随手写成的札记体著作,共五卷380条。第一卷为经之类,第二、三卷为史之类,第四卷为诸子与文艺之类,第五卷为杂类。因在袁先生的书斋中写成,书斋取名"移山簃",故札记的书名称《移山簃随笔》。这是袁先生数十年读书心得,旁收博览,考订得失,仿《日知录》编印成集,袁嘉谷治学仿顾炎武及王念孙父子及清末的俞樾,凡一个字、一句话、一件事、一桩典故必追根溯源,查明来踪去迹,随看随记,写成篇篇杂记。经学生陈少铭整理篇目,订为五卷,于1933年脱稿,但因多种原因一直未出版。他的弟子孙乐斋非常崇拜老师袁嘉谷,1948年准备与袁嘉谷之弟共同出资将手稿送去刊印。孙乐斋请住在他家的刘文典为该书作序,刘文典欣然接受……

> 刘文典接过手稿后连续几天通读,越看越觉得袁先生这本书"贯穿经史,融会群书,凡所考订,皆至精确,愈足见徵君(袁先生)所学,汪汪如万顷之陵,其博大精深,为不可及。"为了写好这篇序,他又阅读了袁先生的著作《卧雪堂文集》、《卧雪堂诗集》、《讲义管窥》等,使他总结出袁先生的治学思想是:"最服膺高邮王氏,而不为汉学家门户所囿,躬行实践,悃愊无华,以闽洛为归,而不务道学名。盖兼汉、宋之长,而去其所短。"他认为"近代学人能备考证、义理、辞章三长如徵君者,不多觏也"。此时才恍然大悟,想起自己的老师章太炎1917年到昆明见过袁先生后,对其弟子说"袁君研精史学,吾不如也"并非虚意。他怀着对袁嘉谷的敬仰之情,在1948年1月10日写下《移山簃随笔序》。(刘兴育:《一字之争,博及万卷——从〈移山簃随笔〉、〈移山簃随笔序〉看袁嘉谷、刘文典的治学品格》,见云南大学档案馆网页,2006年5月18日)

2月,五华学院人文科学研究班第一学年下学期开课,先生担任《庄子》课程教职,每周3个学时。

3月8日,先生有感于罗庸中购赠刘师培遗书,撰写小记。

> 此仪征刘先生遗书七十四册,宁武南君桂馨刊于北平。时东事已亟,余方为避寇计,未暇校勘也。今书幸刻成,又承罗君膺中买以相赠,则贱子之名赫然在焉,既甚愧无以对先师,又负吾死友钱君玄同,每一开卷,惭悚曷极。民国卅七年三月八日文典记于昆明寓宅。(据刘文典手稿整理,原件现藏于安徽大学刘文典纪念室)

3月9日,傅斯年致函朱家骅、翁文灏、胡适、萨本栋、李济,反对提名先生为"中央研究院"院士候选人:

候选人中确有应删除者,如刘文典君,刘君以前之《三余札记》差是佳作,然其贡献绝不能与余、胡、唐、张、杨并举。凡一学人,论其贡献,其最后著作最为重要。刘君校《庄子》,甚自负,不意历史语言研究所之助理研究员王叔岷君曾加检视(王君亦治此学)发现其无穷错误,校勘之学如此,实不可为训,刘君列入,青年学子,当以为异。更有甚者,刘君在昆明自称"二云居士",谓是云腿与云土。彼曾为土司之宾,土司赠以大量烟土,归来后,既吸之,又卖之,于是清华及联大将其解聘,此为当时在昆明人人所知者。斯年既写于此信上,当然对此说负法律责任,今列入候选人名单,如经选出,岂非笑话?学问如彼,行为如此,故斯年敢提议将其自名单除去。(傅斯年致朱家骅、翁文灏、胡适、萨本栋、李济函,见《傅斯年全集》卷七,第346页,湖南教育出版社,2003年9月第1版)

3月25日—27日,"中央研究院"评议会第二届第五次年会在南京召开。3月26日下午,全体评议员以无记名投票方式进行了首次院士选举,共产生院士81人。其中,人文组当选名单如下:

吴敬恒、金岳霖、汤用彤、冯友兰、余嘉锡、胡适、张元济、杨树达、柳诒徵、陈垣、陈寅恪、傅斯年、顾颉刚、李方桂、赵元任、李济、梁思永、郭沫若、董作宾、梁思成、王世杰、王宠惠、周鲠生、钱端升、萧公权、马寅初、陈达、陶孟和。(罗丰:《夏鼐与中央研究院第一届院士选举》,光明网,2004年9月8日)

因傅斯年极力反对等原因,先生在五轮投票中一票未得,遗憾落选。最终,安徽籍仅有胡适一人当选。

3月,私立五华文理学院聘请先生担任中国文学系主任导师。

4月17日,先生作《淮南鸿烈集解简端记》,开头、结尾处均有短注:

【开头】民国三十五年春霖生自南京惠寄此本,今春端居多暇,复以朱笔点一通。卅七年四月十七日文典记于昆明。

【结尾】民国卅七年三月以朱笔点一通,凡五日而毕,时在昆明,文典。(刘文典:《淮南鸿烈集解简端记及其它》,云南大学中文系语言教研室油印本1979年7月)

5月8日,教育部来电要求先生补交其申请归还劫物表中英文各一份,请云大代转呈。

国立云南大学转刘文典先生:关于行政院赔偿委员会嘱补申请归还劫物表中英文各一份一案,曾由本部于三月十八日以社字第一四五九八号电请查照办理在卷。兹复准该会来电催送用再转知,即予补其前表各一份报部凭转为荷。教育部。印。(云南省档案馆档案,见刘平章《日本侵华掠走"刘文典藏书"追踪记》,未刊稿)

5月25日,云南大学向教育部转呈先生所申请归还劫物表中英文各一份。

顷接本校教授刘文典先生函称:昨奉钧部本年五月八日社字第二四六七三号代电,饬关于行政院赔偿委员会补具中英文申请归还劫物表中英文各一份,兹已填就,请代为转报等语,自应照转,理合检具刘教授中英文申请归还劫物表各一份,备文呈请钧部核转。示遵。谨呈教育部部长朱。国立云南大学。中华民国三十七年五月二十五日呈。(云南省档案馆档案,见刘平章《日本侵华掠走"刘文典藏书"追踪记》,未刊稿)

5月,应玉溪县长黄允中之邀,先生撰写《重修玉溪大桥记》,文辞典雅,音韵铿锵,生动再现玉溪山川的壮美、人文的荟萃。先生写道:

玉溪县四陲大邑,南服奥区,四会五达之庄,重关层峦之地。

碧鸡仙宇,西分井络之光;金马名区,北揽昆明之胜。提封百里,闾阎万家。丹岩四合,晴岚与皎日争辉;碧水千寻,翠影与青霞竞丽。信乎,英俊之域,绂冕所兴,原隰龙鳞,山川凤峙者矣!(刘文典:《重修玉溪大桥记》,见《刘文典全集》卷三,第767页)

此石碑后遭破损,于解放后重立。原碑现存放于今玉溪古窑址碑刻长廊。

8月5日,先生应邀参加五华文理学院招生委员会。

9月4日,五华文理学院首次招收文理科各系学生,开办中国文学系、外国语文学系和物理学系。先生在中文系担任《荀子》、《汉书》等课程教职。

关于先生讲授《荀子》情形,云南文史学者吴棠曾有回忆:

> 1948年我有幸聆听他的课,讲的是《荀子》。其他先生讲课都是站着,刘先生则要坐着讲,靠背木椅不行,要藤椅,学校专门买了一把腾冲出产的"太师椅",到他上课时,我们就事先把藤椅摆在课台上。或许是年老体弱的关系,上课要用"葫芦兜"人力车接送。刘先生身体十分瘦弱,面容枯槁,头发蓬松从不梳理,夏天还穿丝棉长袍,玄色葛绸的衣领和袖口,变成了发亮的黑色。同学们说这就是不修边幅的"名士"风度。讲桌上还要备一把江西瓷小泡壶、一包精装"重九"香烟。他的烟瘾极重,基本上一根接一根的抽,只有擦火柴时稍有停歇。
>
> 刘先生讲课的声音很小,那时还没有扩音设备,坐在前几排才能听清楚。他躺在太师椅里,讲几句,抽几口烟,又呷一口茶。板书时也不起立,转过椅子侧身伸手写在黑板上。讲课的内容,初听时好像"扯"得很远。第一篇《劝学》,并不像我们读中学时,老师逐章、逐句地解释。而是举出其中一句、一字,旁征博引,随意发挥,远到《尚书》《春秋》《左传》,近到章实斋的《文史通义》、清

儒经学,实际上包括了先秦诸子及古书辨伪、考据、训诂、注疏等治学方法在内。例如有次说到孔子作《春秋》尚有一番大义,一个"义"字就讲了一节课。我们喜欢听他讲课中涉及的"西洋"知识,讲他当年在英国伦敦"大英博物馆"里,见到哪些敦煌经卷,皇家图书馆里又有哪些中国古籍中的珍本、孤本等等,感到很新鲜。【编者注:此处吴棠记忆似乎有误,先生并未去过英国】他的国学根底堪称大"儒"自不用说,还精通英语和拉丁文。讲一个"字",他有时就把这个字的英文、拉丁文词义,同时写在黑板上,流利地用外语读出来。按照刘先生的这种讲法,一个学期只讲了一篇《劝学》,《荀子》其他各篇,就叫我们自己去"学"了。(吴棠:《刘文典先生授课记》,载《民族文化报》1996年第2期)

关于先生讲授《汉书》情形,云南民族学院教师、五华学院中文系毕业生孙维骐曾有回忆:

> 1948年我在昆明五华文理学院中文系读书,刘文典先生开我们班的课是《汉书》,同学们都很高兴。因为刘先生是久负盛名的"庄子权威"、"红学专家",大家满怀喜悦,待来了秋季开学第一周的第一天。教室里座无空席,都想见见久闻大名的文典先生。
>
> 这天,教桌上摆好茶一杯,"555"烟一听,一把藤椅。这种款待与其他教授不同,一般只有一把木椅,不设烟茶。就论这一点,也可见出刘先生不一般。
>
> 刘先生进到教室,第一句话是:"我是安徽人,我这个人,对历史不懂,文学是我的专长。"我们坐在前排的都听得清清楚楚。可是,刘先生的第二句话还未说,后边一个同学却举起手来,声音很高,说:"刘先生,我有点意见,请先生声音大一点,后边的听不到见。"这下,先生反问了一句:"今天班上到了几人?"一数,三

十多人。刘先生喝了一口茶,烟卷还拿在手上,仍低声道:"我上课,都在小教室,学生人数不超过二十五人。我的声音只能如此,大不了。今天到这么多人,不讲了,下课!"

自此以后,刘先生不每周都来,间周才来讲一次。同学们都有个印象:"学识渊博,但人很傲气。"(孙维骐:《刘文典先生逸事》,载《昆明日报》,刊载时间不详)

9月,先生在云南大学文史学系开设《校勘实习》课程。据郑千文章记载:

> 原本以为版本校勘学是一门很深奥和枯燥的学问,经过刘文典教授深入浅出的讲解,很快就弄懂了什么是版本、什么是校勘,怎样识别版本的特征和差异,鉴别其真伪和优劣;怎样用不同的版本和有关资料相互核对,比勘其文字篇章的异同,以订正错误。刘先生的一些讲授,给人以深刻印象,事隔半个世纪,仍记忆犹新。刘先生讲到一本古籍中有一个字(可惜把具体书名和这个字忘记了)很难理解,几百年间很多学者引经据典作了各种解释,因意见不同而争论不休。后来一位校勘学家从多种版本中对比研究,发现这个字是在传抄中被人写错了的错字,这才平息了这场延续几百年的笔墨官司。通过这个例子,使同学们认识到版本校勘学的重要。
>
> 刘先生在讲课中不断强调读书一定要认真,反对"读书不求甚解",提倡读书时要一个字一个字地认真琢磨。刘先生讲了一件事例,他说,人们都说香妃是香的,我说香妃是臭的。说香妃香的人是读书不认真。书上明明说香妃"有异香",为什么不直说有香味,或者说有浓香、有清香而说有异香,就是说香妃身上有股特异的"香"味,人身上的味道只有夹汗最特异,实际上香妃身上的味道是夹汗臭。因为乾隆皇帝太喜欢香妃,连她的夹汗

臭也认为是"异香";或者乾隆本来就爱闻夹汗味,所以他认为是香的。这听起来像个笑话,却给人以启迪。(郑千:《听刘文典先生讲版本校勘学》,载《春城晚报》2001年3月2日)

11月6日,先生致函五华学院教务长于乃义,要求更换教室:

> 仲直先生左右:学山堂过于高大,讲演十分费力,今日归家,疲乏不支。下星期无论莼公来否,均乞改至小教室为盼。琐事屡渎不罪,顺请。大安不一。文典顿首。六日。(《刘文典为授课事函·之二》,见《私立五华文理学院档案资料汇编》,第593页)

11月12日,为更换教室一事,先生再度致函五华学院院长于乃仁、教务长于乃义:

> 伯安、仲直两先生大鉴:敬启者。弟授课之教室过于宏大,学生坐(座)位稍远者听不清楚,可否量移一较小之教室,弟讲书既可省力,冬令亦较和暖也。近两次课毕,即登车迳归,未得晤谈,特以函请。琐琐渎陈,千祈原宥。草此,顺颂。文祺不一。弟文典顿首。十一月十二日。(《刘文典为授课事函·之三》,见《私立五华文理学院档案资料汇编》,第593页)

此信函后有于乃仁批注:"刘教授每星期二授课时间,本班与第二教室对换教室上课,交研究班同学传观知照。十一、十八。"

12月22日,据五华学院人文科学研究班日志记录,先生当日有《汉书》课程,但未上。

先生本学年开设《汉书》课程,曾主讲《高帝记(纪)·下》。本年度五华学院人文科学研究班《汉书》试题为"读《汉书·高帝记(纪)》",注明"限用毛笔,并直行楷书,否则不予记分",应为先生所拟。

## 1949年(民国三十八年己丑)　　年五十八岁

1月29日,先生为著名白族诗人、学者马曜《苴湖精舍诗初集》作

序。两人结识于西南联合大学中学教师进修班,以诗为媒,遂成忘年之交。2001年,云南大学校史专家刘兴育在访问马曜后写道:

> 马曜自幼受家庭熏陶,熟读四书五经及唐宋诗词,并能领悟古诗的写作技巧。他16岁已经能写出格律严谨、具有深远意义的古体诗,成了当地闻名的诗人和才子。1939年马曜在昆明某中等学校任文史教员时,到西南联大参加中学教师进修班学习。进修班分国文、数学、理化、生化四组,马曜被分到国文组。罗庸、陈寅恪、刘文典、魏建功等著名教授为国文组进修教师上课。刘文典讲授温(温飞卿)、李(李义山)诗,这是唐代两位著名的诗人。马曜平素喜好李义山、李贺的诗,因而特别喜欢听刘文典讲课。为争到第一排座位他总是最早到教室,还抓住机会拿出自己的诗稿请教刘先生。马曜的诗大多是论世言志,赠友唱和,叙漂泊生涯,充满爱国恋乡之情。题材多避实就虚,虚实并举,于不即不离中微指隐击,在奇险幽峭中蕴藏无限风光,在沉博奥衍中引人入胜。从日寇铁蹄下逃到昆明的刘文典,看了马曜的诗后深感惊讶,赞不绝口。他非常喜欢这个勤奋好学、大有作为的青年,同马曜结成忘年之交。刘文典有了新作品,爱送给马曜阅读,他们互相切磋,这使马曜受益匪浅。(刘兴育:《诗歌结友情》,载《春城晚报》2001年5月17日)

1949年,马曜将自己于1927年至1948年间所写的诗歌汇集成书,作为"国立云南大学文艺丛书"之一正式出版。此书由云大校长熊庆来题签,著名学者罗庸、钱基博、徐嘉瑞、刘文典等作序。先生在序言中写道:

> 予避寇落南之明年,始得读洱源马君幼初所为诗,讶其神似昌谷也。深愿得纳交焉。越十年,余以落拓不偶,滥竽云南大学,日为诸生讲唐诗。则君已翔步滇南,蜚声江表,举议郎,拥皋比,

与予共事讲授,过从益密。接其人,则文质彬彬,温恭好礼;读其诗,则清丽芊眠,骎骎入唐代诸公之室,洵如前人所谓"羚羊挂角、香象渡河"者也。(刘文典:《〈芷湖精舍诗初集〉·序》,见马曜《芷湖精舍诗注》,第9页,云南教育出版社,1992年6月第1版)

2月28日,五华学院公布学期课程及教师调整布告,研究班、中文系"历代文选"课程改请先生教授。

3月2日,中华民国驻日代表团赔偿及归还物资接收委员会致函教育部,告知先生等人在港被劫图书计646册已接收,将尽快从日本运回。

> 查关于查核刘文典教授被劫书籍一案,经以接字第4149号代电呈报在卷,又查国立云南大学□□□□□前奉外交部13222号代电续送资料到此,经即咨请英国代表团转函盟总查究归还亦在案。该两批书籍原系在港被劫,经请英国代表团代为申请归还后,于本年二月廿四日接收,当即交与本会签收,计刘文典君之书籍(646)册,分装三箱;岭南大学书籍(278)册、手册(400)册,装六箱,业经妥觅储藏室存放,俟有便船来日时,拟即交由该船运沪。除电外交部及行政院赔偿委员会外,相应电达,即希查照转知为荷。驻日代表团赔偿及归还物资接收委员会。寅东。(中国第二历史档案馆档案,转引自《刘文典全集补编》,第168页)

但因国内形势变化,此批归还书籍并未运回上海,后来下落不明。2004年,日本学者金丸裕一在《历史学研究》上发表文章,推测此批归还书籍已被运往台湾:

> 从日本向中华民国返还的工作中,就我所知发生了变化是在1949年上半年,即当年2月24日接收的前面提到过的岭南大学藏书和刘文典教授的旧藏书籍计1300余册,最初预定在神户装载到"海辽轮"上运往上海,但是因被暂时延期,结果在当年8

月,岭南大学的藏书才用"增利轮"返还运到台湾去了,已经觉察到内战失利的国民政府,相继地把故宫的宝物和贵重书籍运到台湾去避难,从帝国图书馆向中央图书馆返还的图书情况,同样地从1948年12月到1949年2月期间,分三批包含入去台湾避难的近14万册图书之中。(金丸裕一:《江南图书"掠夺说"产生的历史背景》,载日本历史学研究会《历史学研究》,第29页,2004年7月)

新中国成立后,先生及其后人一直在寻找此批被劫图书。近半个世纪,均未有明显进展。2009年,笔者因研究需要,四处搜罗先生资料,无意中发现此批图书全部或部分归藏于台湾台北科技大学。该校近年已拟与台湾"中央研究院傅斯年图书馆"合作,启动修复计划。据该校郑丽玲介绍:

> 学校目前收藏相当数量之旧籍图书,其中多数是日文,为日治时期台北工业学校典藏之图书。此外,另有一批战后自中国大陆接收的图书资料,以中文为主,但亦有一部分英日文,中文书籍有不少珍贵的线装书籍。
>
> 这一批书1984年曾作过简单的整理编目,中文部分有图书目录可考。根据1984年编印的《保管日本归还书籍目录》所记,这批书是中日战争期间,中国各省沦陷区公私立图书馆之藏书,战后行政院设置管理委员会,接受部分日本归还之物资,这批书是其中一部分。1952年6月12日点交当时台北工专图书馆保管收藏,除了各公私立图书馆之外,还有一部分是合肥刘文典所有,总计共一万零一百册。至于来源到底是哪些地方的图书馆,私人刘文典的藏书又何以成为国民政府接收保管的财产,最终为何由台北科技大学接收,则无法知悉。(郑丽玲:《台北科技大学所藏"日本归还书籍"介绍》,载《台北科技大学图书馆馆讯》第

11期,2006年1月1日)

3月30日,先生致函五华学院院长于乃仁、教务长于乃义,提出本学期拟讲《庄子》课程:

> 伯安、仲直两先生左右:昨幸赐书,并承嘉贶,至以为感。入春以来,迫于文债,日鲜暇晷,久误课业,内疚良深。下学期起当力疾授课。惟《荀子》一书其读法已为诸生讲过,似可令其各自肄习。本学期拟讲《庄子》,倘荷赞同,乞即饬主者将《秋水》、《天运》、《天下》三篇油印颁发,下星期二当先讲《天下》篇。此篇诸生在中学虽已读过,仍当细讲也。草此鸣谢,顺请。刻安不一。弟文典顿首。三月卅日。(《刘文典为授课事函·之四》,见《私立五华文理学院档案资料汇编》,第593页)

5月16日,先生在五华学院中文系讲授《月赋》。

6月12日,先生在五华学院中文系讲授《月赋》、《登楼赋》。

7月11日晚,应云大文史系师生邀请,先生在学校泽清堂讲演"关于鲁迅",被认为"骂鲁",遭到当地报纸轮番批判。

> 1949年7月11日晚,刘文典教授应云南大学文史系之约,在学校泽清堂作了两小时的讲演,讲题为"关于鲁迅"。这在听众中,在当地文化界引起相当大的反应。在20天不到的时间里,据所见,昆明的报纸就发表了20多篇文章进行讨论、批判。(蒙树宏:《关于鲁迅和刘文典二题》,载《鲁迅史实研究》,第71页,云南教育出版社,1989年8月第1版)

7月12日,昆明《大观晚报》刊登未署名文章《刘文典谈鲁迅》,副题为《说鲁是一个具有"迫害狂"心理的人……》,为先生"关于鲁迅"讲演摘录,全文如下:

> △刘文典教授昨晚在云大泽清堂讲演"关于鲁迅",他与鲁

迅是幼时同学,又曾在北大同事,谈鲁迅许多人所不知的琐事。由这些琐事中,他认为鲁迅是"斗士"而不是"思想家"。他佩服鲁迅写的小说,但认为有不少的疵点。

△刘认为鲁迅是具有"迫害狂"心理的人,正如他被陈独秀所促请在《新青年》杂志上所写的《狂人日记》中人物的心理,认为世界上的人都在迫害他。住在绍兴会馆里,认为全会馆里的人都在迫害他。在厦大教书,认为把他的寝室放在三层楼上是迫害他,"把他供在楼上"。顾颉刚曾骂鲁迅所著的《中国小说史略》是抄袭日本人某的著作,刘为鲁迅辩护,认为鲁取材于此书则有之,抄袭则未免系存心攻击。

△"五四"运动时北大被军警包围,刘与马寅初、刘半农等三人担任警戒工作,日夜防卫军警进来,后来被人称为"北大的守门犬",以犬守夜、鸡司晨也。

△《鲁迅全集》中曾提到刘,经黄某看到后告诉他,刘自认为是"嘉奖"。

△刘讲到鲁迅"以牙还牙,以眼还眼"的人生态度,是太过于小气和褊狭,并举例说:"人被狗咬了一口,人是否也还咬给狗一口呢?"

△刘先生认为鲁迅先生说:"中国革命绝对不成功"是错误的,不对的,刘先生言下很想说出"今天我们不是眼看革命就要成功了"的话,其实鲁迅先生所指当日的革命者,今天又在被人家革命了!现在被革命的人纷纷逃窜,鲁迅先生所指那批人干的"革命"不成功,算是正中了,而刘先生所指则又是另一回革命。

△刘指出鲁迅在其著作中,用的"典"读者看了不懂,不能"放诸四海皆准",并举"引车卖浆者流"为例,说此典是出自林纾给蔡元培的信。其实,刘既认为抄段把书都可以,为何用别人的典又是不该?

△刘说中国人的思想,自古以来都是"左"的,从来没有"右"的思想,鲁迅的思想也是继承中国的传统,所以,是"左"的。

△刘将鲁迅比喻成武松,把围攻鲁迅的人比作《荡寇志》中实行车轮战术的人,以致鲁迅许多时间都耗在刘认为无意义的笔战中。

△总之,刘昨晚演讲"关于鲁迅",虽有褒有贬,然仍不失"鞭尸"的意味。(陈漱渝:《鲁迅论争集》卷下,第1719~1720页,中国社会科学出版社,1998年9月第1版)

7月13日,昆明《朝报晚刊》刊发《与刘叔雅先生论鲁迅》一文,作者署名"滔天浪里人",此为这次风波中仅有的支持先生观点的两篇文章之一。文章结尾处写道:

> 盖不佞尝以最近文坛两人相对比,一为大公报已故主笔张炽章(季鸾),一为小说家鲁迅,每觉张氏之立论,对于时政批评,笔虽泼辣,言之必有,其救弊之方案附然于后,能否矫正时弊,当为另事,然其热心匡时,出于至诚,而鲁迅之为文,所叙不拘何事,只有暴世之短,而无补事之长,故难免落于纤巧刻薄之流,立文不能补时,为典型绍兴师爷刀笔之作,深文周纳,性喜报复,此尤为吾浙东部山水地形之所限也,读书人到了胸无敬怨,志不匡时,当然只有毛泽东可以拿去做脚爪,阁下指其有迫害狂,吾且知此病实由社交胆怯症而起也。(陈漱渝:《鲁迅论争集》卷下,第1724页)

7月14日,《朝报晚刊》刊发《论废话一堆》、《矛与盾》等文章,批评先生的观点,其中《矛与盾》中写道:

> 刘文典又翻陈账了。前天讲了一会"关于鲁迅",似乎有"盖棺"还不准"论定"的气概,可惜鲁迅死得太早,再无人敢来研究他老人家的"鞭尸论"。

为什么？因为在昆明"捧鲁迅的人"，谁能"比鲁迅学问还高"呢？也许刘老先生会感到"没有敌人"的空虚的吧！（东方：《矛与盾》，载《朝报晚刊》1949年7月14日）

同日，昆明当地颇有影响的两家报纸之一《正义报》刊发《听刘文典讲〈关于鲁迅〉》一文，作者署名"白听"，在——罗列先生的讲演要点后，满怀情绪地写道：

够了！也不必和刘先生逐条讨论了（因为牛头不对马嘴，无从讨论起）！我相信，只要是（对）鲁迅著译有一点相当了解的人，对刘先生这一通所谓的讲演，如果不认为他是信口开河在胡乱讲说，那我真认为奇怪了！我们只要看他对是谁说鲁迅先生的《中国小说史略》是抄盐谷温著作的话，他都没有弄清楚，以及鲁迅说中国革命不会成功的话，我们在《鲁迅全集》上并没有看见——也许是鲁迅先生对刘先生说的；据刘先生说鲁迅和他是朋友，但据《鲁迅全集》似乎鲁迅先生和刘先生并没有什么朋友关系——就压根儿可以断定刘先生对《鲁迅全集》并没有读过，并没有读完，充其量他看了一本《呐喊》，就来讲什么《关于鲁迅》，还说是了解得最清楚，真是领教！领教！呜呼！（白听：《听刘文典讲〈关于鲁迅〉》，载《正义报》1949年7月14日）

7月16日，昆明《平民日报》发表署名为"筱柏"的评论文章《鲁迅·"国宝"·坤伶》，大肆抨击先生的演讲：

这样看来，我们的教授是多此一举了！小的在这里不揣冒昧，愿作一忠告，语云："盖棺论定"，鲁迅的骨骸早已"返元"，是耶非耶，早有公论。他的寿辰或"大去"的日子还没有到，来作纪念演讲似乎还嫌过早。不如还是瘾足饭饱，约二三"知己"到光华街的围鼓茶室，评定一下：其坤伶人才，嗓子是否可打"九十分"，这样来得"实惠些啊"！（陈漱渝：《鲁迅论争集》卷下，第1721页）

7月17日,昆明四家报纸不约而同刊发批判先生的文章,分别如下:《平民日报》刊发《献给刘文典先生》,《昆明夜报》刊发《鲁迅底〈药〉及〈中国小说史略〉》,昆明《正义报》刊发《与无论什么人》,《观察报》刊发《斥刘文典的〈关于鲁迅〉》。后一篇署名"白通",与先生的观点针锋相对:

> "刘讲到鲁迅以牙还牙、以眼还眼的人生态度是太过于小气和褊狭;并且举例说:人被狗咬了一口,人是否也还咬给狗一口呢?"

> 这,如果找不出鲁迅被狗咬了一口,也还咬给狗一口的事证,也就不能随便妄说鲁迅"小气和褊狭",更不能说"过于"。我看,刘教授固然很"大气"、很"正阔"的了。但被狗咬了一口身体要受损害和拿不进钱来肚子要饿坏,就都是同样于不利的,那么又几曾见刘教授做墓志拒收报酬?做寿序却谢稿金?真是"自经于沟渎而莫之知也"。(白通:《斥刘文典的〈关于鲁迅〉》,《观察报》1949年7月17日)

7月18日,《观察报》同时刊发《呜呼,"国宝"!》(作者署名"太华")和《关于刘文典教授的〈关于鲁迅〉》(作者署名"羊夺")两文,"劝刘垃圾还是多烧两口大烟,讲讲宝哥哥如何勾引丫头的故事为佳"。其中,后者结合先生的演讲,从五个方面作了逐一批驳,最后总结道:

> 其实,对于鲁迅先生世间已早有定论,对于以上几点也有很多人谈过而且都有了正确的结论了。我现在之所以还要"人云亦云"的来唠叨一番者,乃是针对刘教授的演说而发。刘教授是以鲁迅的同事及朋友的身份来演说的,主观上也许并无恶意,不过既然是一种公开的演说,那在客观上就必然会发生一定的影响了。这是决不能"不以为然"的。

> "余岂好辩哉?余不得已也!"(羊夺:《关于刘文典教授的〈关

于鲁迅〉》,载《观察报》1949 年 7 月 18 日)

7 月 19 日,《观察报》刊发署名为"黄弟"的文章《铜像显圣》,采用讽喻的方式批评先生对于鲁迅的"毁谤":

> 在一块草地的中央,高耸而坚毅的立着一座铜像(是历史上的名人像),座脚周围,一群乞丐在嬉戏着,胡闹着,谈着一些什么:"我比你歪""我比他狠"的一类话,正当争辩得激烈的时候,当中有一个瘦骨伶仃、满身污腻的乞丐,突然爬到那铜像的脖子上骑着,高傲地向下面的同伴说:"哦!你们瞧,我多光荣,我多高啊!"之后,接着得意洋洋,忘其所以地,用手拍拍那铜像的头项,捏捏那铜像的鼻子,同时,用脚后跟踢踢那铜像的肚子,更甚者,做个骑马式,自己上下的颠簸着。一不小心,忽然从铜像滑下来,摜个四脚朝天,神像乌龟跌在石板上那么响亮,后来他唉哟啊哟的摸着疼处对同伴说:"铜,铜像显圣了,是这铜像把我摔下来的!"
>
> 我想,如果今天鲁迅在天之灵看见有人在侮辱他,听见有人毁谤他,那么也定会把他那脏污残废的老乞丐从背上摔下来,把这些可耻的"胜利英雄"们的梦想粉碎!(黄弟:《铜像显圣》,载《观察报》1949 年 7 月 19 日)

7 月 20 日,《昆明夜报》刊发《刘文典为什么要讲〈关于鲁迅〉》,连续两天,长篇大论。《正义报》刊发《杂想一篇》,认为先生"异想天开地以骂鲁迅为'爬将上去'的'攀折云桂梯',想借此而表现自己的'独特见解',而达到红起来的目的"。而此次批判中表现最为积极的《观察报》则刊发长文《警惕刘文典嘴里的毒液》,作者署名"刘武典",再度从六个方面反驳先生观点,如关于鲁迅喜欢笔战的问题:

> 刘先生以为鲁迅先生的笔战是多余的,战到精疲力倦是不合算的。这又十足表现了刘先生的妥协性,鲁迅先生却是抱定

战的决心,别人放冷箭放明箭,鲁迅先生都战下去的,对敌人是不妥协的,是战斗的,就退一步说是一个问题的讨论吧!不讨论也就没有进步,我们不要刘先生的妥协性,这是我对刘先生不以为然的第四点。(刘武典:《警惕刘文典嘴里的毒液》,载《观察报》1949年7月20日)

7月22日,《正义报》连续三天刊发《谈鲁迅的思想生活与创作》一文,作者署名"晓风",继续批评先生观点。当天,昆明《观察报》则刊发板话体现代诗《话说刘教授》,极尽讽刺之言:

年年有个九月九
云大有个刘教授
谈庄子　讲红楼
目空四海
眼光如豆

小烟三口
精神抖擞
脑筋一转嫌不够
一心要把鲁迅咒

鲁迅说以牙还牙
你说他自贬咬狗
鲁迅著小说史略
你说人骂他抄偷
人人尊他是文豪
你说他气量不够
人人说他是斗士

你说他彻底落后
　　人人说他创作好
　　你说他满篇污垢

　　空中楼阁
　　机械结构
　　一心想骂倒文豪
　　稳坐泰斗出风头

　　你说——
　　讲交情，谈往日
　　我和他同学同事
　　多年相处好朋友
　　没有说的是——
　　你们这些晚生猴
　　既不能动笔
　　更休想开口

　　呜呼哀哉刘教授
　　你只合——
　　歌功颂德
　　低眉卖笑
　　喷云　吐雾　敲烟斗（《话说刘教授》，载《观察报》1949年7月22日）

同日，《正义报》刊发短文《也谈〈关于鲁迅〉》，副题为"敬质白听君"，作者署名"羊五"。文章为先生演讲辩护，是本次风波中支持先生观点的另一篇：

我们治学不是信宗教,也不是读党义,如果囿于一家之言,会永远关在小圈子内打转转,看不见更大的天,认不清更大的世界,鲁迅会有他真正的价值,份内的光荣。他的好坏,不在我们无味的捧,恶意的蹋。我们希望一个百家争鸣的时代,不欢迎"惟儒独尊"的董仲舒——一个中国的罪人——所以,我也希望不要硬把鲁迅塑造成一个新的圣人。(羊五:《也谈〈关于鲁迅〉》,载《正义报》1949 年 7 月 22 日)

7 月 24 日,《正义报》刊发《如此"学者"》、《给国宝,给苍蝇们!》,《观察报》刊发《论吃死人的人》、《庄子教授升天坠地记》,掀批驳先生演讲的高潮。其中,《庄子教授升天坠地记》一文采用寓言小说的形式,讽刺先生的演讲:

两人正在低语交谈时,不知怎么,庄子教授忽然"口呿而不合,舌举而不下"地立着但又不"逸而走"。只见他从怀里摸出一块无大八大的神秘的手帕,将来摊放在桌上,接着用手向空中一招,把所有的小说都招了去,从"齐谐"一直到鲁迅巴金等人的东西,无不囊括席卷,包在那神秘的手帕里,捆而又捆,扎而又扎。有人正想:他大约要"饰小说以干县令"去了罢,但还没有想完,他就双手一抱,两脚一顿,飘飘然腾空而升了。

升,升,升,"抟扶摇而直上",高高地立在云端,"望之似木鸡"。

小说都被庄子教授拿去了,大家又是羡慕,又是着急:深恐就被他带去作"逍遥游",不再回来了,便都仰着鼻子死死地望着他。

庄子教授按着云头,两眼微闭,很是"自得其得"。他以为神通既显,他们一个个就都要向他跪下,磕头。

大约过了烤完一口大烟的时间罢,他偷偷地向下一瞥,原来大家还没有跪下、磕头,仍然只是仰着鼻子。

他把不定他们是否有跪下和磕头之意,有点不大自在了,但仍微闭两眼,继续等待。

大约又过了烤完一口大烟的时间罢,不知怎么,忽然所有仰着的鼻子中,不约而同的都发出一声"哼",犹如蓦地里一响即收的工厂的气筒。同时,所有鼻子下面的嘴巴里,也不约而同地都喷出一口唾沫,"大者如珠,小者如雾,杂而下者,不可胜数"。

哼声唾沫,于是也"扶摇而直上",不偏不正底恰好都钻进庄子教授的耳、的心,洒在庄子教授的脸、的身。

庄子教授惶然了。心一动,眼一花,脚一滑,一点也不能自主地从云端坠,坠,坠……

"碰"的一声之后,只见庄子教授静静地躺在地面,一动也不动。好像已经"涅槃"了的样子。手帕还在空中上下东西飘荡,但只是一块手帕,并没有什么鸟小说。

哈哈,哈……(白道:《庄子教授升天坠地记》,载《观察报》1949年7月24日)

7月25日,《正义报》刊发《关于也谈〈关于鲁迅〉》一文,质疑7月22日"羊五"的若干观点,并刊发《鲁迅与刘叔雅》一文,再度为鲁迅"声辩":

鲁迅先生不但是作家,而且是彻底的中国人民的战士。他的文学直到今天都还发生着足以使统治者发抖的力量,所以他是非中庸者,是统治者迫害的对象,是反动文化人的死敌。

刘叔雅先生则不然。他是国内被誉为"国宝"的大学教授,是庄子研究权威,是温文尔雅之士,他从不会"以眼还眼,以牙还牙"过人,一直受着御座的恩宠,视为"国宝"看待;不仅此,他向舒向服地躺在床上吸阿芙蓉,青烟缭绕,说不出的魏晋风度。他不知道中国有多少人没有饭吃,多少人在灾难中呐喊,他只知道在象牙之塔里做"逍遥游",这种生活跟鲁迅先生比起来,简直是一个在天上,一个在地下。难怪他要说鲁迅的杂文是雕虫小技,毫不足奇,难怪他要说鲁迅的为人太刻薄,缺少胸襟大度,他本来便是鲁迅思想及意志的敌人。(方凝:《鲁迅与刘叔雅》,载《正义报》1949年7月25日)

7月26日——28日,《正义报》连续三天刊发《世象杂收》、《谈空前与绝后》、《人咬狗》、《杂谈百家争鸣》等文,主要针对"羊五"的观点进行批驳,但后未见"羊五"回应。"关于鲁迅"的演讲风波渐入尾声:

为着鲁迅问题"发生一场恶战"的例证倒有,但那是由于歪曲、造谣、中伤、别有居心之辈所挑起,如目前的刘文典、滔天浪里人等辈所挑起者就是。鲁迅不是完人,自有其短处和缺点的,真令有人能够将他的无论属于哪一方面的短处和缺点"提"了出来,只要真实,稍有理智者,我想是万不会瞎说一句的。我看,这都是由于羊五先生无端咬定别人企图"硬把鲁迅塑成一个新的圣人",同时认为像最近刘文典、滔天浪里人等辈的胡言乱语,也是

《正义报》刊发多篇讨伐刘文典"关于鲁迅"演讲的文章

"百家争鸣"中的"一家之言",所以才把辩论是非、探求真理的笔战如此抹杀。

羊五先生讽刺一下别人倒不要紧,但却因此有意无意地包庇了罪恶。包庇罪恶是不好的,我希望羊五先生敢于自我批评,将这一段话收回去。(非非:《杂谈百家争鸣》,载《正义报》1949年7月28日)

8月,先生应邀担任云南省政府顾问。

10月初,京剧大师马连良应昆明市市长曾恕怀邀请,由香港乘飞机到昆明作短期公演,与滇剧大师栗成之会面。先生赠曰:"北马南栗",并制作锦旗赠与马连良。(毛祥麟:《关于综合性的云南大学设置"戏剧学"专业的思考》)

10月31日,《平民日报》刊发先生对滇戏的看法:"对滇戏我知道的并不多,我认为滇戏的朴实是极可贵的,希望能保持这种好的特性,今天我要对滇戏所说的,就仅此而已。"

12月9日,云南省政府主席、云南绥靖公署主任卢汉宣布起义,昆明及全省部分地区实现和平解放。此前,胡适等人受国民党政府方面委托,积极实施"抢救大陆学人计划",曾谋划送先生至美国,被先生婉言谢绝。

1948年年底,国民党败走台湾。临行前,受蒋介石的委托,胡适帮助国民党"抢救"了一大批学者、教授、名人。刘文典就在他的考虑名单之列。

根据胡适对刘文典个性的了解,知道他不会乐于跟随蒋介石去台湾,但昆明即将解放,刘文典虽然"偏安"于云南大学,但以他狂放不羁的言行,很难保证今后依然可以如此。经过慎重考虑,胡适开始谋划送刘文典及其家人去美国。他主动为刘文典联系好了在美国的具体去所,甚至为他们一家三口人办好了入境签证,但刘文典在接到胡适的通知后,却迟迟不肯出发:"我是中国人,为什么要离开祖国?"

　　刘文典将这一想法告知了云南大学校长熊庆来。熊当时正在外地开会,得到消息后,当即给刘文典捎来了意见:"暂时别动,等我回来再做决定。"就这样,刘文典与"朋友"胡适从此天涯相隔,鱼书魂断。(章玉政:《狂人刘文典:远去的国学大师及其时代》,第133页)

对于未去美国一事,先生后来曾两次在《思想总结》里写道:

　　直到解放前一年,美国的官吏叫熊庆来和我说"向(像)你这样的人,不能落在共产党的手里,请到美国去教书",要抢救我到美国去。我很高兴的答应去,虽未去成,但精神上是(想)去为他服务的。(刘文典:《1953年思想总结》,未刊稿)

　　经过一个多月来大家的帮助,我自己多少也有点思想斗争,现在把十年来的事实和当时的原始思想一齐摊开来,向党交心。解放前我过的是腐化堕落的生活,共产党一来,这种生活就过不成了。我一向过的是自由散漫的生活,最怕纪律,最怕劳动,所以我对解放是十分惧怕的。我之所以没有去美国,并不是不愿做洋奴,而是不愿戒烟,迟凝(疑)观望,没有去成。(《刘文典先生的第二次检查》整理稿,载《云南文史》2009年第2期,第42页)

12月31日,云南大学发出通知,定于今日恢复上课。

# 晚年岁月

(1950—1958年)

**1950年(庚寅)　　年五十九岁**

1月21日,云南大学临时校务执行委员会正式成立。

2月24日,中国人民解放军第二野战军第四兵团司令员陈赓在"庾园会议"上正式宣布云南完全获得解放,中共云南省委正式成立。对于新政权,先生最初持怀疑观望态度,后来逐渐改观。先生门人张文勋回忆道:

> 一九四九年,云南解放了。有如枯木逢春,刘文典获得新生,他的生活和工作,起了根本的变化。最初,他对党对新社会,还抱着怀疑观望的态度,经过学习,觉悟慢慢地有了提高,对党所领导的革命事业,对党所实行的各项政策,有了进一步的认识。(张文勋:《刘文典传略》,载《中国现代社会科学家传略》)

在1958年云大"整风交心运动"中,先生曾主动交代:

> 我对新事物接受很慢很慢。有的甚至抵触,例如书报横写,以及对一些汉字的无原则的个人随便乱改。幸而有一点安慰,

就是国家从此富强了。一直到我上北京开会,亲眼看见中国建设事业突飞猛进,尤其是人和人的关系,根本改变了,社会上的人都变好了,这时候我才开始佩服共产党。(刘文典:《我的初步检查》,载《云南文史》2009年第2期,第40页)

同一天,中央人民政府政务院总理周恩来签署发布《关于严禁鸦片烟毒的通令》。先生于是决定戒除鸦片。

这一天早上,刘文典打破常规,一大早就来到了学校的球场中间,好不容易等到熟悉的年轻同事李埏远远走过,他立马大声喊他过来。李埏丈二和尚摸不着脑袋,搞不懂刘文典葫芦里卖的什么药,小心翼翼地问:"先生有何指教?"刘文典露出了平时难得一见的笑容,语气铿锵地说:"我郑重地告诉你,从现在起,我戒掉鸦片了!"

整个上午,刘文典见到熟人就郑重其事地宣布自己的这个决定。很多人听了,一笑了之,当是老先生一时冲动。刘文典是出了名的"老烟枪",他说要戒掉鸦片,谁信?再者说,鸦片是千百年来流传的毒品,吸了会上瘾,哪是说戒掉就能戒掉的?

刘文典却拿定了主意,说完这些话后,回到家中,先是撤了烟榻,而后更将家里剩下的鸦片和平时用惯了的烟枪,一股脑儿全部清扫出门。夫人张秋华过去还陪他一起抽过鸦片,但现在看到他如此的决心,倒也十分赞同。

然而,戒鸦片毕竟不是"玩过家家",没法说不玩就不玩了。鸦片瘾上来的时候,人会十分难受,生不如死,痛不欲生,仿佛经历着刀山火海的折磨。没有别的办法,刘文典只能用猛抽香烟、大口喝茶或服戒烟药等方法,来尽量控制生理上的痛苦与心理上的煎熬。实在难受的时候,他就走出家门,回到学校中间,与学生、同事聊聊天、说说话,暂时缓解一下痛苦。就这样持续了一段时间,奇迹真的出现了!

刘文典真的戒掉了鸦片!这在昆明要算得上是一个"头条新闻"了。那些过去抱定了想法认为"这不可能"的人,如今一个个都对刘老先生刮目相看起来:他可真不是一般人啊!这需要多大的恒心与耐力啊!

"我重获新生了!"能够戒掉鸦片这个祸害,刘文典本人也很自豪,他说:"处在反动统治的旧社会,也没别的消遣,我就吸上了鸦片,如今社会主义的新中国蒸蒸日上,心情舒畅,活不够的好日子,谁愿意吸毒自杀呢!"

那时候,刘文典见人就要"自我吹嘘"一番:"今日之我,已非昨日之我!"从宣布戒掉鸦片那天开始,直到1958年7月突然离世,整整八年,他果真再也没有抽过一次鸦片。(章玉政:《狂人刘文典:远去的国学大师及其时代》,第341~342页)

戒除鸦片后,先生烟瘾依然极重,据先生门人、云南大学毕业生傅来苏回忆:

解放前先生有"云土"之癖,解放后先生毅然戒去毒瘾,但喜抽香烟,而且抽的是好烟"大重九"。"大重九"在当时可说是云烟中的极品了,每包价约旧币3000多元。我们这些穷学生大都只能抽"大公烟",每包仅1500元,而且还是几支几支地买,有时还赊账。我们偶尔去先生寓所求教,先生会主动给我们一支香烟,而后即娓娓而谈,其间他一支接一支地抽烟,我们则洗耳恭听,有时也冒(贸)然去先生烟盒里拿一支香烟,先生也毫不介意。在这些小节上,先生也不为世俗所拘束。一天下午先生上课后烟抽完了,就向我们几个坐在前排的男同学示意要香烟,因我们的烟质太差,不好意思递给先生。但看到先生一再示意,同学张君正想递上香烟,忽然有人推开教室门,原来是先生家中人送来两包"大重九"香烟。至今,老同学杨君谈起此事仍津津乐道,记忆犹新。(傅来苏:《茶趣与烟趣》,见刘平章《刘文典传闻轶事》,第99页)

2月,私立五华文理学院根据董事会第八次会议决议,依照新民主主义文教政策及"发扬民族文化,推进科学研究"的办学新宗旨,对学员法规、学则及课程教材教法作全面修改。

先生依然担任五华学院《专书选读》课程教职,每周两小时,"继续开《庄子》或改其他专书,如《文心雕龙》等"。(《私立五华文理学院档案资料汇编》,第405页)

4月12日,云南大学开始全省解放后的第一个学期上课。

云南大学时期的刘文典

6月13日,云南省人民政府发布训令,根据中央人民政府规定,校名上一律不加"国立"、"省立"、"县立"字样。国立云南大学遂定名为"云南大学"。

10月25日,中国人民志愿军赴朝作战,抗美援朝战争开始。对于这一战争,先生持保守观点:

我对抗美援朝的看法,认为美国可以起倾国之兵,利用朝鲜作垫脚石,进犯大陆,麦克阿瑟以住菲律宾、惯于使用亚洲人打亚洲人的政策,中朝两国不可与他争锋,我这种恐美思想,不但看不起朝鲜人民的力量,也不知道祖国人民的伟大力量。一直到中朝两国军队百战百胜,才认识自己的国家是多么强大。这种错误的看法,也就是秦瓒的"美国是铁老虎"的右派观点。(《刘文典先生的第二次检查》,载《云南文史》2009年第2期,第44页)

抗美援朝前后,先生曾感时而作七律《辩亡》,又称《国变》。先生于1957年交代"这诗是解放后写的,却'倒填年月',填成解放前抗日战争时的年月"。此诗后在反右运动中被解读为"对抗美援朝是有抵触的"。全诗如下:

路到襄城七圣迷,荒江何处适幽栖?那堪泪洒新亭后,又见行吟滇海西。玄菟风高嘶战马,神皋日落听征鼙。辩亡欲著凭谁语?和罢琼章未忍题。(刘文典:《国变》,载《云大》1958年4月26日)

此诗另一版本,题为《五十八初度》,前有小序:"叶天寥有《五十八初度》诗,余才学不中为之执鞭,然年与之齐矣。感怀得句,即用其韵。"先生另有《金陵怀古》诗一首,用韵与《辩亡》诗相同,应为同一时期作品:

烟雨楼台一望迷,白门杨柳有鸦栖。龙蟠山色如螺黛,牛渚江声咽鼓鼙。八表晨昏云未散,千门苔锁日初西。谁将六代兴亡恨,往事从头与细提。(刘文典:《金陵怀古》,见《刘文典全集补编》,第117页)

10月,私立五华学院学生转入云大。

同年,积极奔走营救同乡好友、李鸿章后人李广平。

1949年,李广平任云南省国民政府主席兼保安司令卢汉的秘书。12月,云南颇不平静,李广平暂避云南民政厅厅长朱丽东家中。没料到军管会派人逮捕朱丽东时,也将他连带逮捕。一年之后,国学大师刘文典,因同为皖人又爱其才,出面保他出狱。李广平单身一人租住昆明黄河巷二号。(王斋:《关肃霜李广平之恋一唱三叹》,载《扬子晚报》2007年9月5日)

## 1951年(辛卯)　　年六十岁

年初,先生在昆明旧书市购得章太炎条幅一帧。此条幅在"文革"中被抄走,历尽劫难,后被领回,但受到损坏。现存于刘平章处。

1951年初,爱好收藏名人书法字画的刘文典,在昆明的旧货摊上看见一幅落款为"章炳麟"的条幅,章炳麟是章太炎的真实姓名。出售者称该条幅是1917年章太炎受孙中山委派到云南,敦促唐继尧到广州就职时,为笼络云南达官贵人,馈赠的一件礼物。刘文典虽无法考证条幅来历,但认出是章太炎书写的真迹。条幅上书写道:"明灵唯宣,戎有先零。先零猖狂,侵汉南疆。汉命虎臣,唯后将军。张我六师,是伐是震。"这是一首古体诗,其风格取法汉魏乐府,古奥难读。而四言诗在章太炎的诗文中很少见到。他的诗主要是五言诗,认为四言"风雅以后,菁华既竭,惟五言犹可仿为,可用以专写性情"。因此这首诗文对研究章太炎的学术更有价值。刘文典经过一番讨价还价后,买下了这条幅。(刘兴育:《章太炎的两帧墨宝》,见刘平章《刘文典传闻轶事》,第128页)

4月27日,经西南军政委员会文教部批准,云大文史系分设为中国语文系和历史系。陆万美任中国语文系主任,方国瑜任历史系主任。

先生归入中国语文系,担任《庄子》等课程教职。关于此时先生讲授《庄子》情形,先生门人、云南大学毕业生傅来苏回忆:

约在1951年,先生讲授《庄子·养生主》时,将文中"始臣之解牛之时,所见无非牛者,三年之后,未尝见全牛也"句中的"全牛"考订为"生牛"。当时心中颇为新奇,因此文我在读高小时家父就曾教读过,对文中"目无全牛"一语印象极为深刻。此时对先生的考订顿生疑窦,但也不敢贸然质疑。因我此时正站在讲台上替先生板书一些资料,就趁机看了看先生放在讲桌上的书本,只见先生在书本的天头(即书页上端的空白处)上用蝇头小楷作了许多眉批注释,批注之字工整清晰,其间还有外语呢!下课时,我替先生收拾书本,看到此书为《庄子补

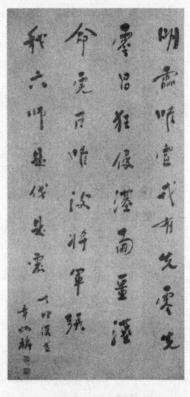

**刘文典收藏的章太炎手迹**

正》,作者"刘文典"。课后,我和同学们谈及此事,人人赞叹:先生的巨著《庄子补正》早已享誉中外,且有"活庄子"的美誉,但先生仍继续勘校训诂,足见其治学之严谨,"一字异同,必求确诂"(文典先生语)。先生对自己讲授的课题,的确已融之于心,化之于脑矣。(傅来苏:《刘文典先生教学琐忆》,见刘平章《刘文典传闻轶事》,第83~84页)

9月15日,阴历中秋节,门人吴进仁与孙乐之女大婚,先生赋诗四首作为祝贺:

天上吴刚得意初,高才谢女擅诗书。清光三五团圆夜,玉润

珠圆月不如。

鹤舞鸾吟下凤城,玉阶月色净无尘。试看天上姮娥影,始识神仙剧有情。

不羡温家玉镜台,星娥月姊漫相猜。天孙惯织云盘锦,合配陈王八斗才。

凉露无声湿桂花,高烧红烛对仙葩。玉绳低亚银河浅,共倚薰笼玩月华。(刘文典:《壬辰中秋近仁结婚诗以贺之》,见《刘文典全集补编》,第123页)

11月13日,中共中央发出《关于在学校中进行思想改造和组织清理工作的指示》,明确思想改造运动之目的、作用、步骤。至此,第一次知识分子思想改造运动在中共中央部署下,广泛地开展起来。(《建国以来毛泽东文稿》卷二,第526页,中央文献出版社1988年版)

12月1日,中共中央作出《关于实行精兵简政,增产节约,反对贪污、反对浪费和反对官僚主义的决定》,"三反"运动在全国展开。翌年1月26日,中共中央发出《关于在城市中限期展开大规模的坚决彻底的"五反"斗争的指示》,"五反"运动在全国各大城市展开。先生对此持抵触情绪。据先生自述:

"三反""五反"一开始,我的弟弟在合作总社做事,被判了一年徒刑,我的心里就很难过,我对"三反""五反",就很抵触,我毫没有阶级立场,只知道个人的私利。又听谣言说,某人跳楼某人投井,我就认为是太过火了。口里虽然不敢说,心里十分抵触。那时候,对于我的谣言很多,集中营的话,大概就是那个时候说的。(《刘文典先生的第二次检查》整理稿,载《云南文史》2009年第2期,第42页)

## 1952年(壬辰)　　年六十一岁

6月18日,顾颉刚致函先生。据《顾颉刚日记》记载:

【六月十八号星期三（五月廿六）】到天平路，与森玉、翼谋两先生谈。写绍虞、自珍、施志颐、傅乐焕、王之屏、任福亭、马鹤天、刘文典、李旭、金启华、白寿彝、范仲沄、树帜信。（《顾颉刚日记》卷七，第232页）

此为解放后顾颉刚与先生书信往来最早记录。艰难岁月，先生曾寄猪油、方糖与顾颉刚。顾颉刚手书诗词短简答复："春老余情未忍寒，一宵梅雨润晴滩。锦缄意腻又辞甘，仲蔚蓬居人孰识。泉明浊佐酒余酣，古今风义信刘三。"款识：叔雅先生惠寄猪油方糖，并索近作，成此敬之，此颂撰安，弟顾颉刚。

9月9日，岭南大学校长陈序经在全校师生面前作了四个钟头的"自我检查"，尽管讲到动情之处禁不住热泪纵横，但其检讨仍未获通过。身在岭南的陈寅恪侥幸躲过一劫，为先生所羡慕、牵挂：

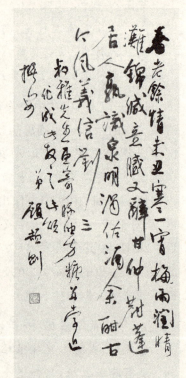

顾颉刚致刘文典短简

在思想改造前后，我所最羡慕的是中山大学的陈寅恪，听说他没有经过思想改造，又听说华罗庚跳楼自杀、吴宓跳江而死，这些毫无根据的谣言，在别人是绝不会相信的，但是，我因为政治立场不对头，就信以为实，我作了一首诗：

湖海元龙安好无？渚宫又见落秋梧。同萦愁绪丝难理，犹抱坚贞玉不如。匝地烽烟双鬓改，中天霜月一轮孤。明珠瑟瑟抛残尽,怕过黄公旧酒垆。

  我把他的坏思想,错误的认为是高尚纯洁,比之为坚贞的玉、中天的霜月,就从这一点上,也就看出我对思想改造的抵触。(《刘文典先生的第二次检查》整理稿,载《云南文史》2009年第2期,第42页)

此诗尚有另一版本,文字略有不同,如首联"渚宫"作"吴宫",颔联作"漫云往事丝难理,曾赋新诗锦不如",颈联"霜月"作"明月",尾联"明珠瑟瑟"作"翠钿金凤"。

9月25日,西南军政委员会转中央教育部令,任命李广田为云南大学副校长。李广田,号洗岑,山东邹平人。1929年考入北京大学外语系,因而一直尊称先生为"老师"、"刘老"。

9月,云南大学公布组织状况,全校共五院二十个系。中文系主任为刘尧民。刘尧民,又名治雍,字伯厚,云南会泽人。1941年,到云南大学任教。1947年,在会泽楚黔中学任教。1951年后,重返云南大学任教,历任中文系教授、系主任,是云大第一批带研究生的教授。

11月15日,云南大学开始开展思想改造运动。先生受到学生控诉,情绪很大。他后来回忆说:

  在思想改造的时候,我是抵触很大,尤其是胡崇斌、任修武在大课堂的控诉,全场流泪,一片哭声,我认为这是有意整我,虽然事隔七八年,我还是余怒未消。一直到最近几天,我才想通了。胡崇斌虽然没有上过课,但是我确乎讲过温飞卿的《偶游》诗,毒害了不知有几多人?我虽然没有说过诗是神秘的,但是主观唯心论的话不知说了有几多。他的话在总的方向上还是对的,对我还是有益处的,因为从此以后,我就没有教过一首黄色诗,这对我岂不是很大的帮助吗!(刘文典:《我的初步检查》,载《云南文史》2009年第2期,第40页)

事隔几日,先生再度回忆道:

> 后来就是思想改造,我自封是一个唯物论者,早已有唯物主义的世界观,那些唯心主义者要改造,我是不用改造的了。全不知道像我这样庸俗唯物论者,一味追求物质享受的人,正是最要改造的。起初是对胡崇斌、任修武的控诉,十分愤怒,后来是谁来帮助我,我就仇恨谁,总以为是来整我。每次开会,总都是些抵触,以为要把我的面子撕破,以后如何教书。接受意见,掌握批评与自我批评,都是我新学会的欺人之说,我的口头和内心,是完全两样的。(《刘文典先生的第二次检查》整理稿,载《云南文史》2009 年第 2 期,第 42 页)

## 1953 年(癸巳)　　年六十二岁

2 月 28 日,云南大学、昆明师范学院联合召开全体师生员工大会,由云南省人民政府郭影秋副主席作关于思想改造运动的总结报告。在此前后,先生写下《思想总结》:

> 经过大半年的学习,我认识不能乱读高深的理论书,要先学习文件,才初次感到党的温暖,思想上才有了初步学习的改变,立场初步的站住,敌我界限也初步的有点分清。今天站在人民的立场,回头再看自己六十几年,思想是一团黑漆,行为是一塌糊涂,所谓知识学问也是乱七八糟,对人民不但无益,而且有很大的毒害。在大学教学卅多年,简直是人民的敌人,只有仇恨自己的过去、否定自己的一切,从头学起,决心站稳立场,努力为人民服务,靠拢党,靠拢人民,希望有一天能达到八项标准,尤其是第五、六两条,克服自私自利、自高自大,能争取做一个光荣的共产党员。
>
> 我自己检讨我的思想,因为家庭出身的关系,从资产阶级思

想、机械唯物论就发展为极端的个人主义,又由机械唯物论转入唯心论,所有的悲观厌世、堕落腐化、脱离群众、自高自大、权威思想以致进步包袱,都是从这种思想上来的。我觉得只有辩证的唯物论、毛泽东思想可以把我从深渊里救拔出来。今天祖国政治上、社会上一切的黑暗、一切的不平,都已经一扫而空,全世界的解放也很快了,所以我心里是毫无悲观厌世的了,生活渐渐也没有抵触了,精神身体都很好,国家和个人的前途都是一片光明,所以很乐观、很愉快,只要把已有的一些进步巩固起来,时时检讨自己,不让旧的思想冒头,我自信,我可以做一个新社会的新人。(刘文典:《思想总结》,未刊稿,1953年)

3月5日,《云南日报》发表云南大学副校长李广田《在思想改造胜利的基础上继续前进》一文。文章说,云南大学的思想改造运动,从去年11月17日开始,到今年2月25日结束,使全校员工"明确了什么叫做人民立场,并坚决要求自己站稳人民立场,为人民服务"。

云大此次思想改造运动,采取"启发自觉,不追不逼"的政策,由于先生写过思想总结,作过自我批评,因而未受较大影响。

3月,先生作诗一首,题为《姬人杨嫣逝三载矣,寒夜无憀,诗以悼之》,"杨嫣"系"洋烟"谐音。时间注为"昭阳大荒落三月即一九五三年三月"。先生后来承认,这是怀念鸦片之作:

菡萏飘零木叶凋,美人香草总无憀。娟娟此矛容光减,渺渺予愁冀影消。人去情怀空寂寂,燕来音信更迢迢。屠龙画虎成何用,剩有寒灯媚永宵。(肖冀:《刘文典先生的旧诗注释》,载《云大》第112期,1958年4月30日)

先生在此前后还曾填词《鹧鸪天》一阕:"独上高楼豁远眸,江含云影楚天秋。西山雨过楣楣净,南蒲萍开点点愁。//情脉脉,思悠悠,碧空如水月如钩。诗人老去莺莺死,折尽琼枝咏《四愁》。"据先生解读：

这首词的意思是劈枪，琼枝是比烟枪。由这些诗词，就看见我对于过去社会腐化堕落生活，是如何的念念不忘，同时，也可以看出对新社会是如何的不满。我说过："我之所以能教书著书，全靠姬人杨嫣，共产党来了，夺去我的爱姬，等于要了我的命。"试问这是什么立场？从这句话上，可以看见我的对党是如何的不满了。（《刘文典先生的第二次检查》整理

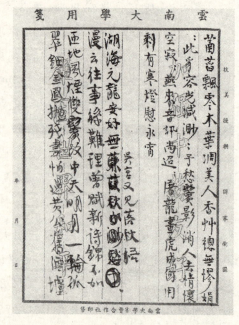

刘文典50年代怀念陈寅恪（左）和鸦片的诗

稿，载《云南文史》2009年第2期，第44页）

4月14日，云南省人民政府召开云大、师院思想改造运动结束大会，省人民检查委员会宣布逮捕4人，其中云大1人；在校继续学习改造3人，其中云大2人。云南省人民检查署还对9名反革命分子提起公诉。

7、8月间，高等教育部部长杨秀峰率领清华、北大、南开等十所高校人员赴云大观摩学习其研造高等水平物理实验仪器的成果。对此，先生"十分赞赏"，并对光学类仪器产生浓厚兴趣。

其实，先生一直十分关注生物学、物理学的重大进展，曾多次与同乡、云大物理系主任张其濬交流讨论自然科学与哲学等问题。据

云大物理系教师李作新回忆：

> 50年代，爱因斯坦继续发展相对论于"统一场论"的研究，拟使引力场与电磁场统一起来（实际上，那是不可能实现的）。刘文典先生对物理学的兴趣十分浓厚，他常与同乡、原云南大学理学院院长、物理系主任张其濬讨论自然科学与哲学的问题，在谈及庄子和爱因斯坦时，文典先生饶有风趣地说："庄子和爱因斯坦，二人时代相隔甚远，时间迟滞近三千年，爱因斯坦'相对论'的时空新论把宇宙时空论彻底改变了，'促成'了他们二人的'主观精神境界的统一'。"刘文典以庄、爱哲学思想的精辟内涵之契合和爱氏对物质世界的辛勤探究及连续解密，而把爱因斯坦标之为"最朴实的超凡思想家"。庄子的"吾生也有涯，而知也无涯；以有涯随无涯，殆矣。已而为知者，殆而已矣。"清楚地说明了物质世界中主体和认识对象间存在着有限与无限的矛盾和巨大差别。爱因斯坦也十分谦恭地说："在大自然面前，以及在学生们面前，一位理论物理学家显得多么寒伧。"爱氏对社会习俗总是不屑一顾，对自己留给别人的印象漠不关心，他似乎自己走向一个美丽的、有着不变规律的世界，在那里完全消除了人的那些俗套的、无休止的混乱。一是大智若愚，一为虚怀若谷，皆以沧海珠滴自喻，其界境无囿。文典先生以朴素的艺术语言对二人所作出的总括，比喻得十分匹适，对后人有深远的启迪作用。（李作新：《刘文典论爱因斯坦》，载《云南大学报》成教版第55期，2002年12月26日）

8月，云大图书馆在学校对面的王九龄故居为先生专设研究室，请他为二十四史断句标点。据云大校工张传回忆：

> 1953年8月，我从四川大学西南高校行干班结业返校，从秘书科调到图书馆做管理员。我与昆明从前有名的富商王炽的侄

子王俊图管理参考室,这个参考室设在学校大门对面的老幼儿园,现在的翠湖北路"1923"。图书馆在参考室专门为刘先生设了一间研究室,搬去一些古籍,主要是二十四史,请刘先生为二十四史断句标点,并为他专门买来朱砂、朱笔供批点之用。刘先生因为教学工作很忙,我只记得他断断续续来过不多的几次,没有固定的时间,他批点了那几部史书,我没有见过。因为忙于自己的业务,他来去我都只和他打个招呼而已。(张传:《我所认识的刘文典先生》,载《云南文史》2009年第2期,第49页)

据云大校史办主任刘兴育介绍,从此时起,先生开始收集整理历代学者对杜诗的研究文章,着手编撰《杜甫年谱》。

10月11日,政务院公布:高等学校院系调整后,全国共有高等学校182所,其中综合大学14所。云南大学是14所综合大学之一,由高等教育部直接管理。

11月7日,云南大学校刊《云大》创刊。

## 1954年(甲午)　　年六十三岁

1月24日,先生路遇云大历史系教授张德光,向其埋怨自己在中文系不受尊重。据《张德光日记》记载:

> 在云瑞书铺碰到刘文典先生,要求在历史系经费内买一部日本人著的《读古发凡》。我说"可请中文系考虑",他愤愤地说:"不要把我当作中文系的人的了,中文系的课我不高兴开了,我在25号辅导学生是为历史系的,中文系学生要来我当然不能拒绝,是云大嘛,云大人来我都不拒绝。"此老的火气大,中文系对他团结得不够,至少是尊敬不够。(《张德光日记》,未刊稿,复印件由张有京先生提供)

2月3日,阴历正月初一,先生为方树梅《师荔扉先生年谱》一书作跋。方树梅,字臞仙,云南晋宁人,1951年受聘为云南大学终身教授,致力于云南文献整理,著述颇丰。此书未正式出版,稿本藏云南大学图书馆。跋中,先生赞曰:

> 呜呼!滇人士之风义,真不可及也!师先生论史有卓识,所为咏史诗,以夏存古与贾长沙、王子安、李长吉并列,观其所景慕之人,而先生之志节可知矣!宰吾皖望江有惠政,与邓琰、刘开皆笃交。其殁也,张溟洲先生死生一诺,归榇万里,滇人士至今以为美谈。乃百数十年后,臞仙先生复躬往望江,访其遗书,编成年谱。虽吕大防、蔡兴宗之于杜工部,何以加焉!此岂特表彰文献,网罗放失之勤为可钦,其风义尤可敬也。(刘文典:《〈师荔扉先生年谱〉跋》,见《刘文典全集补编》,第86~87页)

7月,先生赠诗与云大毕业生傅来苏、范克庄。据傅来苏回忆:

> 1954年7月余毕业于云大中文系,将至北方工作。临行之前,与同级同学范克庄君前往文典先生寓所辞行。时先生住云大农学院晚翠园教授宿舍。见面后,先生十分高兴,以清茶、香烟相待。我们一则谢恩辞行,再则希望今后仍请先生赐教。先生面无难色,当即表示,如今后我们读书时有什么疑难问题,仍愿尽力为我们解惑,还勉励我们要认真学习,勤奋上进。临别之前,我们坦诚地提出一个请求,请先生给我们写点文词作为纪念。先生慨然应允,即取出纸笔,略加思索,为我和范君各写了一首七律。用过印章后,亲手递给我们。当我们看到题款中称我们为"×××贤友两正"时,愧不敢当,立即表示愿永执弟子礼,先生却说:"青出于蓝而胜于蓝,焉知来者之不如今也!"先生谦逊平易,寄望晚辈,其学者风范,长者赤心,于斯可见。(傅来苏:《遗诗墨宝》,见刘平章《刘文典传闻轶事》,第150~151页)

赠傅来苏之诗,虽历经劫难,却留存至今。全诗为:

>　　胡骑满城天地闭,风尘沨洞窜要荒。三边鼓角声犹壮,千载文章志未偿。新梦迷离思旧梦,故乡沦落况他乡。觚棱回首知何许,万里秋山路正长。(刘文典:《无题》,见《刘文典全集补编》,第110页)

此诗另一版本题为"读《潜庵集》感赋",应作于1938年先生南下昆明前后,《潜庵集》系清初学者汤赋文集名。全诗为:

>　　胡骑满城天地闭,风尘沨洞窜要荒。十年戎马心犹壮,千载文章志未偿。新梦迷离思旧梦,故乡沦落况他乡。哀时词客成何用,秋水秋山不忍望。(肖蓂:《刘文典先生的旧诗注释》,载《云大》第112期,1958年4月20日)

9月27日,先生担任云南大学科学研究委员会委员,副校长李广田任主任委员。

>　　云大校务会议决定,为更好地进行对科学研究工作的领导及使本校科研工作全面展开,将原有科学研究委员会调整扩大。由李广田任主任委员,王士魁、张其濬任副主任委员,方国瑜、寸树声、刘文典、朱彦丞、杜棻、秦仁昌、赵雁来、诸宝楚、梁家椿、方仲伯等为委员。(《云南大学志·大事记》,第192页)

10月23日,云大语文小组、历史小组召开组织生活会,语文小组确定"刘文典、刘尧民不团结问题不应当为中心工作"。当天参会的历史系教授张德光在日记中写道:

>　　下午组织生活,修改工作计划。语文小组以科学研究为中心工作,刘文典、刘尧民不团结问题不应当为中心工作。历史小组以健全教研组为中心工作。(《张德光日记》,未刊稿)

先生后来检讨说,中文系不团结的问题与他有很大关系:

>　　中文系闹不团结,绝大部分责任要由我来负的,文人相轻的

恶习,以我为最重,全系的教师,年龄以我为最大,工龄以我为最长,自然就形成了一个家长的姿态,我也就老气横秋,居之不疑。这对我自己的进步和系务工作的开展,都有很大的妨碍。我又是个极端的个人主义者,十分的自高自大、自私自利,一恭维就高兴,一挑拨就爆炸。有人摸着了我这个缺点,就很容易操纵我,我也便很愿意受人的操纵。许多年来,因为闹宗派,给系上带来的灾难,真是无法估计……

我和刘尧民的磨擦,恐怕也是由于旁人的挑拨。传闻之词,也不可尽信,我还是同他合作,才是正经,所以在和寸副校长谈过两回之后,我就对全振寰说:"我和尧老再不合作,那简直是罪恶了。"叫她前去替我疏通,后来我也直接说过几回,但是三年来系里闹宗派的情形并无改善,文人相轻的情况,并未克服。可见,我口头虽是说团结,实际上并没有做。(《刘文典先生的第二次检查》整理稿,载《云南文史》2009年第2期,第44～45页)

10月27日,《云南日报》刊登先生所撰《李仪廷将军七十寿序》。李仪廷,即李鸿祥,云南省玉溪市人,曾率队发起云南重九起义,1939年—1943年选任云南省临时参议会议长,晋升为陆军上将。在昆明时,与先生时相往来。在此篇寿序中,先生高度赞赏李仪廷文武兼备:

研文史于三冬,诵诗书于二酉。早游璧沼,既备多士之英;幼好韬铃,愿学万人之敌,于时胡清失绪,王途多违,故宫深禾黍之悲,宗国有沦胥之痛,班超投笔,指幽蓟以遐征;宗悫乘风,望沧溟而同迈。折旋儒学,既登游夏之门庭;轩鬐武库,复入孙吴之堂奥。量沙聚米,擅麾兵减灶之奇;拔帜骞旗,究贯朴穿杨之妙。遂乃道通三略,学贯五明。奉檄治兵,练才讲武。裹粮坐甲,鼓鼙肃行阵之容;仗信推诚,歌舞表将军之美。(刘文典:《李仪廷将军七十寿序》,载《云南日报》1948年10月27日第6版)

11月27日,云南大学中文系全体教师开始学习有关《红楼梦》研究的文件,并于12月2日至6日举行了三次座谈会。在第一次座谈会上,先生发言批判《红楼梦》研究中所呈现出的资产阶级唯心论思想,但只字未提"资产阶级唯心论的头子胡适"。谈话记录稿后刊登在云大校报上,要点如下:

我看这一次运动既不是专对《红楼梦》这部书,更不是专对俞平伯这个人,而是一场思想斗争,尤其是要对每个人自己的资产阶级思想作斗争。因为研究文学的人,尤其是研究古典文学的人,年纪一般都较大,谁也不敢说自己脑子里没有资本主义唯心论的残余渣滓。就是研究自然科学的人也不例外,因为在资本主义、帝国主义国家学来的那一套多少总带有些毒素;不过我们研究古典文学的人身上带的细菌最多,中毒也最深罢了。

我常常说,古典文学好比一条牛,我们要吃牛肉、喝牛奶,吸取牛肉和牛奶的滋养料,来强壮自己,建立我们社会主义的文艺。也就是说,要"撷其精华,弃其糟粕"。但是这件事"谈何容易"。牛肉里可能有寄生虫,牛奶里也可能会有许多的结核菌,何况我们自己就是带菌者,或者竟是害着传染病的人,稍微大意,就会把毒素散布给学生。现在的教育工作者固然不会有意去毒害青年,但是,我们都是从旧社会来的,我们自己的杀菌消毒工作做得不完全,就会遗害无穷的。

思想上的消毒杀菌工作,说难是千难万难,说容易也容易,只要你自己知道是患病人、带菌者,肯去治病,不"讳疾忌医",这里就有一剂百发百中的灵丹妙药,那就是马列主义。辩证唯物论是摧毁唯心论的炸药,马列主义好比是太阳,它一出来,什么妖魔鬼怪都完了,什么细菌都可以消灭。但是话又说回来了,太阳光有晒不到晒不透的地方,就是细菌毒素隐藏的处所,也就是我们的思想的深处。这个地方的消毒杀菌工作颇不容易,要我们忍得痛苦,舍得刮骨开刀才行,所以我说这是一场尖锐的思想斗争、长期的思想斗争,而且我也愿意尽最大努力参加到这一斗争中去,和大家一齐向反动思想进行斗争,和大家一同学习,一同进步。(刘文典:《我对这次批判胡适、俞平伯研究〈红楼梦〉的资产阶级唯心论思想的体会》,载《云大》第 14 期,1954 年 12 月 29 日)

12 月 29 日,云大副校长李广田在校刊上发表《从〈红楼梦〉问题开始,深入开展对于资产阶级唯心论的斗争》一文。文章说,尽管过去有很多所谓学者研究过《红楼梦》或其他作品,但由于他们的立场、观点和方法是错误的,连篇累牍,总无是处。而只有当我们掌握了马列主义的立场、观点和方法,才真正从本质上认识了作品的性质,真正发现了作品的意义与价值。

## 1955 年(乙未)　　年六十四岁

2 月 17 日,云南大学副校长李广田作关于重视各个教学环节的动员报告,要求全校师生员工进一步学习苏联经验,加强教学改革,执行专业教学计划。

3 月 12 日,云大校工会举行学习教学环节座谈会,先生到场发言,检讨自己的课堂讲授"是失败的"。

> 下午工会举行教学环节座谈会,李德家、刘文典等先生发言。刘老先生教学四十年,为古典文学专家,在这次会议上,算是生平第一次当众检讨自己的课堂讲授是失败的。(《张德光日记》,未刊稿)

先生的发言内容后经整理刊登在云大校报上,全文如下:

> 最初我认为学习苏联先进经验与教学环节虽然是重要的,但我可以不必。因为我所教的是中国文学而且是中国古典文

学,在这方面苏联专家还要向我学习,我向他们学些什么?后来看了些文件才觉得并不是这么一回事。过去我认为自己有四十年的教龄,有自己的"先进经验",并自以为这一套了不得。把自己的教书当作观音菩萨在云端上洒杨枝水一样,认为学生能听自己的课已算运气好,假若听不懂只怪学生"太笨"。学生对我提意见时,我口头上虽然承认是帮助我,但心里很不高兴。

李广田

现在初初学了一下教学环节,虽然是粗枝大叶,已发觉过去四十年的经验并不可靠。过去我认为自己是一个有名的老教授,教书是卖弄自己学问的好机会,可以像开展览会似的把自己自以为了不得的东西都摆出来,从未考虑到学生是否受益,更谈不到如何培养合乎规格的社会主义文化建设干部。

学习教学环节后,认识到纵然你有天大本事,假若你所教的东西学生不懂,你对国家就毫无贡献,甚至还有害处,因为你占了一个教授的地位。

我年纪大,书看得多些,掌握材料也不少,但讲课不肯精简,也谈不到重点突出,更谈不到计划性,因此教学效果不好。

思想改造后责任心加强了,每周花三四个下午对学生进行辅导,自认为很卖力了,但学生成绩仍是不好。其实,假若在课堂上把课讲好了,讲懂了,便用不着花这许多功夫去进行辅导。可是我过去并不是这样看法,总认为自己是尽善尽美,学不好的原因是学生"不行"。而且并未想到如何去帮助他们。

有一次学生来问"结发为夫妻"这句怎样讲,我当时很生气,认为要解答这类问题只要去翻文选注好了,何必找教授?事后才了解学生是不懂得"结发"这两个字的根源。我才觉得要精通礼经原不简单,难怪,难怪。

所以,我觉得学生程度低,教员应想法提高他,引起他钻研的兴趣。现在知道做教授要站在人民立场为人民服务,为国家服务;要做好学生而不是要摆架子。能使学生得益就是好教授,不能使学生得益就不是好教授,甚至不是教授。

苏联专家政治水平高,业务也好,教学效果当然好。和苏联专家比,他们有三十多年的社会主义教龄而我们还是五岁的小娃娃,处处都要向他们学习。学好的关键问题在于立场,这是思想问题,是政治问题。我从来对政治不发生兴趣,也未做过官。过去认为要超政治,业务才会好,现在认识到没有高度的政治水平,业务是好不了的。初步认识到这点,我才肯去学教学环节。现在应该站在马克思列宁主义的立场上去对待古典文学,应取其精华,去其糟粕,在原有基础上提高一步。就是在古典文学方面我们也要向苏联专家学习。有一次和波兰专家谈到庄子,使我很受感动。他们是逐字逐句的翻译庄子,与资本主义国家把庄子当作故事翻译不同。苏联翻译杜诗,也是把一千四百多首逐字逐句,并且参考各家注释翻译。他们如此认真,是和资本主义国家在本质上有所不同的。他们不是图利,国家也大力支持这种工作。人民民主国家科学的发展绝不是英美所可比的。在此,学问真正为人民所有,为人民所创造并为全人类服务。

教人做学问而自己水平低,立场不对,这怎么行呢?如不努力改造自己,教也教不好,学也学不好。我们必须先端正自己的态度,成为一马克思列宁主义者,书才会教好,否则只会对人有

害而没有好处。(《工会举办座谈会交流学习教学环节的体会·刘文典先生发言》,载《云大》第17期,1955年3月31日)

4月9日,云大文科部门召开座谈会,先生等人应邀发言。先生发言全文如下:

这次学习了课堂讲授并作了观摩教学之后,我很有一些体会。这次观摩教学在我一生的教学工作中是一件极富有意义的大事。在短短的几个星期的学习和实践中,使我去掉了四十年来的旧家当。这中间的思想斗争过程是十分艰苦的,过去我所喜闻乐道的是一些考证方面的东西或是一些形式主义的东西。这些东西在今天是不适合于学生的需要的。完全丢掉呢,跟了自己四五十年的旧家当,实在有些舍不得;不丢掉呢,就不能很好的为人民服务,也不能作一个人民教师。在经过了长时间的思想斗争之后,我狠一狠心,决心丢包袱,立志要作一个社会主义的教授,就是年纪大了些,但还来得及。因此在这次观摩教学中,我用了十二分坚决的意志打垮了习惯力量的拖累,比较适当的处理了自己的教材。在课堂讲授中果然有进步了,先生们、同学们都说有相当的成功。这使我太兴奋了,太愉快了。我的信心更强了。过去学生给我提意见,我是很抵触的,我埋怨学生程度差,说学生不识货,甚至埋怨政府不应该收这种学生。现在我明白了,学生是公平的,他们的意见是对的,问题还是在自己。我为什么不接受学生意见呢?这是在旧社会中的一点虚名害了我,我常说,"玉皇顶上竖旗竿(杆),我还在旗竿(杆)的最上头,有谁能比我呢?随你们怎样提意见,其奈我何?"在这样思想的支持下,使我不能接受学生的意见,使我不能很快的进步。

当然我自己是掌握了一些教材的——有用的,无用的,破铜烂铁,精金美玉,乱七八糟一大堆。旧的系统既然必须摧毁,新的系统也就必须建立。对于我来说,要建立新教学系统,最需要的是决心,其次是艰苦劳动。这次观摩教学,我讲了杜甫一首律诗,题目叫作《登楼》,只有五十六个字,在以前我要教三个星期,还有点紧。虽然也是旁征博引,但材料很零碎,也毫无目的性,往往一个字就扯上一点钟。力气花得不少,但学生还是不能接受。在这次观摩教学中,这首诗只讲了两小时,根据这首诗的主题思想,介绍了当时的社会背景,这样把杜甫的爱国主义精神完全烘托出来了。

老实说,在解放前我是不备课的,名教授备课是很可耻的事,教授之所以成为名教授,就在于不备课也能讲。解放后我是备课的,但因教材不对、方法不对,虽然备了课还是教不好。学了苏联专家的报告之后,懂得了什么是目的性,什么是重点,才知道怎样备课。在这次教学中虽然只讲了两小时,我的材料也还比较现成,但准备起来,还花了十小时以上的时间,劳动时间虽然长,但精神是十分愉快的。

这次观摩教学对于我自己来说,是有划时代的意义的,但这才是一个开始,今后需要再作进一步的巩固与提高。(刘文典:《对课堂讲授的体会》,载《云大》第18期,1955年4月30日)

6月24日,阴历端午节,先生观看由云大文工团戏剧组排演的郭沫若话剧《屈原·雷电颂》,并作诗赠与次子刘平章:

宋玉悲秋亦我师,伤心又吊屈原祠。蛾眉漫结平生恨,文藻空存异代思。县圃曾城无定所,桂旗兰枻意何之。二千三百年间事,剩有江声似旧时。(刘文典:《无题》,见《刘文典全集补编》,第125页)

7月7日,根据中共中央《关于展开对暗藏的反革命分子清查和打击的指示》等文件精神,云大开展"忠诚老实运动"(即"肃反运动")。

先生表面积极参与,但很少发言批判云大同事:

> 肃反的时候,我表面看好像很起劲的,事实也不尽然,我对叶德均的斗争,就并不激烈,因为害怕他死掉。现在回想起来,我当年每天早起拿一把小茶壶,走到大组上,一把藤椅上一躺,单凭这个态度的不严肃,也就给大家很不好的印象。况且我对李德家、张其濬、陈复光这班人,就没有开过腔。对小组上的人,也很少开炮。我还有一个错误的想法,反革命分子恐怕很少吧!至少我们系里总不会有现行的反革命分子吧!等到后来,清出来很多的反革命分子,我才大吃一惊。这说明我政治水平太低,也更说明我的政治立场不坚定,所以才毫无嗅觉。(《刘文典先生的第二次检查》整理稿,载《云南文史》2009年第2期,第42页)

文中所提"叶德均"系江苏淮安人,1934年毕业于复旦大学,1948年进入云南大学中文系任教。1954年因遭人诬告,一度离开讲台。1956年,因不堪忍受组织再次令其交代有关"托派"的问题,叶德均含冤死于昆明盘龙江中。

9月,云大中文系召开迎新会,先生应邀到会讲话。据云南大学毕业生李必雨回忆:

> 九月初到了学校。中文系召开了迎新会。会议开始后不久,一个瘦小枯干的老人踱着方步走进了会场。他穿一件蓝布长衫,黑布鞋,手里拿着一把瓷茶壶,两包"大重九"香烟。五十年代,已经很少有人穿长袍了,这位老人的服装却依旧如此传统。见到这衣着,我猛地想起了鲁迅先生。鲁迅先生不就是这样子?不过,这位老人头发没有鲁迅先生的那么多,也没蓄胡子;也许是牙齿剩得不多了吧,嘴有些瘪。虽然脸上皱纹纵横,眼睛也小,但目光炯炯,并不显得龙钟。老师们和高班同学纷纷起立,我们也跟着站起来。

系主任刘尧民教授介绍道:"这位便是刘文典先生。刘先生学识广博,古典文学的造诣尤其渊深,对《庄子》的研究更是独辟蹊径、成就超卓。现在请刘先生给大家讲话!"

掌声犹如暴风骤雨,我把手掌都拍痛了。

刘先生微笑着点点头,说道:"我一向不参加这类活动。听说这一届新生的入学成绩不错,我心里高兴,破一次例,来看望看望大家。我不教你们,教的是你们老师的老师。说到《庄子》,不是什么研究的蹊径问题。古今中外的那些'学者'不论经由什么蹊径,皓首穷经,勉强算是挨近了《庄子》的,寥寥可数。算起来,全世界真正懂《庄子》的人,总共两个半。一个就是庄子自己。中国的《庄子》学研究者加上外国所有的汉学家,唔,或许可以算半个。"他并未指明另外一个是谁,只是扫视全场,微微一笑。不过大家心里都明白,那当然只能是他老先生了。(李必雨:《悔》,载《边疆文学》1999年第3期,第39页)

关于先生指导年轻教师的情形,云南大学中文系张文勋有文回忆:

先生是我的业师,读大学时听过先生讲授《温李诗》、《文选学》等课程。大学毕业后,作为留系工作的青年教师,又随先生听讲《杜甫研究》。他讲课从未带讲稿,胸有成竹信口道来,时有高论,或有学术上的独到见解,或有治学的经验之谈;或举校勘学上的案例,引人入胜;或体悟社会人生,妙语连珠。对先生的讲课,学生中亦有不同的反应:能领悟其要旨者,则心领神会,如坐春风;有一知半解之悟者,则取其幽默有趣而交口称誉;亦有荡然不知所云者,则埋怨先生教学无计划、闲聊天。我经常到先生家里求教,每次去刘师母必以烟茶招待。如遇阴冷天气,就和先生在卧室围炉而坐,炭火取暖,聆听先生谈学问、谈治学。他多次以某大学生把"荀子"读成"筍子"为例,教育学生读古书要认真,不能望文生义,似是而非。"一字之微,征及万卷",这是他常以校勘学为例来教育学生的话。中文系有一位同学,平时衣袋里总装着一本小字典,受到另一些同学的嘲笑;刘先生说:"口袋里装一本字典,这才是好学生,他就不会把'荀子'读成'筍子'了。"我师从先生多年,在课堂上已受益匪浅,而在课堂下的教诲虽是只言片语,往往更能深入人心,于读书做学问之道,确可终身受用。(张文勋:《刘文典传闻轶事·前言》,见刘平章《刘文典传闻轶事》,第2~3页)

## 1956年(丙申)　　年六十五岁

1月10日,先生作为特别邀请人士,被政协第二届全国委员会第二次会议增选为全国政协委员。同批增选的还有陈寅恪、沈从文、卫立煌等人。

1月14日,中共中央召开关于知识分子问题的会议,传达了毛泽东"向科学进军"的指示。周恩来作了《关于知识分子问题的报告》。

2月14日,先生在京出席全国政协会议期间,致函夫人张秋华:

> 彭国珍十日直飞昆明,我托她带的人参一两,你可煎服,这不是参须,要用小火煎,外有老鹳草两包,可送一包给李太太。彭国珍原来是全国民主妇女联合会中委,并非是以唱滇戏资格来的,我到北京后才晓得,章行严已收她为女弟子矣。我大约二月底方可离京,三月初返昆明,在京详情彭国珍想已细说。我在成都不多住,"二毛头"本学期考的不及上年。这并不是退步,去年的五分今年都只能考四分,这是科学院工作人说的。(刘文典致张秋华函,见《刘文典全集》卷三,第842~843页)

2月,先生担任云南大学学术委员会委员。

为了搞好职称升等工作，云大根据教育部有关通知，于1956年2月组成校学术委员会。学术委员会不定期的召开会议，对要求升等的教师予以审查讨论，最后投票表决。表决以三分之二委员赞成为通过。教授、副教授上报高教部审批，讲师则上报省政府审批。其成员如下：

李广田（副校长），王士魁（教务长），刘绍文、张其濬（副教务长），张瑞纶（总务长），程明轩（副总务长），方仲伯（分党委书记），寸树声、杨桂宫（民主党派），秦瓒（工会主席），朱昌利（团员），刘文典、曲仲湘（教师代表）。（《云南大学志·教学志》，第226页）

3月1日，先生致函夫人张秋华，向其叙述在京开会情形：

北京近日下雪严寒，我正忙于参加最高国务会议，日日往怀仁堂，可以看中南海雪景。政协到今天尚未开会，据说要到三月中旬才可以完事，虽然有些疲倦，但是身体十分强健，每天饱食西餐，人都说我胖了。"陀子"来信向我要钱，我未理他。（刘文典致张秋华函，见《刘文典全集》卷三，第843页）

"陀子"及前文"二毛头"均为先生对其子刘平章的昵称。

同日，先生致函尚在成都读书的刘平章，戏谑其在校开销过大，落款为"擦皮鞋者"：

Kolya：

我在京用费极大，所带的钱早已用完，正是两袖清风，你要电汇几文来救济我，解除我的经济危机。

我的旅费用尽，只好步行回昆明，不能从四川经过了。

我连日参加最高国务会议，开会地点在怀仁堂，得以饱看中南海的雪景，真是兴奋极了，愉快极了！你很可以乘我在京的机会来北京一游，我可以买最精致的玩具给你，带你游览名胜，吃前门饭店精美的西餐，包管比成都永兴巷的更好。（刘文典致刘

平章函，见《刘文典全集》卷三，第 844 页)

"Kolya"、"擦皮鞋者"均来自苏联漫画。漫画描绘的是冬天里一个穿着破棉袄、满脸皱纹的父亲蹲在地上为儿子 Kolya 擦皮鞋的情形,讽刺父母过于溺爱子女,并暗示子女要理解父辈的艰辛。

3月6日,先生参加完全国政协会议后,途径成都,在经济学家、四川大学校长彭迪先的陪同下参观杜甫草堂,并留有《丙申仲春游草堂诗》一首：

> 李杜文章百世师,今朝来拜少陵祠。松篁想象行吟处,云物依稀系梦思。濯锦江头春宛宛,浣花溪畔日迟迟。汉唐陵阙皆零落,惟有茅斋似昔时。(刘文典：《丙申仲春游草堂诗》,据手稿整理)

**刘文典为杜甫草堂题诗**

同日,先生拜访身在四川的好友吴宓,并想请吴宓劝说陈寅恪北上,到中国科学院历史研究所任职。吴宓对此持反对态度,但未明说,只在当天日记中表明心迹：

> 晚饭后,刘文典、彭举同来;举旋去,与典久谈。典写示寄寅恪(二句注,"当时传闻宓坠楼自杀")。旋乘汽车至典馆舍(省府第一招待所在本馆之背,由暑袜街续往,实甚近),烹茗细谈。典述(一)典近十年之情况,此次赴京之使命,留此之原因;(二)寅恪近况,政府命典作说客,典欲宓代往(宓决不效华歆之对管宁,但

未明说);(三)典在京遇稻(仍住受璧胡同九号)之详情;(四)典劝宓赴云南大学任教,以李广田(共党)为副校长,主持一切,宓必可作自由研究或编译(典举示杨宪益英译之《唐人小说》)云云。宓答以"安土重迁",不欲去此矣;(五)典杂述秦瓒、陶光、孙乐等之近情。乐之变节,诚宓所不及料者也。11:00 急步归,京戏方散。(《吴宓日记·续编》卷二,第394页,生活·读书·新知三联书店,2006年3月北京第1版)

据陆键东《陈寅恪的最后二十年》记载,1953年9月,中共中央决定设立历史研究委员会,并决定中国科学院设立三个历史研究所,拟聘身在岭南的陈寅恪担任二所所长。为此,中国科学院曾多次派人南下劝说陈寅恪,均遭婉拒。陈寅恪在《对科学院的答复》中谈道:

> 我认为研究学术,最主要的是要具有自由的意志和独立的精神。所以我说"士之读书治学,盖将以脱心志于俗谛之桎梏"。"俗谛"在当时即指三民主义而言。必须脱掉"俗谛之桎梏",真理才能发挥,受"俗谛之桎梏",没有自由思想,没有独立精神,即不能发扬真理,即不能研究学术。(陆键东:《陈寅恪的最后二十年》,第111页,生活·读书·新知三联书店,1995年12月第1版)

3月10日,吴宓访先生不遇,留柬不愿赴粤劝说陈寅恪。

> 晚宴(任应秋同坐,碧柳长江津中学时之学生,江津人)。宴毕,未看川戏,自访典(永兴巷第一招待所),未遇。留柬(不愿赴粤说寅恪)。(《吴宓日记·续编》卷二,第397页)

3月16日,先生离渝返滇,留诗两首与吴宓,一为《丙申仲春游草堂诗》,一为国学大师谢无量《送别刘叔雅》:

> 芝诺先传四本论(原注,芝诺Zeno),惠施亦有五车书。持君闳辩行天下,濠上归来共看鱼。(宓按,典早年在皖,曾从无量受

学,故以师称之)。(《吴宓日记·续编》卷二,第405页)

4月2日,中共云南省委宣传部下发通知,经省委3月29日会议同意,任命李书成为云大党委书记。

4月17日,先生参加云大中文系座谈会,报告赴京开会观感,并介绍毛泽东主席接见情形。

> 他以极其激动的语调,描述了他几次见到毛主席以及毛主席同他握手谈话的情形。他说:"在等待着毛主席的接见时,二十三个专家都很紧张。但是等到了跟前,却一点也不紧张,如同最亲近的人到了跟前一样,除了尊敬之外,还感到非常地爱他。"
>
> "你最近在研究什么?"毛主席问他。
>
> "我在研究杜诗,研究完杜诗,再研究白居易。"他回答。
>
> "很好。"毛主席说。
>
> 刘教授谈到这里,眼睛中透出闪闪的光芒。他进而表示说:他当时就坚定了献身给社会主义文化建设事业的誓愿和决心。(张友铭:《刘文典教授见到了毛主席》,载《云大》1956年5月12日)

4月,先生在云南省政协一届二次全体会议上发言,讲述赴京开会沿途见闻、在京开会情形以及对文字改革运动看法,言辞之间,充满兴奋之情:

> 我离开北京将近二十年了,这一次才回到祖国的首都。回想卢沟桥事变后,北京沦陷,我在敌伪压迫之下逃出北京,是什么情况! 二十年后,感谢共产党、毛主席领导中国人民把日本人赶走,解放了北京,解放了全中国,我以中华人民共和国主人的资格,又回到祖国的首都来,心里的感动、兴奋真不是语言文字所能形容的,一下火车后,先到天安门,看看那一对华表,真是悲喜交集、落下泪来,要不是共产党几十年的奋斗牺牲,毛主席的英明领导,从敌人的手里夺回北京、解放北京,我能够以政协委

员的资格回来吗？

> 我这一次走过了广西、湖南、湖北、河南、河北、四川六省，看见祖国建设事业突飞猛进，处处出乎我想象之外。火车经过大站，工厂烟囱像树林一样，车站上排列着无数的列车。车上装的全是建筑材料、钢管、新式农具、拖拉机，这是我有生以来没有看过的景象。
>
> 我最喜欢小娃。从前在北京街上看见的孩子们，多半都是一身破衣、满脸灰尘、营养不良，看了心里十分难受。这回在北京住了一个月，所看见的孩子个个都是衣服鞋帽整齐干净，脸上颜色好像苹果，健康活泼，可以说满街都是拉非尔画的小天使，我一面羡慕这些毛泽东时代的儿童真真幸福不浅，一面也庆幸自己赶上了这个时代。
>
> 今天的新北京，新市区在西郊、北郊，我没有出城去看，单就城里说，市容的改变并不太大。最使我感动的不是外表上、物质上的改变，而是人和人的关系，和从前根本不同了。旧社会，人对人总是尔诈我虞，你想剥削我，我想对付你。或是肉麻的恭维，虚伪的温情。这一次我所接触到的每一个服务员、医生、看护、司机、三轮车工人、店员都给我极真诚的温暖。人对人都能推诚相待。（刘文典：《在云南省政协第一届第二次全体会议上的发言》，见《刘文典全集》卷三，第775～776页）

6月14日，九三学社云南大学小组在小吉坡一号中国民主同盟云南省委员会办公地召开成立大会。经小组组长曲仲湘介绍，先生加入九三学社：

> 1956年2月，九三学社社员、上海复旦大学教授曲仲湘、讲师钱澄宇调到云南大学生物系任教。他俩和在昆明的社员潘炳猷、许绍楠、彭德树共同为发展云南的九三组织积极工作，在征

得九三学社中央和中共云南大学党委的同意后,在云南大学发展了教授秦瓒、刘文典、方国瑜、刘尧民、讲师徐文宣、郭树人为社员,并于同年3月在云南大学正式创立了"九三学社中央直属云南大学小组",由曲仲湘任小组长,当时共有社员11人。(《九三学社云南省省级组织的创建与发展》,九三学社云南省委员会网站)

8月11日,《云南日报》开辟《笔谈"百家争鸣"》专栏,头条为先生文章《我国学术界的大喜事》。全文如下:

> 解放六、七年来,在党的领导下广大的知识分子都要求用马列主义来武装自己。武装起来干什么?为的是斗争。要斗争就必须有敌人,假使没有敌人,斗争就无从斗起。在学术思想领域中唯心论和唯物论是对立的,如果没有唯心论存在,开展斗争就成了无的放矢。实际上,唯心论是存在的,许多年来唯物与唯心这两个阵营就一直是在进行不可调和的斗争,直到现在,一般人(包括知识分子在内)的头脑中总还或多或少地残留着唯心论的思想影响,要是不准他们说出来,岂不是等于叫有形的敌人隐蔽起来变作无形的敌人,叫我们看不见,而这种敌人却是最可怕的。"百家争鸣"正是为了要把这两个阵营的学术见解公开地提出来自由争论,求得我国学术事业的发展与繁荣。
>
> 从前,我对"百家争鸣"的体会是比较片面的,认为"百家争鸣"无非是数学家、物理学家等等各种"家"相互作学术比赛,为争鸣而争鸣。最近我听了有关的报告,看了有关的文件,才认识到"百家争鸣"的重大意义。这一方针的提出使我深受鼓舞,进一步体会到党的英明和正确。我想,唯心论的存在并不可怕,我们为唯物主义思想所武装,就有十足的把握去战胜它。要战胜唯心论,不是消极地限制唯心论者开口,而是要掌握马列主义的思想武器和它开展斗争,开展论战。这样不仅可以求得学术上的

真理和繁荣,也将使唯心论的阵地逐渐削弱。这里我要谈谈,几年来我看见一般刊物上有不少人在背诵教条,在作党八股的文章,我认为这是一种研究马列主义和繁荣学术事业的一种阻力。

"百家争鸣"这一方针可以说是人类学术思想史上一个划时期的号召。回想我在解放前曾听有人说过:在共产党领导下,思想上是没有自由的。当时我也有过一些错误的想法,认为共产党是不会容许思想上的敌人(唯心论)有自由的。到今天我才晓得新中国的人民在学术思想上是获有最大的自由,也本来应该有最大的自由。但我认为,这种自由是有界线有原则的,那种提倡资本主义复活的学术自由是不容许的,唯心论者可以自由争鸣,但还是要给予它严正的批判的。

我希望党和政府加强对知识分子的领导,而知识分子也要努力作自我改造,努力向科学进军,争取做一个红色的专家和战士,为祖国社会主义文化事业作出出色的贡献。(刘文典:《我国学术界的大喜事》,载《云南日报》1956年8月11日第3版)

9月29日,先生在云大校刊上发表《对中共第八次全国代表大会的感想》一文,借用老子观点评论当代政治:

一部五千字的《老子》,最常见的话,只有三句,就是"生而不有,为而不恃,长而不宰"。这几句话,前后共说了三四次,这是老子政治哲学的精义,也就是中国古代最高深微妙的政治哲学。共产党是以辩证唯物主义和历史唯物主义为一切政策的出发点,所以共产主义是有最好的哲学根据的。我们固然不能拿两千多年前老子的政治哲学来附会马列主义,但是说古代政治哲学上的理想境界,今天都由共产党、毛主席实现了,怕未必是过言罢。

今天全国建设生产事业突飞孟晋【编者注:原文如此】,取得空前的成绩,一切都是为了人民,而不是为了一党一派,更不是为一个阶级,只有创造,没有独占,这就是"生而不有"。共产党员艰苦卓杰,牺牲奋斗三十多年,建立新国家以后,刻苦努力,兢兢业业的做出今天这样的成绩,毫无骄傲自满之意,还要请各民主党派互相监督,这次开会,也邀请各民主党派以及无党无派人士参加,这岂不就是"为而不恃"么。共产党虽然居领导地位,但是一切措施,都是十分民主的,决不独断独行,这岂不是"长而不宰"么。(刘文典:《对中共第八次全国代表大会的感想》,载《云大》1956年9月29日头版)

同日,云大校刊头版刊登《中文系积极筹备纪念鲁迅》消息,为鲁迅逝世20周年献礼,其中一项工作为编辑纪念特刊。此特刊约15万字,主要收入研究鲁迅思想和作品的论文以及纪念性质的散文、诗歌、与鲁迅有关的照片等,包括先生口述文章——《回忆鲁迅》,由鄢朝让、袁世平记录整理。在文中,先生详细回忆了他与鲁迅的交往:

> 由于偶然的机会,我们作过几次长谈,谈到我对《文选》的看法,他很赞成我的话,我十分高兴。我想:他是骂"选学妖孽"的人,反而赞成我,怎不使我高兴呢。从此后,我才常到"群言堂"【编者注:北京大学教员休息室】去,专找他谈话。但是,我仍然没有到他家里去找他,他也从来没到我家找我。有一个时期,我很不以他为然。我读《〈呐喊〉序》,他说中国的革命绝不会成功,又说用"曲笔"在烈士坟头上加上花圈。我看了很气闷,认为鲁迅不只是孤僻,简直是冷酷了。一直等到他后来以最英勇的战士的姿态出现在思想革命的战场上,我才知道他是热烈到白热化。我不够了解他,误认白热为冰雪,这正足以说明我和他"分隔云泥"。(刘文典:《回忆鲁迅》,载《鲁迅逝世廿周年纪念特刊》,第8页)

9月,先生被评为全国一级教授,云南文科仅其一人。云南农业大学林学教授秦仁昌也被评为一级教授,但其不久后便离开云南,因此亦有人称先生为"云南唯一的一级教授"。

同时,云南大学朱彦丞、曲仲湘、刘尧民、方国瑜、纳忠被评为二级教授,王士魁被评为二至三级教授。当时,一级教授的月工资345元,二级教授月工资280元,三级教授月工资240元。有学者考证:

> 1956年9月,高教部下发经过修改后的一二级教授工资排队名单。这份名单与前面那份相比,形式上有了很大的变化。首先,学校类别有变化,增添了相当数量的医学类院校;其次,按照工资改革的要求,教学人员与行政人员分别列表,高等院校的校院长当中有很多一级教授,这次也都明文列出。第三,排列、归类标准的变化,这次的教授排队名单不再以专业来划分,而是以学校为单位,直接列出每个学校中所有一级教授的名字,同时也列举出二级教授的名字,不过同上次一样,二级名单属于"标识"性质,并不完整,学校可以根据每个教授的实际情况在名单中适量增添或削减。在这两份名单中,一级教授的人数有明显的变化。6月份名单中,一级教授总人数为186人,而9月的那份,同类学校中一级教授的人数减少到118人,其中北京大学的一级教授由40人减少到27人。(刘利民:《1956年的教授评级》,见刘利民博客,2010年6月7日)

10月1日,云大中文系参加国庆游行,抬出先生《杜甫年谱》的木制模型作为科研成果。据云大中文系毕业生雷国维回忆:

> 当时刘文典正在修订《杜甫年谱》,我们在当年的国庆游行时,抬的中文系的科研成果便是刘文典的《杜甫年谱》的木制模型。一九五六年国庆刘文典被邀去北京参加国庆观礼,回来之后,他以十分激动的心情向中文系师生讲起到北京的观感,他认为我们生活在一个好时代,勉励我们好好学习,将来报效祖国。他对共产党和祖国的热爱溢于言表。(雷国维:《五十年代末的刘文典》,载香港《大公报》2006年3月27日)

10月16日,先生在《人民日报》上发表《我和鲁迅最后的一面》。文章写道:

> 我和鲁迅最后的一次见面,年月日已记不清楚了,但季节、地点和见面时谈话的情形却还历历在目,回想起来好像是前几天的事。记得那一年鲁迅回北京看他的母亲,我事前听到了,心里很兴奋:阔别几年的老友,又可以见面了。有一天,北河沿一带尘头大起,北大学生们满街飞奔。我大吃一惊,不知出了什么事,一问才知道是鲁迅回来,全城学生都去听他讲演,那时候我心里真是高兴极了。(刘文典:《我和鲁迅最后的一面》,载《人民日报》1956年10月16日第8版)

10月19日,云南大学举行报告会,纪念鲁迅先生逝世20周年,邀请先生到会演讲。据当年的听众庄凯勋回忆:

> 我头一次进入大学圣殿,受宠若惊,小心翼翼,怀着无比好奇,来到礼堂参加纪念会。忽然,掌声雷鸣,一位带着眼镜、留着胡须的瘦小老人,约莫70(岁)上下,来到讲台边。他就是云南大学中文系教授刘文典。他不用讲稿,侃侃而谈,讲的内容,是鲁迅小说如何揭露国民劣根性,比如国人看杀人时的麻木、祥林嫂的砍门槛以及阿Q的精神胜利法,其实质一致。
>
> 由于年纪太轻,我似懂非懂地听着老教授的讲话……但遗憾的是,由于刘文典旁征博引,内容对于初中生是过于艰深了。所以我朦朦胧胧地听着,内容没记住,可以说基本上忘了。但印象深刻的是,刘教授对鲁迅先生充满了崇敬之情。(庄凯勋:《听刘文典教授讲鲁迅》,见庄凯勋博客,2007年1月10日)

10月31日,云南省政协与昆明市政协举行常务委员联席会议(扩大),讨论成立纪念孙中山诞辰90周年筹备委员会及筹备事宜。筹备委员会由61人组成,云南省委书记于一川担任主任,先生应邀担任副主任。主要名单如下：

【孙中山先生诞辰九十周年纪念云南省筹备委员会名单】

主任：于一川

副主任：张　冲　龚自知　郑　敦　陈　方　白小松
　　　　寸树声　杨克成　曲仲湘　谢崇文　由云龙
　　　　李琢庵　赵增益　刘文典

秘书长：阮绍文

副秘书长：杨青田　宋一痕　普梅夫　李济五

委员（名单略）

（世熙、滇宣：《纪念孙中山先生诞辰九十周年云南省筹备委员会昨日成立》，载《云南日报》1956年11月1日第1版）

10月，云南省文化局举行戏曲界祝寿会，为张子谦等10位老艺人祝寿。先生应邀到会，并赋七绝四首赠与张子谦，其中后三首附注。诗文如下：

滇海新传介寿词，春松秋菊发华滋。石渠天禄吾何事，合拜伶伦作导师。

文教昌明极一时，好风吹放百花枝。自聆法曲瑶宫后，又见群仙集凤池。【刘文典注：丙申孟春，公宴于怀仁堂，得聆雅奏。今滇省碧金玉、彭国珍、万象贞又演剧于中南海，仙音法曲，大振宗风。彭、万又皆吾弟子也。】

尊前竞唱《红梅阁》，泽畔谁歌荔子丹。更有滦宫遗事在，新词能演《铁龙山》。【刘文典注：滇剧《铁龙山》所演为元宫廷秘史，排京剧姜维困司马昭事也。《红梅阁》，余幼时犹及见长安诸名宿演之，今海内能者首当推子谦矣。】

台城辇路草萧萧，姑熟江声送六朝。艺苑而今传绝业，万人翘首《会缘桥》。【刘文典注：梁武帝《别宫》一剧，为子谦所独擅胜

场。《会缘桥》亦帝舍身同泰寺事,观者莫不合十赞叹,皆大欢喜也。】(刘文典:《旧体诗三首》,西南联大网站)

11月12日,先生在《云南日报》上刊发《孙中山先生回忆片段》一文,谈及"二次革命"后追随孙中山的经过,并对其主张进行评点:

> 今天纪念中山先生九十周年诞辰时,他对国内的理想——平均地权、耕者有其田、民生主义,都在共产党的领导下实现了。但是在国外,帝国主义的势力并未完全退出亚洲,英法还在疯狂地侵略埃及。中山先生的遗著上说过,日俄战争的时候,他经过苏伊士运河,埃及人上船来向他道贺,说亚洲国家的胜利就是整个东洋民族的胜利,亚非本是一家。今天亚非会议的各国,联合起来共同抵制英法帝国主义的侵略,支持埃及人民的正义斗争,这正是中山先生的伟大理想。所以这一次纪念他的九十周年诞辰,是有重大意义的。(刘文典:《孙中山先生回忆片断》)

同日,云南省在昆明人民胜利堂召开纪念孙中山先生诞辰90周年纪念大会,先生应邀到会并作讲话。据说,先生在讲话中透露:"中山先生电报英文稿多是由我起草的。"

> 缅甸华侨回国观光团的代表李文龙、老同盟会会员80多岁的丁石僧老先生、刘文典教授、梁金山先生和政协昆明市委员会副主席曾恕怀,也相继在大会上讲话。他们以极其激动和怀念的心情,追述孙中山先生当年反对帝国主义、殖民主义,争取祖国独立、民主的爱国主义和革命的伟大精神,同时,表示要不断学习和发扬他的革命遗志。(《孙中山先生诞辰九十周年,省市各界人民隆重举行纪念大会》,载《云南日报》1956年11月13日第1版)

11月25日,云大部分老师看望刚刚生病出院的历史系主任张德

光,谈及先生连买戏票都要学校派车,颇为不满。据《张德光日记》记载:

> 晚,(钟)运六、谢松伟、杨允中来看我,谈至十点,内容:
>
> 运六谈:党对知识分子重视与照顾确乎无微不至,可是某些先生就飘飘然起来了,刘文典老先生把自己看得太高了,买戏票都叫学校开小车去,稍不如意就发牢骚;化学系王主任太太强迫食堂卖三份菜,大骂工作人员,甚至回家把王主任找去食堂大骂一台;段永嘉为争取农院建校费,也常到财务科大闹,居然说"李广田有什么了不起,他是建院委员,我还不是建院委员,他有权,我也有权!……"(《张德光日记》,未刊稿)

11月28日,云大秘书长、中国民主同盟云南省委员会主任寸树声看望张德光,再度谈及先生自满问题:

> 寸秘书长来看我,谈到盟支部委员调整问题,学校对王教务长工作缺点改进太慢有意见,但又不便轻易更换教务长职务,因此盟与校党委研究叫王出任盟支部主任委员,加强他的政治责任感,从而改进教务。寸公又谈到有些教师开始自满来了,张副教务长认为肃反中对他的批评不对头,刘文典要求学校派汽车接他去上课,真是骇人听闻说法。(《张德光日记》,未刊稿)

12月1日,九三学社昆明分社筹备委员会成立,大会在主席秦瓒致开幕辞后,宣布筹备委员会主任委员、副主任委员和委员名单,先生名列其中。主要名单如下:

**【筹委会主委、副主委、委员名单】**

主任委员:秦瓒

副主任委员:曲仲湘

委员(以姓氏笔画为序):方国瑜　刘文典　曲仲湘　李清

泉　苗天宝　秦　瓒　戴丽三

（世熙：《九三学社昆明分社筹备委员会 12 月 1 日在昆明成立》，载《云南日报》1956 年 12 月 3 日）

## 1957 年（丁酉）　　年六十六岁

2 月 21 日，先生致函《边疆文艺》编辑部，称赞毛泽东诗词：

> 来函奉悉。毛主席诗词，苏辛以后，一人而已，现因赴京开会，俟回昆明后当为文送阅。旧作另录数首随函附上，藉祈指正。此复《边疆文艺》编辑部。（《致边疆文艺编辑部》，见《刘文典全集补编》，第 89 页）

随信所附诗作，分别为《过奈良吊晁衡》、《寿张子谦老艺人》、《谒工部草堂》。

2 月 28 日，先生在全国政协会议小组会上发言，并与顾颉刚等人交谈。据《顾颉刚日记》记录：

> 【二月廿八号星期四（正月廿九）】玉舜来。八时半到政协，与岳劼恒等谈。九时开会，予先发言。十二时一刻，会散，归家饭。晤颐萱嫂。
>
> 到政协，续开小组会，自三时至六时半。予又先发言。与岳劼恒、沈从文、刘文典谈。谭镐来。
>
> 玉舜来辞行。为待静秋与谈话，看《燕子笺》。十一时半服药眠，翌晨七时醒。
>
> 今日发言者：予　刘文典　丁菓仙　易见龙　郑晓沧　董渭川　陈铭德　孙瑞芝　罗大英　唐弢　白薇　沈从文　冯友兰（《顾颉刚日记》卷八，第 201～202 页）

3 月 11 日，先生在全国政协小组会上发言。据《顾颉刚日记》记

载,当天发言的有:

> 下午发言者:傅作义 车向忱 罗大英 杨忱民 方鼎英 谢家荣 刘文典 何 鲁 谭启龙 茅以升 辛树帜 曾昭燏 金宝善 陈书农
>
> 书面发言者:陈其尤 陈占梅 张德庆(《顾颉刚日记》卷八,第216页)

3月12日,中国社会科学院文学所《文学研究》正式创刊。之前,在征得本人同意和上级批准后,文学所于1956年秋成立《文学研究》编辑委员会,编委多达35人,可谓阵容强大。先生列名编委会:

> 创刊号刊登的"编委会"名单是:卞之琳、戈宝权、王季思、毛星、刘大杰、刘文典、刘永济、孙楷第、何其芳、余冠英、罗大冈、罗根泽、陈中凡、陈涌、陈翔鹤、林如稷、陆侃如、季羡林、俞平伯、郑振铎、范存忠、唐弢、夏承焘、徐嘉瑞、郭绍虞、冯至、冯沅君、冯雪峰、程千帆、游国恩、黄药眠、杨晦、蔡仪、钱钟书、钟敬文。这35人都是当时大陆地区古、今、中、外文学研究的名家。(康保成:《从〈文学研究〉到〈文学评论〉》,载《东方文化》2001年第6期)

同日,《人民日报》刊登先生出席全国政协二届三次会议发言稿。先生在发言中重申老子的政治思想,其主要内容与《对中共第八次全国代表大会的感想》一文基本相同。

3月24日,费孝通在《人民日报》上发表《知识分子的早春天气》一文,呼吁改善知识分子的生存环境,其中提到先生赴成都考察杜甫草堂一事:

> 春到人间,老树也竟然茁出新枝。
>
> 这个感觉并不是回到了北京才有的。去年暑假,我初到昆明,曾会见过不久前为了注杜诗特地到成都草堂去采访回来的

刘文典老先生。去年年底,张文渊先生邀我去吃小馆子送行,大谈他正在设计中的排字机器。这半年多来,知识分子的变化可真不小。士隔三日怎能不刮目而视?

这自是情理之中的事。几年来,经过了狂风暴雨般的运动,受到了多次社会主义胜利高潮的感染,加上日积月累的学习,知识分子原本已起了变化。去年一月,周总理关于知识分子问题的报告,像春雷般起了惊蛰作用,接着百家争鸣的和风一吹,知识分子的积极因素应时而动了起来。但是对一般老知识分子来说,现在好像还是早春天气。他们的生气正在冒着,但还有一点腼腆,自信力不那么强,顾虑似乎不少。早春天气,未免乍寒乍暖,这原是最难将息的时节。逼近一看,问题还是不少的。当然,问题总是有的,但目前的问题毕竟和过去的不同了。(费孝通:《知识分子的早春天气》,载《人民日报》1957年3月24日)

费孝通后因此文被划为"右派",先生亦因此文受到一定影响。他曾在1958年做"思想检查"时说:

我的政治立场是反动的,其余的不用说都是不对头的。例如:进步分子说的话,我总是当耳边风,退步的右派分子说的话,我就很爱听。费孝通那篇臭名远扬的文章《早春天气》,因为一开头提到了我,我看到就很高兴。又例如,在北京听说毛主席读《文选》,我就十分高兴,津津乐道,以为《文选》有市场了。全不想想毛主席读《文选》是怎样的读法,我自己读《文选》是怎样的读法。我这种思想还不够卑鄙吗?自从前年我上北京出席政协会议,走进了怀仁堂,不但不能好好地学习政治,反而更加骄傲起来;嘴里口口声声说要做毛主席的小学生,实际上把毛主席的教训,忘在九霄云外。毛主席谆谆告诫我的要谦逊,要不断地努力改造自己,要接受党的领导,走社会主义的道,而我的言行,恰恰相反。从这一点上也就可以看出我是一个言不顾行的小人,决不是真心爱党爱社会主义了。(刘文典:《我的初步检查》,载《云南文史》2009年第2期,第40页)

3月,先生借赴京出席全国政协二届三次会议之机,再度到北京图书馆查阅杜甫研究资料,并有众多发现。

他从大量的资料中,发现杜甫出生时间应该比一般认定的时间晚一年(即先天元年改为开元元年)。对这个问题,大家争论很大,有的学者催刘文典赶紧发表,但他十分慎重。他告诉其助手,还要征求他一向尊敬的学术大师、中山大学教授陈寅恪的意见后再发表。1958年有人贴出大字报批判他这个学术研究结论,诽谤、讽刺他,说"一个自称大学者的教授,搞了好几年,还拿不出一本年谱"等等。这对已是重病缠身却治学严谨的刘文典来说,简直是莫大的侮辱。但他还是顶住压力,坚持不发表经不起历史推敲的文章。不幸的是,还未送去发表,他就于当年7月撒手人寰。(刘兴育:《刘文典与〈杜甫年谱〉》,载《春城晚报》2001年3月15日)

先生晚年尽力撰写《杜甫年谱》一书,可惜生前未能完成出版,残稿后由其子刘平章交与云大历史系主任张德光整理,但不幸在"文革"期间遗失。目前仅存《杜甫年谱·序》残稿,其序如下:

杜公以沉博绝丽之才,生风尘澒洞之际,早岁文章,既惊海内;暮年诗赋,遂动江关。论其风骨,实陵轹乎两京;研其神思,亦渊源于八代。洵屈、宋之遗音,风、骚之嗣响;扬子云所谓"诗人之赋,丽以则"者也。至若双声叠韵,属对精工,佯色揣称,铸辞英伟。宫徵靡曼,骋八音协畅之奇;云锦缤纷,极五色相宣之妙。是犹词人之余事,壮夫所不为,非公绝诣也。奕叶钻仰,沾溉无穷,韦庄有《浣花》之编,玉溪擅胜蓝之誉,后生可畏,岂其然哉? 惟宋、明以降,注释纷纭,集翠蒙荣,榛芜未剪。讲诵所及,辞而辟之,务去陈言,独标真谛,游词臆说,并无取焉。(刘文典:《杜甫年谱·序》,《刘文典全集》卷三,第764页)

4月1日,周恩来总理在昆明国防体育馆给昆明几所高校师生作《目前形势和任务》报告。据说周恩来在接见先生时曾笑称他为"国宝"。关于先生"国宝"之名,众说纷纭。

关于这个"国宝级教授"的头衔,虽然并不见正式记载,但也并非空穴来风。1998年,北大举行百年校庆,西南联大外文系毕业生王景山写了篇纪念文章,正式将这个头衔"授予"刘文典,他说:"抗战期间在西南联大任教的原北大教授刘文典,更是国宝级的校之大老,绰号'二云居士',嗜云腿和云土,听说是奉'上'谕特准吸食鸦片。"……

还有两种关于"国宝"的说法,更夸张一点。一种说法是,在云南的时候,刘文典"手杖上刻有'国宝'二字;上街走正中间,从不让轿车;背着身看滇剧,等等,极有趣"。另一种说法则是,1957年4月,周恩来总理到昆明会见刘文典时,曾当面夸赞他是"国宝"。云大中文系学生仇学林在回忆大学生活时,就曾写诗感慨:"广田诗人授诗学,文典讲座识'国宝'。"由此可见,"国宝"这个说法在当时的云南还是颇有市场的。(章玉政:《狂人刘文典:远去的国学大师及其时代》,第300页)

4月15日,苏联最高苏维埃主席团主席伏罗希洛夫访问中国,首都百万人民夹道相迎。5月19日,先生赋诗记之:

八亿人民得自由,碧天遥降紫霞辀。九薇华烛辉金殿,一片彤云罨画楼。秦晋会盟欣此日,亚欧安谧系兹游。鲰生敢献成平颂,极目长空意未休。(刘文典:《伏老降临敬赋一律》,见《刘文典全集补编》,第130页)

4月27日,中共中央发出《关于整风运动的指示》,开始了以正确处理人民内部矛盾为主题,以反对官僚主义、宗派主义和主观主义为内容的整风运动。根据上级指示,云大党委成立了整风领导小组。先生对此运动略有微词,据他后来作《思想检查》时说:

> 去年党开始整风,希望党外人士的帮助,我口头上随时说共产党真拿我当朋友,我愿做共产党的忠实的挚友,不做献媚的小人,但是,实际上说的是些什么呢?一种是满腹的牢骚,和许多无根据之说,当时找了两句《淮南子》,说共产党是"处上而民弗重,居前而民弗害"。意思就是说:"党处于领导地位,而人民不感觉到压力;党在前面领导,民众在后面跟着走,而不感觉得党在前面拦着。"当时我觉得这两句话很不错,很得体,现在想起来,拿古代的政治哲学来比喻今天的共产党,还是不对的,歪曲的。现在检查起来,这也是权威思想,总觉得我知道《淮南子》上有些什么话,《老子》上有些什么话,要摆出来给人看看。这还在其次,最不可恕的是我听了陆侃如、高觉敷的谰言,就替他们翻版,拿到昆明来说。比如说"高教部是填表册的印刷厂";青岛大学青年教师检查老教师的家;不早开除刘永俊是纵容学生侮辱教员。这一派的谰言,都和右派分子一鼻孔出气,这最足以说明我的政治立场是和他们一样的。现已检查起来,我的所谓牢骚,就是不满现状的情绪,十年来,是一直发展下去的。我口口声声说我热爱党,热爱社会主义,全是言不由衷,一遇见小小的不满意,立刻就爆发出来了。我上次的检查,不怕个人主义这个帽子,还说超个人主义,意思就是说,反正个人主义是人人都有的,自己最怕的是别人说我思想反动。现在检查起来,我的思想已经远远超过了个人主义,而是十足的反动思想。例如:我总是喜欢拿古书上的话、历史上的事来和今天的共产党比较,这就说明我对党毫无认识,我说,求同存异是古代辩证法的结晶。我对党的认识既

然如此模糊,又口口声声说热爱党,这岂不是滑稽吗?(《刘文典先生的第二次检查》整理稿,载《云南文史》2009年第2期,第43页)

5月1日,先生在云大校刊上发表《忆"五四"》一文,谈及自身在"五四"运动中的行动及其对此的评价:

> "五四"运动在中国革命史上有极其重大的意义。不但是政治上,就是思想上,中国人之接受新思想也是从那个时候起的。说起来很惭愧,我个人虽然做了几天北大"守夜的犬",嗣后仍然是教我的古典文学、文选、校勘等等,对中国的革命事业总是袖手旁观。今天想起来实在对不起老友,对不起人民。(刘文典:《忆"五四"》)

5月24日,中共云南省委统战部邀请各民主党派负责人和高级知识分子就党和知识分子的关系问题进行座谈。先生应邀发言,直指"党对知识分子照顾是不够的,信任也很差":

> 党的整风是必要及时的,而且是贤明的,我十分拥护。我作为一个民主党派的成员来说,共产党把我们当朋友,当真朋友,我们就要说忠言,就是发牢骚、发脾气也不要紧。我们如对党不说忠言,就不是党的真朋友。我前几年,有牢骚也不讲。现在我就将我想到的说出来吧:学校里面派助教完全是按照党员或是团员这样的派法,这种标准是错误的。例如去年有毕业生,他不好好学习,也不记笔记,也不认真上课,第一次考试因为不知道他是党员,我就不给他及格,补考时知道他是党员,我就给他及格了。我这种做法是对不起党的,也是一种罪恶,以后我决不这样做了。后来这个人就被派到人民大学去当助教。中文系有个团员助教,政治水平高,但业务水平真是没有办法,我培养不了他,他说我讲的山高水远,也不记笔记。这在我也要反省。但分配工作只重政治不重业务是不对的。党员学生毕业后,就好像

是做官有了借鉴,这样到工作岗位上怎能不产生官僚主义呢?

党对知识分子照顾也是不够的,信任也很差。英美知识分子都是大资产阶级出身,而中国的知识分子多是小资产阶级出身,当然有他的特点,有动摇性,但他们有革命的一面。解放后几年,在大陆上的就没有一个知识分子偷越国境,或者跑到宋美龄那里去的。在美国的中国教授,也不图高的待遇,都不避吃苦,想尽办法回到祖国来。所以我国的知识分子是不崇拜金钱的,从书上也找不到这种例子,也没有嫌贫爱富的想法。这是中国知识分子的优点,这点应该要相信的。中国的知识分子在思想上是不坏的,大陆上的不用讲了,就是台湾的知识分子也是想回到祖国的怀抱里来的。所以我想不消用什么手段拉,因为他们的思想是进步的,是科学的,怎么能说他们不信马列主义呢?

现在领导上是不错的,但是也不能说没有缺点,像李广田副校长还是有点急躁,有时还发毛。但50多岁的人有点火气也是好的,因为它不是暮气。他的工作还很细心,我曾交给他几篇学生的毕业论文,他看的很快,而且把错别字都一个一个的改正。我说他这点是很好的。党员不是老爷,是人民的勤务员,我们学校的党委书记李书成同志真好,我希望大家都像他一样。(《省委统战部继续邀请民主党派负责人座谈,针对党与知识分子关系问题坦率开展批评和提出建议》,载《云南日报》1957年5月25日第1版)

同日,经国务院全体会议通过,任命李广田为云南大学校长。

6月8日,中共中央发出《关于组织力量准备反击右派分子进攻的指示》。当时云大被划为右派分子的多达169人,先生逃过一劫,未被划为右派,但却被要求出席各种批判会。据先生后来谈到:

这一次轰轰烈烈的反右斗争,我又是一个逃兵,因为我自己的政治立场不对头,素来很少和进步人士接触,所喜欢的说得来的都是落后分子、右派分子。斗秦瓒的时候,起初犯了温情主义,后来听说他篡夺的主委,社中央决定的本来是我,就更有顾虑了,怕人说我是挟私仇,也就很少开口,后来索性不去了。这正说明我的政治立场是和右派一致的。我不但受右派影响,也有右派观点,例如:他两次的荒谬言论,除教授治校、校长轮流、每一个民主党派摊一个副校长,看了令人发呕之外,其余的话,看了也不觉得荒谬。"肃反是捕风捉影"这句话,我虽不同意,"思想改造是唱戏",我倒很有几分赞同,例如我在《云南日报》发表的谈话,就说思想改造的时候,确乎有人在唱戏,有唱红脸的,有唱白脸的,陈复光就是唱丑角的。这些话看起来好像驳斥陈复光,其实是赞成秦瓒。我又对秦瓒说,这回是六亿人把关,你滑不过去。我只想到这回是全民性的,就把"思改"、"肃反"说成是少数人把关,这种严重的错误,检查起来,也还是政治立场问题,我如果有丝毫工人阶级立场或者是人民的立场,也说不出这样的话来。(《刘文典先生的第二次检查》整理稿,载《云南文史》2009年第2期,第43页)

6月19日,九三学社昆明分社主委秦瓒在筹委会扩大会议上作自我检讨,但被认为是"似是而非",混淆视听,以致批评与自我批评未能充分展开。先生到会并作发言:

> 筹委刘文典也批评秦瓒的检讨没有挖思想根子,是金蝉脱壳,连皮毛都没有碰着,还在大门外头。他说,不能因少数人在"唱戏"便否定了思想改造的成绩,从这次运动中出现的反动言动和匿名信,更证明了肃反的重要性。(戴世萌、杨美琴:《在九三学社昆明分社筹委扩大会议上,秦瓒检讨似是而非,批评未能充分展开》,载《云南日报》1957年6月21日)

6月21日,先生在接受《云南日报》记者采访时,批判章罗联盟、龚自知等人,并被迫再度批判好友秦瓒:

秦瓒

> 他无视思想改造和肃反运动的成绩,说思想改造是"唱戏",肃反运动是"吹毛求疵"、"捕风捉影"。思想改造运动如医生医病,打针开刀要痛要流血,但不能因此便说不该打针动手术,否则是会死人的,病是医不好的。在运动中确有一些人是在"唱戏",生旦净丑都有,陈复光唱的是小丑角色,但不能因少数人在"唱戏"便说它无成效无必要。暗藏的反革命分子都有一层"毛"隐蔽着,或披上马列主义的外衣,不吹"毛"焉能求其"疵",不大胆怀疑、提高政治嗅觉如何能肃清他们呢!他又说要树立风气,少搞运动。我请问他,不搞运动,风气怎样树立得起来?请问不经过"三反""五反"运动,怎能打倒贪污恶习,树立廉洁的风气?现在从中央到地方很少人贪污,不正是由于运动所树立的风气么!不经过爱国卫生运动,社会上讲卫生风气怎能树立得起来呢!凡此等等,证明了他的言论都是十分错误的,他应该彻底检讨。(《刘文典教授痛斥右派分子的谬论》,载《云南日报》1957年6月22日)

7月8日,云南省政协举行双周座谈会,继续揭批右派分子的言行。其中,有人在发言中揭批先生曾于赴京开会期间到右派分子、时任民革中央委员会副主席的龙云家中吃饭。发言如下:

> 陈荫生、李文汉联合发言说:今年我们到北京开会,龙云在3月11日和3月22日约过我们到他家里吃饭两次,这两次吃饭

中,对我们散布了毒素,尤其是第二次讲的比较多。第一次吃饭的有:彭国珍、李呈祥、刘文典、王少岩、刘淑清、陈荫生、李文汉、方家治。第二次吃饭的有:王家烈、于学忠、李文汉、陈荫生及李文汉的长女李惠生,还有龙云的亲戚女青年3人。(《政协座谈会上继续揭发大量材料,龙云的政治野心进一步暴露》,载《云南日报》1957年7月9日第2版)

7月9日、10日,先生出席九三学社昆明分社筹委会全体社员会议。与会人员要求秦瓒交代与章罗联盟的关系,并"进一步揭露和驳斥右派分子秦瓒的反党反社会主义言行"。先生等九三学社社员作发言:

王懋德认为,郭树人【编者注:原云南大学经济系副教授】与吴景超、储安平要好,秦瓒前不久去北京不可能不与储安平等人见面。刘文典说:在北京开会时,我与秦瓒同住前门饭店三楼,郭树人曾经领着储安平来向我约稿。郭树人是否也领储安平去找秦瓒,我不知道,但很可怀疑。(《秦瓒检查避重就轻藏头露尾,九三学社社员要他交代与章罗联盟的关系》,载《云南日报》1957年7月14日第2版)

8月13日,高等教育部以"(57)高密干字第300号"文件,要求全国高等学校(不包括师范)上报学校右派分子名单和数字。全文如下:

整风运动开展以来,在各校(院)的工作人员中,揭发出一批右派分子,兹因工作需要,希按下列要求,将右派分子名单和数字在8月底前一式三份报给我们。

一、对以下各类人员中列出右派分子名单:1.教师;2.科以上行政干部;3.政治工作人员(包括人事、保卫干部及党、团专职干部)

二、右派分子占该教师、科以上干部、一般干部、政治工作干部、学生、全体人员总数的百分比。

在云南大学填报的《教学人员、科以上行政干部、政治工作人员中右派分子名单用表》中,先生赫然在列,并备注"未斗争"。在附录"右派分子的思想情况"中,对先生的评语是:"投机,所谓的'真英雄回首即神仙'。"但不知何故,先生最终未被划为右派,成为"漏网之鱼"。

8月14日,先生致函次子刘平章,勉励其在贵阳工地上"好好的表现,好好的锻炼最要紧":

> 自你走后,你母十分焦心,怕你二十四日赶不到贵阳,跟不上大队。接你贵阳信后稍稍放心,你罗甸三日的信昆明十日就收到,不算太慢。工地当然很苦,然年轻人正好锻炼,我年近七旬还在工作,为国家文化建设服务,苦中有至乐。你只要想:"我是在为国家、为人民服务",自然就舒服了。家中一切平安,我晋京之期现尚未定,此刻正开云南人民代表大会,我忙于出席,还谈不到何日往北京。近日昆明天气和暖,百花齐放,我和你母也时常出外游赏,看过三几次戏,你在子雄摄影室照的相早已取来,放在家中,等月底寄钱时一并寄成都,你放心好了,诸事你母总都替你办得妥妥帖帖。铜官山原来在□□□,马小姐【编者注:刘平章女友马顺珍】想必早已到达,你们在工地也无法通信,等你到成都她回昆明再说罢。家中过得很好,你在外不必悬心,好好的表现,好好的锻炼最要紧。(刘文典致刘平章函,见《刘文典全集》卷三,第849页)

8月30日,《云南日报》刊登先生与尹科云、曲仲湘、刘尧民、戴丽三、方国瑜、卢濬、李枢等人在云南省第一届人民代表大会第四次会议上的联合书面发言,重点依然是"揭开右派分子秦瓒的反动本质":

> 秦瓒参加"九三"的动机是在他觉得自己的马列主义水平太低,在学术上搞不下去了,从政治上找出路的。他在几年前就想

搞一个民主党派来做他的政治资本,搞他的反动阴谋。在思想改造后,民盟发展他,他估计自己夺取不了盟的领导,他就拒绝参加了,1954年直接由九三学社中央搞来三份表,想建立九三组织,领导九三学社昆明的组织。同年中国民主促进会成员徐嵩龄约他参加组织并做领导,他就答应了,但均未成功。1956年春,九三学社来昆明建立组织,他就按照他的企图参加了九三学社,活动九三学社昆明分社的领导职位,由于他要手法大肆活动,安排了他的小集团的核心分子郭树人到北京活动,九三学社昆明分社筹委会主委就被他夺取了。秦瓒夺取了九三学社的领导权以后,他就以党与民主党派"长期共存,互相监督"的方针,和民主党派"组织独立,政治自由"为借口,拒绝党员参加九三学社的领导工作,他在社的工作中,企图一步一步来实现他的政治野心。(刘文典等:《在省第一届人民代表大会第四次会议上的发言》,载《云南日报》1957年8月30日)

9月10日,顾颉刚点校先生《淮南鸿烈集解》。

【九月十号星期二(八月十七)】点刘文典《淮南鸿烈集解》中之《坠形》讫。到办公室付饭费,并接洽迁居事。迁至西楼,整理物件……(《顾颉刚日记》卷八,第307页)

9月30日,先生在校刊上发表《今年国庆的感想》一文,先后三次引用毛泽东的言论,评点右派问题,其中写道:

另一件大喜事是今年出现了一大批妖魔鬼怪魑魅魍魉右派分子,疯狂地向党进攻,向人民反扑。国家社会出了这些败类、妖孽,怎么能说是大喜事呢?要知道,自古以来,本就是君子和小人、正气和邪气,一消一长的,全是君子、绝无小人,只有正气、毫无邪气的世界,是不会有的。唯有君子战胜小人,正气压倒邪气,那才是最好的世界。这般右派分子,都是披着学者、教授、正人君子,甚至于马列主义者的外衣,窃取国家的高位,好比是分泌毒素的细菌,假装细胞,潜伏在人的脏腑里,其危险性之大,想起来真令人不寒而栗。这一次天夺其魄,一个个白昼现形,露出本来面目。我们经过这一场斗争,也大大地得到了锻炼,提高了思想,对于社会主义的道路增加了信心,对于社会主义的建设事业、文化事业,增加了勇气。这怎能不说是一件大喜事呢?毛主席说:"坏事也能变成好事",出现右派分子是坏事,反击右派分子取得胜利,是好事。中国古话所谓转祸为福,也就是这个道理。(刘文典:《今年国庆的感想》,载《云大》1957年9月30日)

此文后被批判者视为"指槐骂柳","为右派分子开脱罪行":

> 刘先生开门见山,肯定右派分子的出现是一件大喜事,那这结论的目的要说明什么呢?就如同说刘先生写的反动诗,把党和社会主义诬蔑殆尽是好事,大家看了以后认清了刘先生的庐山真面目也是好事,这岂不可笑吗?这里只可能有而且必须是这两个结论,要吗刘先生写反动诗诬蔑党和社会主义是坏事,从诗中使人们看到了刘先生的庐山真面目提高了思想觉悟是好事。要吗写反动诗是好事,提高思想认识是坏事,不管人们愿意与否,同意与否,对这两个结论所持的态度,不可避免的代表着两种对立的立场。刘先生如何取舍?事实上这是刘先生欲盖弥彰的手法的表现,掀开了障眼的字句一看,是在指槐骂柳,其目的在为右派分子开脱罪行,为他们叫冤。(杨纪:《如此"感想":驳刘文典先生五七年写的〈今年的国庆感想〉一文》,载《云大》1958年5月31日)

10月6日,先生致函刘平章,谈参与政治生活情形,并希望其考虑毕业后留在昆明:

> 接来信,我和你母都放心了,崔同学带来的腊肉蜜饯都收

到,你母食之甚为高兴。月来你母为你着急,饮食睡眠都不好,现在都好了。我的工作几乎全是政治,今春在京一月,回昆后即开省政协,接着是人民代表大会,会毕后是整风,反击右派,教学和科研都搁下,大约今年是不得完的。我赴会都有省府小车接送,所以不觉疲惫。近几月发胖了,你母也还康健,我的政治、物质待遇都是最高的,家境甚为优裕,只要你好好学习,转眼毕业回昆,我可以说没有什么不如意的了,又怎么不胖呢?我所谓忙也只是开会,不得在家而已,会场上也没有什么忙的。你的工作最好是在昆明,因为父母年老,很觉寂寞,你在面前更好些。冬衣费决定分两次带给你,贵州冬天冷极,皮茄(夹)克务要先买为是。(刘文典致刘平章函,见《刘文典全集》卷三,第846页)

11月5日,先生致函刘平章,谈家庭琐事:

上月你未买茄(夹)克我很生气,现在买了也就罢了,现寄六十元给你,家中一切平安,我工作仍照常,自迁至云大新村后,住室甚舒适。到哪里都不如在家,所以很少出门。今天阴历九月十四日是你母生辰,因菜不易买,也未请客下面,仅晚间观剧而已。(刘文典致刘平章函,见《刘文典全集》卷三,第847页)

12月4日,云大中文系、历史系党支部大会研究社会主义思想教育问题,校长李广田夫人王兰馨谈中文系教师思想状况。据《张德光日记》记载:

晚,支部大会研究社会主义思想教育问题,王兰馨同志谈中文系教师思想情况:张若名理论谈得头头是道,要别人去干,自己想退休;江逢僧自以为进步得不得了,要退出民革入党,自以为改造得差不得多了;全震寰也以为改造得好了,可以入党了;刘尧民负责九三,有畏难情绪,没有办法,怕刘文典。(《张德光日记》,未刊稿)

12月14日,先生致函刘平章,勉励其"好好表现":

> 你务要努力参加劳动,好好表现,争取做一个工人。小八音【编者注:滇剧女演员万象贞】下乡修水库,挑砖运土,一天要挑十五转。她是女演员尚且如此进步,何况你们精强力壮的男子。老昆爸爸现在敲石子,每天八小时,他是自作,又当别论。(刘文典致刘平章函,见《刘文典全集》卷三,第848页)

同日,云大党委书记李书成向全校师生员工作《关于进行社会主义思想教育》的动员报告,宣布即日起,每周用星期六一天的时间集中学习,为期一年。据云大中文系研究生陈红映回忆,先生一般很少参加政治学习:

> 在我与先生的接触中,他从不谈及思想改造中的事,但从先生很少参加中文系政治学习,似乎可窥测其内心隐密。我虽是研究生,但系里还是让参加文学史组的学习,每次学习,刘尧民等六位教授准时前来,唯独不见先生。恰逢"八大"刚刚开过,学习内容是"八大"文件。张友铭先生是系的工会小组长,负责政治学习,想要先生参加颇感踌躇,忽然张先生心生一计,对我说:"先生喜欢你,你去请先生准来。"于是我按照张先生的布置,事先买好"八大"资料,借向先生请益之机,顺便把资料送给先生,并说我们教研室要学习"八大"精神,到时我来请先生。那时的学习是在晚上,果然不出所料,当我去接先生时,真的赏光了。先生的到来,气氛顿时活跃起来。其实那时的学习,只不过是念念报纸文件,领略领略精神而已,但还是蛮严肃认真的,不像后来天南地北神聊,发牢骚。由于我从京师来,又操着一口半生不熟的京腔,所以读报纸、念文件的任务,理所当然由我包揽。记得读"束缚(fù)"一词时,我不自觉地露出了我的湖北方言,读成了"束缚(bó)"。正当汤鹤逸先生纠正我时,先生笑着说:"那是

唐音。"及时替我解了围。后来我想先生何尝不知道是我的错，兴许出于厚爱，才以先生博学多识，文我之陋，缓解了我的窘境。但真正使我感到幸运的是能在这样的文化氛围中熏陶。可惜这样的机会今后再也没有了，而那晚先生说的唯一一句话"那是唐音"，至今仍在我耳边萦绕，催我在无涯的知识海洋里不断吮吸乳汁。(陈红映：《我所认识的刘文典先生》，载《云南文史丛刊》，2001年第3、4期合刊，第73页)

## 1958年(戊戌)　　年六十七岁

1月19日，先生参加批判王士魁、李德家的会议，并作发言：

> 王士魁、李德家罪行都严重。李德家完全都是政治，一天赵继舜约我去民革，李德家拿出一个文件给我看，倒秦瓒，拥周保中当校长。李说已与周谈过，示意叫我签第一名。李、王不能相提并论。(《张德光日记》，未刊稿)

3月3日，中共中央发布《关于开展反浪费、反保守运动的指示》(即"双反"运动)。

3月29日，云大党委会召开汇报会议，听取各系情况汇报。党委书记李书成提出"中文系堡垒刘文典必须突破"。据《张德光日记》记录：

> 去党委会研究情况。书成同志强调中文系堡垒刘文典、历史系方国瑜必突破。刘文典在中文组负隅顽抗，大言不惭"我是权威，这是你们捧出的，在我们面前上一炷香吗？"(《张德光日记》，未刊稿)

3月30日，云大各民主党派整风联合领导小组召开整风学习会议，结合李书成报告要求，将运动推向深入。中文系教师对先生的权

威思想进行了揭发和批判:

张德光

> 中文系小组黄钺、朱宜初、王兰馨、全振寰、范启新等同志都集中批判了刘文典先生的权威思想,说他厚古薄今,不学习马列主义,不掌握新的武器去批判旧的东西,所以在教学上立场观点成问题。王兰馨说:"中文系有封建气,首先就是封建的师生关系,我认为应该建立今天的同志关系,刘先生教我,我尊敬你。过去是奉承多,你是喜欢封建气,喜欢别人恭维,别人写帖子拜在门下。中文系封建气难令人容忍。刘先生在运动中自命为老战士,过后原封不动,原因在哪里?好汉不吃眼前亏的思想不对,应该看将来行动,今后如何学习苏联,不能说自己已经够了,不学苏联,这些年教学大纲什么都不弄,应该带头学,培养师资不能有封建关系,要把学问传给下一代。"

> 全振寰说:"刘先生主要任务,是培养师资,但课堂花的时间很少,对戏剧界花的时间多,你那些学问要改为社会主义服务,必须掌握马列主义。"范启新说:"我看刘先生是如旧社会一样的在玩戏子。"(《云大各民主党派整风联合小组情况简报》第9号,1958年4月7日)

在这次会议的讨论中,还有人指出先生对别人所提意见持"无所谓"态度:

> 刘文典(对别人)提了(的)意见无所谓。说:"你们烧我还不到摄氏50度。"全振寰批评他对戏剧界花的时间多,他马上打回去说:"最近我还要给劳动京剧团排戏的。"(《云大各民主党派整

风联合小组情况简报》第9号,1958年4月7日)

同日,云大校刊刊登先生在中文系教改动员会上的发言,"不要把我当成朽木,你们烧烧我"! 在发言中,先生说道:

> 我在这个运动中本是个逃兵,借口是不能走路,有肺病;但经检查并不是肺病。逃兵为什么又归队,又上火线? 因为我也是个人,不是木偶人,全国大跃进,我不跃进,说不过去。我要跃进,自己的思想首先要跃进。我们这样的人,要外力推动,要群众像抽马前进似地用大字报推我前进。我来,希望同学们把我烧一烧,要烧才会红,像铁一样。我近来感觉到白色专家不行。我的朋友的儿子杨振宁得了诺贝尔奖金,我首先很高兴,但他愿参入美国籍帮助造原子弹,这是白色专家,给国家带来灾难。若做白色专家,情肯不做。我自封为专家,我要做红色专家,希望大家烧! 以前,烧我,我怪你们,现在不要以为我是朽木不能烧,这对不起我! 今天我看到大字报,四年级说到我的暮气、官气,很对。我恳求诸位,不要把我当成朽木,你们烧我,我要感谢你们,你们的心意是恨铁不成钢,亲兄弟不过如此啊! (文亮:《不要把我当成朽木,你们烧烧我》,载《云大》1958年3月30日第3版)

4月1日,云大中文系四年级学生聂恩彦在校刊上发表《给刘文典先生进一言》,列举先生文选和杜诗课上的事例,认为"他的渊博只是对古书读得多,而对于现代的东西,特别是马列主义文艺理论,就学得很少,在教学中就没有应用的理论,而是旧的一套占绝对优势":

> 通过上面的例子,可以看出刘老先生是重古轻今的,是重形式(艺术)轻内容的(思想性)。懂的古东西多,读的现在的东西少,联系实际尤其差。因而讲课时摆古材料多,联系实际,运用马列主义分析东西少,以古释古。如文章好坏的标准,只拿《文心雕龙》来说明,而不用马列主义文艺理论来讲解,所以就显得

摆"家当",而不能使古为今服务。这说明刘老先生在实践上没有接受毛主席指示的工农兵方向;如写在学报上的文章,不但工农兵看不懂,就是我们也不知道他说什么。因此,我希望刘老先生能在教学中贯彻工农兵的方向,面向生产,面向工农,为社会主义服务,为同学着想,从实际出发,从培养社会主义人才出发,搞好教学和科研,不要夸书袋子,摆家当。建议刘先生今后必须参加政治学习,改造思想,并且虚心些多学习马列主义,使自己能迅速成为又红又专的工人阶级知识分子。(聂恩彦:《给刘文典先生进一言》,载《云大》1958年4月1日第3版)

4月4日,云大召开民主党派整风会议,先由张德光集中转达党委意图,后分三组对张为骐等人进行批判。先生发言:

> 我是绝端个人主义,初烧我时,我以为自己是大财主,仓库里的财宝很多,再烧,感到仓库烧光了,空虚。我与张为骐有共同语言,我也看过佛经。他说破了不能立,信教自由是宪法规定的,抬出宪法不对了,在社会主义大学中确乎没有散布任何宗教教义的自由,课堂不是教堂。课堂上没有散布迷信自由,任何大学没有哪个请大主教去教书。我受叔本华影响最深,也算半个佛教徒,我悲观厌世但不自杀,我变一种方法来自杀,吹烟,慢慢自杀,想磨灭自己。我和你同病相怜,同病相知,你的第一个大大被日本人炸死,(第)二个大大又肺病死了,故你的迷信思想越来越深,你病在床上时问我,"我要信佛,教授就当不成了;要当教授,佛性成不了"。虹山和尚说,张教授有神经病,我是和尚,无法答复他。(《张德光日记》,未刊稿)

在此次会议上,教师王兰馨向先生建言:

> 文学史组,对文艺理论学得太差,必须加强。刘文典先生讲杜诗光说这是政治诗,下面没有了。刘文典以为杜诗的好处在

双声叠韵上,班班都考双声叠韵,叫学生背诗,不解决问题。一东韵沉着,四支韵奇丽,不看内容。希望刘先生能考虑我们的意见,你是一棵大树,我们的目的不在拔掉这棵树,树上有黄叶是要摘掉,你自己觉得是权威,我们怕你骂,骂,我还要坚持。(《张德光日记》,未刊稿)

4月10日,云大召开系主任会议,研究教改如何转入争论阶段,中文系反映先生态度强硬。据《张德光日记》记录:

中文系反映刘文典对大字报相应不理,他说:"古今中外了解老子最深的是老子自己,除此以外,就算我刘文典了。"张为骐对刘文典是"为亲者讳,为尊者讳"。(《张德光日记》,未刊稿)

4月19日,云大校刊头版头条发表社论文章,号召将批判先生的运动进一步推向深入:

在这样一个具有重大意义的思想改造运动中,绝大多数教师的态度是好的;他们对运动有相当的自觉性,并且这种自觉性不断在提高;他们能下决心引火烧身,同时,也勇于烧别人,他们既认真检查自己,又诚恳的帮助别人。但也有少数教师还不够自觉,对自己的缺点、错误检查得很不够,对别人的缺点和错误也不提出批评,这样就使自己的改造陷于被动。更不好的是还有个别教师直到现在还不认识自己问题的严重性,因而只空谈改造而不下决心实行。这种人既不自觉的检查自己,又不虚心听取别人的批评,甚至对别人的批评进行打击报复,如中文系刘文典先生就是一例。刘先生不久前曾在庄严的讲台上对学生和教师表示要进入熔炉锻炼,并希望不要把他当成朽木,这种要引火烧身的表示是值得欢迎的。但是很遗憾,刘先生在讲台上的这种表示和刘先生在运动中的实际表现却是两回事:一方面刘先生在口头上说得很好听,以至(于)引起了热烈的掌声。另一方面,刘先生对于系上师生提出的许多意见和批评却置之脑后,在小组会中有时躺在沙发上睡大觉,有时则指手画脚地质问别人一番,这种表里不一、言行不一的态度是很恶劣的。这样不但妨碍了刘先生的改造和进步,同时对整个运动来说也起了不良的影响。因此我们希望刘先生及早端正态度,放下架子,虚下心来,认真改造自己。(《把一切资产阶级思想搞臭、烧透》,载《云大》第109期,1958年4月19日)

在同一版面,刊发刘尧民《刘文典先生的诗》一文,对先生诗歌进行"解读",并配"编者按":

> 刘文典先生的诗,刘尧民先生讲得很明白。这诗确乎不能光从字面及用典来看,结合刘先生的意思及表现,那就更明确了。在旧社会里,刘先生给蒋介石作五十寿序,给余靖侯的女人作墓志,非"卖赋"而何?那个时代一去不复返了,刘先生是怀念的,"且向"二字表现得是十分不得已。生活在新社会,他却只好去写"洛神"去了。党和政府十分重视刘先生,请他教青年教师,带研究生,而他偏说"天禄传经愿已乖"。他是不愿为人民服务的。党对他生活也照顾得无微不至,而他竟说"乞食江南"。刘先生是怎么对待党和政府的?刘先生是以什么立场对待今天的事物的?刘先生应去虚心接受大家的帮助,改变自己的思想和立场才是。

刘尧民解读的这两首诗,一首是:"司马琴台迹已陈,文君眉黛样能新。而今不卖长门赋,且向昆明写洛神。"另一首是:"天禄传经愿已乖,舞衣歌扇殢情怀。剧怜

云南大学中文主任刘尧民

头白韩熙载,乞食江南事亦佳。"关于诗中所叙之事,先生曾作自我批判:

> 前年,副食品供应一度紧张的时候,我虽然夫妇两个都在营养食堂包饭,因为吐血,嫌营养不够,要另外买猪肉猪肝,同时,严科长千方百计替我订来一磅牛奶,我对政府和党的照顾还不满意,到处托人买黑市猪油、猪肉、麦面等,无所不要,女艺人家里人口多,用不完的猪油、面、乳饼、乳扇,也都让给我,开初的一个时候,一个姓薛的汽车司机也答应替我从外县买猪油、猪肉,拿去我的几文钱未见面。我不顾政府的统销政策,只图个人私利,就造成"女艺人养活我"的谣言。这句话是对右派分子向达说的,更是罪不可恕,当时,我的爱人也骂我,不应该信口胡说。今天检查起来,不是什么信口胡说,也不是个人情绪,简直是站在反动的立场上来攻击党。(《刘文典先生的第二次检查》,载《云南文史》2009年第2期,第44页)

4月20日,云大召开民主党派整风会议,中文系、历史系联合揭发先生错误。方国瑜发言道:

> 刘先生是我的老师,我对刘先生有意见,但为尊长讳的封建思想浓厚,故一直不愿揭发。刘老师的个人主义思想是丑恶的,解放前姜亮夫当文法学院院长,请刘先生校补《慈恩法师传》,预支稿费五万元,相当教授一年工资。刘先生贪得务多,又向熊庆来敲诈稿费,熊找我四次,叫把西南文化研究室印书用纸四十令卖了,给刘文典。我不同意,熊说:"刘文典逼账如逼命,你救救我的命罢!"不得已,我同意借一部分纸给学校卖钱救熊的命,刘先生收到钱后交稿了。我大吃一惊,原来是个骗局,刘先生只在刻本书上加了几条眉批,就算著作,简直是贪污,太恶劣了,思想改造时,刘先生还污蔑我贪污了40令报纸,真无耻!(《张德光日

记》,未刊稿)

4月26日,云大校刊头版刊发刘尧民《刘文典先生的"国变"》一文,对先生抗美援朝一诗进行解读,并附"编者的话":

> 本刊109期刊出了刘文典先生的两首诗和刘尧民先生的《刘文典先生的诗》一文,揭露了刘文典先生对我们党和政府的态度,对待今天新事物的立场。今天继续刊出刘先生的《国变》一诗,诗中清楚地道出了刘先生对新中国诞生的看法,说明了前面刊出的两首诗,绝非贺喜之作,更非解放前就写就的,而是新近"作品",思想改造后,对思想改造极为抵触,对现状不满的诗。

校刊于同一版面,刊登王远智《刘文典先生的教与学》一文,揭批先生一年只讲十三篇作品,且"充满着消沉哀怨的调子","甚至讲关于文学理论、文学批评的文章时也不免了要发抒一番悲欢离合的人生感慨":

> 有一次刘先生讲贾岛的两句诗:"独行潭底影,数息树边身。"刘先生把贾岛的孤独、悲哀、叹息逼真的画了出来,但是先生避而不谈贾岛是什么样的思想感情,于是听的人就把它百分之百的接受下来,我便是从那时起深深记下这两句诗的。去年七月至十月,我的思想最消沉的时候,只要到翠湖岸上一去,便感到这两句诗是我生活的真实写照,好像这两句诗就是自己的一样。不仅如此,在平时独处或者脱离跃进的生活的时候,两句诗也会自然地记上心来,频频吟味。

> 另外一次,刘先生讲温飞卿的《牡丹》时,其中有这样的四句:"栽成艳思偏应巧,分得春光最数多。欲绽似含双靥笑,正繁疑有一声歌。"刘先生把这几句讲得非常生动,好像牡丹就是一位浓艳、沉思、玲珑的美人,朱唇微启,两个酒窝留着醉人的微笑,似乎要高歌一曲的模样儿。从此之后,看到牡丹就要想到美

人,看到美人就要想到牡丹。脑子里面的牡丹美人、美人牡丹转的次数太多了,对现实的斗争就逐渐淡漠起来。(王远智:《刘文典先生的教与学》,载《云大》第111期,1958年4月26日)

4月30日,刘尧民在校刊头版头条发表《刘文典先生如是说》一文,连续多期,对先生言论进行揭批,如:

> 刘文典先生说共产党对知识分子是"相期如周孔,相待如奴仆"。我们要问刘文典先生,共产党对知识分子的待遇,真是无微不至,特别是高级知识分子、大学教授,待遇更是在一般干部之上,特别是对你这一位"国宝",待遇更在一般高级知识分子之上。用飞机把你接到北京,请进怀仁堂去开会,毛主席和你寒暄握手,这是"相待如奴仆"吗?
>
> 是的,共产党对知识分子的待遇高,而对知识分子的要求也高,是要"相期如周孔"的。然而共产党所需要的是红色的"周孔",不是黑色的"周孔"。(刘尧民:《刘文典先生如是说》,载《云大》第112期,1958年4月30日)

5月2日上午,云大历史系党支部开会研究教改工作,确定本周与中文系配合,批判先生两次。下午,先生向云大文史两系教师及中文系学生代表作长篇自我检查。此次检查内容后由中文系整改小组印发并配有说明,其中先生在谈及自身政治立场问题时道:

> 这次教学整改,别人都是思想问题,惟有我的问题是十分严重的政治立场问题。这一次,承诸位同志同学热心地帮助我,使我认识到我是一个最丑恶最臭的人。我现在如梦初觉,仇恨自己的过去,决心要革自己的命,争取做个又红又专的教授。向党交心,我倒早有过这个意思,不过我现在认识到:要不把黑的、灰的、黄的一切丑恶的东西交出来,那就等于说投降而不肯缴械,只是一句空话而已。

承大家揭发，我自己初步检查，解放将近十年，我和旧社会还是万缕千丝联系着的。我在旧社会里，过的是腐化堕落的生活，到了新社会里来，对于从前那种不是人的生活，总还是留恋不舍，例如：每到雨季，四肢有些酸痛或者吐了几口血，总是想着吹几个洋烟，包管就好。试问：要在什么样的政府之下，才能如此？这不是怀念蒋光头所代表的制度是什么？解放以来，我所最抵触的是三件事：第一件是开会太多；第二件事是填表；第三件是学生当众对教员提意见。近些年，会议早已精减了，保证有六分之五的时间，按道理说我本可以备课，搞科研了，但是我把时间都浪费了，没有完成党给我的光荣任务。近几年来，我几乎没有填过一张表，但我听了右派分子高觉敷的谰言，也跟着说："填表太多。"这也就足以说明我的立场观点是和他一样的。学生对教员提意见，本是对教员最有帮助的事，我从前认为要把一个大学办好，只有从外面聘名教授来。党领导的学校，既不去人，也很少请人，就在原有的基础上，发掘潜力，提高政治觉悟，就能把大学办好。我常常想：共产党最可佩服的地方，就在能把坏人改造成好人，又能把学问不太好的人改造成很有学问的人。可见得我不是不懂这个道理，但是一提到我自己的意见，我就炸了。我不但恨提意见的人，并且恨到这个制度，全不想想党的教育政策是如何的正确；并且明知道这是促进教学最好的方法，可是一接触到本身，资产阶级知识分子的所谓面子问题就出来了。请问这是什么思想，这是什么立场？（刘文典：《我的初步检查》，载《云南文史》2009年第2期，第39～40页）

5月3日，云大中文系刘尧民、黄钺继续揭批先生：

刘尧民：大家对刘文典先生检查很不满意，只给自己骂一台，企图滑过去，并无思想活动。

> 黄铖：刘先生实际上是唱戏，运动开始哗众取宠，要大家把你当铁来烧红，昨天骂自己一通，自以为是烧不红的狗屎，可见立场未改变。六亿人把关，想滑过去是办不到的，我们认为能烧红而且必须烧红。（张德光日记，未刊稿）

5月4日，云大各民主党派整风联合领导小组进行全天学习，就《云南日报》关于开除右派分子郑敦、王镜如党籍的决议进行讨论，先生发言道：

> 教育最大，社论末了的一段，说个人主义是一切罪恶的总根源。从前知道，个人主义，凡事从私欲出发，社会主义是公的，公与私，天生不相容，可是不通过具体事例，总不太清楚。郑、王几年来没有进步性，也入不了党，也作不了组织部部长。党对他们的教育，就同医药卫生很好，病不应发展。但是还发展成这样。我们虽受党教育，但没有他们严格，他们由个人主义发展到反革命。郑、王他们的个人主义，如果不浪【应为"让"】其冒头，则搞不成这样。安徽李世农、浙江沙文潭，不是经过锻炼，没有一定进步性，长期锻炼和严格教育，不会作省长，可是结果如此。（《关于学习开除右派分子郑敦、王镜如党籍的决议的讨论情况》，载《云大各民主党派整风联合领导小组情况简报》第13号，1958年5月4日）

此前，云南省委曾于4月16日至21日召开第六次全体（扩大）会议，揭发批判以省委常委、组织部长郑敦和省委组织部副部长王镜如为首的"反党集团"。4月21日，会议通过《开除郑敦、王镜如党籍的决议》。1979年4月7日，党中央批准为"郑、王反党集团"冤案平反。

5月12日，云大各民主党派整风联合领导小组举行学习会，"通过讨论，进一步认识郑敦、王镜如反党集团的实质，按照党的根本组织原则来检查自己的阶级立场，并结合了资产阶级个人主义的严重危害性在郑、王反党集团中吸取了生命教训来进行学习"。先生在发言中说：

> 郑敦、王镜如反党集团被揭发出来，这是一个很大的胜利。社论中说到个人主义是一切罪恶的根源，这一段给我的教训极深刻。我认识到个人主义与社会主义势不两立的，有个人主义的人最后一定发展为反党反社会主义。书成同志的报告中虽未提到我的名字，但对我确实是耳提面命。听了报告后，考虑自己的问题一夜未入眠。个人主义人人皆有，解放前从来未觉得个人主义有什么危险，认为即使一个党员也一定得经过长时期的锻炼才能克服个人主义。这样想觉得自己有些个人主义算得了什么。今天在新社会中，个人主义却是极臭的东西，但对这点认识不够。我在检查中对自己的权威思想深入不够，在检查中涉及到这一部分时觉得检查不下去了。自己认为教古典文学有一套，能看点外国文，对外国文学也熟悉。我和吴宓最谈得来，与朱光潜也谈得来，认为我们几个人对中国古典文学是很熟悉的了。事实上我头脑中所装的东西有好多是与新社会不相容的。今天如果仍坚持那套东西那就要自绝于人民了。（《云大各民主党派整风联合领导小组情况简报》第14号，1958年5月13日）

同日，刘尧民在校刊头版头条上发表《撕破脸面，翻出底层，向党交心》，其中多处提及先生：

> 中文系的老先生多，包括我在内，是需要大力改造的，特别是刘文典先生，我们大家更要特别帮助他。由这次全面的揭发和批判中，可以看出他在各方面所起的危害。他这一套资产阶级乃至封建阶级的思想，解放八年来，原封未动，在教学中散布黄色毒素、灰色毒素，在系内制造宗派主义的"血统"，在民主党派中与右派分子一鼻孔出气，糜烂腐朽的生活作风毒及校内校

外。然而他还以"权威"自居,凌驾在一切人之上,捧他的人,假借他的"权威"来镇压一切,旁的人或怕他的"权威"而不敢言,或为他的"权威"所蒙蔽,而盲目崇拜,党对他是特出【殊】的待遇,而他却不满于党,不满于社会主义,以全校范围来说,也是一个特殊的人物。然而我们决不放弃他,还要争取他,认为他改造过来,成为又红又专的教授,对于社会主义是有利的。

起初我对刘先生的帮助是有许多顾虑的,因为刘先生是一贯的恨我,现在我对他提意见,使他和别人认为我是否打击报复?又因为刘先生年纪大了,对他提出尖锐的意见,他是否会吃得消?虽然开始时同志们对他提出的一些意见说是只有四十度至五十度的温度,还不够味。但是,我解除了一切顾虑,假如我还顾虑私人的恩怨,姑息自己,姑息别人,那就对不住党对不住人民,为了帮助刘先生赶快上马跃进,为了帮助别人和教育自己,我决心对刘先生知无不言,言无不尽。(刘尧民:《撕破脸面,翻出底层,向党交心》,载《云大》第114期,1958年5月12日)

在这篇文章的结尾处,刘尧民写道:

刘文典先生过去也对我表示过要和我团结,他说,他很"欣赏"我,又说"中文系我两人不团结,没有办法"。当然,我是愿意的。我也想对他说:我们也"团结"过了,但是,表面上你吹吹我,我捧捧你,我内心里面实在不想和他"团结",恐怕他内心也不愿和我"团结"吧!这种想法是错的。

现在真正团结的时候到了,我是抱着要和刘先生肝胆相照的态度的,要相互交心,向党交心。

5月31日,云大中文系举行"向党交心誓师大会",刘尧民提出向先生等人挑战:

我们知识分子是远远落后在劳动人民的后面,不决心改造

> 自己,搞臭资产阶级个人主义的思想,更要落后于劳动人民,成为社会主义的绊脚石。我决心在当前的整风运动中改造自己,向党交心。把我的最肮脏的最臭的、最丑恶的、最对不住党对不住人民的形形色色的资产阶级个人主义的东西,连根挖掉,站在党的光天化日之下,成为一个又红又专的工人阶级的知识分子,为党的一切事业贡献出自己的智慧和力量和生命。
>
> 我要向党交心三百条,向全校五十岁以上的老先生,特别要向曲仲湘先生、刘文典先生、翟明宙先生、萧承宪先生四位先生挑战。也准备欢迎任何一位老先生、年轻先生和任何一位职工同志的挑战!(刘尧民:《向50岁以上的教师挑战》,载《云大》1958年6月2日)

6月11日,云大党员、系主任向党委会报告交心运动情况。李书成要求"火烧"先生等顽固派,"必须反复批判"。据《张德光日记》记载:

> 上午10—12时,党员系主任向党委会报交心情况,书成同志强调要不断提高"左"派,使成为我们力量。以"左"派自居的人要烧一下,态度要诚恳。交心目的在团结、提高大多数,对刘文典、方国瑜等顽固派,反动立场坚决,大烧一下,将来和他们长期斗争,推着他们走。交心运动为技术文化革命打下基础,他们是正在接受改造的剥削阶级,搜集思想本质情况,分析批判中必须根据交心中具体材料,挑出几个问题,分析批判,解决立场问题,不扣大帽子,分析是个什么就是什么。为什么自己几年来不能接受党的教育、改造、提高?上(层建)筑为什么与史无前例创造背道而驰?(《张德光日记》,未刊稿)

6月15日,晚8时,云大校党委会听取教师组情况汇报,要求整理先生等人材料。据《张德光日记》记载:

书成同志：重点批判，对国宝专权孤立了，承认了反动立场思想，威风打垮了，刘文典、方国瑜两个堡垒垮了。分化中、右、后，有些系情况大白了，组织关系须进一步追查，外文鲍志一、王森堂、魏兆南集团已揭开，李埏三人小组已揭开，也承认了。

今天组织对方国瑜的批判很好，整理方国瑜、刘文典、李埏、张福本、顾建中、赵雁来、曲仲湘、肖承宪材料，态度、手法、主要问题、批判，徐永椿、王树勋，明天整理出来……

小结目的要求：通过系统检查批判明确自己的主要问题，认识到问题的严重性、危害性、产生的根源，下决心改进思想，转变立场，提出今后努力方向。（《张德光日记》，未刊稿）

7月15日，先生突发脑溢血，经抢救无效逝世。据时任云南大学卫生科值班医生李云鳌回忆：

> 1958年7月的一天夜晚，正值我在云南大学卫生科（现为校医院）值班，刘文典教授的保姆来到卫生科，谓刘教授突然患病，请值班医生出诊。我当即随保姆赶到刘教授家，经过检查：患者血压高达240mmHg，已昏迷，家属代诉：患者突感头痛。根据患者的症候，初步印象是"脑出血"，病情严重。当时我是刚毕业两年多的年轻医生，考虑到刘教授非等闲之辈，是全国知名人士，对他的病情不能有稍许马虎，应该及时向校领导汇报。正好杨黎原副校长就住在刘教授附近，我就让刘教授的家属去请他。心想有校领导在场，我就有了主心骨，不然我负不起这个责任的。紧跟着刘教授的得意弟子吴进仁老师也闻讯赶来帮忙。
>
> 根据学校卫生科的设备，没有治疗脑出血病人的条件，经与杨副校长商讨，决定请昆明医学院附属医院的秦作梁主任医师会诊。他既是刘教授的好友，又是我的老师，当时他就住在云南大学旁边，离刘教授家不远。杨副校长遂派了一张车，由吴进仁

老师乘车去请秦主任。

秦主任来到后,同意我"脑出血"的诊断。只因他见刘教授发病迅猛,已病入膏肓,且当时医院的医疗条件,对如此严重的病人已回天无术,因此转院已无实际意义,只好在家中给予些可行的措施,例如实施静脉放血,以降低血压、上额冷敷,以制止脑出血之加剧等,观察患者有否转机。

经过一段时间的观察,患者病情每况愈下。他的家属说:"以我们的经验看,病人已

刘文典晚年曾居住过的云大晚翠园

处于临终状态,不必再予施治,由我们来守候病人,秦主任和李医生可以回去了"。秦主任认为他说的有道理,于是我们就告辞了。

翌日下午刘教授病逝家中,可叹一代国学大师,未及古稀之年就驾鹤西归了!(李云鳌:《国学大师刘文典教授弥留之际》,老顽童网站,2006年7月20日)

同日,云大副校长杨黎原通知中文系主任刘尧民、历史系主任张德光研究先生后事处理:

杨副(校)长通知与刘尧民研究刘文典后事。下午五点刘文典去世。刘太太坚持不火化,要装棺材运回安徽去,狐死首丘恐办不到。(《张德光日记》,未刊稿)

7月21日,政协全国委员会发出唁电:"惊闻刘文典委员逝世,不

胜悼念,特发致唁,并希节哀。"云大随后决定举办追悼会,但校党委书记、校长、中文系主任均未出席。

  就在我到农村改造整整二十一个春秋的第一个秋天,有人跑来悄悄地告诉我先生去世的噩耗说:"听说周总理原来要送花圈的,只是听到反映后就取消了。"我默默良久。后来也是先生弟子的杨秉礼证实,确实没有总理的花圈。他回忆说:"不仅如此,追悼会上省里没有来人,就连学校的党委书记、校长都没有出席,只是派了个副校长来。"他还补充说:"我的感觉是追悼会变成了批判会。"云南大学,不,也是云南省唯一的一位一级教授,全国政协委员的追悼会如此惨景,非但无情,简直非礼。不过,细想起来,绝非偶然。(陈红映:《我所认识的刘文典先生》,载《云南文史丛刊》2001年第3、4期合刊,第72页)

7月23日,云大校刊在三版右下角刊载先生逝世消息:

  我校中文系教授、全国政协委员、九三学社云南省分社筹备委员,刘文典先生患肺癌及脑溢血,经昆明市中西医院医生多次会诊治疗,急救无效,于本月十五日下午四时半病逝,现学校与省政协、九三学社昆明分社筹委会正联合准备开追悼会以资追悼。(《中文系刘文典教授病逝》,载《云大》1958年7月23日)

8月10日,全国政协委员邵力子致函张秋华,对先生逝世表示悼念:

  接展本月一日惠书,惊悉叔雅先生以积劳猝病逝世,曷胜伤悼!去春叔雅先生来京开会,久别重逢,正以彼此健存,互致欣慰,益冀一年一度的会期,此后握手谈心之机缘较多,讵料已成永别,此则为我国学术界悼失典型之外,回念旧交,更欲掩泣。死者已矣,生者责任更重,惟希贤嫂节哀顺变,与令郎共完遗志。

匆匆奉唁,不能尽意。(邵力子致张秋华函,见《刘文典全集》卷四,第927页)

8月22日,远在四川的吴宓获知先生逝世消息,在日记里感慨"我辈殊恨死得太迟":

【八月二十二日　星期五　阴,雨,最高温度30℃】瑸昨函告,今晨来详述(闻之其女,云大学生)刘叔雅先生(文典,安徽合肥)1958(年)七月在昆明逝世详情。盖叔雅解放后在滇备承优待,乃自1957(年)整风运动及教学改革中痛遭打击,心情极为郁愤。某日忽以脑充血遽死。当局初疑其自杀,侦察后知其非是,方为治丧,登《云南日报》,并在云南大学由中文系开会追悼。该系学生嫌恶叔雅,不肯莅会,经当局严命,始勉强到会云。呜呼,今益服王静安先生1927(年)之自沉,不仅为大仁大勇,且亦明智之极,生荣死哀,不屈不辱。我辈殊恨死得太迟,并无陈寅恪兄高抗之气节与深默之智术以自全,其苦其辱乃不知其所极。若澄若典以及光午(其他之友生宓尚未知),今闻其死,宓岂特免死狐悲而已哉!若碧柳之早殁,得正名而终,比王静安先生为尤幸已……(《吴宓日记·续编》卷三,第464页)

8年后,吴宓作为"资产阶级反动学术权威"遭到批斗,余生受尽折磨。

9月17日,谢无量致函张秋华,沉痛悼念先生:

惊悉叔雅之丧,曷胜震悼,前年开会在京,尚得把晤,何意婴疾,遽行仙化,甚恸!承示有遗著数种,已经定约出版,当往访郑振铎先生,直【值】其外出,次日专函与之,尚未得复。恐其系至京外参观,不过旬日即归,当再往询也。鄙意叔雅平日好古,著书颇沾溉士林,今既有遗文,自当使之早日传播,可否致函原订约方面,使向云大索取原稿付印,此自贤者之责,量区区亦以先观为快也。叔雅共有子女几人？从前未尝询及，闻将护丧归里，里中亦可安居否？都在念中，幸略告一二。量衰朽日增，感时叹逝，无可为意，远荷手翰，率先奉答，并望节哀慎卫，不宣。（谢无量致张秋华函，见《刘文典全集》卷四，第929页）

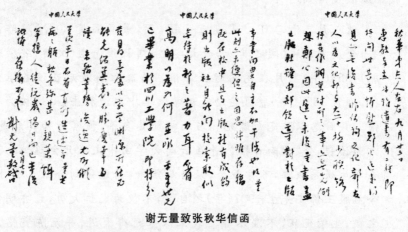

谢无量致张秋华信函

10月7日，谢无量再度致函张秋华，谈论先生著作出版一事：

> 九月廿三日惠教奉悉。叔雅遗书，有二种即将问世，甚为忻慰。郑公迄未得见，亦无复书。昨偶询文化部友人，以为文化部与大学极少联络，将著作调京付印之事，亦无先例，想郑公因此迟迟未复量书。盖出版社虽由部领导，对于出版事业，向由其自主，不加干涉也。故量此刻亦未便促之。因思叔雅存稿既在校中，且与出版社有成约，则出版社自能向校索取，似无待于部之着力耳。不省高明以为如何？并承平章世兄已毕业于四川工学院，即将分发，自得善处，以家学渊源，所在必能克绍箕裘，不胜庆幸。每读来翰，笔势俊逸，尤所倾美，平日不省有所造述否？量老病之躯，秋冬弥甚，日亲药饵，罕接人，徒玩岁愒日而已。率复。诸惟葆摄，不一。（谢无量致张秋华函，见《刘文典全集》卷四，第929～930页）

# 身后遗响

(1959年至今)

## 1959年(己亥)

1月6日,顾颉刚获知先生逝世消息。据《顾颉刚日记》记载:

(傅)彬然告我,刘文典已于前数月在云南死去,旧友又弱一个。(《顾颉刚日记》卷八,第554页)

夏,先生骨灰葬于安徽省怀宁县总铺高家山(现属安庆市宜秀区)。坟茔现为县级文物保护单位。碑前立石柱两根,柱上刻有章太炎赠联"养生未羡嵇中散,疾恶真推祢正平"。墓后立碑,碑文略有史实错谬,录之存照:

刘文典(一八八九——一九五八),字叔雅,原名文聪,笔名天明等。安徽合肥人,祖籍怀宁。早年追随孙中山先生投身民主革命。一九〇六年加入同盟会,一九〇九年赴日本留学;一九一二年回国后任上海《民立报》编辑兼英文翻译,曾与宋教仁同时遇刺;一九一三年复去日本,加入中华革命党,担任中山先生秘书;一九一六年回国,次年任北京大学中文系教授,其间参加

《新青年》撰稿、编辑工作。一九二七年创办安徽大学,任校长。后历任清华大学、北京大学、西南联大、云南大学教授。中华人民共和国成立后,被评为一级教授,当选为第一、二届全国政协委员。

先生学贯中西,尤精国学,一生治学严谨,精深邃密,为我国教育文化事业做出了重要贡献。著述有《淮南鸿烈集解》、《庄子补正》、《说苑斠补》、《三余札记》及译作《进化与人生》、《进化论讲话》、《论生命之不可思议》等,有《刘文典全集》传世。(《刘文典墓碑文》,见《刘文典全集》卷四,第931~932页)

7月,夫人张秋华遵先生遗嘱,向安徽省博物馆捐赠大量珍本、善本图书及瓷器1件、碑帖5件、字画9件。

省博物馆最近收到方望溪手稿两册,是研究桐城文派的重要资料。

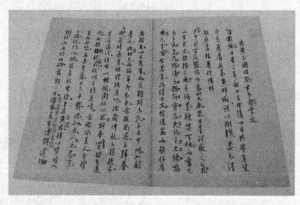

**刘文典逝后捐给安徽省博物馆的方苞手稿**

方望溪是我省桐城人,为清初的著名古文家,也是我国文学史上桐城文派的始祖。这两册手稿是他七十四岁到八十四岁逝世前的遗著,共四十篇,其中,有三十篇过去未曾刊行过。全部手稿均先用墨笔起稿,再用朱笔、蓝笔、绿笔修改,从那些反复推敲修改的字句中,可以看出方望溪先生勤劳认真的治学精神。

　　手稿是由刘文典先生家属捐赠的。刘先生是合肥人,历任北大、清华、安大、云南大学的教授,著有《淮南子集解》《杜甫年谱》等书,为我国有名的古典文学家。去年十一月【编者注:应为七月】刘先生在昆明逝世后,他的家属遵照遗嘱,把方望溪手稿,孙星衍、郝懿行等清代学者信札,马守真画的兰竹、顾横波画的水仙,以及书法、金石拓本等十五件有关安徽的文物,从昆明运回安庆,捐给政府。(石谷风:《未刊行的方望溪手稿》,载《安徽日报》1959年7月24日)

## 1962年(壬寅)

3月4日,冯友兰致函张秋华,谈论《庄子补正》序文一事:

　　接来示,敬悉近状。叔雅先生去世乃学术界之大损失,非止一家之痛也。自序文,在云南石印本之《庄子补正》中已发表,现铅印本重版,当然应该加入。此系旧书重印,不以现在标准绳之。且此序作于抗战期间,爱国之情溢于言表。在当时情况下,自是佳作。加入书中,不成问题。自序手稿末段"明本数末度之道",石印本改作"明六通四辟之道",较胜。必系叔雅先生最后修改者,可照改。石印本还有陈寅恪序一篇。不知铅印本中有此序否?如无此序,亦可补入,来信当钞寄。(冯友兰致张秋华函,见《刘文典全集》卷四,第930页)

3月11日,陈寅恪致函张秋华,抄寄《庄子补正》旧序:

　　来书敬悉。二十三年前在昆明时,承叔雅先生之命,为《庄子补正》作一序,今旧稿犹存,兹抄上,即希察收为荷。(根据陈寅恪手稿整理,原件存安徽大学刘文典纪念室)

6月5日,云南大学副校长李广田(1959年在反"右"倾运动中由校长降为副校长)将冯友兰来信转交给云大历史系主任张德光,转达张秋华欲保留《庄子补正》两篇原序的想法:

> 1958年刘文典逝世后,其夫人张秋华女士迁回故乡安庆以度晚年。出版社委托张德光将再版《庄子补正》有关事宜写信告知张秋华,张秋华回信表示很高兴张德光能为《庄子补正》作跋,同时要求出版社保留两篇旧序。这一要求显然"不合时宜",出版社未采纳。1962年6月5日,李广田将刘文典生前友人、我国著名的国学大师、哲学史家、北京大学冯友兰教授写给他的信转交张德光,信中说张秋华写信给冯友兰,请冯友兰写信托李广田向出版社说情,坚持保留两篇旧序,否则将提出与出版社解除合同。同时,张秋华也给李广田写信提出同样的要求。(张有京:《刘文典先生〈庄子补正〉再版前前后后》,载《云南民族大学学报(哲学社会科学版)》第23卷第5期,第172页)

6月8日,邵力子致函张秋华,谈论先生著作出版一事:

> 本月三日大函奉悉。兹将商务合同一纸,交邮局挂号寄上。我于本年初,去海南岛各地作短期间的参观访问,又至从化温泉休疗,三月中旬始归北京。归来后值人大、政协同时开会,倍觉忙碌。在会议时遇到冯友兰、游国恩两先生,谈及叔雅先生遗著出版等问题,两先生慨然独任,我因不再向商务、中华等处交涉。但会后未专访两先生,将商务合同交去,则是我事忙健忘之过,深觉抱歉,务希原谅为幸。(邵力子致张秋华函,见《刘文典全集》卷四,第928页)

6月10日,云大党委召开团结大会,部分老教师谈及先生被错误批判一事,纷纷为之鸣不平:

关于刘文典问题的意见，中文系教授张为骐说："那天晚上的甄别会，党委提出了张若名来，我还想提出刘叔雅（刘文典）先生来。刘先生的死，也是死得冤冤枉枉的，他交心交出一首诗来，他不说，谁也不知道，他一说是反动，就抓住他这一点来整，晚上整到四五点钟，他支持不住，就只好睡在中文系沙发上。有一晚上是搀着回去，他就是在这样压力下气死的。死后是中央来电慰问，才开那样的一个追悼会，冷冷清清，系主任刘尧民都不到。他不死，他说过五年内要拿出两部书来，一部是校勘方面的，一部是《论〈文心雕龙〉》，由他、我同吴进仁来搞。他不死，不是可以著出两部书来了，那是多大的贡献。"外语系教授秦瓒说："张若名死，我不在昆明，我们那时在乡下劳动，不过从搞运动以来，别的系死的人没有中文系多，前有叶德均、张若名，后来有刘叔雅先生。最可惜的是叔雅，他那时年纪还不到七十，精神也很好，不死可以活到现在，他也是国内有名的学者，校勘学是没有人赶过他，还长于子书，诗都是其次，不说在云南找不出，在国内也找不出几个来。这对系领导在运动中掌握也有关系。"体育教研室教授杨元坤说："在运动中，把刘文典当成权威来打。在学术上只要真有本事，能成权威是好事，为什么要打倒呢？听高校长甄别报告后，王士魁还和我谈到刘文典的问题。这使老教师感到寒心。这不能不想起中文系当时的领导和有些同志在政策方面有些偏差会至此。"（云大党委办公室《情况反映》第208期，1962年6月23日）

此简报末尾附有短注："关于刘文典问题，党委准备把这个问题弄清后，在适当的场合谈清。"但后来未见相关文件或记录。

7月3日，李广田致函冯友兰，赞成再版《庄子补正》时保留作者自序和陈寅恪序：

云南人民出版社委托云大历史系主任张德光同志为叔雅先生的《庄子补正》写新序。我同意仍保留两篇旧序,已商得张德光同志同意,并告诉云南人民出版社。叔雅先生遗稿《杜甫年谱》(未完稿),已经找到,目前已寄中华书局金灿然同志。稿前有云大中文系主任刘尧民同志所写说明,可以略见其原委。闻泽丞先生对此事至为关切,便中望能告知为感。(根据李广田手稿复印件整理,未刊稿)

8月24日,民盟元老周新民与云大历史系主任张德光闲聊,对云大批判先生过火一事表示不满。据《张德光日记》记载:

早上与周新民同志散步。他说:"你知道刘文典在云大情况吗?交心运动对他批判过火,那么大年纪,而且又有病,也不照顾一下。死了,对他也很冷淡。他爱人回到安徽,生活有困难,这些事传出去影响很不好。其实刘文典这个人很有风格,在安徽时蒋介石拍桌子骂他,他也拍桌子,这就很难得……"(《张德光日记》,未刊稿)

## 1963年(癸卯)

3月10日,冯友兰致函张德光,称赞《〈庄子补正〉跋》"很好",并谈先生安庆被拘一事:

来信敬悉。跋文很好。原来出版社拟不排入刘先生自序及陈寅恪序。刘师母大不谓然,给我来信,说要废约。后来我给广田同志信,他回信说,出版社已允保留两序,再加上你的新序(我将广田同志信转给刘师母,她很满意)。来信说,出版社仍不用刘先生序,恐刘师母必大生气。还有陈三立写的书笺(在刘先生嗣子处),刘师母也希望用上。我想,这部书再出版是旧书重印性质,再添布函,古色古香,能保存原样最好。刘先生自序中有

"庄子教忠教孝之书"等语,当然是错误的。你可于跋中写几句,说刘先生自序作于抗战时期,有些话是有激而发,后来也不持这种说法。刘先生任安徽大学校长时,蒋介石到安庆,与刘先生谈某事不协。蒋怒说:"你革命不革命?"刘先生亦怒说:"我跟中山先生革命的时候,你还不知在哪里!"蒋把刘先生囚起来。刘先生在狱中说:"我若为祢正平,可惜安庆没有鹦鹉洲。我若为谢康乐,可惜我没有好胡子。"此刘先生亲告我者。若于跋语中附带一提,亦周新民同志正确评价之意也。随时忆及,若何请斟酌。(根据冯友兰手稿复印件整理,未刊稿)

经各方努力,云南人民出版社最终同意保留两篇旧序。

## 1999年(己卯)

秋,安徽大学出版社、云南大学出版社联合出版《刘文典全集》,由诸伟奇主编,共四卷。

**刘文典铜像**
(位于安徽大学磬苑校区图书馆文典阁入口处)

## 2008 年(戊子)

5月,先生首部个人传记《狂人刘文典:远去的国学大师及其时代》由广西师范大学出版社列入"温故书坊"丛书系列出版。

9月,安徽大学在纪念建校80周年之际,设立刘文典纪念室,并塑铸刘文典铜像。先生哲嗣刘平章将其所藏先生手稿、书信及藏书等全部捐给安大。

初稿于2006年5月1日—5月7日

二稿毕于2007年12月9日

三稿于2009年5月28日—2010年10月1日

# 后 记

这本书完全是一个意外。

2008年《狂人刘文典：远去的国学大师及其时代》一书出版之后，我曾决意暂时告别刘文典研究，开始新的历程。作为一个兴趣广泛、喜好庞杂的人，我觉得实在没有必要在一个课题上耗费太多的时间。然而这一次，我没能说服自己。

这种近乎偏执的坚持，主要缘于我在接触刘文典资料后，对于他由衷的敬佩与景仰。在他的身上，可以说是生动而完整地体现了"五四"时代中国学人的风骨与精神，而这正是当今社会所苦苦追寻而实难得的。我想，只要我们曾经有过，就不要绝望，总有一天，还是会有。

不舍得放弃"刘文典研究"这个课题，还有一点小小虚荣的原因。《狂人刘文典：远去的国学大师及其时代》出版后，在国内文史界引起极大的关注，《中华读书报》、《南方周末》、《解放日报》甚至一些国外的华人媒体均做了热忱的推介，有的还将之列为2008年度热点图书之一。云南大学学术期刊《学园》亦专门为这本书做过一个专题，邀请名家点评，谬赞甚多。这一切，既让我窃喜，又让我不安，而更多则是感激。

特别需要感谢的是我的母校——安徽大学。如今，刘文典纪念室已经在安大磬苑校区图书馆"文典阁"内设立,而"文典阁"前刘文典铜像的塑铸,相信对于每一个安大人来说,都是一种慰藉、一种鞭策。

年谱写作的难度,远远超出了我的预期。这本书,我本来是希望能在半年之内完成资料搜集和初稿撰写的,但后来仅书稿写作就花了近一年半的时间。一方面,是因为我的本职工作性质特殊,基本上没有节假日,只能利用晚上的时间在家写作。另一方面,则是因为我做研究纯粹是半路出家,从未经过任何专业训练,只好用最笨的办法,四处寻访,上下求索。值得欣慰的是,经过不懈努力,最终倒是找到不少第一手资料,包括很多过去未被发现的刘文典信件、文章和档案,这或可弥补我学术训练上的不足,也让我有了胆量敢拿出这部并不成熟的书稿,相信它还是有一点新东西的吧!

和《狂人刘文典:远去的国学大师及其时代》的写作一样,需要我感谢的人很多。在这里,向每一个关心我、支持我和理解我的人真诚地说声:"谢谢"!你们的名字,将永远铭刻在我心中最温暖的地方。尤为可感的是,至友陈靖兄百忙之暇帮助释读诸多书信原件,为小书增色良多。

最后,要特别感谢一下我的家人——妻子陆敏和女儿章陆一杭。这本书也是献给她们两人的。《狂人刘文典:远去的国学大师及其时代》写完的时候,女儿尚在咿呀学语,如今她已经敢于挑战我的权威,更自作主张地改名叫"一木",说是觉得"杭"字太难写,留个偏旁就够了。看到她,我对我的人生有了更多的期待。

活着,真不容易,所以我们每个人都要,好好活着。

2010年9月20日中秋前夕于淝上躬耕斋

此书初稿写成后,曾请刘文典哲嗣刘平章、云南大学校史办刘兴育、安大出版社康建中、高兴、程中业等先生审读。各位先生从不同角度提出诸多修改意见,均已被吸纳到最后定稿之中。对于他们的善意与认真,谨致谢意!

另外,蒙外研社吴子桐兄引荐,台湾"中央研究院"近代史所胡适纪念馆潘光哲馆长及同人慨然应允提供"胡适档案"查询方便,使小书在即将付梓之际又添亮色,尤为心感!

写一本关于刘文典的书,交由安徽大学出版社出版,是我一直的心愿。这本小书也是我对母校师长多年谆谆教诲和无私关爱的一份报答。如今,安大出版社已加入北师大出版集团,颇为巧合的是,刘文典先生早年也曾在北师大的前身北京高等师范学校兼职授课。这种冥冥之中的缘分,让我在一次次试图放弃本书写作时重燃热情。

坚持,有时候是很痛苦的,但这种痛苦,却是人生的必经路径。想到这一点,我就会感到很知足。春天,一定会来的。

*2011 年 3 月 29 日清明前夕遥祭心香并补记*